EL LIBRO OFICIAL DE MICROSOFT FRONTPAGE 2000

CONSULTORES EDITORIALES
ÁREA DE INFORMÁTICA Y COMPUTACIÓN

Antonio Vaquero Sánchez
Catedrático de Lenguajes y Sistemas Informáticos
Escuela Superior de Informática
Universidad Complutense de Madrid
ESPAÑA

Gerardo Quiroz Vieyra
Ingeniero de Comunicaciones y Electrónica
por la ESIME del Instituto Politécnico Nacional
Profesor de la Universidad Autónoma Metropolitana
Unidad Xochimilco
MÉXICO

EL LIBRO OFICIAL DE MICROSOFT FRONTPAGE 2000

W. Brett Polonsky
Kerry A. Lehto

Traducción
VUELAPLUMA, S. L.

Revisión técnica
ANTONIO VAQUERO SÁNCHEZ
Catedrático de Lenguajes y Sistemas Informáticos
Escuela Superior de Informática
Universidad Complutense de Madrid

MADRID • BUENOS AIRES • CARACAS • GUATEMALA • LISBOA • MÉXICO
NUEVA YORK • PANAMÁ • SAN JUAN • SANTAFÉ DE BOGOTÁ • SANTIAGO • SÃO PAULO
AUCKLAND • HAMBURGO • LONDRES • MILÁN • MONTREAL • NUEVA DELHI • PARÍS
SAN FRANCISCO • SIDNEY • SINGAPUR • ST. LOUIS • TOKIO • TORONTO

EL LIBRO OFICIAL DE MICROSOFT FRONTPAGE 2000

Edificio Valrealty, 1.ª planta
Basauri, 17
28023 Aravaca (Madrid)

Traducido de la primera edición en inglés de
Official Microsoft FrontPage 2000 Book
ISBN: 1-57231-992-5

Publicado por McGraw-Hill/Interamericana de España por acuerdo con el editor original. Microsoft Corporation. Redmond. Washington. EE. UU.

ISBN: 84-481-2445-6
Depósito legal: M. 25.080-2000

Editora: Mercedes Franco Calvo
Compuesto en FER, Fotocomposición, S. A.
Impreso en EDIGRAFOS, S. L.

IMPRESO EN ESPAÑA - PRINTED IN SPAIN

Para Gage y Emma,
las dos razones de todo lo que hago.
Y para las demás personas especiales
que hay en mi vida; vosotros sabéis quiénes sois.
Gracias.

Acerca del autor

W. Brett Polonsky posee más de diez años de experiencia en el diseño gráfico y dirección artística. Siendo un autodidacta en el campo de la informática, aprendió todo lo referente a las primeras computadoras Macintosh y Pagemaker 1.0 y, desde entonces, se ha introducido en el mundo del desarrollo web de alto nivel, incluyendo los temas de planificación, estructura, interfaz de usuario y diseño. Ha trabajado como consultor de producción de sitios web en Microsoft, ayudándoles a construir uno de los sitios más importantes de su intranet. Ha preparado, además, exámenes para el grupo de Certificaciones de formación técnica de Microsoft y, recientemente, ha añadido a su creciente currículum el título de Instructor, siendo profesor de la asignatura «Los mayores e Internet», en una universidad técnica local. Vive en un apartamento cerca de Seattle, Washington, donde come demasiados tacos y tiene pensado comprarse una planta uno de estos días.

Otros intereses de Brett incluyen la empresa Polonsky Design, especializada en el diseño gráfico para impresión y distribución en línea. También es el fundador y presidente de Skywards Consulting, Inc., una empresa de desarrollo web dedicada a diseñar y poner en práctica soluciones web para empresas. Brett es además el cofundador de Sandstone 3, una empresa especializada en impartir seminarios sobre temas de Internet a las empresas. Se puede poner en contacto con Brett a través de correo electrónico en la dirección wbp@msn.com, o a través de Internet en cualquiera de los siguientes sitios:

www.polonskydesign.com
www.skywards.com
www.sandstone3.com

Contenido

PARTE III: CONSTRUCCIÓN DE LAS PÁGINAS

Prólogo

Si está leyendo este libro, o lo ha sacado del estante de una librería, probablemente sea porque tiene que construir un sitio web. Quizás sea el propietario de una pequeña empresa que necesita instalarse en Internet, o el director de un departamento que necesita un sitio web interno para su grupo en la intranet de la empresa. O quizás sea un admirador de la película *Buckaroo Banzai* y quiere compartir con el mundo entero su extensa colección de conocimientos sobre los lectroides del Planeta diez.

En cualquiera de los casos, tiene que crear el sitio web rápidamente, sin que por eso deje de tener un aspecto profesional. Pero claro, está muy ocupado y el sitio web es sólo una de las muchísimas tareas urgentes que debe realizar, no la ambición de su vida. Si le estoy describiendo, FrontPage es la solución perfecta, y el libro que ha elegido, el ideal.

Cuando FrontPage 1.0 salió a la luz en octubre de 1995, en el eslogan de la caja se leía «Publicación de sitios web profesionales sin programación». Mucho ha cambiado el mundo desde entonces. Internet es ahora un fenómeno y no un remanso de tranquilidad. Los sitios web son una necesidad y no un *hobby*. Direcciones web como www.acme.com adornan ahora los anuncios publicitarios en donde antes solían aparecer números de acceso telefónico gratuito. Sin embargo, el objetivo de FrontPage, hoy, es exactamente el mismo que el de antes: permitir que la gente que carezca de conocimientos técnicos construya rápidamente sitios web de calidad profesional.

Cuando Microsoft adquirió nuestra empresa, Vermeer Technologies, en enero de 1996, nuestro producto, Vermeer FrontPage 1.0, era tan nuevo y nuestra empresa de 35 personas, tan pequeña, que solamente vendimos un total de 289 copias. Pero el 8 de abril de 1996, casi exactamente dos años después de su fundación, nos trasladamos de Cambridge, Massachusetts, a Redmond, y nos sentimos como si nos hubieran puesto alas en los pies. El recientemente denominado Microsoft FrontPage 1.1 salió a la venta solamente 16 días después de nuestra llegada a Redmond. Vendió 150.000 copias en tan solo cuatro meses y, en agosto de 1996, se convirtió en el tercer programa más vendido en los comercios de Estados Unidos, superando incluso al propio Microsoft Office. Tan solo siete meses después de haber creado FrontPage 1.1., terminamos FrontPage 97, el primer producto de Microsoft que se vendió simultáneamente en seis idiomas. De hecho, la versión japonesa de FrontPage 97 fue un éxito de ventas tres semanas antes que la versión inglesa. Microsoft FrontPage 98, que salió a la luz en noviembre de 1997, incluía más características nuevas y era más fácil de utilizar que cualquiera otra versión anterior de FrontPage y su éxito fue arrollador. Y la última, FrontPage 2000, es una versión incluso más completa y más fácil de utilizar, disponible en todo el mundo en 15 idiomas, además de ser la primera que se incluye como parte de la edición Premium de Microsoft Office.

Una de las ventajas clave de FrontPage es lo completo del producto. No se trata solamente de un editor de páginas web del tipo «lo que se ve es lo que se obtiene», sino de una herramienta que sirve para construir sitios web completos. Puede comenzar utilizando un asistente para crear un sitio web básico. Puede ver la estructura arbórea del sitio y, cuando utilice el ratón para cambiar dicha estructura, FrontPage volverá a crear automáticamente las barras de exploración del sitio web. Puede verificar automáticamente todos los hipervínculos internos y externos. Puede aplicar uno de los 60 «temas» gráficos diferentes de diseño profesional a todo el sitio web y cambiarlo al día siguiente, con tan sólo unas cuantas pulsaciones del ratón. Puede crear un mapa de imagen simplemente dibujando figuras geométricas en cualquier imagen de la página. Puede insertar su propia imagen o elegir una de entre la extensa galería de imágenes prediseñadas, y luego cambiarle el tamaño, voltearla, decolorarla, darle efecto biselado o convertirla en una imagen en miniatura; todo, en la propia página. Puede dibujar tablas con el ratón, utilizar marcos, cambiar los colores de las páginas, agregar botones «activables», añadir características de búsqueda, insertar contadores de visitas a las páginas o hacer que un texto gire en espiral; y todo eso utilizando los elementos del menú y pulsando los botones de la barra de herramientas.

Uno de los principales objetivos de FrontPage, en todas sus versiones, siempre ha sido elegir las mejores tecnologías, de entre las más recientes, y hacerlas accesibles a todo el mundo. De esta manera, con FrontPage 2000 resulta muy fácil agregar elementos, como accesos avanzados a bases de datos, efectos de HTML dinámico que admitan numerosos exploradores, applets de Java, características de JavaScript, ubicación bidimensional, hojas de estilos en cascada y tecnología de páginas Active Server. También puede utilizar las funciones de protección y desprotección típicas del control de versiones en grupos de trabajo, con un control de acceso flexible desde cualquier lugar del sitio web. Y, para las soluciones personalizadas, FrontPage 2000 también dispone de elementos de menú que se pueden personalizar y, además, lleva integrado Visual Basic para aplicaciones 6.0.

Cuando llegue el momento de publicar el sitio web en Internet, solamente tendrá que pulsar el botón «Publicar» de FrontPage. No será necesario aprender a utilizar programas FTP, archivos de configuración de servidores web u órdenes de control de acceso de UNIX. Como suele decir el equipo de desarrollo de FrontPage, FrontPage está dirigido al 90 por 100 del mercado, es decir, a las personas que no tienen un elevado nivel técnico. Dicho de otro modo, está diseñado para ustedes, los profesionales que no tienen conocimientos técnicos y que tienen que ocuparse de otras cosas.

W. Brett Polonsky, el autor de este libro, es un hombre con una misión en la vida. Aún me acuerdo de cuando le conocí. Fue en febrero de 1996 y yo acababa de hacer una demostración de FrontPage 1.0 ante toda una multitud de empleados de Microsoft en la Sala Kodiak del campus de Redmond. Brett se encontraba entre el público, porque era una de las 289 personas que habían comprado FrontPage antes de que Microsoft adquiriese Vermeer. Estuvo ayudando, como consultor, a un grupo de Microsoft a crear un sitio web en una intranet y ya se dedicaba entonces a convencer a sus colegas de que utilizasen FrontPage. Brett y el coautor del libro, Kerry Lehto, se acercaron a mí inmediatamente después de la demostración.

Brett y Kerry me contaron que iban a escribir un libro sobre FrontPage 1.1. Yo les dije que todavía no existía esa nueva versión de FrontPage. Me contestaron «no hay ningún problema, comenzaremos a escribir el libro basándonos en las especificaciones preliminares del producto». Les pregunté que quién iba a comprar ese libro habiendo tan poca gente que había comprado el programa. Me contestaron que no me preocupara, porque FrontPage 1.1 iba ser un gran éxito y el libro se iba a vender muy bien. Les pedí que me dijeran entonces quién iba a querer publicar ese libro, porque no existía ningún otro sobre la materia. «Microsoft Press», contestaron, «pero todavía no lo saben. Les vamos a convencer.»

Y finalmente convencieron a Microsoft Press. *Introducción a Microsoft FrontPage* de Lehto y Polonsky fue el primer libro sobre FrontPage que salió al mercado y fue un éxito inmediato. La famosa librería Barnes & Noble tuvo incluso que crear un expositor dedicado a él. Desde entonces, Kerry se ha dedicado a otros proyectos, pero Brett sigue portando la antorcha de *El libro oficial de FrontPage 2000*. Durante cuatro ediciones, ha sido el libro más vendido sobre FrontPage y es, con mucho, el mejor libro para todo tipo de usuarios, además de una obsesión de Brett.

A Brett no le importa trabajar con versiones beta de las nuevas ediciones de FrontPage, pasando por alto diplomáticamente las «inestabilidades» que encuentra en el programa beta. Investiga tenazmente cada una de sus características, para crear, finalmente, ejemplos convincentes. De esta manera, cuando entrega el manuscrito del libro a Microsoft Press, ya tiene más experiencia en la utilización de la nueva versión de FrontPage que la mayoría de los propios ingenieros de software que lo han construido. Y, con casi tres años de éxitos de ventas con sus libros de FrontPage, realmente él es el más experto para enseñar FrontPage, de todas las personas que conozco. Brett, además, dirige una empresa de diseño de sitios web. Sin embargo, a pesar de todos sus años de experiencia, sigue prefiriendo utilizar FrontPage para crear sitios web en vez de escribir HTML manualmente. Pero lo más importante es que Brett disfruta de su trabajo y su entusiasmo se deja notar en cada una de las páginas del libro. A mi entender, este libro es totalmente accesible, informativo y divertido y, cuando lo termine, seguramente pensará lo mismo que yo.

Este libro representa muy bien la actitud de muchos creadores de sitios web: la mitad de la diversión estriba en aprender. Deseo que se divierta y que sus sitios web tengan gran éxito y sean efectivos.

Randy Forgaard
Cofundador de Vermeer Technologies, Inc.
Febrero de 1999

Introducción

Bienvenidos a FrontPage

Internet, la World Wide Web, las intranets, las extranets; todas estas cosas se han hecho tan habituales como el teléfono, tanto para las empresas como para los aficionados que se conectan desde sus casas. La enorme variedad de tecnologías que se utilizan en este campo ya se ha convertido en parte de nuestras vidas y probablemente cambiará aún más nuestro modo de vida y trabajo. Las intranets, que utilizan las tecnologías de Internet en el interior de las empresas y que fueron una vez la última tendencia, ahora han engendrado una nueva. En este nuevo tipo de «red», las empresas comparten su información, uniendo sus intranets para crear así «la última moda»: las extranets. Es difícil imaginar qué es lo que va a venir después.

Al igual que en otros auges repentinos de los que ha sido testigo el mundo de la informática, han surgido miles de empresas que buscan su parte de la tarta de Internet. Existen docenas de productos de buena calidad que tienen alguna relación con Internet, pero la mayoría de nosotros no tiene el tiempo o los conocimientos necesarios para verlos todos, descubrir cuáles son sus ventajas y sus desventajas y utilizarlos, tanto en el trabajo como en casa.

Microsoft FrontPage 2000 le facilita la tarea de establecerse en la World Wide Web o de crear un sitio web para la intranet de su organización. FrontPage ha sido diseñado para integrarse perfectamente con el conjunto de aplicaciones de Microsoft Office y es el primer producto para Internet de fácil uso que permite desarrollar un sitio web completo y conectarlo a muchos tipos de servidores. Si quiere crear un sitio web, pero no es ningún experto en programación, no se preocupe: FrontPage puede realizar toda la programación. Pero FrontPage también es suficientemente bueno para los desarrolladores aficionados y profesionales que prefieren jugar con el código HTML.

Hablando de cosas fáciles

El libro oficial de Microsoft FrontPage 2000 le mostrará detenidamente todas las interioridades de FrontPage. En este libro aprenderá a desarrollar y mantener un sitio web, desarrollar páginas web de máxima calidad y conseguir poner en marcha esos sitios web en la World Wide Web. También aprenderá a incorporar material procedente de archivos de Microsoft Office en el sitio y establecer vínculos con esos archivos, desde ellos o incluso dentro de ellos. Se le mostrarán algunos elementos nuevos muy interesantes de FrontPage 2000, como la ubicación exacta 2-D en píxeles, que le permite colocar el contenido en una posición específica de la página. Y, además, la nueva interfaz y las nuevas plantillas CSS (hoja de estilos en cascada), con las que se consigue que las hojas de estilos sean muy fáciles de utilizar. Y con la nueva vista

Informes de FrontPage, puede controlar todos los aspectos de sus sitios web. Podrá ver fácilmente, por ejemplo, cuántos archivos hay en el sitio web, o cuántos hipervínculos tiene, e incluso saber si alguno de ellos está roto.

Como también hay muchas personas a quienes les gusta subir el listón y utilizar los controles, en este libro también se incluye información sobre temas más avanzados, como la seguridad proporcionada por la Capa de conectores seguros (Secure Sockets Layer) o SSL; la utilización del Asistente para resultados de bases de datos para visualizar la información de una base de datos; cómo modificar el código fuente de las páginas web con un soporte HTML mejorado; y todo lo referente a las extensiones de servidor de FrontPage.

Resumen del libro

La Parte I, «Los primeros pasos», es una introducción a FrontPage. Aquí se habla del nacimiento de Internet, la World Wide Web y las intranets; y se explica, además, cómo encaja FrontPage en cada uno de esos tres escenarios. Se le darán buenos consejos para crear sitios en la World Wide Web y en la intranet de su organización y conocerá, además, cómo trabaja FrontPage en combinación con Microsoft Office.

En la Parte II, «Creación y administración del sitio», se le explica todo lo que tiene que saber para crear y administrar sitios web. Con FrontPage, se puede ver el sitio de varias formas diferentes, entre las que se encuentra la vista Exploración, que permite crear un mapa del sitio, para luego convertirlo en los elementos de exploración de sus páginas. En la Parte II también aprenderá a utilizar las plantillas y asistentes. FrontPage incluye docenas de plantillas y asistentes nuevos para sitios web, páginas y marcos; solamente tiene que elegir uno y ya está casi todo hecho.

La Parte III, «Construcción de las páginas», se adentra en el estudio de la vista Página, que es la que se va a utilizar para crear y modificar las páginas web. Aquí encontrará instrucciones para construir páginas web increíbles, en las que se pueden incluir vídeos, sonidos, marquesinas, textos de diferente color, tablas, marcos, formatos de caracteres, estilos de fuentes y muchas más cosas. Comprobará que la vista Página es tan fácil de usar como un procesador de textos. La Parte III también contiene abundantes explicaciones sobre los gráficos de los sitios web, cómo los utiliza FrontPage y todas las formas que existen para conseguir que aparezcan rápidamente en los exploradores. En esta parte también se estudian con detenimiento las plantillas y componentes de FrontPage.

En la Parte IV, «Los toques finales», se le presentarán las numerosas características avanzadas de FrontPage, como las hojas de estilos en cascada, el HTML dinámico, el Asistente para resultados de bases de datos, ActiveX, Visual Basic y JavaScript, además de algunos consejos para mejorar la accesibilidad de los sitios. En el último capítulo se hablará de la utilización de servidores con FrontPage. Aquí podrá aprender todo acerca de las extensiones de servidor de FrontPage, que hacen posible que los servidores se aprovechen de las ventajas de ciertas características de FrontPage. Estas extensiones están disponibles para una gran variedad de servidores, que utilizan plataformas como Microsoft Windows 95 y 98, Microsoft Windows NT y varios sistemas basados en UNIX.

Notas y consejos

En el libro se incluyen una serie de notas y consejos que amplían los detalles del tema que se está tratando. Se dan consejos para ahorrar tiempo, como, por ejemplo, que pulse un botón de la barra de herramientas o utilice una tecla de acceso directo en lugar de una orden de menú. Como hay más de un camino que lleva a Roma, los consejos le enseñan modos alternativos de llevar a cabo las tareas y amplían la información sobre un tema determinado. Las notas, por su parte, aportan ideas o le previenen sobre acciones que comporten cierto peligro.

¿A quién está dirigido este libro?

El libro oficial de Microsoft FrontPage 2000 se ha escrito pensando tanto en los usuarios avanzados como en los principiantes. Al igual que FrontPage, este libro también se ha pensado para aquellas personas que no son programadores. Es un libro perfecto para los que quieran aprender a utilizar FrontPage para construir un sitio en la World Wide Web o en una intranet.

Este libro cubre todas las deficiencias que pueda tener la ayuda en línea del producto. En sus páginas encontrará amplias descripciones y ejemplos de los posibles usos que se pueden dar a FrontPage; dichos ejemplos y descripciones se basan en la propia experiencia del autor en la creación, diseño y administración de sitios web. Espero que el libro que tiene entre sus manos le ayude a cubrir todas esas deficiencias y resuelva todas las dudas que le surjan durante la construcción de esos sitios «dignos de ver», desarrollados con FrontPage.

PARTE I

LOS PRIMEROS PASOS

1

FrontPage e Internet

El panorama actual

Es imposible escapar a Internet, pues se está convirtiendo en algo casi tan imprescindible como la máquina de fax. Tanto las grandes como las pequeñas empresas lo utilizan para acceder a las fuentes de información de todo el mundo, comunicarse por correo electrónico y publicar sitios web. Millones de personas «exploran» la Web desde sus hogares y oficinas. Los sitios web que se encuentran en Internet hoy en día son bastante diferentes a aquellos que la poblaban hace tan sólo un año. La mayoría de los sitios más importantes permiten visualizar la información de una manera personalizada. Las páginas web son cada vez más interactivas, permitiendo a los visitantes realizar transacciones seguras, comprar y vender productos e incluso personalizarlas a voluntad. Quizás sea difícil de creer, pero hoy en día es más seguro utilizar una tarjeta de crédito en un sitio web dotado de seguridad que entregársela a un camarero en un restaurante.

Este capítulo ofrece información sobre Internet, la World Wide Web y las intranets. Se explica qué tiene que ver Microsoft FrontPage con todo esto, la facilidad con la que se integra con Microsoft Office 2000, y enseña al usuario cómo adaptarse a la última ola de esta tecnología.

La Red, la Web: ¿cuál es la diferencia?

Internet es mucho más antigua de lo que parece; de hecho, ha estado en funcionamiento durante casi treinta años. Si se tiene en cuenta que la primera computadora electrónica se construyó hace poco más de medio siglo, Internet es bastante veterana en el mundo de la informática. Comenzó a funcionar a finales de la década de los sesenta como una red de comunicaciones gubernamental de los Estados Unidos (denominada ARPAnet) y la utilizaban principalmente el gobierno, las universidades y otras instituciones de investigación hasta mediados de los ochenta, cuando se expandió y tomó el nombre de Internet.

¿Cómo funciona?

Una *red* es una serie de computadoras que trabajan conectadas entre sí. Internet es una red de computadoras enorme que consta de miles de redes más pequeñas distribuidas por todo el mundo. Se podría comparar una computadora con la hoja de un árbol: las ramas de este árbol se componen de muchas hojas iguales, y se podría comparar cada una de estas ramas con una red de hojas. La totalidad de estas redes conforma el árbol, de la misma forma que todas las redes de computadoras conectadas entre sí conforman Internet. El diagrama de la Figura 1.1 da una idea de la estructura de organización básica de Internet.

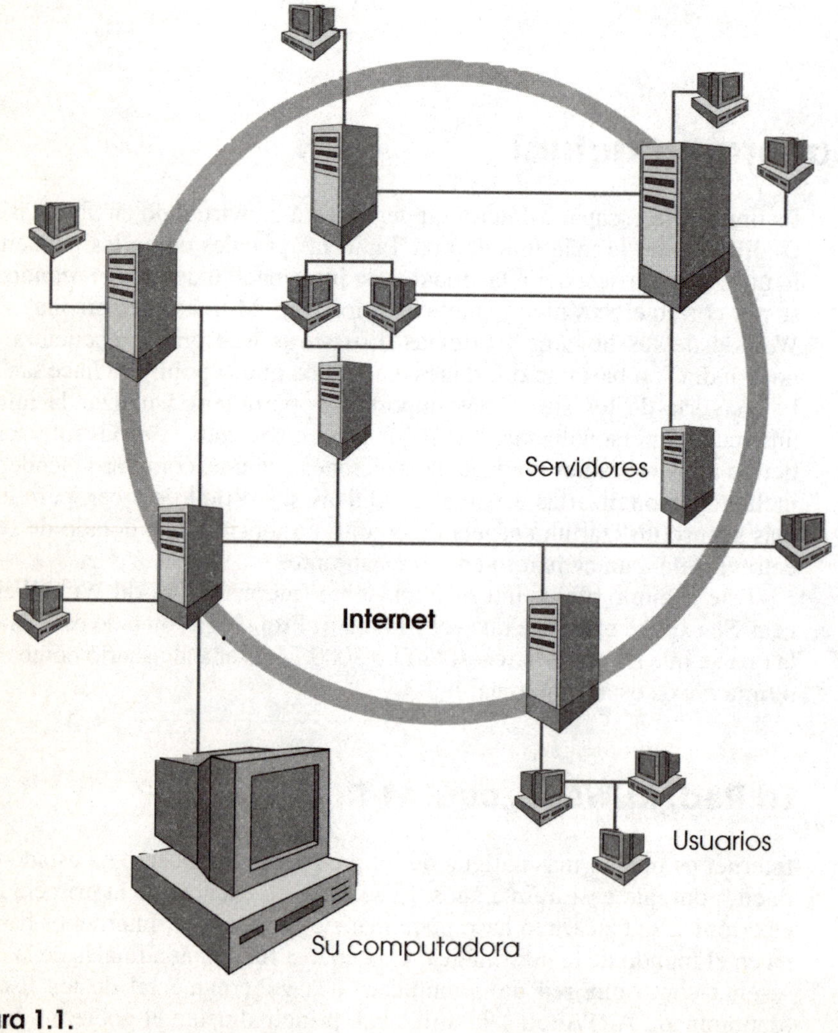

Figura 1.1.
Ejemplo de una red Internet, en la que se muestran los servidores y usuarios trabajando conectados entre sí.

Las computadoras de Internet comparten un lenguaje común, que está compuesto de *protocolos*, es decir, conjuntos de normas establecidas que rigen la forma en que las computadoras interactúan entre sí. Los protocolos estándar que se utilizan para intercambiar datos en Internet son el Protocolo de control de transmisión (Transmission Control Protocol) y el Protocolo Internet (Internet Protocol), y la combinación de los dos se conoce como *TCP/IP*. Esta combinación de protocolos organiza la información en pequeños paquetes antes de enviarla a la red. Cada paquete contiene una parte de la información que se envía, además de una descripción del tipo de información, de dónde proviene y hacia dónde se dirige. La acción de enviar datos a través de Internet es algo parecido a desmontar un puzzle en una habitación y volverlo a montar en otra. Para resumirlo rápidamente, hay que identificar la relación de unas piezas con otras y volverlas a colocar en su misma secuencia.

¿Y qué pasa con la Web?

A finales de los años ochenta, cuando Internet estaba creciendo poco a poco gracias a la incorporación de unas cuantas redes de gran tamaño, un científico llamado Tim Berners-Lee comenzó a buscar un medio mejor de comunicación por computadora para sus colegas del Laboratorio Europeo de Partículas Físicas (conocido por sus siglas francesas, CERN). En aquel momento, la única información que se podía transmitir por Internet era texto que aparecía en la pantalla de las computadoras. Berners-Lee y sus compañeros diseñaron una interfaz que conectaba entre sí la información procedente de varias fuentes. El resultado final fue la definición de las especificaciones *URL, HTTP y HTML*, en las que se basa la World Wide Web. Actualmente, la tecnología Web permite al usuario crear páginas de información formateada que se pueden «vincular» a otras páginas de información y a las que se puede acceder desde toda la red.

En términos más sencillos, la *Web* es una colección de información accesible por medio de los *exploradores*. El primer explorador importante fue Mosaic, desarrollado por el Centro Nacional de Aplicaciones Supercomputacionales (NCSA) de la Universidad de Illinois en Urbana-Champaign. Hoy en día existen en el mercado más de dos docenas de exploradores, y su número continúa aumentando. Actualmente, Netscape Navigator y Microsoft Internet Explorer (véase la Figura 1.2) poseen la mayor parte de la cuota del mercado de los exploradores.

Un explorador consta de una ventana en la que se visualizan páginas web y, normalmente, también se incluyen barras de herramientas y órdenes de menú que permiten al usuario explorar páginas y sitios y configurar el explorador. A causa de la gran proliferación de exploradores y de la gran cantidad de modos de visualizar la información, una página web vista con un explorador podría, en teoría, ser bastante diferente si se ve con otro. No obstante, este problema ha disminuido bastante debido al predominio de Microsoft y Netscape en el mercado de los exploradores, ya que ambos visualizan las páginas de un modo similar.

Además de texto, las páginas web pueden incluir gráficos, sonidos, animación y otros efectos especiales. Las páginas individuales pueden estar vinculadas a otras páginas, para así ofrecer acceso a información adicional. Toda esta información se transmite a través del medio físico gracias a los protocolos de Internet. Ésta es la razón por la que muchos piensan que la Web es sinónimo de Internet.

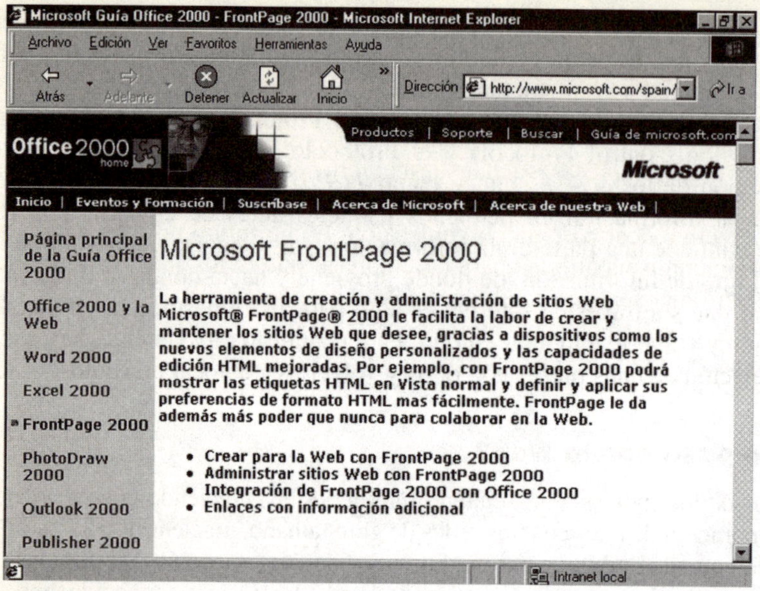

Figura 1.2.
Página web de FrontPage, en el sitio web de Microsoft, vista con Internet Explorer 5.0.

La Web ha crecido a una velocidad increíble. Miles de personas tienen sus propios sitios web, y numerosas empresas se han instalado allí. El término *página principal* se utiliza a menudo para hacer referencia a una página web; de hecho, una página principal es simplemente la primera página de un sitio web, es decir, la página predeterminada, y generalmente posee vínculos con otras páginas. La totalidad de estas páginas conforman lo que es el *sitio* web. Internet y la Web han transformado radicalmente las costumbres empresariales en los últimos años. ¿Se ha dado cuenta de que ya es habitual incluir la dirección web y de correo electrónico en las tarjetas de visita?

Cuando se crea un sitio web, es importante optimizar sus páginas de tal forma que los visitantes las puedan descargar rápidamente. Pero, al mismo tiempo, es importante que tenga un buen diseño profesional y que se pueda actualizar con frecuencia. FrontPage hace posible, e incluso más sencillo, todo esto y más. En el siguiente capítulo se darán algunas indicaciones sobre cómo crear sitios web que tengan un éxito seguro.

¿Y las intranets?

Ahora que ya sabe qué es Internet y la World Wide Web, probablemente se esté preguntando qué es una *intranet*. La clave para entender este tipo de términos se encuentra en el significado de los prefijos: *inter* (entre) e *intra* (dentro de). Internet conecta entre sí computadoras de una gran variedad de organizaciones; por su parte, una intranet (llamada a veces *web interna*) conecta entre sí las computadoras de la red de una única organización. El término intranet también implica que la red con la que trabaja soporta la tecnología web. Así que, básicamente, una intranet es algo parecido a Internet, excepto por el hecho de que solamente tienen acceso a su contenido los usuarios de una organización y no los de toda Internet. Las intranets también pueden tener un vínculo con Internet, pero no necesariamente.

Las grandes empresas ya han descubierto el potencial de las intranets, y las pequeñas no están mucho más atrás. Las intranets permiten comunicarse de un modo eficaz y efectivo dentro de una organización. En un futuro no muy lejano, las intranets tendrán la misma utilidad para las empresas que en los años pasados ha tenido el correo electrónico, esto es, facilitar la comunicación.

Con frecuencia, las computadoras conectadas en red en una intranet se encuentran en un solo lugar, como por ejemplo una oficina, pero a veces pueden extenderse a varios departamentos de esa misma organización. Una intranet también puede abarcar localizaciones remotas. Pongamos por caso que la empresa Cascade Coffee Roasters posee sucursales en Washington, Wyoming y Winnipeg, y que todas sus computadoras están conectadas en red. La empresa podría crear una intranet para que sus empleados se comunicaran y compartieran información por medio de sus computadoras. Parece una red normal, ¿verdad? Pues bien, es una intranet porque es una red que utiliza TCP/IP y porque los empleados pueden utilizar un explorador para acceder a la información de sus servidores. La Figura 1.3 muestra la posible estructura de la intranet de una empresa.

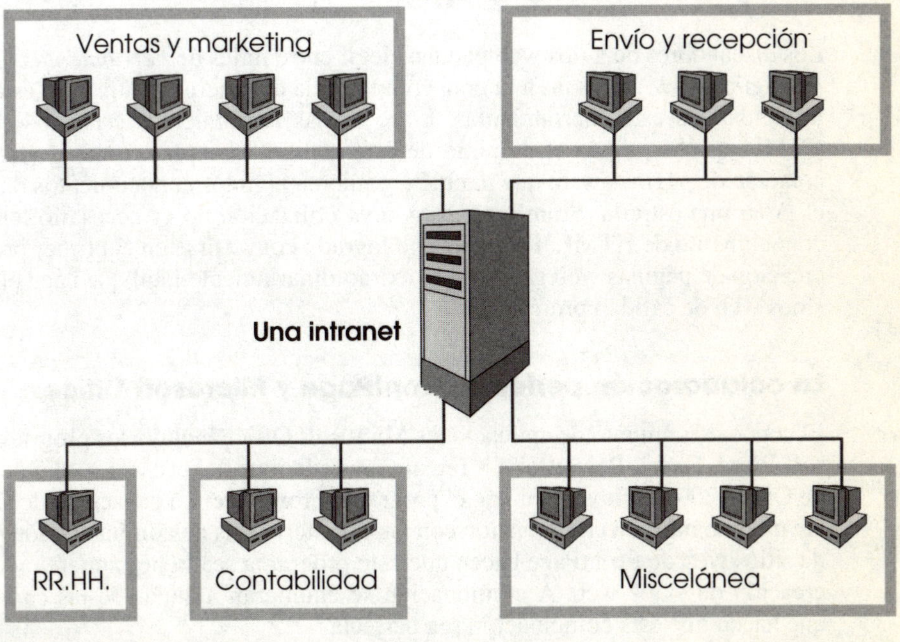

Figura 1.3.
Ejemplo de una intranet en el que se muestran las relaciones entre los diversos departamentos de una empresa y el servidor web que comparten.

¿Qué es entonces una extranet?

Puede que últimamente haya oído hablar de las *extranets*. Pues bien, una extranet es, básicamente, una intranet que permite que personas ajenas a la empresa accedan a alguna de sus áreas. Imaginemos que el sitio intranet de la empresa Cascade Coffee Roasters contiene información sobre la cantidad de granos de café de Hawaii que tienen en *stock*. Con sólo introducir una contraseña y el nombre de usuario, un proveedor de Hawaii puede acceder a esta área de la intranet. De este modo, Cascade Coffee Roasters puede compartir determinada información interna sin necesidad de que personas extrañas accedan a todo el contenido de su intranet.

Estas son algunas de las funciones que puede tener una extranet:

- Compartir determinada información comercial con otras empresas.
- Comunicarse con los proveedores y vendedores.
- Compartir información de la empresa con determinados clientes.

Actualmente, muchas grandes empresas están planeando conectar sus intranets entre sí para crear una extranet comunitaria.

La aplicación FrontPage

Los diseñadores de sitios web pueden elegir entre miles de *herramientas de creación de páginas web*, y gracias a la gran competencia que ejercen entre sí se está elevando la calidad de estas herramientas. Entre dichas herramientas están los editores de HTML, que requieren el dominio de este código; las aplicaciones gráficas para la creación de páginas web, que también requieren algunos conocimientos de HTML; y el programa estrella, FrontPage, para cuya utilización no es necesario tener ningún conocimiento de HTML. FrontPage ha logrado convertirse en el primer programa de creación de páginas web gracias a lo extraordinariamente fácil que hace el diseño de sitios web de calidad profesional.

La colaboración perfecta: FrontPage y Microsoft Office

El conocido conjunto de aplicaciones Microsoft Office incluye los programas Microsoft Word, Excel, PowerPoint y (en algunas ediciones) Access. La edición Premium de Office 2000 incluye también el programa FrontPage. La capacidad de Office para crear contenidos en combinación con las características de administración y creación de sitios web de FrontPage hacen que este programa sea la herramienta ideal para la creación de sitios web. A continuación se enumeran algunas de las características que hacen que esta combinación sea perfecta:

- FrontPage se beneficia de los controles web de Office para la realización de análisis e informes.

- En las vistas Carpetas, Exploración e Hipervínculos de FrontPage, los documentos de Office tienen los mismos iconos que en el Explorador de Windows.

- FrontPage tiene la capacidad de verificar y reparar los vínculos de todos los documentos de Office que contenga el sitio web.

- FrontPage comparte con Office los temas y las imágenes prediseñadas.

- Se pueden arrastrar documentos de Office desde el Explorador de Windows hasta FrontPage, y estos documentos se importan automáticamente al sitio web.

Preparados para comenzar

Durante el proceso de construcción o actualización de un sitio web, se pueden abrir archivos de Office en la aplicación en donde fueron creados desde el propio FrontPage. De este modo, no hay que abrir una aplicación de Office aparte. Al pulsar dos veces con el ratón sobre un icono de un documento creado en Word, Excel o PowerPoint, FrontPage abre automáticamente la aplicación en cuestión para poder editar el documento en su entorno original. Por descontado, es necesario tener instalada esa aplicación en la máquina en la que se esté trabajando.

- **La interfaz de Office.** FrontPage 2000 posee una interfaz con las mismas características que las de Office. Los botones de la barra de herramientas, las órdenes de menú, los cuadros de diálogo y los accesos directos del teclado se han diseñado para que los usuarios de Office los reconozcan al instante.

- **El diccionario de sinónimos de Office.** En caso de que no encuentre las palabras con que expresarse, FrontPage incluye el diccionario que se utiliza en Office.

- **El corrector ortográfico de Office.** FrontPage permite corregir la ortografía de un texto de la página que se esté visualizando, o en una serie de páginas, o de todo el sitio web, utilizando el mismo corrector ortográfico y diccionario que se utiliza en Office.

Ninguno de los lectores habrá ganado nunca un concurso de ortografía (si lo ha hecho, puede irse). Pero ¿se ha dado cuenta de todos los errores ortográficos que hay en las páginas web? Puede que le parezcan divertidos, pero no tienen ninguna gracia cuando se tiene en cuenta que la información de esa página web va a ser vista por todo el mundo. Uno de estos errores en un sitio de una intranet puede llegar a ser incluso más embarazoso. Ponga por caso que escribe mal el nombre o el cargo de su jefe en una biografía corporativa. Puede que le despidan o, lo que es peor, que le releguen a una esquina.

FrontPage ayuda a evitar esto con el diccionario y las sugerencias de Word, pero no hay ningún corrector ortográfico que sustituya unos buenos conocimientos de ortografía. No obstante, si se va a depositar la confianza en un corrector ortográfico, que sea el mejor.

A continuación

Ahora que ya sabe la relación que tiene FrontPage con Internet y las intranets y cómo trabaja en combinación con Microsotf Office, ha llegado el momento de planificar su primer sitio web. Esto lo aprenderá en el Capítulo 2; aprenderá, además, cómo conseguir que su sitio web sera atractivo y útil a la vez.

2

Proceso de desarrollo del sitio web

Planificación del flujo de información

Hoy en día se pueden encontrar algunos sitios realmente buenos en la World Wide Web, es decir, sitios que se descargan rápidamente, son agradables a la vista, organizan la información en áreas bien definidas, son fáciles de utilizar y están bien escritos. Este tipo de sitios invitan a entrar, quitarse los zapatos, quedarse un rato, pasarlo bien y, además, aprender algo nuevo.

Si un día se da cuenta de que ha entrado en un sitio casi sin querer, probablemente haya encontrado un sitio bien planificado y diseñado. Dé marcha atrás e intente ver todo el sitio en su conjunto. ¿Ve su estructura, su organización? ¿La información fluye fácilmente? El primer paso para crear un sitio funcional y fácil de utilizar es entender cómo fluye la información a través de un sitio. Si comprende los principios que rigen el flujo de información y los pone en práctica en su sitio web, estará muy por delante de la mayoría del resto de los diseñadores de sitios web.

Muchos diseñadores no dedican el tiempo necesario para entender cómo fluye su información, y solamente les preocupa cómo colocar palabras e imágenes en una página. Aunque muchos sitios se jactan con orgullo del gran número de visitas que reciben en comparación con las de la competencia, este número no es un buen indicador de la calidad del sitio. El tiempo que un visitante permanece en la página es un indicador mucho mejor, puesto que si los visitantes se han quedado el tiempo suficiente para explorar su estructura y la variedad del contenido, el diseñador sabrá a ciencia cierta que ha hecho bien su trabajo. Si el visitante realiza la visita con calma es que allí puede encontrar lo que necesita, darse una vuelta y regresar sin tener que pensar mucho en cómo está hecha la página. Los sitios más funcionales son aquellos que incitan a visitarlos, y, por lo tanto, la creación de un sitio de estas características debería ser uno de los objetivos principales de la planificación.

Para crear un sitio web efectivo, hay que visualizar el flujo de información y las diferentes rutas que puede utilizar el usuario en el sitio. Dicho de otro modo, hay que ver el sitio desde el punto de vista del usuario. La planificación de un sitio web puede llevar una gran cantidad de tiempo, pero no todo es trabajo, y, de hecho, si disfruta en la etapa de planificación, probablemente el resultado será mucho mejor.

Con Microsoft FrontPage 2000, no es necesario ser un experto en temas web para crear un sitio al que los usuarios quieran volver continuamente. El tipo de sitio que se crea y los tipos de información que se incluyen dependen de su público objetivo. En este capítulo se va a hablar de cómo orientar los sitios a determinado público de Internet o de una intranet de su empresa u organización.

Consejos para construir un sitio web de calidad

Los mejores sitios web son aquellos que resultan atractivos, comunican un mensaje de forma concisa y no hacen esperar demasiado a los usuarios para que la información aparezca en sus pantallas. A continuación se enumeran algunos consejos para crear un buen sitio web:

- **Tenga un objetivo claro.** ¿Cuáles son sus objetivos? ¿Quizá sea simplemente introducirse en la Web? Si es así, su objetivo no es diferente al de otras muchas personas, y no se sorprenda cuando su sitio acabe siendo como el de la mayoría. Especifique todo lo posible sus objetivos. Quizá lo que desea es dar a conocer los productos de su empresa, lo que está muy bien, pero piense en la estrategia que va a seguir. ¿Cómo quiere colocar sus productos en el mercado web? Este tipo de preguntas ayuda a definir más claramente los objetivos, ya que, a menos que tenga un objetivo bien definido, su sitio está destinado a acabar en el cementerio de Internet.
- **Tenga siempre presente a su público.** ¿Quién es el público principal y secundario al que va destinado su sitio? ¿Qué edad tienen? ¿Cuál es su profesión? ¿De cuánto tiempo disponen para visitar su sitio? ¿A qué velocidad acceden a Internet? Cada vez que piense en un mensaje, en un gráfico, en algún tipo de contenido, debe preguntarse antes cómo va a reaccionar el público ante él.
- **Utilice elementos que los visitantes puedan descargar rápidamente.** La principal razón de que los visitantes salgan de un sitio rápidamente, o de que ni siquiera lo visiten, es la gran cantidad de tiempo que tarda en aparecer la información en la pantalla. Los archivos gráficos de gran tamaño impacientan a los usuarios y es muy fácil para ellos pulsar el botón Detener de sus exploradores para dejar de cargar la página. Para saber más sobre cómo optimizar el tamaño de los gráficos, véase el Capítulo 8.
- **Cree un sitio agradable a la vista.** Sin duda alguna, habrá tenido ocasión de visitar en la Web sitios muy corrientes y aburridos. ¿Qué es exactamente lo que los hace ser vulgares? Quizá sea la falta de colorido o de variedad del tamaño del texto y los encabezados. Probablemente también habrá visitado sitios desordenados y caóticos, es decir, sitios en los que se

han utilizado demasiados tipos de letra de diferentes tamaños y colores, por poner un ejemplo. Cuando construya el sitio recuerde que una página bien presentada le acerca un poco más a la calidad que ha de tener un sitio web.

- **No intente poner todo en una sola página.** Tenga cuidado de no cargar las páginas con demasiada información. Es perfectamente comprensible que a los escritores les guste escribir y a los diseñadores gráficos les guste crear imágenes impactantes. Su responsabilidad como diseñador del sitio es armonizar los intereses de estos dos grupos. Una buena norma que se debe seguir sería crear una página que permitiera al usuario ver los elementos más importantes que se han incluido, sin tener que moverse por más de dos pantallas.

Intente mantener un equilibrio entre texto y arte. Piense quién va a leer esas páginas. Trate de hacerse una idea de la dificultad que entraña leer demasiado texto en la pantalla de una computadora, y redacte el contenido de las páginas con esta idea en mente. Trate de añadir espacios en blanco incrementando los márgenes de la página o utilizando las tablas de una forma creativa (para aprender algo más sobre la utilización de las tablas, véase el Capítulo 6). Piense en lo que aportan los gráficos a la página, es decir, si tienen un objetivo concreto o son solamente decorativos. Pero recuerde que unos gráficos atractivos tienen un fin en sí mismos. Todos los diseñadores de páginas web se afanan en crear páginas que tengan una buena presentación, que contengan información de utilidad y que permitan a los usuarios explorar el sitio fácilmente.

Consejo A menudo pensamos que el sitio que hemos construido es perfecto para su público objetivo, pero es fácil equivocarse. Para evitar esto, hay que ser un poco humilde y hacer que la mayor cantidad de gente posible revise su planificación y contenido, y en especial los miembros potenciales de su público. Aunque este paso es esencial, muchos diseñadores suelen pasarlo por alto.

- **Organice el contenido de un modo inteligente.** Puede que haya oído decir alguna vez que «el contenido es el rey». Y es absolutamente cierto. ¿Cuántas veces ha visitado un sitio y ha pensado que allí no había nada interesante? Quizás haya un buen contenido escondido, pero los únicos visitantes que lo van a descubrir son los que se lo encuentran por casualidad. Si tiene alguna información que crea que los visitantes deberían ver, no la esconda tras páginas ocultas. La información más importante tiene que ser clara y fácil de encontrar.

No olvide que probablemente su sitio tendrá más de un nivel de profundidad, así que organice el material secundario en grupos de información relacionada. Por ejemplo, imaginemos que está creando un catálogo en línea de una tienda de música. ¿Pondría los CD de jazz y los de rock en la misma sección? Claro que no. Éste es un ejemplo bastante claro, pero si analiza toda la información para ver si la ha catalogado de un modo adecuado, acabará teniendo un sitio mucho mejor organizado.

- **Incluya los botones adecuados para explorar el sitio.** La mayoría de los diseñadores utilizan botones vinculados, normalmente gráficos, para representar las diversas áreas de las que consta el sitio. Generalmente, colocan estos botones de *exploración* en todas las páginas del sitio y los agrupan en cada una de las páginas. La razón por la que los agrupan en el mismo sitio en todas las páginas es porque de este modo es mucho más fácil encontrarlos y utilizarlos. Los usuarios sólo tienen que pulsar el botón de exploración para ir a otra sección del sitio y, una vez allí, pueden estar seguros de que estos botones están en el mismo lugar de la página. La coherencia crea familiaridad y la familiaridad incrementa el número de visitantes que vuelven al sitio.

A continuación se enumera una lista de lo que hay que tener en cuenta a la hora de crear botones de exploración:

- Incluya un botón que permita a los usuarios regresar a la página principal. Si los visitantes se encuentran enterrados bajo cinco niveles, deberían poder, en caso de que quisieran volver a empezar, pulsar este botón para regresar a la primera página. Si se han quedado atascados, utilizando el botón Atrás de su explorador hay muchas posibilidades de que se sientan frustrados y salgan del sitio. Dicho de otro modo, no hay que confiar en que el explorador haga su trabajo, por lo que debe asegurarse de que incluye este botón en su sitio.

- Prepare el sitio para acoger a aquellos visitantes que tengan desactivados los gráficos de sus exploradores. Sería una buena idea crear en cada uno de sus sitios un vínculo con una versión solamente de texto, además de la gráfica. De este modo, los usuarios podrían elegir la opción que deseen para explorar el sitio. La mayoría de las veces, la versión de texto se encuentra justo al lado de los botones gráficos o al final de cada página.

Ésta es la idea fundamental: facilite a los usuarios la movilidad por su sitio. Cuando diseñe un sitio, pregúntese si desearía, en caso de ser un usuario, desplazarse entre determinados puntos. Responda a esta pregunta y, probablemente, se le ocurran muchas buenas ideas para hacer que sus visitantes sean unos navegantes felices.

- **Benefíciese de la vista Exploración de FrontPage.** La vista Exploración puede ser de gran ayuda si tiene dificultades para visualizar la información. Comience por la página principal y luego continúe con las demás. Esta representación visual le puede ayudar a «ver» el contenido, a organizarlo de una forma más clara y a evitar tener que reorganizarlo durante el proceso de construcción del sitio. También ayuda a ver más claramente la estructura del sitio, y le puede dar nuevas ideas para mejorar su estructura y el flujo de información. Para obtener más información sobre la vista Exploración, véase el Capítulo 3.

- **Pruebe exhaustivamente el sitio.** El público que accederá a su sitio web puede utilizar un gran número de exploradores diferentes, cada uno de los cuales puede presentar el sitio de un modo distinto. Pruebe en el sitio tantos exploradores como le sea posible, en diferentes plataformas (como por ejemplo, Windows 95 o 98, Windows 2000, UNIX y Macintosh), y con varias velocidades de módem. En la vista Informe puede controlar fácilmente el estado de los hipervínculos, así como muchas otras áreas del sitio. Para obtener más información sobre estas características, véase el Capítulo 3.

Otro método para probar el sitio es seleccionar la orden Vista Previa en el explorador, en el menú Archivo de la vista Página. La Vista Previa en el explorador permite ver cómo quedaría la página con el explorador que esté instalado en su computadora. Permite, además, visualizar la página en diferentes tamaños de ventana. Si su monitor funciona normalmente con una resolución de pantalla de 1024 por 768 píxeles, por ejemplo, puede saber cómo va a quedar la página en un tamaño de ventana de 640 por 480 píxeles. Para saber más sobre la vista previa de los sitios, véase el Capítulo 7.

Consejo Otra manera de facilitar las cosas al público es incluir un mecanismo de búsqueda, para que los visitantes puedan encontrar la información del sitio rápidamente. Con el componente Formulario de Búsqueda de FrontPage, puede incluir un buscador en el sitio en solo unos pocos segundos. Para saber cómo, consulte el Capítulo 9.

Planificación de un sitio intranet

Si es el responsable de diseñar un sitio intranet para una empresa u otra organización, no es tarea fácil la que tiene por delante. Desde tener en cuenta muchas de las mismas cosas que son importantes para diseñar un sitio público en la World Wide Web, con algunas excepciones interesantes. Al conocer de antemano cuál es exactamente el público objetivo del sitio, tiene la ventaja de poder estar más centrado y ser más concreto. Debería saber a ciencia cierta qué computadoras utilizan los miembros de la organización, a qué velocidad funcionan, qué explorador utilizan habitualmente y cómo acceden al sitio (con un módem o con una conexión directa). Todos estos detalles pueden afectar en gran medida al modo de diseñar el sitio. La planificación previa es tan importante en el diseño de sitios intranet efectivos como lo es en el diseño de sitios para la World Wide Web.

Dependiendo del tamaño de su empresa, el sitio puede tener una magnitud considerable y esto puede implicar que tenga que haber mucha gente a cargo de las diferentes secciones. FrontPage facilita la administración de las intranets; consulte el Capítulo 5 para más detalles.

¿Su organización necesita una intranet? Como norma general, las empresas utilizan el medio impreso para generar información interna como, por ejemplo, la política de la empresa, datos sobre formación, listados telefónicos y noticias. Una vez que la información está impresa, hay que distribuirla, con frecuencia, por diferentes áreas geográficas. Cada vez que se modifica o actualiza esta información, la empresa tiene que volver a imprimirla y distribuirla. Este método es no solamente muy costoso para la empresa, sino que además malgasta recursos.

Si se dispone de una intranet, se puede actualizar fácil y rápidamente toda la información de la empresa, y ponerla a disposición de todo el mundo (o de aquellos que tienen derecho de acceso). Puede haber diversos departamentos que se hagan responsables del mantenimiento de áreas o páginas concretas del sitio y de mantener a la empresa al día de los cambios que se produzcan. Se trata de un proceso fácil y perfecto.

Preguntas que hay que responder

En el proceso de creación de un sitio intranet, el diseño, la organización y la exploración tienen la misma importancia que en el diseño de un sitio web. Además, si puede tratar previamente los siguientes puntos relacionados específicamente con la intranet, puede ahorrarse una gran cantidad de problemas:

- **El público.** Qué miembros de la empresa u organización van a tener acceso, qué clase de información se va a incluir y si todo el mundo puede acceder a toda la información.

- **El trabajo.** Quién va estar a cargo de qué secciones y cuáles van a ser sus tareas. Defina estos puntos del modo más claro posible antes de crear el sitio porque, a medida que avance en el diseño, probablemente descubra más tareas que alguien ha de realizar periódicamente. Con la vista Tareas de FrontPage, que se explica detalladamente en el Capítulo 3, es muy fácil asignar y administrar tareas.

- **El control del sitio.** ¿Cómo evitar que el sitio se convierta en un caos? La clave para controlar el tamaño de un sitio es controlar quién puede añadir material. Si todas las personas de la empresa pueden agregar páginas, modificar la información, agregar vínculos, etc., el sitio pronto parecerá un tren descarrilado que está a punto de caerse por un precipicio.

Quizás su empresa u organización ya dispone de una red, pero los procesos para encaminar los archivos y visualizar los documentos y presentaciones de otras personas son bastante engorrosos, es decir, hay que conectarse a una ubicación de la red, trasladar los archivos a su computadora o abrirlos en otra, abrir la aplicación pertinente para poder ver y manipular los archivos, etc. Puede que los datos se encuentren disponibles, pero que la presentación sea bastante pobre. Por ejemplo, cuando se examina una ubicación de la red, lo único que se ve es un listado de archivos. Y, a menos que se sepa el lugar exacto en el que buscar un archivo en concreto, puede ser difícil encontrarlo, especialmente si no se conoce su nombre exacto.

Las intranets permiten a los usuarios compartir la información en un formato visual. Pongamos por caso que quiere conocer la información sobre las ventas de la empresa del último trimestre y existe un archivo de Microsoft Excel que contiene esa información. En una red normal, tendría que buscar el archivo concreto, abrirlo y visualizar la información en Excel en su propia computadora.

La utilización de un sitio intranet permite a los empleados de la empresa acceder a la información sin necesidad de tener que memorizar su ubicación en la red. Todo lo que tienen que hacer es buscar la página de información de ventas de la empresa en la intranet, y luego pulsar un vínculo para abrir el archivo desde la propia red. Por otra parte, esa información puede aparecer directamente en una página del sitio. Si los usuarios no pueden encontrar fácilmente la página de información sobre ventas (lo que es un claro indicio de que el diseño no es bueno), la pueden encontrar en unos pocos segundos utilizando un buscador.

Seguridad

Pueden utilizarse las funciones de seguridad para proteger la mayor parte de los archivos que se emplean en la intranet, ya que, después de todo, dichos archivos se guardan en la propia red. Si quiere que solamente determinados miembros de su personal puedan cambiar la información de los archivos que se utilizan en la intranet, por poner un ejemplo, puede restringir el acceso en el nivel de la red.

Contenido

Una empresa u organización puede aprovechar la potencia de una intranet de diversos modos:

- **Haga que los documentos de la empresa u otro tipo de información corporativa estén ampliamente disponibles.** Las empresas pueden utilizar el sitio intranet para almacenar los manuales de la política de la empresa, los de formación, los calendarios de empresa, los datos de sus productos y otros documentos similares. Todo esto puede ahorrar una gran cantidad de tiempo, trabajo y dinero.

  Pongamos por caso que Sofía trabaja en el departamento de lencería de unos grandes almacenes y necesita saber determinados detalles sobre el tipo de perfume que venden, para poder proponer la venta conjunta de una serie de prendas de lencería y perfumes para una oferta de temporada. En lugar de tener que hablar con el jefe del departamento de perfumería (quien seguramente le encargaría la tarea a uno de sus ayudantes, quien después mandaría a Sofía que buscara la información en un archivo de la red que contenga la información sobre precios, disponibilidad y ventas), Sofía solamente tendría que dirigirse al sitio intranet adecuado y acceder ella misma a la información.

- **Tenga informados a los empleados de las noticias de la empresa.** Un sitio intranet es el foro ideal para editar el boletín de noticias de su empresa. Si desea que los empleados se enteren de la celebración de la excursión anual, puede colocar esta información en algún lugar, para que la vea todo el mundo. Un sitio intranet es también un lugar perfecto para publicar los comunicados de prensa de su empresa, con el fin de que los lean los empleados.
- **Utilice el sitio intranet para promociones internas.** Incluso cuando el objetivo de un sitio intranet sea mejorar el flujo de información dentro de una empresa u organización, eso no significa que no se pueda pasar un buen rato utilizándola.
- **Conecte su sitio intranet a Internet.** Con la utilización de medidas de seguridad como cortafuegos o servidores proxy (de los cuales se habla en el Capítulo 5), se puede vincular un sitio intranet a Internet y mantener la seguridad. Se pueden introducir vínculos con los sitios web de las empresas de la competencia (para mantener a sus empleados informados de sus actividades) y con otro tipo de información periódica que pueda ser de utilidad para sus empleados. Si otros sitios web ofrecen información sobre su empresa, puede crear un vínculo con esas ubicaciones, de modo que sus empleados puedan enterarse de lo que ocurre en esos sitios.

A continuación

Ahora que ya sabe lo que puede hacer con un sitio web, ha llegado el momento de aprender cómo utilizar FrontPage para crear el suyo propio. El Capítulo 3 le iniciará en este viaje.

PARTE II

CREACIÓN Y ADMINISTRACIÓN DEL SITIO

3

Microsoft FrontPage 2000 en profundidad

Su sitio: unas vistas espectaculares

Muy bien, ya lleva algún tiempo diseñando sitios web y además es bastante bueno, pero sabe muy bien que dirigir su construcción puede llegar a ser una pesadilla, con docenas de páginas HTML vinculadas de cualquier modo y botones y gráficos por doquier. Hay que negociar con escritores y diseñadores gráficos, sin mencionar al jefe, y todos quieren obtener respuestas. En algún lugar en medio de todo este caos es necesario organizar el sitio. Para concebirlo, es importante disponer de tiempo y de un lugar. ¿Cuántas veces ha tratado de dibujar un diagrama del sitio sobre papel, representando vínculos por aquí y por allá? Y, por descontado, hay que conseguir que el jefe o el cliente «vean» lo que intenta hacer.

Por otra parte están los diseñadores de páginas web noveles, que probablemente se estén preguntando cómo demonios se les ha ocurrido meterse en todo este embrollo del diseño de páginas web. Al poner las ideas sobre el papel y representar unas cuantas páginas el proceso parece bastante sencillo, ¿verdad? Pero cuando se comienzan a dibujar vínculos entre todas las páginas, uno se siente como si estuviera escalando el Everest con solamente una pequeña mochila, una venda y una bolsa de patatas fritas, sabor barbacoa.

Si desea utilizar un único programa para organizar el sitio web, ha venido al lugar perfecto, porque eso es exactamente lo que le permite hacer FrontPage. Con FrontPage puede ver el sitio de diversas formas, permitiéndole visualizarlo y manipularlo en su conjunto. No hay que preocuparse de cambiar las distintas vistas manualmente y por separado, porque FrontPage las actualiza a medida que se realizan cambios en el sitio, de tal forma que dichos cambios se pueden ver instantáneamente en todas las vistas. Esta característica simplifica en gran medida la creación y el mantenimiento del sitio y, sin lugar a dudas, ahorra horas de trabajo. Si, además, va a trabajar con sitios especialmente grandes, también le ayudará a conservar la salud mental.

Puede mantener la coherencia, establecer vínculos y realizar operaciones a lo largo de todo el sitio. Por poner un ejemplo, si no le gustaría tener que corregir la ortografía en un documento del procesador de texto párrafo a párrafo, tampoco le gustará tener que corregirla en una web página por página, por lo que FrontPage le permite hacerlo en todo el sitio web de una sola vez. FrontPage fue el primer programa que concibió un sitio web como una sola unidad y las diversas vistas que ofrece son el medio por el que se manipula este nuevo tipo de datos: el sitio web. FrontPage denomina a esta unidad «Web».

Cómo comenzar a utilizar FrontPage

Al ejecutar FrontPage, lo primero que se ve es la ventana principal, que contiene todo lo necesario para crear y administrar los sitios web. Esta ventana es el denominado «taller web», que se muestra en la Figura 3.1.

Al abrir FrontPage no aparecerá ninguna web en esta ventana, y seguirá siendo así a menos que se especifique lo contrario.

Consejo Para que FrontPage abra automáticamente el último sitio web en el que ha estado trabajando, seleccione Opciones en el menú Herramientas, y luego, en la ficha General, marque la casilla Abrir automáticamente el Web más reciente al iniciar FrontPage.

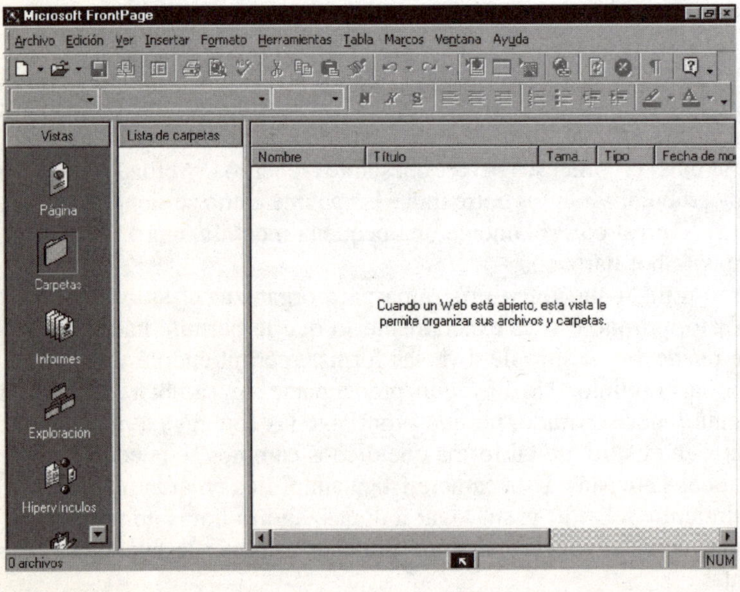

Figura 3.1.
Ventana principal de FrontPage, sin ningún sitio abierto.

- **Abrir una página o sitio web existente.** Si ya ha creado sitios en FrontPage, puede abrirlos de un modo muy sencillo. Solamente hay que seleccionar la orden Archivos recientes en el menú Archivo y aparecerá una lista de las últimas páginas en las que ha estado trabajando, o bien seleccionar Webs recientes en el mismo menú, para ver una lista de los últimos sitios web que ha abierto. También puede seleccionar Abrir en el menú Archivo para acceder al cuadro de diálogo Abrir archivo. Desde aquí puede buscar cualquier archivo en su computadora o en Internet pulsando, en este caso, el icono Buscar en el Web. También puede seleccionar Abrir Web en el menú Archivo para que aparezca el cuadro de diálogo del mismo nombre. Al igual que el cuadro de diálogo Abrir archivo, esta orden le permite buscar cualquier sitio web en su computadora.

- **Crear un nuevo web.** También se puede crear un nuevo sitio web de FrontPage. Para hacerlo, hay que seleccionar Nuevo en el menú Archivo y luego Web en el submenú. Se abrirá el cuadro de diálogo Nuevo, tal y como se muestra en la Figura 3.2. En él, puede elegir uno de los tipos de web que le ofrece FrontPage y su ubicación. La siguiente sección aporta más detalles sobre este proceso.

Cómo crear un sitio web partiendo de cero

Al abrir FrontPage, lo primero que aparece es la ventana principal vacía, sin ningún sitio abierto. Si ya está en el programa, solamente tiene que utilizar las órdenes del

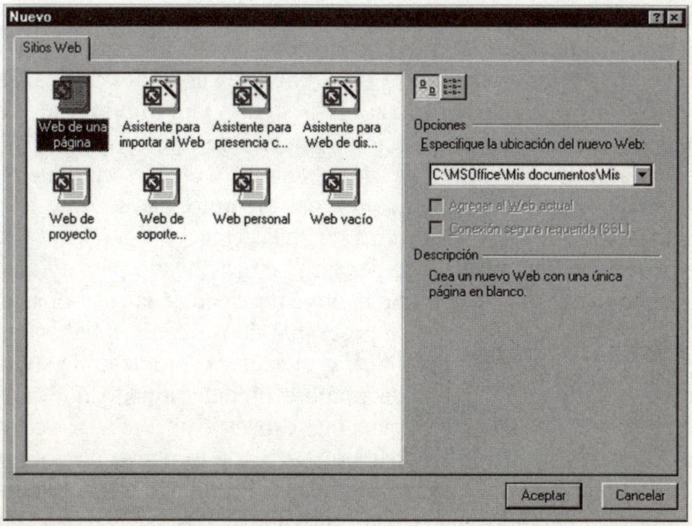

Figura 3.2.
El cuadro de diálogo Nuevo.

menú para crear o abrir sitios. La estructura del sitio puede consistir simplemente en un nombre y una o dos páginas preconstruidas, sobre las que se puede trabajar más adelante. FrontPage guarda esta estructura en la ubicación que se ha especificado, generalmente en la computadora en la que se está trabajando.

El cuadro de diálogo Nuevo enumera una serie de asistentes y plantillas. Una de las formas más sencillas de crear un sitio es utilizar una de estas herramientas, porque evita muchos problemas preliminares de diseño. En el Capítulo 4 se tratará más a fondo la utilización de estas plantillas y asistentes.

En el cuadro de diálogo Nuevo, hay que seguir dos pasos para crear un nuevo sitio web.

1. Elija el tipo de sitio web de FrontPage que quiere crear. Puede optar por utilizar un asistente o una plantilla. Las opciones son las siguientes:
   Web de una página. Elija esta opción si lo que desea es crear un sitio con una página en blanco. Al elegir esta opción, FrontPage crea un sitio de una sola página y sus carpetas correspondientes. A continuación puede comenzar a construir el resto del sitio.
   Asistente para presencia corporativa. Este asistente es el ideal para crear el sitio web de una empresa. Se le harán una serie de preguntas y se le ofrecerán varios tipos de páginas que puede utilizar para dar a su empresa un aspecto interesante. Para obtener más información sobre este asistente, consulte el Capítulo 4.
   Web de soporte al cliente. Esta plantilla le ayudará a crear un sitio web de soporte al cliente para su empresa.
   Asistente para Web de discusión. Este asistente le ayudará a crear un grupo de discusión con hebras, tablas de contenido y búsqueda de texto. Para obtener más información sobre este asistente, véase el Capítulo 4.
   Web vacío. Esta plantilla crea un sitio nuevo, sin nada en su interior.
   Asistente para importar al Web. Si dispone de un sitio que no se ha construido con FrontPage o una serie de archivos web individuales que desea importar a FrontPage, puede utilizar el Asistente para importar al Web. En el Capítulo 4 encontrará una descripción completa de este asistente.
   Web personal. Esta plantilla le permite crear un web personal que puede utilizar para visualizar información como, por ejemplo, datos sobre los empleados, biografías e intereses, entre otras muchas cosas.
   Web de proyecto. Esta plantilla le permitirá crear un sitio para ayudarle en las tareas de gestión de un proyecto. Se incluye una lista de las personas que participan en el proyecto, su estado, su programa de trabajo y muchas más cosas.
2. Designe un nombre para el nuevo web y, si es necesario, cambie su ubicación. Siempre es aconsejable cambiar el nombre predeterminado que proporciona FrontPage por uno que haga referencia más específicamente a su web. Al pulsar el botón Aceptar, FrontPage crea su sitio web con el nuevo nombre que le ha dado y en la ubicación que haya especificado. FrontPage utiliza una ubicación local de manera predeterminada. Otra alternativa sería seleccionar una de las ubicaciones que se enumeran en la lista desplegable del cuadro de texto Especifique la ubicación del nuevo Web, pulsando en la flecha situada a la derecha.

Pero espere un momento: ¿qué pasa si la ubicación que desea no se encuentra en la lista desplegable? Una vez más, no hay por qué preocuparse; lo único que hay que hacer es escribir el nombre de la ubicación deseada en el cuadro de lista. Por ejemplo, si la ubicación actual en su computadora local es C:\MisWebs\corp4, y quiere que FrontPage cree el nuevo sitio en la carpeta corp5, que no está en la lista, solamente tiene que modificar el campo de texto para que aparezca c:\MisWebs\corp5, y FrontPage creará el sitio web adecuadamente.

Consejo Si quiere agregar su nuevo sitio a uno ya existente de FrontPage, asegúrese de que este último está abierto antes de iniciar el proceso y luego active la opción Agregar al Web actual.

Si está construyendo el sitio en una ubicación segura y dicha ubicación dispone de SSL (Capa de conectores seguros), marque la casilla de verificación Conexión segura requerida. Para obtener más información, consulte el Capítulo 5.

Cuando termine, pulse Aceptar y FrontPage creará el nuevo sitio. Puede que este proceso dure unos cuantos minutos, dependiendo de la velocidad de su computadora y del sitio que haya elegido crear. FrontPage crea una carpeta para el sitio en la ubicación que haya especificado y le da el mismo nombre que al sitio. Si utiliza una plantilla, FrontPage agrega a esta carpeta los archivos correspondientes a las páginas de la plantilla. Si utiliza un asistente, verá una serie de pantallas en las que puede personalizar el sitio antes de que FrontPage cree las páginas. Para obtener más información sobre cómo utilizar los asistentes, véase el Capítulo 4.

Una vez que el proceso haya finalizado, FrontPage mostrará el sitio en la ventana principal.

Cómo abrir un sitio ya existente

En FrontPage se puede abrir cualquier tipo de sitio web, independientemente de la aplicación con la que se haya creado. También se puede abrir un sitio web creado con FrontPage (o cualquiera de sus archivos componentes) con un explorador del tipo de Internet Explorer.

Cómo abrir sitios o archivos creados en FrontPage

Si ya ha creado un sitio en FrontPage y desea abrirlo con el Explorador de Windows, o si lo que desea es abrir solamente un archivo, aquí tiene cómo hacerlo:

Abrir un Web existente. Seleccione Abrir Web en el menú Archivo para acceder al cuadro de diálogo Abrir Web. La ubicación predeterminada que FrontPage utiliza para crear los sitios es C:\MisWebs, por lo que éste es un buen lugar para comenzar a buscarlo si no tiene muy claro dónde está ubicado el sitio. Si el sitio que quiere

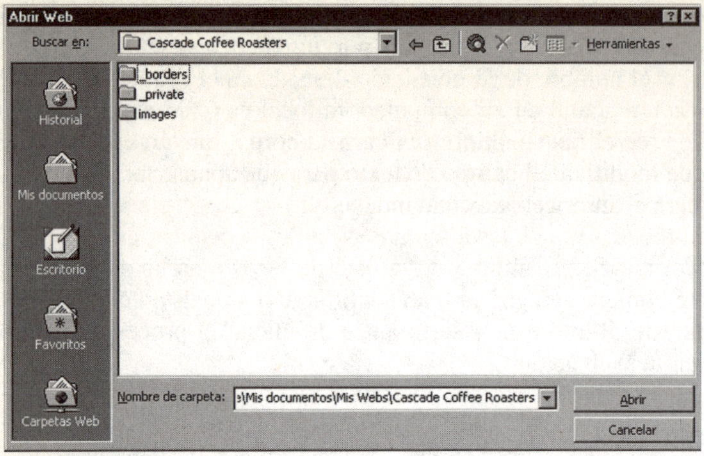

Figura 3.3.
El cuadro de diálogo Abrir Web.

abrir no está en la lista, puede buscarlo con Buscar en. La Figura 3.3 muestra el cuadro de diálogo Abrir Web.

Seleccione la carpeta del sitio que quiere abrir y pulse Aceptar. En ese momento FrontPage abrirá el sitio en la ventana principal.

Abrir un archivo de un Web. Seleccione la orden Abrir en el menú Archivo para que aparezca el cuadro de diálogo Abrir archivo. Aquí se enumeran todos los archivos que existen actualmente en el sitio web, así como su estructura de carpetas. La Figura 3.4 muestra el cuadro de diálogo Abrir archivo.

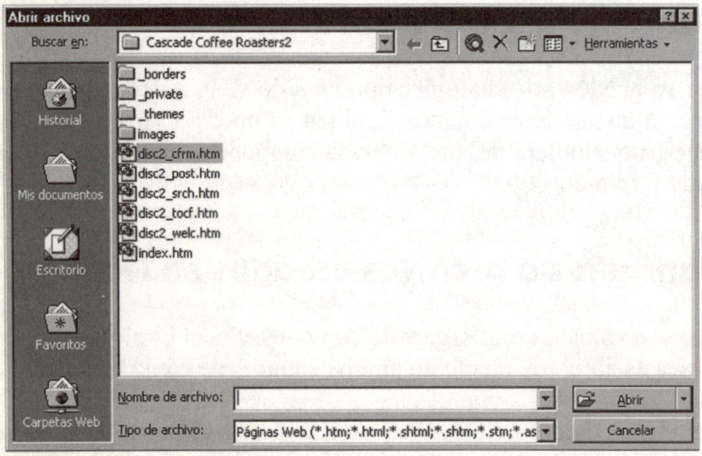

Figura 3.4.
Cuadro de diálogo Abrir archivo.

Elija el archivo que desee abrir y luego pulse Aceptar. El archivo se abre en la vista Página de FrontPage, ya preparado para trabajar con él.

Consejo Para abrir rápidamente un sitio web o un archivo, puede pulsar el botón Abrir de la barra de herramientas estándar (es el mismo botón que aparece en la mayoría de las aplicaciones de Windows 98) y luego seleccionar Abrir o Abrir Web en el submenú. Otra de las alternativas sería seleccionar, en la parte inferior del menú Archivo, un sitio o archivo de la lista de webs o archivos que se han abierto recientemente.

Cómo abrir un sitio creado con otras aplicaciones

Si quiere abrir un sitio creado con otra aplicación, lo ideal sería que el sitio se encontrara en un servidor web que tuviera instaladas las Extensiones de servidor de FrontPage. Estas Extensiones recopilan la información adicional que necesita FrontPage y permiten modificar el contenido del sitio. Por consiguiente, si están instaladas las Extensiones de servidor de FrontPage adecuadas, puede que no tenga que cambiar el formato del sitio para trabajar con él.

Para abrir un sitio de estas características, siga el procedimiento que se explica en la sección anterior, «Cómo abrir sitios o archivos creados en FrontPage». Para obtener más información sobre las Extensiones de servidor de FrontPage, véase el Capítulo 11.

Si, no obstante, quiere abrir el sitio desde un servidor que no tiene instaladas estas Extensiones, el proceso es bastante sencillo. No tiene más que utilizar el Asistente para importar al Web descrito en el Capítulo 4.

Cómo utilizar las vistas de FrontPage

Cuando piensa en un sitio web, ¿lo ve de manera espacial (como un montón de páginas conectadas entre sí) o linealmente (como un montón de páginas colocadas en fila)? Por supuesto, cualquiera de las dos formas es correcta; todo depende del punto de vista. FrontPage dispone de la famosa interfaz de usuario de estilo Outlook, que permite ver y manipular el sitio de seis formas diferentes. Quizás una de las mejores características de FrontPage sea la de permitirle ver el sitio de estas seis distintas formas, tal y como se muestra en la Figura 3.5.

Verticalmente, en el lado izquierdo de la ventana, debajo del título Vistas, aparece una lista de los iconos que representan a cada una de estas vistas.

Las siguientes secciones tratan estas vistas una por una, con el fin de enseñarle el modo característico en que permiten ver y crear un sitio web con FrontPage. A continuación explicaremos algunas de las características comunes a todas ellas.

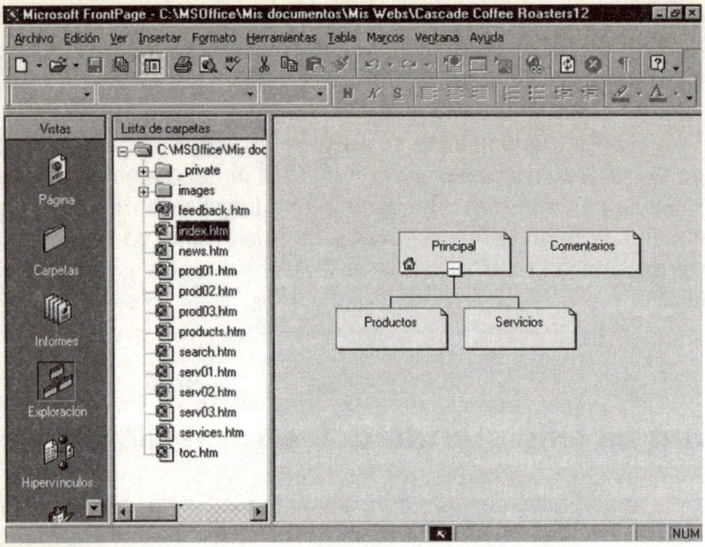

Figura 3.5.
Ejemplo de un sitio en la vista Exploración.

Vista Página

La vista Página es donde realmente se añade el contenido de las páginas del sitio. Aquí es donde se encuentra todo lo relacionado con HTML, además de ser el lugar en donde se pone de manifiesto su capacidad creativa. En la Parte 3, «Construcción de páginas», se describe esta vista más en profundidad.

Vista Carpetas

Si está utilizando Windows 95 o Windows 98, probablemente entenderá bastante bien la vista Carpetas. Esta vista se parece a la del Explorador de Windows. Representa la estructura de su sitio web independientemente de su ubicación, además del contenido de las carpetas, de tal modo que no tiene que preocuparse de recordar dónde están los archivos del sitio.

Para activar la vista Carpetas de un sitio, pulse el icono Carpetas en la barra de herramientas de Vistas o seleccione la orden Carpetas en el menú Ver.

Consejo Si quiere hacer desaparecer el menú Vistas para tener más espacio para trabajar, pulse en la orden Barra de vistas del menú Ver y borre la marca de la casilla de verificación. Por el contrario, si el menú Vistas está oculto y quiere que vuelva a aparecer, marque otra vez esta casilla.

Para ver qué aspecto tiene la vista Carpetas fíjese en la Figura 3.6, en la que se muestra un sitio denominado Corp, creado con el Asistente para Webs de presencia corporativa. Para obtener más información sobre cómo crear un sitio, véase la sección «Cómo crear un sitio web partiendo de cero» de este mismo capítulo.

La vista Carpetas divide la pantalla verticalmente en dos ventanas a la derecha de la barra Vistas. En el panel izquierdo aparece la estructura de carpetas del sitio. La carpeta de nivel superior contiene archivos y subcarpetas. Al construir sitios web, FrontPage utiliza carpetas específicas, dependiendo del sitio que se va a construir. Así pues, un sitio web creado con la plantilla Web de proyecto, por ejemplo, puede tener diferentes subcarpetas que otra creada con el Asistente para Webs de presencia corporativa.

Fíjese en que, en el gráfico anterior, C:\MisWebs\Corp está seleccionado. Ésta es la ubicación local del sitio, en donde C es el disco duro y Corp la carpeta en la que se encuentra el sitio. Todos los archivos del sitio están agrupados en las subcarpetas que se encuentran por debajo de esta ubicación. No obstante, el número de archivos que posee un sitio determinado no es fijo; cada persona puede crear sus propias carpetas para organizar los archivos. Para saber cómo hacerlo, véase la siguiente sección, titulada «Cómo crear sus propias carpetas».

El panel derecho de la ventana en la vista Carpetas contiene una lista del contenido de la carpeta seleccionada en el panel izquierdo. Es la misma convención que se utiliza en el Explorador de Windows. Las carpetas y los archivos que se enumeran en el panel derecho van acompañados de una serie de datos informativos, como el nombre, título, tamaño, tipo, fecha de modificación, identificación de la persona que lo modificó y comentarios sobre el archivo.

La Figura 3.7 muestra el contenido de la subcarpeta «Images» del sitio web *corp.*

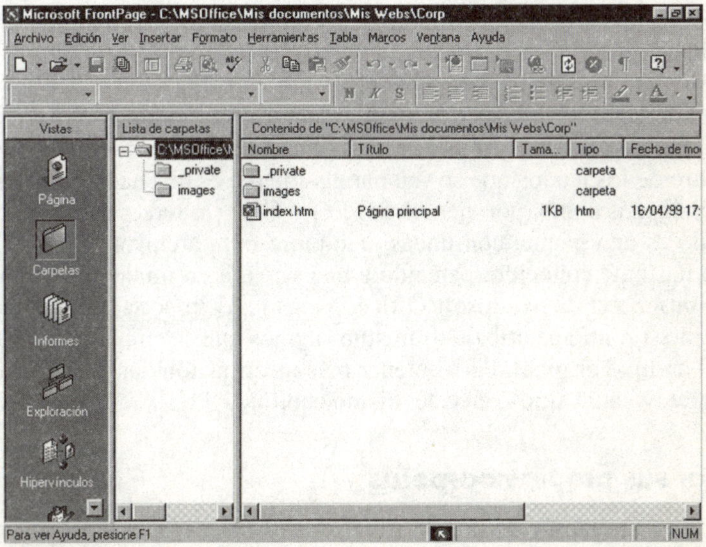

Figura 3.6.
Vista Carpetas.

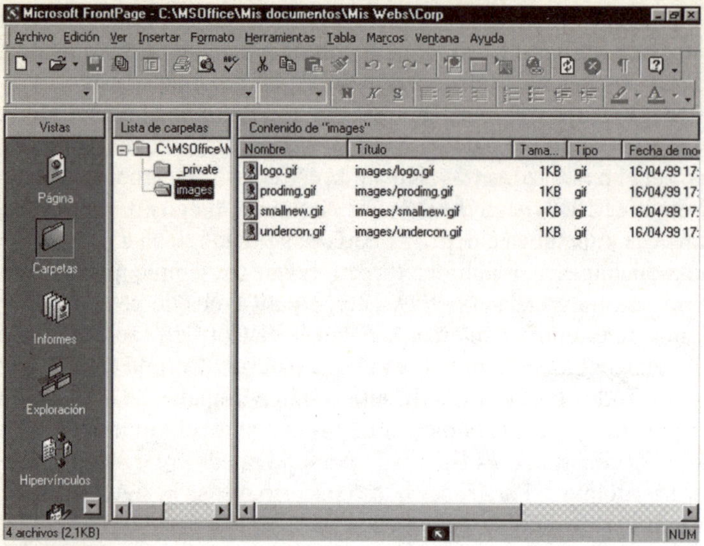

Figura 3.7.
Vista Carpetas, en donde se muestra el contenido de la carpeta «Images».

Para ordenar la lista de archivos según una determinada columna en la vista Carpetas, pulse el encabezado de dicha columna. FrontPage ordena los archivos en orden alfabético ascendente, excepto en el caso de la columna Fecha de modificación, que provoca una ordenación cronológica, comenzando con el archivo modificado más recientemente.

Durante su viaje por FrontPage, probablemente verá una serie de iconos diferentes en el panel derecho de la vista Carpetas, al lado de los nombres de los archivos y las carpetas. Uno de estos iconos es la carpeta amarilla, que es fácil adivinar lo que representa. Otro de los iconos que se ven habitualmente es un cuadro, que representa archivos de imágenes como, por ejemplo, JPEG y GIF. Un tercer icono que va a ver muy a menudo es una página con líneas, que representa archivos HTML. También hay un icono bastante conocido, parecido a una versión en miniatura de uno de los iconos de su programa de Microsoft Office favorito. Al importar cualquier archivo de Office al sitio, FrontPage utiliza los mismos iconos que se emplean en Office para representar el archivo original. Para obtener más información, lea la sección «Cómo importar un archivo a un sitio», en este mismo capítulo.

Cómo crear sus propias carpetas

Imagínese que es un administrador de sitios web y es el responsable del mantenimiento de un sitio en la intranet de su empresa, y que este sitio incluye numerosos archivos de Office de las diversas personas que trabajan en él. Una forma de organizar dichos archivos sería agruparlos en una estructura de carpetas denominada Office. Luego, en la carpeta Office se podría incluir una carpeta Word, en donde se podrían almacenar los archivos de dicho procesador de textos. Así es como se agrega una nueva carpeta:

1. Abra un sitio web en la vista Carpetas y luego seleccione, en el panel izquierdo, la carpeta en la que quiere colocar la nueva.
2. Seleccione la orden Nuevo en el menú Archivo y luego Carpeta en el submenú. Aparecerá una nueva carpeta en cada panel de la vista Carpetas. Esta nueva carpeta queda seleccionada en espera de que le asigne un nombre.
3. Denomine a la nueva carpeta *Office* y luego pulse INTRO.
4. Seleccione la carpeta Office en el panel izquierdo.
5. Repita los pasos 2 y 3, llamando a la nueva carpeta *Word*. En la Figura 3.8 se muestra cómo debería verse la estructura de las carpetas.

Consejo Para agregar más rápidamente una carpeta nueva en la vista Carpetas, pulse con el botón derecho del ratón en cualquiera de los dos paneles y seleccione Nueva carpeta en el menú emergente.

Ahora ya tiene un lugar donde guardar los archivos de Word que le envíen los miembros de su equipo para incluirlos en el sitio. Y, lo que es incluso mejor, les puede enseñar cómo importar los archivos ellos mismos. Para aprender cómo hacerlo, véase la sección «Cómo importar un archivo a un sitio», más adelante.

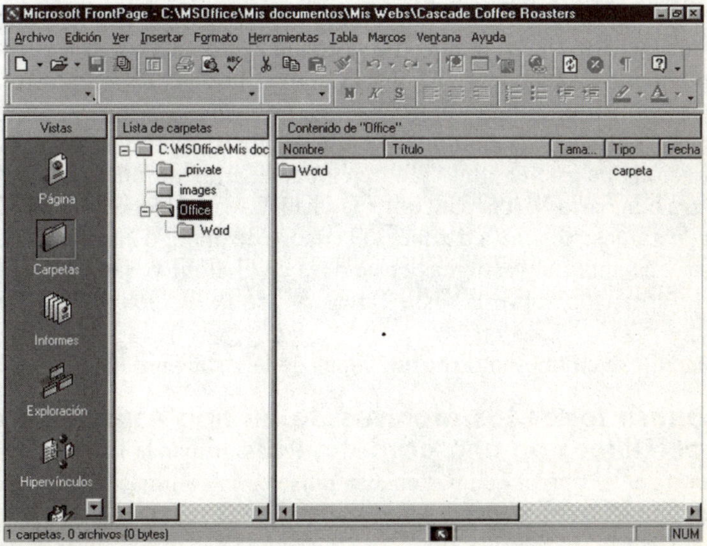

Figura 3.8.
La carpeta Office y la subcarpeta Word en la vista Carpetas.

Cómo desplazar o copiar archivos utilizando la técnica de arrastrar y colocar

Puede que cuando esté trabajando con las diferentes vistas desee utilizar la técnica de arrastrar y colocar para desplazar archivos de un lugar a otro. Pongamos por caso que está trabajando en la vista Exploración, agregando una página nueva al sitio, y quiere guardar la página en determinada carpeta. Puede arrastrar el archivo desde la vista Exploración hasta la vista Carpetas, depositándolo en la carpeta exacta. Ésta es otra de las formas en las que se pueden utilizar las vistas combinadamente para crear sitios web. La técnica es sencilla:

1. Seleccione un archivo (o un grupo de archivos).
2. Para mover el archivo, pulse el botón izquierdo del ratón sin soltarlo (el botón derecho le da la opción de copiar o mover un archivo). Arrastre todo lo que ha seleccionado a uno de los iconos de la barra Vistas. La vista correspondiente quedará activada en el panel derecho.
3. Sin soltar el botón del ratón, mueva el ratón al panel derecho y luego suelte el botón. Ya ha movido el archivo o archivos a su nueva ubicación.

Esta técnica puede utilizarse tanto en la vista Carpetas como en las vistas Exploración e Hipervínculos, pero los resultados pueden ser diferentes en cada una de ellas. Por esta razón, esta técnica se tratará por separado en cada una de las vistas.

Otras técnicas de arrastrar y colocar en la vista Carpetas

La vista Carpetas utiliza la técnica de arrastrar y colocar para ayudarle a trabajar con las diferentes vistas. Por ejemplo, puede arrastrar un solo archivo (o varios) hasta el icono de Exploración en la barra Vistas para activar la vista Exploración. A continuación, puede colocar el archivo o archivos en una página primaria. Para obtener más información sobre la vista Exploración y las páginas primarias, véase la sección «Vista Exploración» en este capítulo. También puede arrastrar un solo archivo hasta el icono Tareas en la barra Vistas para abrir la vista Tareas y luego colocar el archivo en la ventana de Tareas. Se abrirá entonces el cuadro de diálogo Nueva tarea, en donde puede crear y asignar nuevas tareas basándose en el archivo que ha movido. Para obtener más información sobre la vista Tareas, véase la sección «Vista Tareas» de este capítulo.

A continuación se enumeran otras funciones de la vista Carpetas:

- **Encontrar todos los archivos de un tipo específico (como los de Office) en una carpeta.** Para agrupar la lista de archivos de acuerdo con el tipo al que pertenecen pulse en la columna Tipo, y luego busque el tipo de archivo que desee.

- **Cambiar el nombre de un archivo.** Se hace exactamente del mismo modo que en el Explorador de Windows. Se pulsa el botón derecho del ratón y se selecciona Cambiar nombre en el menú emergente. Cuando se cambia el nombre del archivo, FrontPage actualiza automáticamente todos los vínculos con dicho archivo.

- **Modificar la estructura de carpetas.** Puede volver a ordenar la estructura de su sitio web arrastrando los archivos de una a otra carpeta, tal y como lo haría en el Explorador de Windows. FrontPage vuelve a configurar automáticamente los vínculos.

También se puede cambiar el ancho de las columnas en la vista Carpetas. Solamente hay que colocar el ratón en el área de encabezado de las columnas, cerca de una de las líneas que separan unas columnas de otras y, cuando el cursor se transforme en una cruz con flechas hacia la izquierda y la derecha, pulse el ratón y arrastre la línea hasta ajustar el ancho.

Vista Informes

Cuando comience a construir sitios cada vez más grandes, se dará cuenta de que cada uno de los sitios puede tener docenas de páginas, cientos de hipervínculos (internos y externos) y multitud de imágenes, así como otros muchos elementos que son una fuente inevitable de problemas. Por este motivo, la posibilidad de organizar todas las estadísticas básicas del sitio sería una función de gran valor. Pues bien, es su día de suerte, porque FrontPage ha creado la vista Informes para permitirle hacer eso, entre otras muchas cosas. También puede utilizar la barra de herramientas Informes como medio para acceder a dichos informes.

Para ver el sitio en la vista Informes, hay que seleccionar el icono Informes en el menú Vistas. O bien, para ver los diferentes informes, puede seleccionar Informes en el menú Ver y elegir el que desee en el submenú. Tal y como se observa en la Figura 3.9, existen diversos modos de filtrar los informes.

Como el sitio web se puede ver y administrar de muchas formas diferentes, la vista Informes también le muestra el sitio de diferentes maneras.

- **Resumen del sitio.** Este informe le da una idea general de cuáles son las áreas más importantes del sitio, para poder actuar rápidamente ante posibles problemas. Si necesita saber cuántos hipervínculos hay en su sitio y cuántos de ellos están rotos o no están verificados, en el informe Resumen del sitio puede ver esta información con sólo una ojeada. En la Figura 3.10 se muestra la información disponible en el resumen de un sitio.

- **Todos los archivos.** Si alguna vez ha querido ver una lista completa de todo lo que hay en su sitio, pero nunca se ha atrevido a pedirla, no tema, pues eso es exactamente lo que va a ver cuando seleccione el informe Todos los archivos.

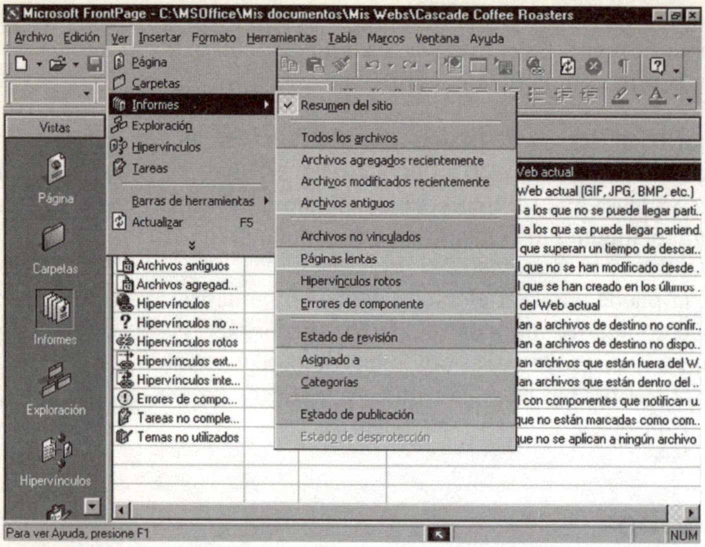

Figura 3.9.
Submenús de la vista Informes.

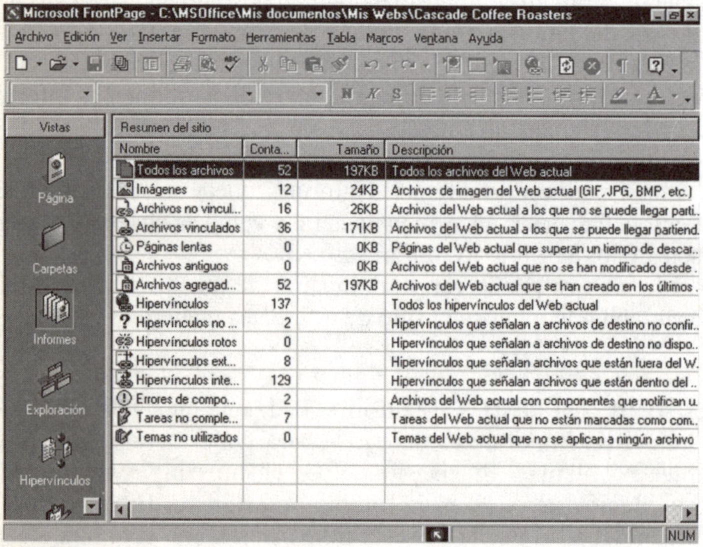

Figura 3.10.
Vista del Resumen del sitio.

Consejo Para ordenar todos los informes según una determinada columna, pulse el encabezado de dicha columna. Los archivos quedarán ordenados alfabéticamente, excepto para la columna Última fecha de modificación que provoca una ordenación cronológica, comenzando por el archivo modificado más recientemente. Si vuelve a pulsar el encabezado, los archivos se clasifican en orden inverso.

- **Archivos agregados recientemente.** Para ver una lista de los últimos archivos que se han agregado, seleccione el informe Archivos agregados recientemente. FrontPage le presentará una lista de estos archivos, situando los más recientes al principio.

- **Archivos modificados recientemente.** Si tiene curiosidad por saber qué archivos se han modificado recientemente, seleccione este informe y quedará satisfecho.

- **Archivos antiguos.** Para poder ver una lista de los archivos que tienen más de determinado número de días, seleccione el informe Archivos antiguos.

- **Archivos no vinculados.** Puede que a veces el sitio contenga unos cuantos archivos que no están vinculados a nada. Pueden ser imágenes o páginas que contienen resultados de formularios. Para poder ver una lista de estos archivos, seleccione el informe Archivos no vinculados.

- **Páginas lentas.** Cuando se crean páginas web, siempre es aconsejable saber cuánto tiempo se tardará en descargarlas a cierta velocidad de conexión. Este informe le permite saber cuántos segundos va a tardar en descargar una página a determinada velocidad de módem. Puede definir estas variables en el cuadro de diálogo Opciones, tal y como se explica en la siguiente sección, «Opciones de la vista Informes».

- **Hipervínculos rotos.** Si se pasa el día yendo de un lugar a otro, creando páginas con vínculos con muchos lugares, sólo es cuestión de tiempo que aparezca un vínculo que no funcione. Si quiere verlo por sí mismo, utilice el informe Hipervínculos rotos. Si hay algún vínculo con una página que todavía no ha creado, el informe también lo presentará como si estuviera roto. Una vez que sabe dónde están estos hipervínculos rotos, puede llegar hasta ellos y repararlos fácilmente.

  Cuando haya verificado los hipervínculos del sitio, es mucho más que probable que tenga que editar algunos de ellos. Para arreglar un vínculo roto, púlselo con el botón derecho del ratón en el informe Hipervínculos rotos y luego seleccione Modificar hipervínculo en el menú emergente, para abrir el cuadro de diálogo del mismo nombre, que se muestra en la Figura 3.11. A continuación damos una breve explicación de las opciones de este cuadro de diálogo.

- **Hipervínculo.** El primer elemento que aparece en el cuadro de diálogo muestra el destino actual del vínculo.

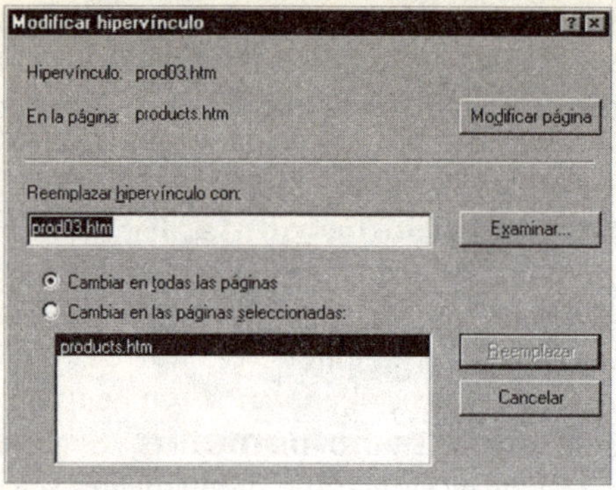

Figura 3.11.
Cuadro de diálogo Modificar hipervínculo.

- **En la página.** El segundo elemento del cuadro de diálogo muestra la página que contiene el vínculo.
- **Modificar página.** Para mover la página que contiene el hipervínculo, pulse Modificar página y el vínculo quedará seleccionado, permitiéndole modificarlo o eliminarlo. Para obtener más información sobre cómo modificar un hipervínculo con el editor, consulte el Capítulo 7.
- **Reemplazar hipervínculo con.** Cambie la dirección URL en el cuadro de texto Reemplazar hipervínculo con o pulse el botón Examinar para buscar la nueva dirección.
- **Cambiar en todas las páginas.** Si quiere que el nuevo vínculo que acaba de reemplazar quede modificado en todas las páginas del sitio que contengan el vínculo antiguo, pulse el botón de opción Cambiar en todas las páginas. FrontPage realiza una búsqueda por todo el sitio web y sustituye el vínculo antiguo por el nuevo que acaba de crear. Es aconsejable dejar que FrontPage haga esta función automáticamente.
- **Cambiar en las páginas seleccionadas.** Si quiere que FrontPage cambie el nuevo vínculo solamente en determinadas páginas, seleccione Cambiar en las páginas seleccionadas y luego elija las páginas en la lista.

Una vez realizada la selección de opciones en el cuadro de diálogo Modificar hipervínculo, pulse el botón Reemplazar. FrontPage recorre todo el sitio web y realiza los correspondientes cambios. Si no tiene tiempo en ese momento para reparar el vínculo o necesita algún tiempo para encontrar la dirección correcta, puede agregar esta tarea a la vista Tareas pulsando el botón derecho del ratón en el vínculo y seleccionando luego Agregar Tarea en el menú emergente. Para obtener más información sobre la vista Tareas, véase la sección «Vista Tareas» de este capítulo.

- **Errores de componente.** Una de las razones por las que FrontPage es tan útil, es que todos los componentes personalizados vienen ya incluidos en el programa. Estos componentes eliminan buena parte de la tarea de codificación, con la que la mayoría de los mortales no queremos tener nada que ver. Si existe un error en cualquiera de los componentes del sitio, aparecerá en este informe. Para que muchos componentes funcionen hay que guardar la página en un servidor web. Si acaba de comenzar a construir el sitio y todavía no lo ha enviado a un servidor, verá que estos componentes aparecen como errores en el informe. Pero no se preocupe: el informe simplemente sirve para ayudarle a seguir la pista de los componentes y para informarle de si ya ha publicado las páginas que los contienen.

- **Estado de revisión.** Otra de las formas de organizar y ver los archivos del sitio web es creando un proceso de revisión. Por poner un ejemplo, puede especificar que la página que contiene los productos, Prod01.htm, tenga que ser revisada por el administrador Dick. Cuando se marca un archivo de este modo, todo el mundo sabe que no se puede trabajar en esa página hasta que Dick la revise. Para asignar un estado de revisión, pulse en el espacio de la columna Estado de revisión junto al archivo que desea cambiar; en ese momento, el campo de la columna se convierte en un menú desplegable. Puede seleccionar cualquiera de las revisiones que aparecen en la lista o simplemente introducir el nombre de una nueva. En la Figura 3.12 se muestra la ventana de Estado de revisión.

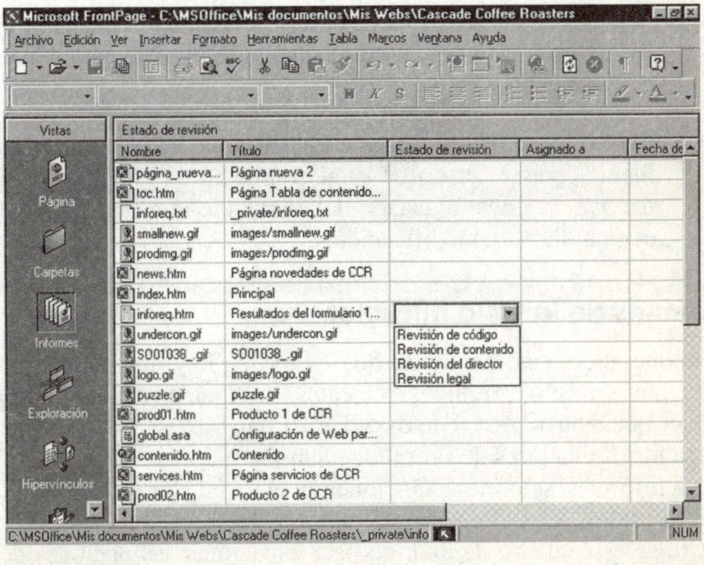

Figura 3.12.
Ventana Estado de revisión con una lista de revisiones.

- **Asignada a.** Si hay muchas personas trabajando con diferentes archivos en el sitio y desea saber quién está trabajando en cada uno de ellos, agregue sus nombres en el campo de la columna Asignada a. Para introducir un nombre en este campo, pulse con el ratón en el espacio de la columna Asignada a, junto al archivo en concreto, y aparecerá un menú desplegable. Puede elegir cualquiera de los nombres que aparecen en la lista o introducir uno nuevo.

Nota Puede agregar nombres al campo Asignada a, tanto en el informe Estado de revisión como en el de Asignada a.

- **Categorías.** Durante la construcción del sitio, puede que desee definir categorías para organizar los elementos individuales de contenido. Por ejemplo, quizás tenga algunas páginas que todavía están en proceso de desarrollo. Puede asignar estas páginas a la categoría Ideas y, a continuación, ordenar los archivos fácilmente para poder ver todas las páginas de Ideas. Puede seleccionar una de las categorías que se ofrecen o bien crear una nueva. Utilice el cuadro de diálogo Propiedades para definir estos parámetros, tal y como se explica en la sección «Propiedades de archivos» del Capítulo 7.
- **Estado de publicación.** Habrá veces en las que solamente quiera publicar en el servidor web determinados archivos. Con el informe Estado de publicación puede definir si un archivo está preparado para su publicación. Para hacer esto, pulse con el ratón en el campo de la columna Publicar que se encuentra al lado del archivo en cuestión y en ese momento aparecerá un menú desplegable, en el que podrá elegir entre las opciones Publicar y No publicar. Si elige No publicar, el archivo no se publicará a la vez que el resto del sitio web.
- **Estado de revisión.** Si está utilizando un programa de control de código fuente como Microsoft Visual Source Safe (VSS), puede utilizar este informe para verificar el estado del contenido que esté siendo modificado o esté disponible para modificación.

Opciones de la vista Informes

Puede que ahora esté pensando qué es lo que hay que hacer para ver un informe como, por ejemplo, Archivos recientes, en donde solamente aparezcan aquellos archivos que tengan menos de diez días de antigüedad. Pues vuelve a estar de suerte, porque los diseñadores de FrontPage han pensado en todo. Para ver las opciones de la vista Informes, seleccione Opciones en el menú Herramientas y luego abra la ficha Vista Informes. Verá el cuadro de diálogo Opciones que aparece en la Figura 3.13.

Utilice este cuadro de diálogo para especificar las opciones de los informes de Archivos recientes, Archivos antiguos y Páginas lentas. También puede especificar aquí la velocidad mínima de conexión que cree que van a utilizar sus visitantes. Y si

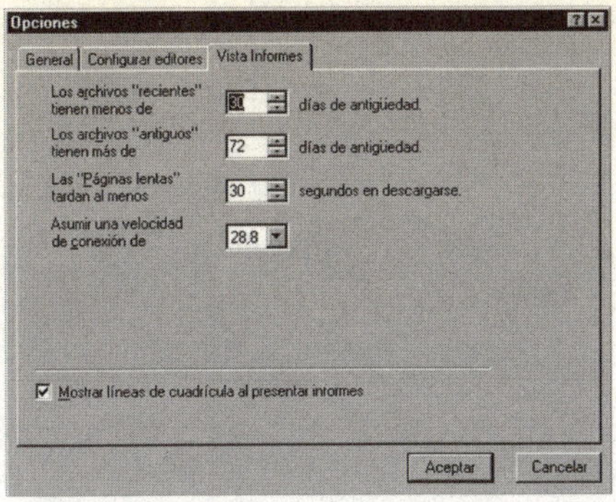

Figura 3.13.
Ficha Vista Informes del cuadro de diálogo Opciones.

odia todas esas líneas que aparecen en la vista Informes, aquí también puede hacerlas desaparecer fácilmente. Introduzca la información que desee y pulse Aceptar. FrontPage actualiza automáticamente los informes existentes para que se reflejen los cambios.

Vista Exploración

Existen muchas formas de dibujar la estructura de un sitio web; esto es, puede comprar un montón de papelitos adherentes y pegarlos por toda la pared, puede utilizar cientos de fichas e intentar organizarlas o bien garabatear esquemas por todos sitios. No obstante, los creadores de FrontPage han decidido ahorrarle algunos problemas y tiempo, sin mencionar todos los árboles que se van a salvar. Para ello, han incluido un método para dibujar la estructura del sitio directamente en FrontPage. Se denomina vista Exploración y le permite diseñar visualmente la estructura e incluso imprimirla. Puede utilizar la estructura que está construyendo en la vista Exploración para crear barras de exploración en una página de su sitio. Para obtener más información sobre las barras de exploración, véase la sección «Utilización de las barras de Exploración» del Capítulo 7.

Para ver su sitio en la vista Exploración, seleccione Exploración de la barra de Vistas o elija Exploración en el menú Ver.

En la Figura 3.14 se muestra un sitio a modo de ejemplo, en el que aparece una Lista de carpetas en la vista Exploración.

Tal y como puede observar, la vista Exploración presenta las páginas visualmente en forma de caja rectangular, colocando el título de la página justo en el medio. La vista Exploración divide la pantalla en dos paneles verticales. La parte de la derecha es el espacio de trabajo en donde se diseña la estructura, y la de la izquierda es, simplemente, una vista de las carpetas. La vista de las carpetas se corresponde con el contenido de la vista Carpetas, de la que ya se ha hablado en una sección de este capítulo. Estas dos vistas de las «carpetas» siempre coinciden, y si desplaza algún

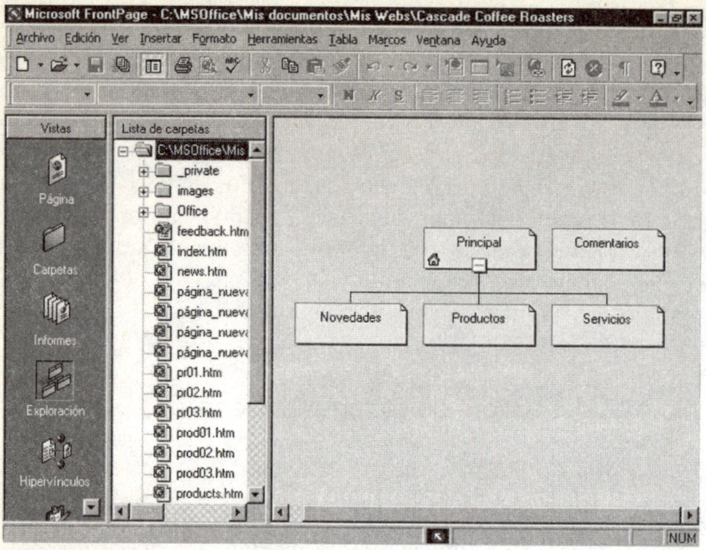

Figura 3.14.
Lista de carpetas en la vista Exploración.

elemento por el panel de carpetas en la vista Exploración, éstos también se desplazan en la vista Carpetas.

Consejo Si necesita más espacio para trabajar en la estructura de exploración, pulse en la orden Lista de carpetas del menú Ver y borre la marca de verificación. De este modo, la lista de carpetas desaparece de la pantalla. También puede quitar la barra Vistas borrando la marca de la casilla de verificación de la orden Barra de vistas, en el menú Ver.

Cómo modificar el título de una página

Puede utilizar diversos métodos para modificar fácilmente el título de una página en la vista Exploración:

- Pulse con el botón derecho del ratón en la página y luego seleccione Cambiar nombre en el menú emergente.
- Pulse en la página para seleccionarla y luego pulse otra vez sobre el título. Dicho título queda seleccionado de tal modo que ya puede escribir el nuevo nombre.
- Pulse sobre la página una sola vez y luego presione F2 en su teclado.

Cuando se cambia el título de una página, lo único que cambia es su «nombre artístico», es decir, el título que aparece en la cabecera de la mayoría de los exploradores, y no tiene ningún efecto sobre el URL de la página. Por ejemplo, el nombre de una página principal siempre es algo parecido a *Default.html* o *Index.html*, pero el nombre conocido se parecerá más al nombre de la empresa o del departamento.

Una vez que haya terminado de realizar los cambios en el nombre de la página, puede pulsar con el ratón en cualquier lugar desocupado o pulsar Intro para guardar el cambio. Si pulsa dos veces en una página por accidente, no se preocupe, lo único que ocurrirá es que acabará abriéndola en la vista Página. Para obtener más información sobre el trabajo con páginas, véanse los Capítulos 6 y 7.

Páginas primarias, secundarias y pares.

Generalmente, la estructura del sitio se construye desde arriba hacia abajo o, dicho de otro modo, las páginas se crean a diferentes niveles. Esta estructura es la que forma la jerarquía del sitio y ayuda a definir las prioridades de su contenido. Normalmente, la información más importante se coloca en la parte superior de la jerarquía, para que sea más fácil de encontrar, y la información relacionada o de soporte en las páginas de nivel inferior, con vínculos desde las páginas que se encuentran en los niveles más altos. Como los diseñadores de FrontPage saben que la jerarquía y la estructura de los vínculos son difíciles de comprender, han incorporado al programa un sistema de denominación que define la relación entre las páginas.

- **Páginas primarias.** Las páginas primarias son aquellas que tienen páginas secundarias vinculadas por debajo de ellas.

- **Páginas secundarias.** Las páginas secundarias son aquellas que habitan directamente por debajo de una primaria y que normalmente están vinculadas a ella mediante un gráfico, un hipervínculo de texto o una barra de exploración.

- **Páginas pares.** Las páginas pares son aquellas que comparten una página primaria.

Puede imaginarse las páginas como si fueran personas: todas las páginas pueden ser primarias, secundarias y pares a la vez, así como todas las personas pueden ser padres, hijos y hermanos a la vez.

En la Figura 3.15 se muestra un ejemplo de la estructura de un sitio, en donde Principal es la página primaria de Servicios y Noticias, y estas dos son, a su vez, pares entre sí. Servicios 2 es la página secundaria de Servicios y, a su vez, Servicios es la página primaria de Servicios 2. Puede que se esté preguntando qué hace la página Comentarios en la lista. Pues bien, es una página global, de nivel superior. Las páginas de nivel superior son aquellas a las que los visitantes pueden acceder desde cualquier otra página del sitio que contenga una barra de exploración. Debido a que FrontPage crea las barras de exploración basándose en la jerarquía diseñada en la vista Exploración, y debido a que la página de nivel superior es paralela a la página Principal, la página de nivel superior no está sujeta a la jerarquía. Las páginas de

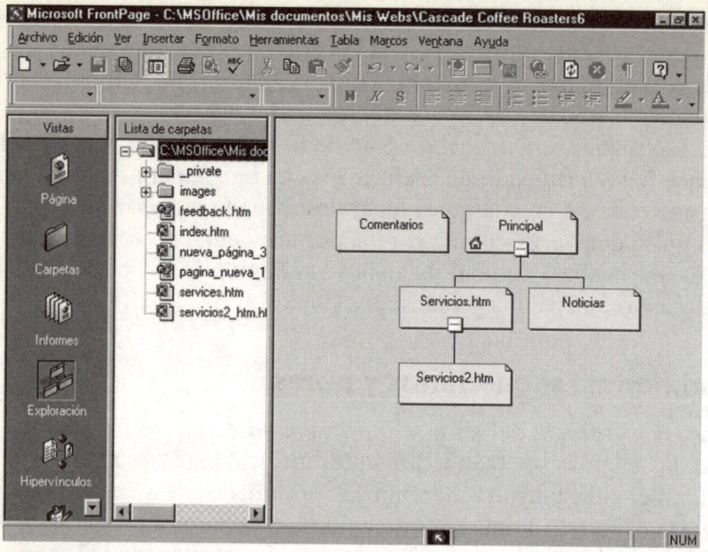

Figura 3.15.
Estructura de exploración básica en la vista Exploración.

nivel superior aparecen a la derecha o izquierda de la página principal en la vista Exploración. Para obtener más información sobre las barras de exploración, véase la sección «Utilización de las barras de exploración» del Capítulo 7.

Consejo Un modo muy fácil de agregar una nueva página de nivel superior es pulsar con el botón derecho del ratón en cualquier lugar desocupado del panel de estructura y luego elegir Nueva página superior en el menú emergente. También puede acceder al cuadro de diálogo Configuración del Web de FrontPage, seleccionando Configuración del Web en el menú emergente.

Tal y como se advierte en la Figura 3.16, FrontPage señala las páginas que están vinculadas entre sí trazando una línea entre ellas. Este convenio ofrece una idea visual bastante clara de la jerarquía del sitio. Si una página es primaria, puede contraer la lista de secundarias (incluyendo cualquiera de sus páginas secundarias de nivel inferior) pulsando en el signo negativo. A su vez, puede desplegar la estructura pulsando en los signos positivos, de uno en uno, para ver las páginas secundarias. Esta función es muy útil cuando se trabaja con un sitio de gran tamaño que tiene diferentes niveles.

Cómo cambiar la estructura

Para mover las páginas puede utilizar la técnica de arrastrar y colocar, creando la estructura sobre la marcha. En cualquier lugar de FrontPage, la técnica de arrastrar y

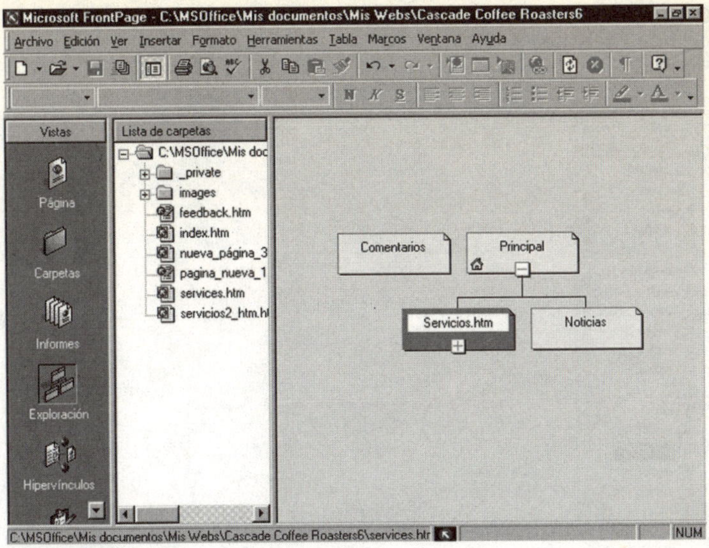

Figura 3.16.
Estructura plegada en la vista Exploración.

colocar se utiliza para desplazar los archivos de una vista a otra (véase la sección «Cómo utilizar las vistas de FrontPage» de este capítulo). Pero en la vista Exploración, los archivos se pueden desplazar en el interior del mismo panel o entre ambos paneles. Puede arrastrar un archivo desde el panel izquierdo al panel de estructura y puede desplazar las páginas por el interior de este último panel.

A continuación se explica cómo desplazar una página al panel de estructura desde el panel de carpetas:

1. Mantenga pulsado el botón izquierdo del ratón y pulse sobre el archivo que quiera desplazar del panel izquierdo.
2. Arrastre el archivo hasta el panel de estructura. Al mover el ratón por el panel superior podrá ver un perfil con una línea de puntos que representa la página que está moviendo.
3. Mueva este perfil de puntos hasta otra página del panel de estructura y aparecerá una línea de puntos conectando las páginas, tal y como se muestra en la Figura 3.17.
4. Una vez que tenga la página situada donde quiere colocarla, suelte el botón del ratón para que se sitúe en su lugar.

Ahora ya puede ver la página en el panel de estructura, su título está visible y cada página está conectada por una línea azul. No se preocupe, pues el control del diseño está en sus manos y puede desplazar las páginas por el panel de estructura todas las veces que quiera hasta que quede como desee. Éste es precisamente el corazón de la vista Exploración: su función principal es la de servir de medio para construir el flujo de información que forma la base del sitio.

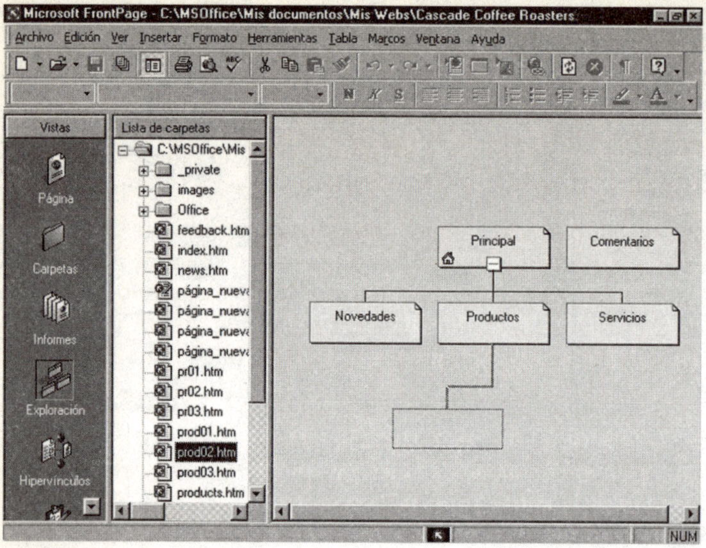

Figura 3.17.
Línea de puntos que representa una nueva página, en la vista Exploración.

Para agregar nuevas páginas al sitio, véase «Cómo agregar una nueva página al sitio» en este mismo capítulo.

Nota La estructura en la vista Exploración solamente se puede cambiar cuando se están utilizando barras de exploración. Los cambios realizados en esta vista afectan solamente a las páginas que contengan barras de exploración. Para obtener más información sobre cómo agregar barras de Exploración, véase «Barras de exploración» en el Capítulo 7. Si va a importar un sitio, debe colocar estas barras en las páginas del sitio importado antes de utilizar la vista Exploración.

Consejo Si el sitio que se dispone a construir va a ser de gran tamaño, se dará cuenta de que, al desplegar muchas páginas en la vista Exploración, algunas de ellas se salen de la pantalla de su monitor. Para llegar hasta ellas, puede utilizar las barras de desplazamiento o mover manualmente la vista hasta donde quiera. Para ello, basta con pulsar en cualquier lugar que esté desocupado y no soltar el botón del ratón hasta que el puntero se convierta en una mano. Una vez hecho esto, con el botón todavía pulsado, podrá desplazarse por toda la ventana con el ratón.

Si el sitio que va a construir consta de muchas páginas, puede que se esté preguntando qué pasaría si se pierde y no encuentra la página principal. No hay ningún motivo por el que preocuparse, porque su página principal siempre va a estar, o bien en la parte superior de la vista, o en la esquina superior izquierda. Es fácil de ver, porque tiene un icono que representa una pequeña casa en su esquina inferior izquierda.

Cómo borrar una página de la estructura

Las páginas se pueden borrar del panel de estructura en la vista Exploración de una manera muy sencilla. Puede utilizar cualquiera de las opciones de borrado que se describen en la sección «Cómo borrar archivos» de este capítulo. Al intentar borrar una página de la estructura del sitio, FrontPage le preguntará si quiere eliminar la página solamente de la vista Exploración o la quiere borrar completamente de todo el sitio web. Piénselo detenidamente.

Cómo ajustar la vista

Una vez que ha comenzado a construir el sitio, la estructura puede ser muy extensa y, a menos que disponga de uno de esos monitores de 21 pulgadas, le va a resultar complicado no perderse. FrontPage le ofrece algunas soluciones para cambiar y mejorar la vista de la estructura. Se puede acceder a estas opciones pulsando con el botón derecho del ratón en el panel de estructura y seleccionando luego una opción.

- **Zoom.** Con el zoom, podrá ajustar el tamaño, en porcentaje, de la estructura de exploración que aparece en la pantalla. También puede seleccionar la orden Ajustar el tamaño al contenido de la opción Zoom. Esta última orden amplía la estructura todo lo posible mientras las páginas permanecen visibles en el panel de estructura.

- **Girar.** A algunas personas les gusta ver la estructura del sitio de arriba abajo, mientras que otros prefieren verla de izquierda a derecha. La orden Girar permite a los usuarios conmutar entre ambas vistas.

- **Expandir todo.** En la vista Exploración, las páginas secundarias ocultas o plegadas están simbolizadas por un signo más (+). Si desea ver toda la estructura del sitio y no quiere tener que pulsar los signos uno a uno, puede utilizar la orden Expandir todo. Con esta orden, todas las páginas secundarias que se encuentran ocultas o plegadas se abren, dejando a la vista toda la estructura del sitio web. Si la estructura ya está totalmente desplegada o si ya no contiene ningún otro signo más, la orden no tendrá ningún efecto sobre ella.

- **Ver sólo subárbol.** Para que esta orden esté disponible, tiene que seleccionar una página en el panel de estructura. Cuando selecciona esta orden, toda la estructura se pliega, quedando a la vista solamente la página seleccionada. También puede pulsar con el botón derecho del ratón en una página individual del panel de la estructura y seleccionar Ver sólo subárbol en el menú emergente.

El cuadro de diálogo Exploración

Si selecciona la orden Barras de herramientas en el menú Ver y luego Exploración en el menú que aparece, se abrirá el cuadro de diálogo Exploración. Desde este cuadro de diálogo puede realizar fácilmente muchas tareas en la vista Exploración.

- **Zoom.** Puede cambiar el Zoom de la estructura del sitio pulsando la lista desplegable Zoom y seleccionando luego el porcentaje que desee.
- **Horizontal o vertical.** Este botón conmuta entre las vistas en formato horizontal y vertical del sitio.
- **Vínculo externo.** Antes de elegir un vínculo externo, tiene que seleccionar una página en la estructura del sitio. El botón Vínculo externo abre el cuadro de diálogo Seleccionar hipervínculo. Utilice este cuadro de diálogo para especificar una página a la que establecer un vínculo. Una vez hecho esto, pulse Aceptar y el nuevo vínculo se agregará a la estructura de exploración como una nueva página.
- **Incluidas en las barras de exploración.** Antes de utilizar este botón, tiene que seleccionar una página de la estructura del sitio. Esta orden incluye la página seleccionada en las barras de exploración o la excluye de ellas.
- **Ver sólo subárbol.** Este botón funciona como un conmutador, al igual que el anterior.

Cómo aplicar los cambios

Ya lleva algún tiempo jugueteando con la vista Exploración y ya tiene la estructura exactamente como la quería; de hecho es perfecta, una obra de arte; y ahora querrá guardarla. Pues bien, FrontPage guarda automáticamente la estructura en la vista Exploración mientras trabaja sobre ella, pero si quiere que las barras de exploración reconozcan la estructura nueva hay que actualizar los cambios. Para obtener más información sobre las barras de exploración, véase la sección «Utilización de las barras de exploración» del Capítulo 7.

Para aplicar los cambios que ha realizado en la estructura del sitio, sólo tiene que pulsar con el botón derecho del ratón en el panel de la estructura y elegir la opción Aplicar Cambios en el menú emergente. Puede que FrontPage tarde un minuto o dos en completar esta tarea, dependiendo del tamaño de la estructura.

Cómo imprimir el mapa del sitio

Generalmente, la gente necesita ver y sentir las cosas para llegar a comprenderlas y la estructura de un sitio puede llegar a ser algo bastante difícil de explicar. Puede ser muy útil disponer de una copia impresa de la estructura del sitio, no solamente para que la vea el jefe, sino también otros miembros del equipo de diseño, el cliente, su compañero, etc. Y, ¿quién sabe?, puede que incluso sea útil para realizar la estructura de marcos.

FrontPage imprime la estructura del sitio tal y como aparece en la vista Exploración, incluso aunque se salga de su monitor, así que asegúrese de desplegar todos los niveles que quiera imprimir. Para ahorrar espacio en la copia impresa, FrontPage solamente imprime los signos de suma que marcan las partes ocultas de la estructura y no imprime los signos negativos.

Si quiere obtener una vista previa de cómo va a quedar la estructura en la copia impresa, seleccione la opción Vista previa del menú Archivo. La ventana que aparece le da una serie de opciones. Para obtener más información sobre la Vista previa, véase la sección «Vista previa» del Capítulo 6.

Una vez que tenga la estructura a su entera satisfacción, puede imprimirla seleccionando la opción Imprimir del menú Archivo o pulsando CTRL + P en el teclado. Cualquiera de las dos opciones abre el cuadro de diálogo estándar de Imprimir.

Cómo añadir la vista Exploración a un sitio antiguo

Si lo que tiene es una versión actualizada de un sitio construido con una versión anterior de FrontPage o si ha importado el sitio desde otro programa, pero quiere beneficiarse de las ventajas que ofrece la vista Exploración, o utilizar las barras de exploración, ha tenido suerte. FrontPage coloca automáticamente una Página Principal en el panel superior, ya preparada para que comience el proceso de construcción. Y desde este momento la vista Exploración funciona igual que en cualquier otro sitio web.

Vista Hipervínculos

Esta vista representa gráficamente los vínculos internos de una porción de su sitio web. Para poder ver el sitio en la vista Hipervínculos, seleccione Vista Hipervínculos en el menú Ver, o bien pulse el icono Hipervínculo en la barra de Vistas.

En la Figura 3.18 se muestra cómo es un sitio en la vista Hipervínculos. Este tipo de vista divide la ventana en dos paneles. El de la izquierda presenta una idea general del sitio con una vista de las carpetas, mientras que el derecho muestra los archivos del sitio en forma de iconos unidos por una serie de líneas. El nombre de los archivos aparece justamente debajo de los iconos. Los vínculos aparecen estructurados de este modo: a la izquierda de la página aparecen los vínculos que van hasta ella, y a la derecha los que salen de ella.

En la Figura 3.18, el signo positivo indica que la vista puede desplegarse, por lo que existen más vínculos que llegan hasta la página o que salen de ella. Cuando se pulsa el signo positivo, la vista se expande y el signo se convierte en negativo, lo que indica que la vista se puede plegar.

Si pasa el puntero del ratón sobre un icono, aparecerá un recuadro emergente en donde se indica el nombre del archivo y otros datos sobre él.

Existen diferentes iconos en los dos paneles de la vista Hipervínculos. Por ejemplo, los iconos que representan un sobre y están contiguos a un protocolo *mailto:* son vínculos para enviar correo electrónico; es decir, establecen vínculos que permiten a

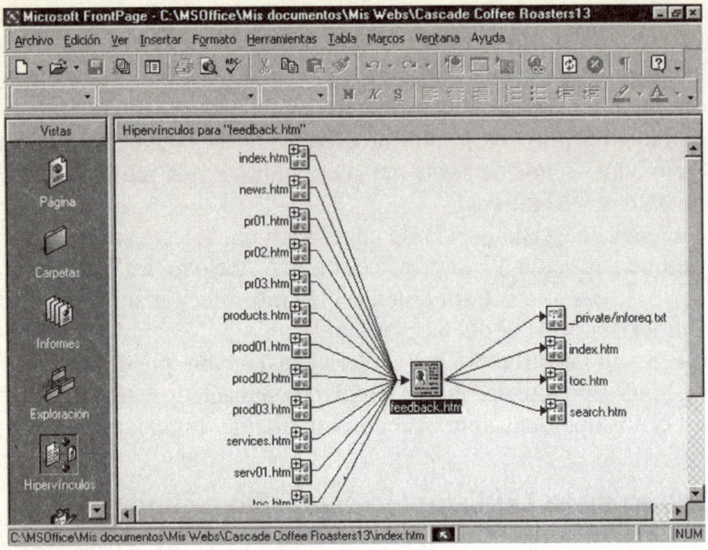

Figura 3.18.
Vista Hipervínculos.

los usuarios enviar un mensaje por correo electrónico directamente desde la página. Puede incluir, por ejemplo, este tipo de vínculo en la página que esté construyendo para que los usuarios puedan disponer de un medio adecuado para suministrar información al administrador del sitio. Los iconos que representan pinturas son archivos de imagen y los que se asemejan a un globo terráqueo representan vínculos con la World Wide Web. Al igual que en la vista Carpetas, también aquí hay iconos para los archivos de Office, cuando el sitio incluya alguno.

Al igual que en la vista Carpetas, cuando se pulsa un elemento en el panel izquierdo, la información que aparece en el derecho cambia. En la vista Hipervínculos, al pulsar un elemento en el panel izquierdo, éste aparece centrado en el derecho, junto a todos sus vínculos con otros archivos o direcciones. Cuando se pulsan signos positivos y negativos, el esquema general se expande y se pliega, respectivamente.

La vista Hipervínculos es especialmente útil para saber con exactitud cuántos vínculos tiene la página, así como también para poder ver cuáles otras páginas de su sitio web tienen un vínculo con ella. Pongamos por caso que hace una semana envió una página nueva a su intranet y ahora quiere saber cuántos vínculos se han creado apuntando hacia ella. Lo único que tiene que hacer es ver la página en la vista Hipervínculos.

La vista Hipervínculos también puede ser de gran utilidad si necesita asegurarse de que ha incluido todos los vínculos deseados en una página en concreto. Imagínese que le ha prometido a varios departamentos de su organización que pondría un vínculo desde su página «Para obtener más información» hasta sus correspondientes páginas principales y estos vínculos están incrustados en los párrafos de la página. Pues bien, puede ver todos estos vínculos en la vista Hipervínculos y verificar que aparecen todos los necesarios, en vez de tener que analizar la página en un editor, buscar los vínculos y luego comprobar si los datos son correctos.

Otra utilidad de la vista Hipervínculos es su función de búsqueda de todas las páginas que apuntan hacia otra en concreto. Al desplegar los vínculos (pulsando los signos positivos), también puede encontrar diversas rutas por todo su sitio. Esta utilidad es importante, por ejemplo, para saber cuántas pulsaciones del ratón se necesitan para ir de una página a otra.

Cómo modificar la vista

El tamaño de la ventana de la vista Hipervínculos y el de su monitor son lo que determina cuánta cantidad del sitio va a poder ver en la vista Hipervínculos. Al desplegar el sitio, se dará cuenta de que cada vez hay más vínculos que se salen de la pantalla. Todo este material que queda fuera de la vista puede visualizarse de dos formas: o bien utilizando las barras de desplazamiento que están en la parte inferior y a un lado de la pantalla, o pulsando cualquier zona desocupada de la pantalla, manteniendo el botón del ratón pulsado hasta que el puntero se convierta en una mano y entonces moviendo la pantalla hasta donde se desee, sin soltar el botón.

Existe también un modo de centrar cualquier elemento en la pantalla en la vista Hipervínculos: basta con pulsar con el botón derecho del ratón en el elemento en cuestión y seleccionando Mover al centro en el menú emergente. También se dará cuenta de que los vínculos parecen interminables. Si piensa en términos espaciales, podrá ver que, si la página A está vinculada a la B y ésta lo está a la C, que a su vez se encuentra vinculada a la A, es que se está moviendo en círculos. Y éste es solamente un ejemplo. Lo mejor es utilizar la vista Hipervínculos para visualizar pequeñas porciones del sitio. Si pliega todo, obtendrá un buen esquema general del sitio y, si necesita ver algo con más detalle, lo puede desplegar.

Vista Tareas

Se dice que Albert Einstein no quería aprenderse de memoria su propio número de teléfono porque creía que ese tipo de detalles ocupaba demasiado espacio en su cerebro y malgastaba mucha energía. Prefería reservar su espacio y energía cerebral para asuntos de mayor creatividad y los detalles de los que podía ocuparse en otro momento los apuntaba en un papel.

¿No le gustaría hacer lo mismo con todos esos pequeños detalles del sitio y no tener que recordarlos? Si confecciona una lista de todas estas cosas, le será bastante difícil seguirles la pista. Pero, afortunadamente, FrontPage ofrece una solución mucho mejor: la vista Tareas.

Esta vista representa una lista de las tareas que hay que completar en un sitio determinado. No solamente se encarga de recordar todos esos detalles inoportunos, sino que también le permite el lujo de no tener que ocuparse de organizarlos. Enumera cada una de las tareas, la describe, le asigna una prioridad, indica quién la tiene asignada y muchas más cosas, permitiéndole ocuparse de otros asuntos más impor-

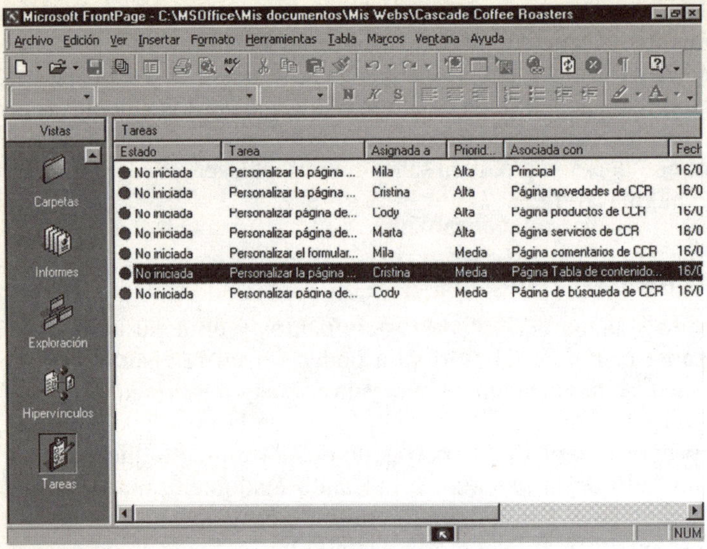

Figura 3.19.
Vista Tareas.

tantes. Además, puede personalizar la vista a su gusto, cambiando y volviendo a organizar las tareas según sus preferencias.

Si le gustaría ver la vista Tareas de su sitio, seleccione Tareas del menú Ver o pulse el icono Tareas en la barra Vistas. En la Figura 3.19 se muestra la ventana de esta vista, con una lista de las tareas que hay que realizar.

La columna de la izquierda, la que indica el Estado, informa sobre el estado de la tarea. En la segunda columna, la de Tareas, se describe la tarea en cuestión. En la siguiente, la columna Asignada a, se informa de la persona responsable de realizarla. La columna Prioridad indica el tipo de prioridad que tiene la tarea, es decir: alta, media o baja. La columna Asociada a indica qué página o archivo hay que modificar para completar la tarea. En la columna Fecha de modificación se informa sobre la fecha en que se modificó la tarea por última vez. Y, para terminar, la columna que se encuentra más a la derecha, la de Descripción, ofrece precisamente eso, una descripción de cada tarea.

A continuación se describen las funciones que ofrece la vista Tareas:

- **Mostrar historial de tareas.** Si le gustaría ver una lista de todas las tareas que se han asignado en el sitio web, incluyendo las que ya están terminadas, solamente tiene que ir al historial de tareas. Pulse con el botón derecho del ratón sobre el panel de la vista Tareas y seleccione Mostrar Historial de tareas en el menú emergente. Cuando elige esta opción, FrontPage agrega todas las tareas a la lista, junto con la fecha de finalización. Si no se selecciona el Historial de tareas, la vista Tareas solamente muestra aquellas que están sin terminar.

- **Ordenar las columnas.** Esto puede ser muy útil en las listas largas y, además, es muy sencillo, ya que lo único que hay que hacer es pulsar el encabezado de una columna. Imagínese que quiere saber cuántas tareas se le han asignado. Pulse simplemente el encabezado de la columna Asignada a y luego busque su nombre en la lista; FrontPage agrupará todas las tareas asignadas a cada persona. En la vista Tareas, al igual que en otras vistas, las tareas se ordenan alfabéticamente en orden ascendente, a menos que quiera ordenarlas por fechas, desde la más reciente hasta la más antigua.

  Se puede también ajustar el ancho de la columna de este modo: sitúe, en primer lugar, el puntero del ratón entre los encabezados de las columnas y, cuando el puntero se transforme en una cruz con flechas hacia la derecha y la izquierda, pulse el botón del ratón y arrastre la línea hasta donde desee. Con este método podrá aumentar el tamaño de la columna para poder ver con detalle las descripciones que sean tan largas como para no caber en el espacio normal de la columna.

- **Completar una tarea al momento.** Esta es una de las características más útiles de la vista Tareas. Si ve en la lista que tiene una tarea asignada y quiere realizarla en ese preciso instante, puede hacerlo sin problemas. Pongamos por caso que le gustaría realizar la tarea denominada «rehacer gráfico» que aparece en la Figura 3.19. Lo único que tiene que hacer es seleccionar esa tarea, pulsar el botón derecho del ratón y elegir luego Modificar Tarea en el menú emergente. La página en la que tiene que trabajar se abrirá automáticamente. Y lo que es mejor, se abre en el punto de la página en el que tiene que trabajar, por lo que no necesita buscarlo. Si una tarea no tiene ninguna página asociada a ella, el botón Modificar Tarea no estará disponible. Al guardar la página que contiene la tarea inacabada, FrontPage le preguntará si quiere marcar la página como completada en la vista Tareas. Asegúrese de que realmente la ha acabado antes de marcar la página de este modo, porque una vez hecho esto no hay marcha atrás.

- **Asignar tareas.** Si desea cambiar la persona a la que se le ha asignado una determinada tarea, pulse en el campo de la columna Asignada a que se encuentra junto a esa tarea. Seleccione un nombre de la lista desplegable o introduzca uno nuevo.

- **Cambiar los detalles de una tarea.** Puede volver a asignar una tarea, cambiar su prioridad y cambiar su descripción en el cuadro de diálogo Detalles de la tarea. Para acceder a este cuadro, pulse la tarea seleccionada con el botón derecho del ratón y luego elija Modificar Tarea en el menú emergente. Otra alternativa es, una vez que la tarea está seleccionada, seleccionar la opción Abrir del menú Edición. En cualquiera de los dos casos se abrirá el cuadro de diálogo Detalles de la Tarea que se muestra en la Figura 3.20.

  Para cambiar el nombre de la tarea, asignársela a otra persona o cambiar su descripción, lo único que hay que hacer es cambiar el texto existente.

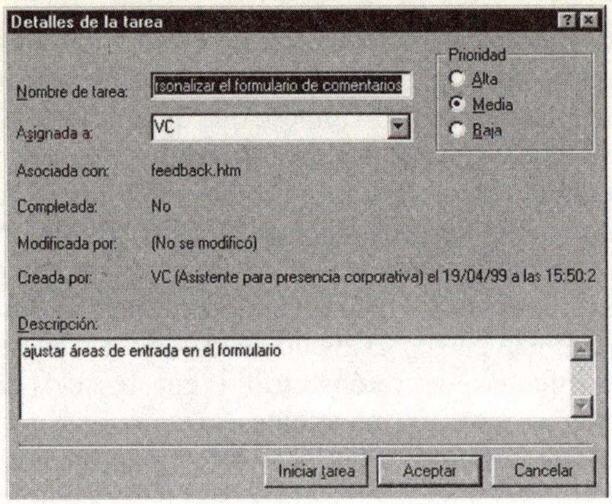

Figura 3.20.
Cuadro de diálogo Detalles de la tarea.

Para cambiar la prioridad, seleccione el botón de opción adecuado. También puede incluir notas descriptivas en el campo de texto que se encuentra en la parte inferior del cuadro de diálogo. Verá que no todos los detalles se pueden cambiar; solamente los que se mencionan aquí. También puede cambiar el nombre de las tareas creadas por usted o por otras personas. Si quiere comenzar a realizar la tarea ahora mismo, pulse Comenzar tarea para ir hasta la página en la que se encuentra. O bien, una vez que ha terminado de introducir la nueva información, pulse Aceptar para volver a la vista Tareas.

- **Marcar una tarea como completada o borrar una tarea.** Para hacer esto, pulse con el botón derecho del ratón sobre la tarea en cuestión y seleccione Marcar como completada o Eliminar en el menú emergente. Cuando una tarea queda marcada de este modo, su estado cambia y la bola de color que indica el estado se pone de color verde. La opción Eliminar es útil cuando ya no quiere que aparezca determinada tarea en el historial.

- **Agregar una tarea.** Si no necesita vincular una tarea con una página determinada, pulse el botón Nueva Tarea en la barra de menú de la vista Tareas, o bien pulse con el botón derecho del ratón en el panel de la vista Tareas y luego seleccione la opción Nueva Tarea del menú emergente. Si le gustaría vincular una nueva tarea a una página de su sitio, sitúese en cualquiera de las otras vistas (por ejemplo, en la vista Informes), pulse con el botón derecho del ratón sobre la página y luego seleccione Agregar Tarea en el menú emergente. Con cualquiera de los dos métodos, se abrirá el cuadro de diálogo Nueva Tarea que se muestra en la Figura 3.21.

  Escriba el nombre de la tarea en el cuadro de texto y asígnesela a alguien en Asignar a. Marque la prioridad como alta, media o baja en la sección de

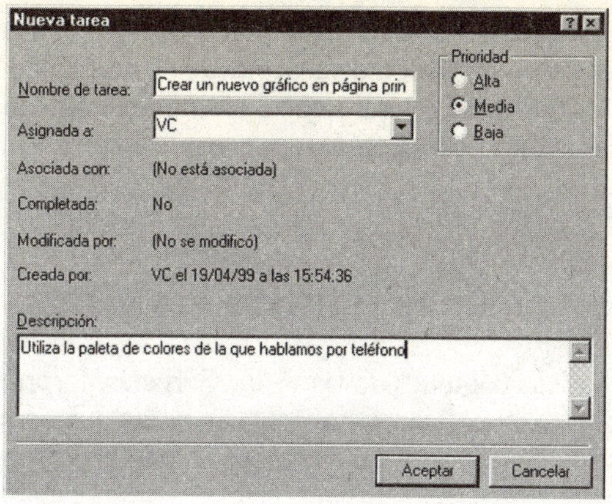

Figura 3.21.
Cuadro de diálogo Nueva Tarea.

Prioridad. Finalmente, escriba una descripción de la tarea en el cuadro de texto de la parte inferior y luego pulse Aceptar. Asegúrese de que la descripción sea corta pero concreta, porque el ancho de columna en la vista Tarea es bastante limitado.

Cómo administrar las tareas con la vista Tareas

La vista Tareas puede ser una herramienta de administración muy potente. Permite asignar o cambiar la asignación de las tareas, observar qué trabajos se han completado y determinar qué trabajo queda aún por hacer. La vista Tareas permite administrar un equipo de trabajo de las formas siguientes:

- **Distribuir el trabajo uniformemente.** Si algún miembro de su equipo tiene mucho más trabajo que otros, éste se puede distribuir de una forma más uniforme reasignando las tareas de esas personas.

- **Ver si una tarea está completada.** ¿Hay alguien en su equipo que siempre se toma más tiempo del necesario para realizar su trabajo? Puede ver el progreso de este tipo de personas en la vista Tareas, ordenando según la columna Tareas para buscar una en concreto. Si no aparece en la lista, esa persona se ha salvado de una buena reprimenda, pero si sigue allí, ya es hora de que copie 50 veces en la pizarra «Tengo que hacer mis tareas a tiempo».

- **Conocer el estado del sitio.** Existen muchas formas para saber el estado en que se encuentra el sitio. Una de ellas es, simplemente, mirando el número de tareas que quedan por completar. Otra es ordenando las tareas por prioridades: si ve que quedan muchas con prioridad alta y media, tiene mucho por hacer. Por el contrario, si las prioridades son bajas, le queda muy poco trabajo.

- **Saber qué páginas o archivos necesitan más trabajo.** Si se ordena según la columna Asociada a, se puede obtener una pista de cuáles son las páginas y los archivos del sitio que necesitan más trabajo. Si hay muchas tareas asociadas a unas pocas páginas, puede que tenga que asignar más recursos a esas áreas.

Características comunes a todas las vistas

Algunas de las características comunes de las vistas Carpetas, Informes, Exploración e Hipervínculos se pueden personalizar. Estas vistas son las que contienen nombres y listas de archivos. Aquí tiene un resumen de lo que se puede personalizar:

Ajuste del ancho de las columnas

Puede cambiar el ancho de una columna situando el ratón en el encabezado de ésta, cerca de la línea de separación de las columnas. En el momento en que el cursor se transforme en una cruz con flechas a la derecha y a la izquierda, arrastre la línea hasta alcanzar el tamaño deseado.

Apertura de archivos desde una vista

Las vistas Carpetas, Informes, Exploración e Hipervínculos no son solamente una recopilación de páginas y vínculos; son también vías para abrir los archivos asociados a ellas en vista Página o en cualquier aplicación en la que quiera trabajar para manipularlos. Por ejemplo, para manipular un archivo en formato GIF (Graphic Interchange Format, Formato de intercambio gráfico), puede abrir la aplicación y modificar el archivo con unas cuantas pulsaciones del ratón.

Puede abrir un archivo desde cualquier vista en la que aparezca el nombre del archivo. Para hacerlo, pulse con el botón derecho del ratón sobre el título o el icono y luego seleccione Abrir en el menú emergente. Si el archivo es HTML, la página se abrirá automáticamente, quedando lista para la edición. Si selecciona la orden Abrir Con, verá una lista de editores en el cuadro de diálogo Abrir con el editor, donde tiene que seleccionar un editor y pulsar Aceptar.

Pero ¿qué ocurre si quiere que otro editor (no el predeterminado) abra un tipo de archivo determinado al pulsar Abrir? ¿O si su editor no aparece en el cuadro de diálogo Abrir con editor? Puede cambiar el tipo de editor seleccionando la orden Opciones del menú Herramientas y pulsando a continuación la ficha Configurar editores (véase la sección «Configurar editores» de este capítulo.)

Consejo Para abrir un archivo, también puede pulsar dos veces con el ratón sobre él en una de estas vistas. El archivo se abrirá en el editor que tenga asociado.

Cómo ver las propiedades del archivo

Para ver las propiedades de un archivo determinado, seleccione el archivo y elija luego Propiedades en el menú Archivo. La ficha Resumen del cuadro de diálogo Propiedades ofrece información sobre la fecha de creación, el autor y la fecha de modificación. También incluye un cuadro de texto en el que puede añadir cualquier comentario sobre el archivo.

Consejo Puede acceder a las propiedades de un elemento pulsando con el botón derecho del ratón sobre él y luego seleccionando Propiedades en el menú emergente.

En la ficha General se encuentra la información general del archivo como, por ejemplo, el nombre, título, tipo, tamaño y ubicación. La ubicación puede ser una ubicación de archivo o un *URL*. El URL (localizador universal de recursos) indica la dirección de un *recurso* (un archivo) en una red y el modo por el que se puede acceder a él. Los URL pueden utilizar diversos protocolos; el más normal es *HTTP (protocolo de transferencia de hipertexto*). Los términos *URL* y *direcciones HTTP* hacen referencia a lo mismo.

Actualización de una vista

Para actualizar las vistas en FrontPage, seleccione Actualizar en el menú Ver. Esta orden actualiza todas las vistas del sitio actual. Si hay más de una persona a la vez trabajando en el sitio, la actualización le permitirá ver todos los cambios que se han realizado.

Cómo cambiar el tamaño de una ventana

Los paneles de las vistas Carpetas, Exploración e Hipervínculos están separados por una barra divisoria. Para mover esta barra y cambiar el tamaño de la ventana de cada vista, sitúe el cursor justo en la barra, hasta que éste se convierta en dos líneas con flechas a derecha e izquierda. Luego arrastre la barra hasta la posición deseada.

Botón de publicación

Si quiere trasladar su sitio a otro servidor, FrontPage se lo pone fácil. Supongamos, por ejemplo, que ha estado construyendo el sitio en el servidor local y quiere trasladarlo a otro de mayor volumen que aumente la potencia de su intranet, o bien a un servidor que esté conectado a Internet. Puede utilizar el botón Publicar Web, del menú Archivo, para copiar el sitio abierto en un servidor. Es tan sencillo que solamente tiene que pulsar un botón. He aquí cómo se hace:

1. Abra el sitio que desee copiar y seleccione el botón Publicar Web de la barra de herramientas. Aparecerá el cuadro de diálogo Publicar Web de FrontPage que se muestra en la Figura 3.22.

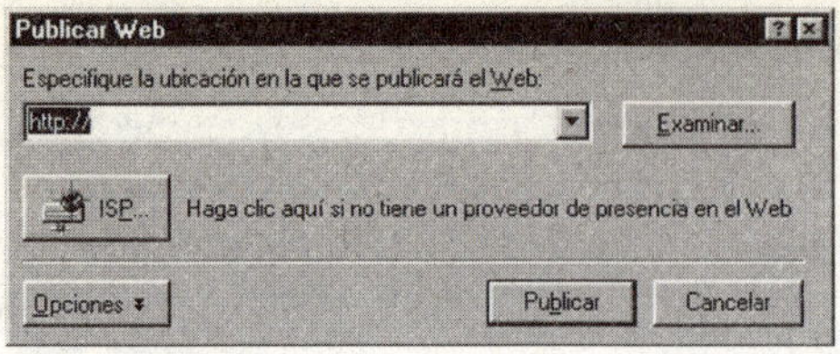

Figura 3.22.
Cuadro de diálogo Publicar Web.

2. Seleccione una ubicación en la lista desplegable o escriba el nombre del servidor directamente. También puede escribir un nombre de ruta si desea ubicar el sitio en un disco duro o una LAN. Si no sabe cuál es la ubicación o si no aparece en la lista, puede utilizar el botón Examinar para seleccionarla. Si quiere comunicarse con el sitio utilizando la capa de conectores seguros (Secure Socket Layer, SSL), marque la casilla de verificación Conexión segura requerida.
3. Si solamente quiere publicar los cambios, pulse el botón Opciones y luego marque la casilla de verificación Sólo publicar páginas con cambios. Este paso es aconsejable para ahorrar tiempo.
4. Pulse Aceptar. FrontPage localizará el servidor y publicará el sitio web tal y como se le ha indicado.

También puede utilizar estos métodos para publicar sitios en servidores que no tengan instaladas las extensiones de servidor de FrontPage. En estos casos, FrontPage publica el sitio en el servidor de destino utilizando el protocolo FTP *(protocolo de transferencia de archivos)*. FrontPage le preguntará el nombre del servidor FTP, el nombre de usuario, la contraseña y la carpeta de destino. También puede publicar sus sitios en empresas que ofrezcan servicios en línea, como America Online, Compuserve, etc. Pregunte a su proveedor de servicios de Internet cómo hacerlo.

Otras funciones importantes en la administración del sitio

Hasta este capítulo, hemos visto cómo se puede utilizar FrontPage para crear, abrir y publicar sitios web, verlos de diferentes maneras e incluso cambiar su apariencia utilizando los Temas. FrontPage también incluye muchas otras funciones que se pueden utilizar para la administración cotidiana del sitio.

Cómo cerrar un sitio

FrontPage solamente puede visualizar un sitio a la vez, por lo que, cuando se abre un sitio o se comienza a crear uno nuevo se cierra el anterior.

Cómo eliminar un sitio

Para eliminar un sitio que esté abierto, seleccione Eliminar Web en el menú Archivo. Aparecerá el cuadro de diálogo Confirmar Eliminar, que le preguntará si está seguro de que quiere hacerlo. También se le da la opción de borrar solamente la información de FrontPage, conservando todos los demás archivos y carpetas, o bien eliminar el sitio web por completo.

Consejo Elimine los sitios con la orden Eliminar Web y no borrando manualmente los archivos en el servidor. Si lo hace de este último modo, puede que FrontPage no reconozca que se han borrado.

Antes de eliminarlo, piense bien en lo siguiente: una vez borrado, incluso si lo ha hecho correctamente con la orden Eliminar Web, no lo podrá volver a recuperar ni en la Papelera de reciclaje del Explorador de Windows, ni en cualquier directorio que FrontPage haya creado para el sitio.

Cómo borrar archivos

Los archivos se borran seleccionándolos en la vista Carpetas, en determinadas vistas de Informes y en las vistas Exploración o Hipervínculos y pulsando a continuación Eliminar. FrontPage le pedirá que confirme la acción antes de llevarla a cabo.

Si va a construir el sitio página a página, sin ningún asistente, asegúrese de agregar y borrar cada una de las páginas individualmente. Si utiliza un asistente, tenga cuidado cuando elimine las páginas, porque puede borrar páginas o vínculos a los que se haga referencia desde otras áreas creadas por el asistente.

Cómo agregar una página nueva a un sitio

Esta operación solamente se puede realizar en las vistas Página, Carpetas y Exploración. Lo puede hacer de diversos modos:

- Seleccione Nuevo en el menú Archivo y luego Página en el submenú.
- Pulse el botón Nueva Página de la barra de herramientas.
- Pulse con el botón derecho del ratón en la ventana que contiene la lista de archivos y seleccione Nueva Página en el menú emergente.
- Utilice los botones Copiar y Pegar, respectivamente, de la barra de herramientas de FrontPage.

Cuando cree la nueva página, FrontPage la añadirá al sitio web con el nombre *Página_nueva.htm*. Sería aconsejable cambiarle el nombre en ese momento para que no acabe teniendo una *Página_nueva2.htm*, *Página_nueva3.htm*, y así sucesivamente, cada vez que añada una página.

Cómo importar un archivo a un sitio

Lo que hace que una aplicación sea valiosa es su capacidad para incluir documentos que hayan sido creados con versiones anteriores del programa o en otros programas de la competencia; esto es lo que determina la «utilidad» o la «inutilidad» de un programa. No tiene por qué perder el trabajo que ha hecho ya en otra aplicación si quiere cambiar a FrontPage. Si ya ha creado páginas o archivos (por ejemplo, archivos RTF o HTML) que le gustaría incluir en su sitio, FrontPage se lo permite hacer fácilmente.

Puede importar a sus sitios documentos de Word, hojas de cálculo de Excel y muchas otras cosas, e incluso archivos que no pertenezcan a una aplicación de Microsoft. Un sitio intranet puede estar formado por docenas, cientos o incluso miles de documentos. Si es el responsable de colocar estos documentos en el sitio, le aliviará saber que, si quiere, puede hacerlo de una sola vez.

Puede utilizar dos métodos: con la orden de menú o bien arrastrando los archivos a FrontPage desde cualquier ubicación de su computadora. Así es como se utiliza la orden de menú:

1. Seleccione Importar del menú Archivo. Aparecerá el cuadro de diálogo que muestra la Figura 3.23.
2. Pulse el botón Agregar Archivo. Se abrirá el cuadro de diálogo Agregar archivo a la lista de importación. Especifique aquí los archivos que desea importar.

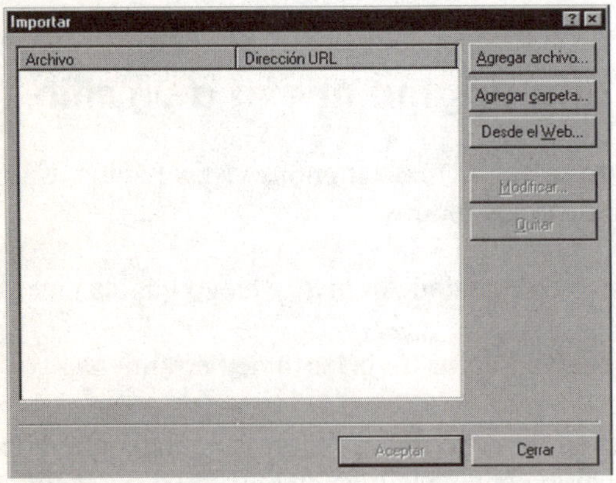

Figura 3.23.
Cuadro de diálogo Importar, utilizado para importar archivos a un sitio web de FrontPage.

Ubique la carpeta que contiene el archivo utilizando los controles situados en la parte superior del cuadro de diálogo. Asegúrese de que selecciona el tipo adecuado de archivos, utilizando la lista desplegable Archivos de tipo. Si no está seguro del tipo de archivo que está buscando, seleccione la opción Todos los archivos.

3. Seleccione los archivos que desea importar. El método es el mismo que se utiliza en el Explorador de Windows. Para seleccionar un grupo de archivos contiguos, pulse el primer archivo del grupo, la tecla MAYÚS., y luego el último archivo del grupo. Para seleccionar varios archivos que no estén contiguos, mantenga presionada la tecla CONTROL mientras pulsa con el ratón sobre los archivos que quiere seleccionar. Para eliminar la selección de un archivo, presione la tecla CONTROL mientras pulsa sobre el archivo con el ratón.
4. Pulse Abrir para cerrar el cuadro de diálogo Agregar archivo a la lista de importación y agregar los archivos a la lista del cuadro de diálogo Importar.
5. Si necesita añadir más archivos a la lista, repita los pasos 2, 3 y 4. Para eliminar archivos de la lista antes de que se agreguen al sitio, selecciónelos y pulse el botón Quitar.
6. Si desea cambiar la dirección URL de cualquier archivo, selecciónelo en el cuadro de diálogo Importar y luego pulse Modificar dirección URL. Este botón es bastante útil para guardar un archivo en un lugar diferente al del resto de los elementos del sitio; se escribe la dirección URL nueva (indicando en qué carpeta) en el cuadro de diálogo Modificar dirección URL y luego se pulsa Aceptar.
7. Pulse Aceptar para agregar los archivos al sitio.

FrontPage cerrará el cuadro de diálogo Importar cuando acabe de importar los archivos. Los archivos importados no estarán vinculados con ninguna página del sitio.

Con la orden Importar se pueden agregar al sitio archivos de imagen. Tal y como se explica en el Capítulo 8, esto se puede hacer de diversas formas, pero si sabe que va a utilizar determinados archivos en el sitio, la orden Importar le permite agregarlos de una sola vez.

También puede agregar archivos desde un sitio web pulsando la orden Desde el Web en el cuadro de diálogo Importar. Una vez hecho esto, se abrirá el Asistente para importar al Web, que le guiará por todo el proceso. Para obtener más información sobre el Asistente para importar al Web, véase el Capítulo 4.

Cómo arrastrar un archivo a un sitio

Habrá veces en que solamente quiera importar uno o dos archivos a su sitio web, en cuyo caso la orden Importar es muy lenta. Cuando se dé este caso, FrontPage permite arrastrar estos archivos de forma similar a como se arrastran a una vista, tal y como se ha explicado en la sección «Cómo mover o copiar archivos con la técnica de arrastrar y colocar» de este capítulo. La única diferencia es que lo está arrastrando desde una ubicación en el exterior de su sitio web hasta su sitio web.

Cómo cambiar la configuración del sitio

Pesadilla en Web Street, escena primera: acaba de terminar de construir un sitio de su empresa en el que se incluyen los números de teléfono y fax de la empresa en casi cada una de sus 169 páginas. Cuando casi no le ha dado tiempo todavía de respirar, por la mañana lee en el periódico que va a cambiar el prefijo de zona. Después de preguntarse dónde ha estado en los últimos seis meses, se enfrenta a la terrible idea de tener que ponerse a modificar cada una de las 169 páginas. Podría utilizar para el caso un programa auxiliar que buscara el prefijo antiguo y lo sustituyera por el nuevo, además de otros sistemas. Pero, ¿qué le parecería utilizar un programa que realizara el proceso automáticamente en un solo paso?

Consejo También puede utilizar las órdenes Buscar y Reemplazar de FrontPage para cambiar en todas las páginas del sitio cualquier información que no utilice variables de configuración y parámetros. Para obtener más información, véase el Capítulo 7.

FrontPage utiliza variables de configuración o parámetros para encontrar en el sitio el lugar donde se está utilizando esta información. Las plantillas y los asistentes de FrontPage agregan automáticamente algunos parámetros. Puede definir los suyos propios e insertarlos utilizando el Componente de sustitución de FrontPage, del que se habla en el Capítulo 9. Con la orden Configuración del Web del menú Herramientas, se puede actualizar la información independientemente del lugar del sitio en que se encuentre. También se puede acceder al cuadro de diálogo Configuración del Web en cualquier vista pulsando con el botón derecho del ratón en el panel y seleccionando esta orden en el menú emergente. Una vez abierto, verá el cuadro de diálogo Configuración del Web, que consta de seis fichas que se detallan a continuación (véase la Figura 3.24).

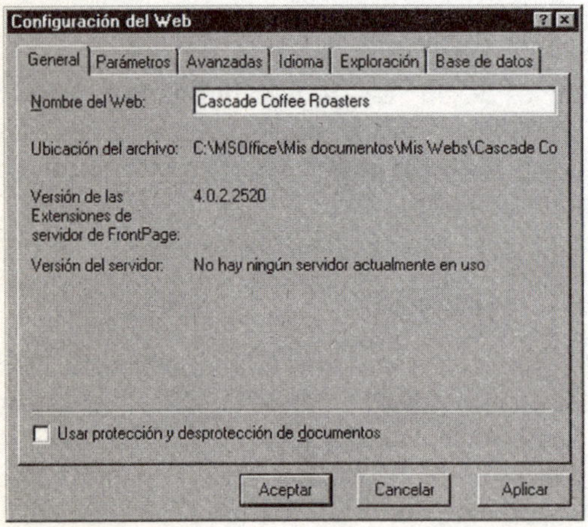

Figura 3.24.
Cuadro de diálogo Configuración del Web.

Parámetros

Si ha construido el sitio con una plantilla o un asistente que contengan parámetros que tienen que rellenar los diseñadores, o si ha definido sus propios parámetros, todos ellos aparecerán aquí.

Se pueden agregar parámetros pulsando el botón Agregar. Aparecerá el cuadro de diálogo Agregar nombre y valor, en el que se le sugiere que introduzca el nombre y el valor del parámetro (la información que desee introducir). Pulse Aceptar para salir del cuadro de diálogo y para que el nuevo parámetro quede agregado a la lista.

Para cambiar la información del parámetro, como el prefijo telefónico al que antes nos referíamos, seleccione el parámetro que desee cambiar, pulse Modificar y, a continuación, introduzca la nueva información en el cuadro de diálogo Modificar nombre y valor. Pulse Aceptar para guardar la información y luego salga del cuadro de diálogo. En ese momento, FrontPage actualiza automáticamente ese parámetro en todas las páginas del sitio en las que aparezca.

Si pulsa Quitar, el parámetro seleccionado desaparece de la lista y las páginas que lo contenían se ajustan automáticamente.

Configuración

Para cambiar el nombre y el título del sitio, abra la ficha Configuración del cuadro de diálogo Configuración del Web, sustituya la información que desee y luego pulse Aceptar.

Consejo Es importante dar al sitio un nombre que pueda reconocer fácilmente entre toda la lista de sitios. Cada vez que abre un sitio para trabajar con él, lo selecciona de una lista y, si crea muchos sitios en su servidor, esta lista puede ser larga y confusa. Se puede ahorrar dolores de cabeza dando al sitio desde el principio un nombre intuitivo y que lo distinga del resto.

Avanzadas

La ficha Avanzadas del cuadro de diálogo Configuración del Web le permite establecer o modificar opciones avanzadas como, por ejemplo, las siguientes:

- Puede configurar el soporte de *mapas de imagen* de FrontPage en la sección Mapas de imagen. Estos mapas son imágenes gráficas que contienen uno o más hipervínculos invisibles en varias regiones de la imagen. Seleccione el tipo de servidor que va a utilizar para las imágenes en la lista desplegable Estilo y a continuación especifique un prefijo opcional si el cuadro de texto Prefijo está activado. La configuración predeterminada, FrontPage, le permite utilizar mapas de imagen independientemente del servidor que utilice, siempre y cuando tenga instaladas las Extensiones de servidor de FrontPage. Marque la casilla de verificación Generar mapas de imagen del cliente si quiere que FrontPage genere mapas de imagen desde el cliente y no desde el servidor.

Es aconsejable marcar esta casilla, ya que FrontPage genera mapas de imagen de tal forma que, si un explorador no soporta mapas de imagen del cliente, simplemente ignora la información de este mapa de imagen en el archivo HTML. Por consiguiente, no va a pasar nada por marcar la casilla, y, de hecho, aumenta la velocidad. Véase el Capítulo 8 para obtener más detalles.

- En la sección Lenguaje de comandos predeterminado, puede especificar los lenguajes del Cliente y el Servidor. Las dos opciones disponibles son VBScript y JavaScript. Para saber algo más sobre cómo utilizar los lenguajes de comandos en FrontPage, véase el Capítulo 10.

  Si utiliza la orden Secuencias de comandos de validación, que se explica en el Capítulo 9, FrontPage generará automáticamente código JavaScript o VBScript en la página para realizar la validación. Esta configuración le permite elegir el lenguaje que quiera utilizar. Si utiliza JavaScript, funcionará tanto con Internet Explorer como con Netscape Navigator. Si, por el contrario, utiliza VBScript, solamente funcionará con Internet Explorer.
- En la sección Opciones, marque la casilla Mostrar documentos en directorios ocultos para visualizar los documentos que se encuentren en carpetas ocultas. Las carpetas ocultas van precedidas por una marca de subrayado (_). No podrá ver las páginas y archivos contenidos en carpetas ocultas de manera predeterminada. Esta característica le permite actuar como moderador en un grupo de discusión, ya que los mensajes individuales de la discusión se guardan en una carpeta oculta.

Idioma

La ficha Idioma le permite especificar un idioma para mensajes del servidor predeterminado y la Codificación de página predeterminada de su sitio. Las Extensiones de servidor de FrontPage utilizan la configuración del idioma para mensajes del servidor, de tal forma que cuando tenga que enviar mensajes de error al explorador se utiliza el idioma especificado. La Codificación de página predeterminada especifica el conjunto de caracteres predeterminado de las nuevas páginas.

Incluso si la interfaz de usuario de FrontPage no está disponible para un idioma determinado, puede crear sitios en casi todos los idiomas con la lista completa de codificaciones HTML disponible en este cuadro de diálogo.

Exploración

Aquí puede personalizar las etiquetas de la Barra de exploración del sitio. Solamente hay que escribir el nuevo texto en los campos adecuados y pulsar Aceptar. Para obtener más información sobre las barras de exploración, véase el Capítulo 7.

Base de datos

En la ficha Base de Datos del cuadro de diálogo Configuración del Web, podrá Agregar, Modificar, Quitar y Verificar cualquier base de datos asociada a su sitio web.

Puede ver el estado de la base de datos y su nombre. Para obtener más información sobre cómo utilizar las bases de datos en FrontPage, véase el Capítulo 10.

Cómo configurar los editores

¿Ha abierto alguna vez un archivo desde el Explorador de Windows? Si lo ha hecho, sabrá que los archivos se abren en la aplicación en la que se pueden ver y modificar. FrontPage tiene la misma función. Si pulsa dos veces con el ratón en un archivo de su sitio web como, por ejemplo, en un archivo GIF o JPEG, o en cualquier archivo de Office, FrontPage lo abrirá en la aplicación que le indica el Explorador de Windows.

Si quiere utilizar un editor diferente al que hay especificado en el Explorador de Windows, aquí tiene cómo hacerlo. Comience seleccionando Opciones en el menú Herramientas. Aparecerá el cuadro de diálogo Opciones (véase la Figura 3.25). Acceda a la ficha Configurar editores.

El cuadro de lista de la ficha dispone de dos columnas, una para la extensión del tipo de archivo y otra para la aplicación que se ha utilizado para editar el archivo. Como puede ver, el cuadro de diálogo incluye una configuración predeterminada para los tipos de archivos más frecuentes y sus editores.

Para añadir un tipo de archivo, pulse el botón Agregar. Se abrirá el cuadro de diálogo Agregar asociación de editor. Añada la extensión que identifica el tipo de archivo en el cuadro de texto Tipos de archivos y escriba el nombre que quiera utilizar para el editor, en el cuadro de texto Nombre de editor. Luego escriba el nombre y la ubicación del archivo ejecutable (el que abre la aplicación) en el cuadro de texto Comando. Si no conoce su ubicación exacta, pulse el botón Examinar para buscar las carpetas del archivo ejecutable. Cuando haya terminado, pulse Aceptar.

Para modificar la configuración de un elemento ya existente, seleccione dicho elemento y luego pulse el botón Modificar. Este paso le llevará al cuadro de diálogo Modificar asociación de editor, en donde podrá cambiar el nombre del editor y el comando que lo ejecuta.

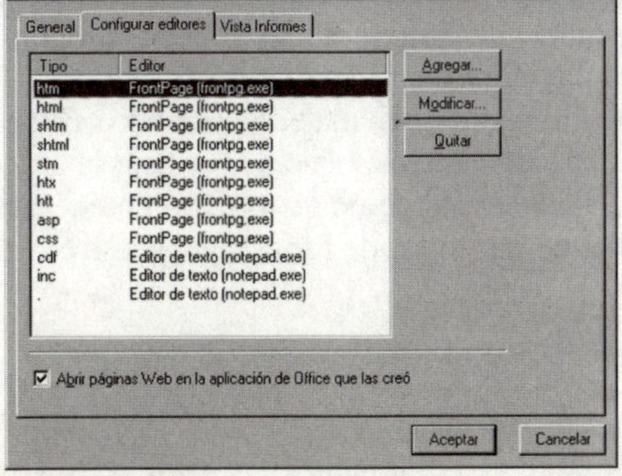

Figura 3.25.
Ficha Configurar editores del cuadro de diálogo Opciones.

También puede eliminar un elemento de la lista pulsando sobre dicho elemento con el ratón y pulsando a continuación Quitar.

FrontPage le permite designar solamente un editor por cada tipo de archivo. Si no especifica el editor de un tipo de archivo determinado, FrontPage utiliza el editor predeterminado de Windows.

Consejo FrontPage no le pide que confirme la eliminación de un elemento en la ficha Configurar editor, al pulsar Quitar. Si lo elimina por error, tendrá que volver a introducirlo pulsando Agregar.

Cómo actualizar los hipervínculos

Cuando se actualizan los hipervínculos también se actualiza el sitio. Si ha realizado cambios importantes, como quitar páginas completas, es importante que actualice los hipervínculos. Este proceso es incluso más importante cuando se han agregado, eliminado o modificado documentos en el sitio sin utilizar FrontPage. Todo lo que hay que hacer es seleccionar Actualizar hipervínculos en el menú Herramientas. FrontPage le avisará de que la operación puede durar algún tiempo y le preguntará si desea continuar. Los hipervínculos se pueden actualizar en cualquier vista.

Al seleccionar esta orden, FrontPage realiza las siguientes tareas:

- Actualiza la visualización del sitio actual en todas las vistas del Explorador.
- Actualiza la lista de vínculos del sitio actual. Si borra algún material del sitio, sería aconsejable que utilizara esta orden para estar seguro de que se van a reconocer los últimos cambios.
- Actualiza el índice de texto creado por un Componente de búsqueda de FrontPage. Cuando se implementa la función de búsqueda en una página con este componente, FrontPage crea un índice de texto para dicho componente. Cuando se agrega una página o se guarda una página modificada en el sitio, se añaden elementos a este índice de texto, pero no se borra ninguno. De este modo, si borra algo de una página y luego guarda los cambios, el índice de texto sigue incluyendo los elementos del material borrado. Cuando borre algo de su sitio, incluyendo páginas enteras, tiene que utilizar la orden Actualizar hipervínculo para actualizar el índice de texto. Para obtener más información sobre el Componente de búsqueda de FrontPage, véase el Capítulo 9.

A continuación

Como habrá podido observar, FrontPage no solamente sirve para ver un sitio web, sino también para construirlo y administrarlo. En el próximo capítulo se explicará cómo utilizar dos elementos claves de FrontPage: las plantillas y los asistentes.

4

Plantillas y asistentes

La vía rápida

Imagínese lo que se diría de Microsoft FrontPage 2000 en uno de esos publirreportajes que se emiten por televisión a altas horas de la noche: «¿Está cansado de quedarse levantado noche tras noche para memorizar miles de órdenes HTML? ¿Está cansado de dedicar horas y horas a crear esa última página que hará que su sitio sea un web espectacular?» En un mundo ficticio, seguramente estaría encantado ante la idea de perder también algo de peso y conseguir unos buenos abdominales mientras se sienta ahí a diseñar su página. Pero es importante que sepa que las plantillas y asistentes de FrontPage pueden ahorrarle tanto tiempo, que incluso se podrá permitir el lujo de llevar a su familia a ese viaje de tres semanas a Wally World con el que ha estado soñando desde hace quince años.

A todo el mundo le gustaría encontrar un modo de simplificar su trabajo y FrontPage le ofrece uno muy bueno, ya que, para crear sitios web profesionales con esta herramienta, no hay que saber nada de HTML. Además, las plantillas y asistentes de FrontPage son una ayuda incalculable. Una *plantilla*, como sabrá ya, es una especie de patrón que sirve de base para un documento nuevo. Un *asistente* es un módulo de software interactivo, con una o más pantallas que preguntan, ofrecen opciones y a continuación, como resultado, generan un documento personalizado. Con las plantillas y los asistentes se puede elaborar un documento que sirva de base para su producto finalizado, es decir, una base que puede modificar si quiere y utilizar para incluir el contenido que desee.

En este capítulo se analizarán las plantillas y asistentes de FrontPage, se enseñará a trabajar con ellos y se ofrecerán multitud de ejemplos. Descubrirá que las plantillas y los asistentes son el mejor modo de comenzar a construir el sitio y que, además, suponen un gran ahorro de tiempo.

Plantillas

Las plantillas son ejemplos de sitios o páginas web que se incluyen en FrontPage para cubrir una necesidad en concreto. Al igual que los asistentes, son una base o un punto de comienzo bastante sólido para cualquier sitio o página web. Cuando se selecciona una plantilla, lo que se obtiene es una copia exacta de dicha plantilla con determinado texto a modo de ejemplo, que tendrá que sustituir por el suyo propio. Los asistentes, por su parte, ofrecen opciones interactivas y en tiempo real para ayudarle a crear un sitio o una página web personalizada.

Plantillas web

La gran mayoría de las plantillas web de FrontPage están basadas en sitios web muy pequeños, por lo que hay muy pocos elementos que personalizar. Sin embargo, estas páginas pueden mejorarse con la inserción de imágenes, texto, vínculos y otros componentes, en la vista Página de FrontPage. También es posible agregar sus propias páginas a los sitios web que haya creado utilizando estas plantillas.

Las plantillas web de FrontPage se activan seleccionando Nuevo en el menú Archivo y Web en el submenú. En el cuadro de diálogo Nuevo (véase la Figura 4.1), puede elegir una de las siguientes plantillas para que sirvan de base de su sitio o página web:

- **Web de una página.** Si quiere empezar con el sitio web más básico, esta es la plantilla que tiene que utilizar. Esta plantilla hace exactamente lo que esperaba que hiciera, es decir, crea un sitio web de una sola página, sin ningún contenido.

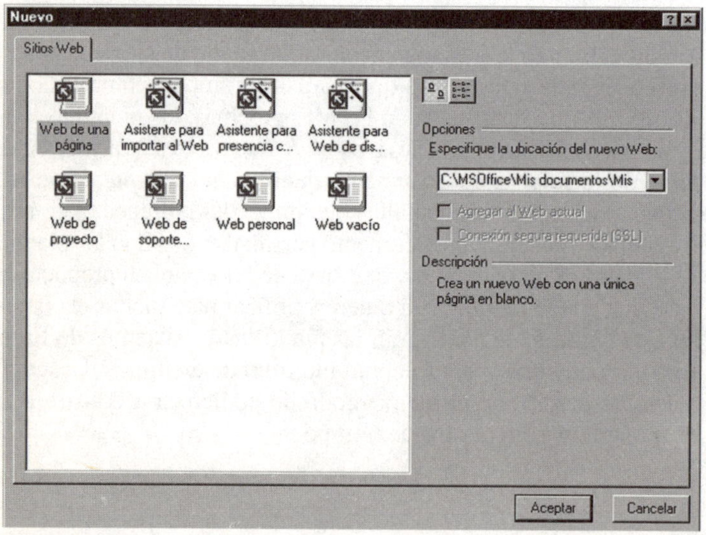

Figura 4.1.
Plantillas web de la ficha Sitios Web en el cuadro de diálogo Nuevo.

- **Web de soporte al cliente.** Esta plantilla crea un lugar al que pueden acudir sus clientes para informarle de cualquier problema que tengan, obtener soluciones y sugerirle la mejora de sus productos y servicios. Es el sitio web perfecto para empresas de software, pero sus utilidades también se pueden aplicar a otro tipo de negocios.

- **Web vacío.** Si quiere crear todo un sitio web desde cero, utilice esta plantilla. Crea un sitio web vacío sin ninguna página y, a partir de ahí, se puede agregar el contenido utilizando FrontPage.

- **Web personal.** Esta plantilla es la perfecta si el objetivo de su sitio web va a ser destacar sus intereses personales, incluyendo fotos y vínculos.

- **Web de proyecto.** Utilice esta plantilla para crear un sitio web que sirva de foro central de información sobre un proyecto. Esta plantilla crea una página principal, una página en la que se enumeran los miembros del equipo de proyecto, otra con el plan de trabajo, otra con el estado del proyecto, otra que sirve de herramienta de búsqueda, varias páginas de discusión y formularios y, finalmente, una página que posee vínculos con todas las discusiones públicas que existen en relación con ese proyecto.

El resto de las plantillas web que aparecen en el cuadro de diálogo Nuevo son Asistentes web, que se estudiarán en detalle más adelante.

Plantillas de página

FrontPage posee una gran variedad de plantillas de página, desde las más limitadas hasta páginas complejas de tres columnas. Con las plantillas de página, agregar páginas a un sitio web ya existente, para personalizarlo, es algo muy fácil y rápido.

Cómo utilizar las plantillas de página

Antes de utilizar una plantilla de página, es necesario tener activada la vista Página. Para obtener más información sobre la vista Página, consulte el Capítulo 6. El proceso es muy simple:

1. Active la vista Página pulsando el icono del mismo nombre en el menú Vistas.
2. Elija Nuevo en el menú Archivo y después Página en el submenú.
3. En el cuadro de diálogo Nuevo que aparecerá, elija una plantilla en la ficha General (véase la Figura 4.2) y luego pulse Aceptar.

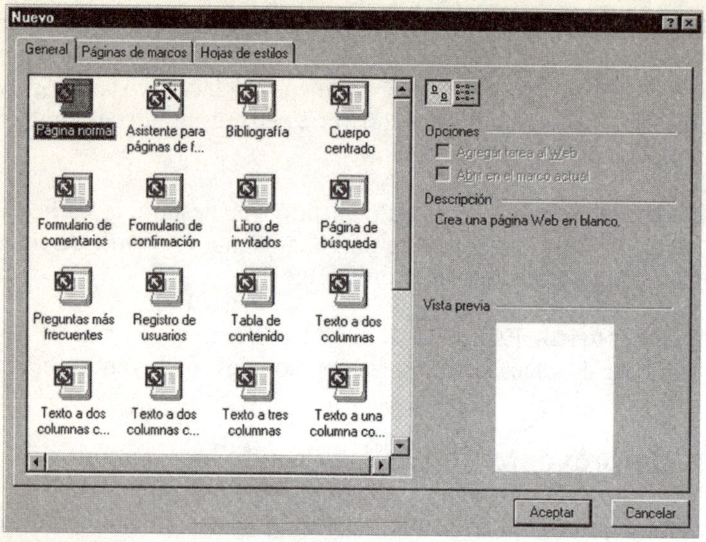

Figura 4.2.
Ficha General del cuadro de diálogo Nuevo, tras seleccionar la opción Página.

Nota Entre las plantillas de página también se incluye el Asistente para páginas de formulario. Para obtener más información sobre este asistente, véase la sección «Asistente para páginas de formulario», en este mismo capítulo. El cuadro de diálogo Nuevo contiene también una ficha denominada Páginas de marcos y otra llamada Hojas de estilos. Para obtener más información sobre el proceso de creación de páginas de marcos, véase la próxima sección, «Creación de marcos», y para obtener más información sobre las hojas de estilos, acuda al Capítulo 10.

Dispone de una gran variedad de plantillas para crear nuevas páginas en el sitio web. Las plantillas se encuentran en la ventana izquierda del cuadro de diálogo Nuevo y a la derecha encontramos la descripción y la vista previa de cada una de ellas. Existen dos formas de ver las plantillas: en una lista o como iconos. Para verlas de una u otra forma, pulse el botón correspondiente que se encuentra sobre la descripción. Si tiene abierto un conjunto de marcos (los marcos y los conjuntos de marcos se estudian en este mismo capítulo) y quiere que su nueva página abra el marco actual, marque la casilla de verificación Abrir en el marco actual. Si quiere agregar la nueva página a la vista Tareas para trabajar con ella más adelante, marque la casilla Agregar tarea al Web.

Se habrá dado cuenta de que las plantillas poseen usos muy variados y que algunas de ellas están diseñadas para ser utilizadas en combinación con otras en el mismo sitio web. Fíjese bien en las plantillas que hay. Si sabe qué opción utilizar, estará mucho mejor preparado para crear el sitio web que desea.

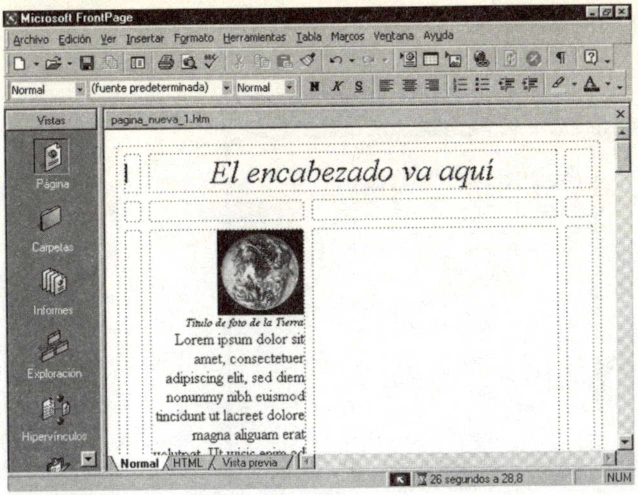

Figura 4.3.
Plantilla de página Texto escalonado a dos columnas, en la vista Página.

Cuando se haya decidido por una plantilla, FrontPage creará una página utilizando la plantilla seleccionada y, a continuación, la presentará en la vista Página para que pueda trabajar sobre ella.

Se habrá fijado en que todas las páginas nuevas creadas con las plantillas incluyen un texto a modo de ejemplo: el «lorem ipsum...» (que a veces se denomina *texto griego*), cuya función es mostrarle el lugar en el que puede colocar su propio texto; también incluyen espacios reservados como, por ejemplo, «El encabezado va aquí», que tendrá que sustituir por su propio texto. En el ejemplo de la Figura 4.3, creado con la plantilla de página Texto escalonado a dos columnas, se muestra un texto de ejemplo y un espacio reservado.

Creación de marcos

Los marcos permiten dividir la página del explorador en áreas rectangulares, cada una de las cuales muestra su propia página. Es posible colocar varios marcos en una página. El conjunto de páginas de «marcos» y la información necesaria para presentarlos correctamente en el explorador es lo que se denomina conjunto de marcos, que, de hecho, es una página independiente que el usuario no ve nunca. Esto significa que es posible crear una página en la que sus diferentes zonas contengan información diferente. Si cambia la información de una de estas zonas, la información de las otras no tiene por qué cambiar también necesariamente, aunque, si lo desea, los vínculos que hay en un marco pueden hacer que la página que aparece en otro cambie.

Veamos un típico ejemplo de utilización de marcos. Imagínese una página web dividida verticalmente en dos áreas, cada una de las cuales es un marco. El marco

Figura 4.4.
Página dividida en dos marcos. Si pulsa en un vínculo en la página de contenido del lado izquierdo, esa página aparecerá en el derecho.

izquierdo contiene una lista completa de todos los vínculos a todas las páginas del sitio web. El contenido del marco de la derecha de la pantalla cambia de acuerdo con el vínculo que se pulse en la tabla de contenido del lado izquierdo. Así pues, si pulsa en el marco de contenido un vínculo que le conduce a la página Asuntos, esta página aparecerá en el lado derecho; y si pulsa en el vínculo que le lleva a la página Resultados, será ésta la que aparecerá. En la Figura 4.4 vemos esto con más claridad.

Los marcos se han convertido en una herramienta muy popular entre los diseñadores de sitios web, e incluso algunos se han dejado llevar tanto por el entusiasmo que han llegado a dividir sus páginas en cinco, seis o incluso más marcos. La utilización de demasiados marcos puede tener como consecuencia que el sitio web tarde mucho tiempo en cargarse en la pantalla (además de ser un tanto molesto); por ese motivo, FrontPage ofrece diez plantillas de marcos diferentes que no contienen más de cuatro marcos cada una.

Cómo utilizar las plantillas de marcos

Las páginas de marcos se crean utilizando una plantilla de marcos en la vista Página. El método es el siguiente:

1. Active la vista Página seleccionando su icono en el menú Vistas.
2. Seleccione Nuevo en el menú Archivo y después Página en el submenú.
3. En el cuadro de diálogo Nuevo, elija una plantilla de la ficha Páginas de marcos (véase la Figura 4.5) y luego pulse Aceptar.

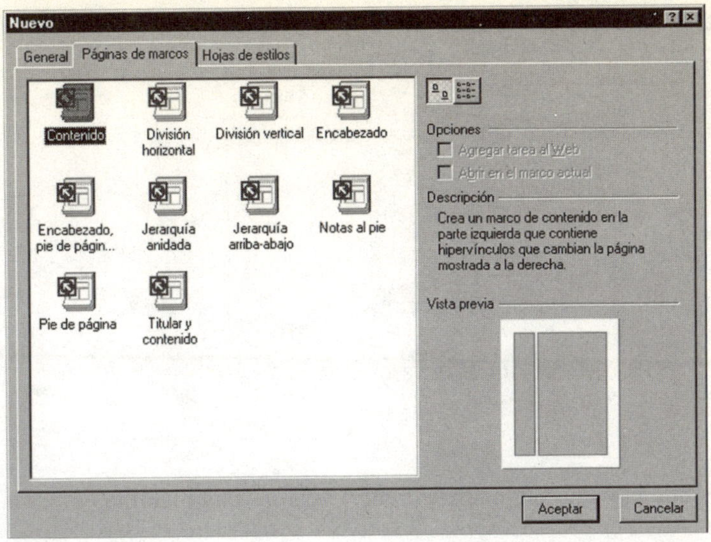

Figura 4.5.
Ficha Páginas de marcos del cuadro de diálogo Nuevo, Página.

En el cuadro de diálogo Nuevo, se puede obtener una vista previa de cómo va a quedar el conjunto de marcos una vez construido. Cuando se haya decidido por uno, FrontPage construirá las páginas necesarias. Para obtener más información sobre los marcos, véase el Capítulo 6.

Plantillas personalizadas

Cada persona tiene un estilo diferente y es posible que las plantillas predeterminadas no cubran todas las necesidades específicas de cada uno. Por eso, FrontPage permite crear y guardar nuestras propias plantillas de página. Para obtener más información sobre cómo crear plantillas web personalizadas, véase la siguiente sección, «Plantillas web personalizadas».

Quizás lo que desee sea crear muchas páginas similares que no tengan nada que ver con las plantillas de página que hay en FrontPage. Si crea su propia plantilla para generar estas páginas, puede reducir al mínimo el número de cambios que haya que realizar en cada una de ellas. Obviamente, siempre que quiera puede abrir una plantilla de página de FrontPage, modificarla para adaptarla a sus necesidades y luego utilizarla como una nueva plantilla.

Por poner un ejemplo, una plantilla de este tipo le puede ayudar a recopilar la información de los empleados de una empresa. Puede crear un formulario específico con un espacio determinado para cada tipo de información que necesite saber de sus empleados y luego guardar dicho formulario como plantilla. Tras haber hecho esto, puede distribuir la plantilla por su organización para que la utilice todo el mundo.

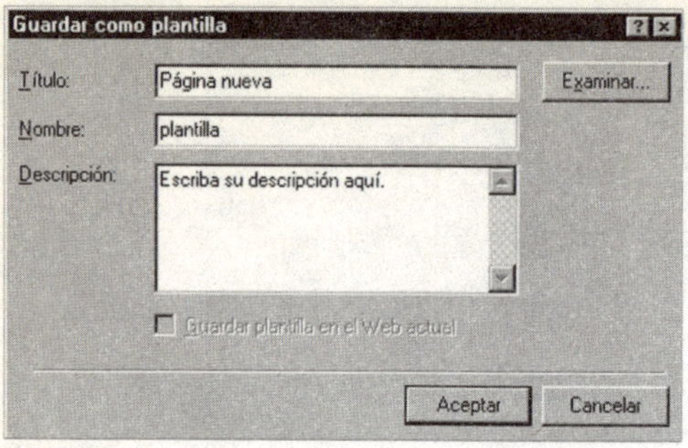

Figura 4.6.
Cuadro de diálogo Guardar como plantilla.

Los pasos que hay que seguir para crear y guardar una plantilla de página personalizada son:

1. Comience con la plantilla Página normal e introduzca el contenido que quiera que aparezca en la plantilla nueva. Por ejemplo, logotipos, botones de exploración, etc.
2. Seleccione en el menú Archivo la orden Guardar como y se abrirá el cuadro de diálogo del mismo nombre. En la lista desplegable Guardar como tipo, seleccione Plantilla de FrontPage.
3. Introduzca un nombre para su plantilla, como por ejemplo *plantillaformulario.*
4. Pulse Aceptar en el cuadro de diálogo Guardar como para acceder al cuadro de diálogo Guardar como plantilla, que se muestra en la Figura 4.6, el cual contiene el nombre del archivo introducido en el paso 3.
5. Cambie la información que desee y añada una descripción de la plantilla en el cuadro de texto Descripción. Si quiere guardar la plantilla en el mismo lugar que otra, pulse Examinar y busque la plantilla que quiere sustituir.
6. Pulse Aceptar en el cuadro de diálogo Guardar como plantilla. FrontPage le advertirá que va a guardar la plantilla en una carpeta del sitio web. Pulse Sí y FrontPage guardará la página como plantilla y volverá a la vista Página.

Una vez guardada, esta plantilla (y la descripción que ha introducido sobre ella) aparecerá en el cuadro de diálogo Nuevo siempre que vaya a crear una nueva página, junto con todas las plantillas y asistentes de FrontPage. Si quiere guardar la plantilla en una ubicación diferente, escriba el nombre de la ruta de acceso en el campo Título del cuadro de diálogo Guardar como plantilla.

Plantillas web personalizadas

Puede utilizar el kit de desarrollo de FrontPage para crear tanto plantillas como asistentes de sitios y páginas web personalizadas. Para obtener más información sobre el modo de obtener este kit gratuito, vaya a la página de FrontPage en el sitio web de Microsoft, en la dirección www.microsoft.com/frontpage/.

Asistentes

¿Cuánto cree que le llevaría crear, partiendo de cero, un sitio web para su empresa que incluya todos los elementos siguientes?

- Una página principal con zonas dedicadas a la introducción, objetivos de la empresa, perfil e información de contacto.
- Una página de Novedades que contenga vínculos a comunicados de prensa, artículos, estudios e información sobre su sitio web.
- Páginas dedicadas a productos y servicios, en donde haya un lugar para la descripción de cada producto o servicio, imágenes, información sobre los precios y muchas más cosas.
- Una página con una Tabla de contenidos, que sirva de índice de su web y que pueda actualizarse automáticamente cada vez que se realicen cambios en la estructura del sitio.
- Un formulario que pregunte a los usuarios información específica, como su nombre, cargo, dirección, número de teléfono, fax y dirección de correo electrónico.

Con HTML se tardaría muchísimo tiempo en construir un sitio web de estas características. Seguramente, muchos opinan que hacer esto sería igual que montar un automóvil pieza por pieza: es fácil ver en dónde hay que colocar las piezas grandes, pero colocar las más pequeñas y hacer que todas funcionen perfectamente es muy difícil. ¿Puede creer que construir un sitio web así con FrontPage le llevaría menos de cinco minutos? Lo puede hacer utilizando el Asistente de presencia corporativa (uno de los muchos que incluye FrontPage) y luego personalizando el sitio con unas cuantas pulsaciones del ratón e introduciendo cierta información en determinados lugares. Cuando acabe, tendrá un conjunto completo de páginas vinculadas, con elementos preparados para ser personalizados más adelante.

FrontPage dispone de dos asistentes web que crean la estructura completa de los sitios, además de un asistente adicional que le permite importar sitios web que no hayan sido creados en FrontPage. También existe un asistente de una página, el Asistente para páginas de formulario, que crea formularios que sirven para recopilar información sobre los visitantes de su sitio web, que luego puede guardar en una página de su propio sitio o en un archivo de texto en el servidor.

Asistentes web

Los dos asistentes que sirven para crear sitios web nuevos son el Asistente para presencia corporativa y el Asistente para web de discusión. El primero de ellos crea la estructura de un sitio web con los elementos descritos en la sección anterior. El Asistente para web de discusión construye un sitio web en donde los usuarios pueden participar en discusiones sobre diversos temas. Analicemos primero el Asistente para presencia corporativa.

Tenga siempre presente que puede cambiar fácilmente cuando quiera un sitio creado con uno de estos asistentes. Puede agregar páginas, eliminar elementos o páginas y modificarlas como quiera.

Asistente para Web de presencia corporativa

Con este asistente se puede crear sin demasiado esfuerzo un sitio web que sirva de escaparate de su empresa. A continuación se describirá el proceso que hay que seguir para utilizar este asistente, mostrando, a modo de ejemplo, un sitio web de una empresa ficticia denominada Snake River Winery:

1. En cualquiera de las vistas, seleccione Nuevo en el menú Archivo y, a continuación, elija Web en el submenú. En el cuadro de diálogo Nuevo, seleccione Asistente para presencia corporativa.
2. Introduzca un nuevo nombre y ubicación (para este ejemplo, utilice SRW, de Snake River Winery), verifique la ubicación y luego pulse Aceptar. FrontPage le advertirá que no hay ninguna carpeta con ese nombre y le preguntará si quiere crear una; pulse Sí. FrontPage comenzará a construir la estructura de carpetas del sitio web en la ubicación que haya especificado en el cuadro de diálogo Nuevo. Para obtener más información sobre cómo cambiar la ubicación, consulte el Capítulo 3.
3. Ahora verá la primera pantalla del Asistente para Web de presencia corporativa (véase la Figura 4.7). Esta pantalla contiene una breve descripción del asistente y le informa de que va a tener que responder a unas cuantas preguntas sobre la apariencia que quiere que tenga el sitio. En la parte inferior de la pantalla están los siguientes botones:

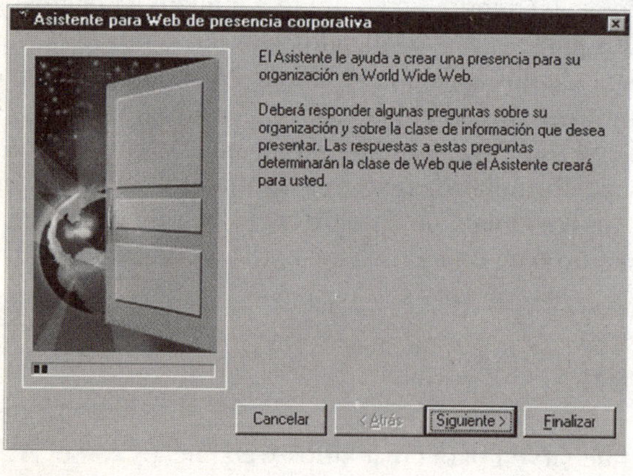

Figura 4.7.
Pantalla inicial del Asistente para Web de presencia corporativa.

- **Cancelar.** Con esta orden, el asistente se detiene y le vuelve a llevar al Explorador. Como ya ha creado parte del material, le preguntará si desea borrar el sitio web.
- **Atrás.** Cuando este botón está disponible se puede utilizar para volver a la pantalla anterior y cambiar la información que ya se ha introducido.
- **Siguiente.** Lleva a la siguiente pantalla del asistente.
- **Finalizar.** Termina el proceso del asistente en cualquier punto. Es posible dejar de utilizar el asistente en cualquier momento antes de llegar a la última pantalla. Cuando se pulsa este botón, FrontPage comienza inmediatamente a llenar el sitio web con la información que se le ha suministrado hasta ese momento.

4. La pantalla que aparece en la Figura 4.8 le ofrece varias opciones para incluir páginas en su sitio web. Fíjese que, ahora, el botón Atrás ya está activado.

   La empresa Snake River Winery está construyendo un sitio web bastante complejo, que contiene todos los tipos de páginas posibles (véase la Figura 4.8). El sitio web comienza con una Página principal, cuyo contenido se puede personalizar en el siguiente paso del asistente.

   - **Lo nuevo.** Esta página puede ser de utilidad para aquellos usuarios que sean visitantes habituales del sitio web, ya que les informa de las últimas actualizaciones. A lo mejor en otoño va a aparecer un nuevo tipo de vino, o quizás en julio haya descuentos especiales para los grupos que visiten las bodegas. La página Lo nuevo puede proporcionar vínculos a estos elementos en su sitio web.
   - **Productos y servicios.** Ya que la empresa con la que estamos trabajando se dedica a vender vinos, y ya que este producto puede gustar bas-

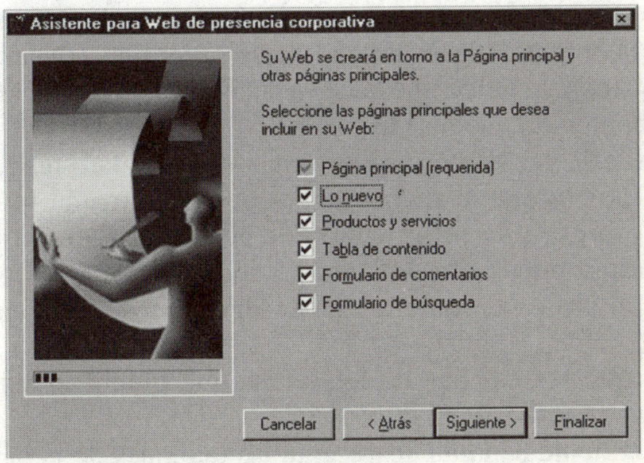

Figura 4.8.
Pantalla de la página principal de opciones del Asistente para presencia corporativa.

tante a la gente, es aconsejable añadir la página Productos y servicios. Aquí es donde la empresa puede destacar sus vinos y otros productos y también donde se puede indicar a los visitantes cómo realizar un pedido.

- **Tabla de contenido.** Los que deseen ver un resumen de todo lo que ofrece el sitio web de esta empresa de vinos, pueden acudir a esta página, que está vinculada con todas las otras páginas del sitio. Es aconsejable incluir una página de este tipo, porque evita que los usuarios se pierdan por el sitio web.
- **Formulario de comentarios.** La administración de la empresa quiere saber qué piensan los usuarios de los productos que se ofrecen en el sitio web y qué piensan del propio sitio. Los visitantes pueden utilizar este formulario para hacer cualquier comentario sobre la empresa.
- **Formulario de búsqueda:** La empresa de vinos piensa que este tipo de formulario puede resultar un elemento muy atractivo, ya que permite a los usuarios buscar en el sitio cualquier palabra que aparezca en sus páginas. La página se coloca de un modo muy sencillo: solamente hay que marcar la casilla de verificación que aparece en esta pantalla. FrontPage compila automáticamente una lista de las palabras, que el formulario de búsqueda utiliza cuando alguien realiza una búsqueda por el sitio web.

Por cada página que decida incluir en el sitio web, el asistente le presentará una pantalla que puede utilizar para personalizar aún más dicha página.

Cuando haya terminado, pulse Siguiente.

5. Aparecerá una pantalla con varias opciones para dar un formato a su página principal (véase la Figura 4.9). Puede elegir crear un determinado espacio para la introducción, los objetivos de la organización, el perfil de ésta y la información de contacto. No se le pedirá que introduzca los datos exactos en ese momento (como, por ejemplo, que escriba el texto que detalla los objetivos de la empresa), pues lo tendrá que hacer más adelante en la vista Página. Este asistente lo único que hace es crear el espacio que luego hay que rellenar con el contenido que más le guste.

   Snake River Winery quiere que su sitio web tenga un aspecto profesional, por lo que al menos habrá que incluir una introducción, el perfil de la empresa y la información de contacto. Esto último es imprescindible, porque puede que los compradores al por mayor o individuales que visiten el sitio web quieran saber algo más sobre cómo comprar los productos.

   Marque las casillas de los temas que quiera incluir y luego pulse Siguiente.
6. En la siguiente pantalla aparecerán las opciones de la página Lo nuevo, tal y como se muestra en la Figura 4-10. Seleccione cualquiera de las tres casillas para incluir ese tipo de información en la página. FrontPage creará subsecciones para los elementos que elija.

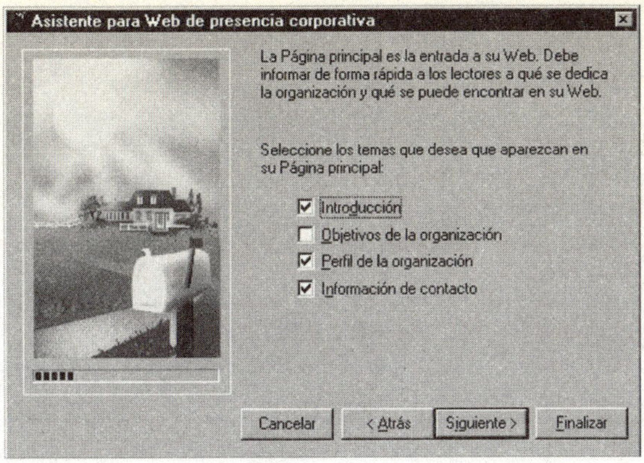

Figura 4.9.
Pantalla de temas de la página principal, en el Asistente para presencia corporativa.

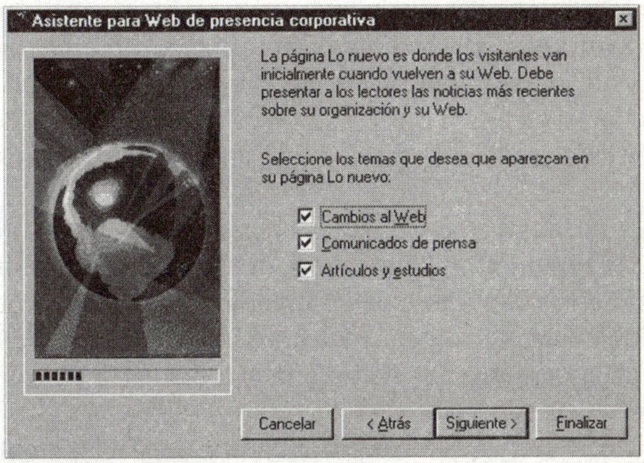

Figura 4.10.
Pantalla de temas de la página Lo nuevo, en el Asistente para presencia corporativa.

Si, por ejemplo, la empresa que nos ocupa cambia su número de teléfono, puede informar a sus visitantes de que hay un número nuevo en la sección Cambios al Web de esta página. Es posible añadir de una manera muy sencilla cualquier noticia importante sobre la empresa en el momento que se desee.

Esta página es también un buen lugar para publicar la información sobre el sector industrial al que pertenece la empresa como, por ejemplo, una lista de futuras ferias comerciales, las tendencias del mercado o cualquier otra cosa relacionada con su negocio. Es maravilloso disponer de un lugar en el sitio web en donde los visitantes puedan encontrar la información más reciente, ya

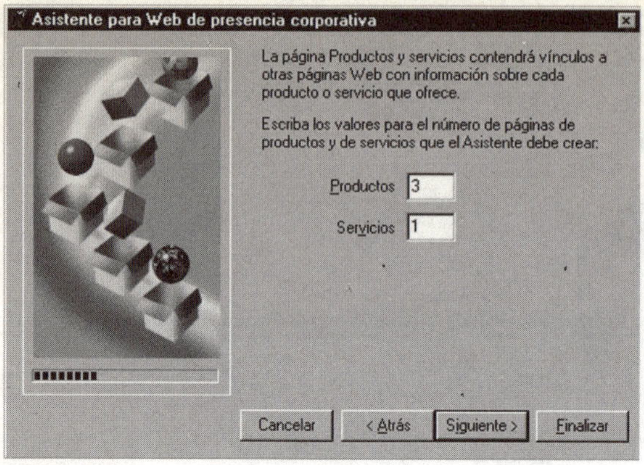

Figura 4.11.
Pantalla de opciones de la página Productos y Servicios, en el Asistente para presencia corporativa.

que esto puede ser determinante para que los visitantes vuelvan a sus páginas, recibiendo así información continuamente sobre sus productos. Las secciones Comunicados de prensa y Artículos y estudios pueden ser utilizadas para estos fines.

Seleccione el tipo de información que quiera incluir en sus páginas y pulse Siguiente.

7. En la siguiente pantalla aparecerán las opciones de la página Productos y servicios (véase la Figura 4.11). Para configurar esta página, introduzca los valores correspondientes al número de productos y servicios que desee. FrontPage le permite elegir entre 0 y 5 para cada uno. El asistente creará en la página las secciones correspondientes al número de productos y servicios que se haya especificado en esta pantalla.

   Snake River Winery quiere destacar en el sitio web sus tres mejores vinos, así que introduzca el número 3 en el cuadro Productos. La empresa también está muy orgullosa del servicio al cliente de primera clase que ofrecen, así que escriba 1 en la sección correspondiente a los Servicios, para destacar este aspecto de la empresa.

   Pulse Siguiente para pasar a la siguiente pantalla.

8. En esta pantalla (véase la Figura 4.12) se especifica el modo en que se quiere personalizar las páginas de cualquier producto o servicio que tenga en el sitio web. El asistente de la Figura 4.12 le da una serie de opciones para incluir en las páginas de Productos espacios reservados para las imágenes de los productos, la información sobre los precios y el formulario de petición de información, y para incluir en las páginas de Servicios una lista de capacidades, referencias de clientes y formularios de petición de información.

   Seleccione las opciones que desee incluir en estas páginas y luego pulse Siguiente.

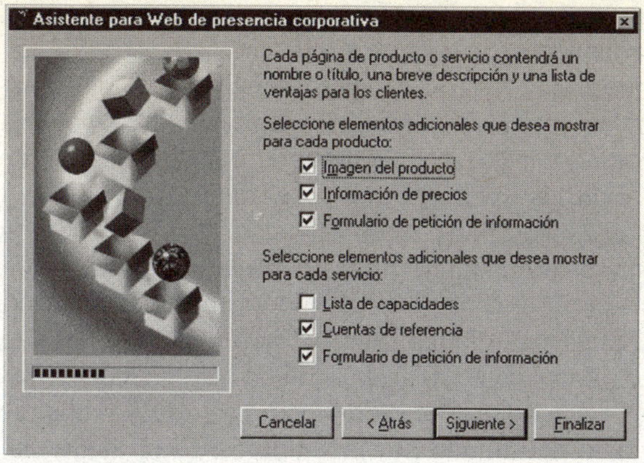

Figura 4.12.
Pantalla para especificar los espacios reservados en las páginas de Productos y Servicios del Asistente para presencia corporativa.

Consejo Para moverse por las pantallas de opciones del asistente, puede utilizar el tabulador en vez del ratón. Para marcar o desmarcar una casilla de verificación, utilice la barra espaciadora.

---

9. En la siguiente pantalla se encuentran las opciones del Formulario de comentarios, que se muestra en la Figura 4.13, en donde se especifica la información que quiere recibir de su público. Piense muy bien qué opciones va a elegir, teniendo

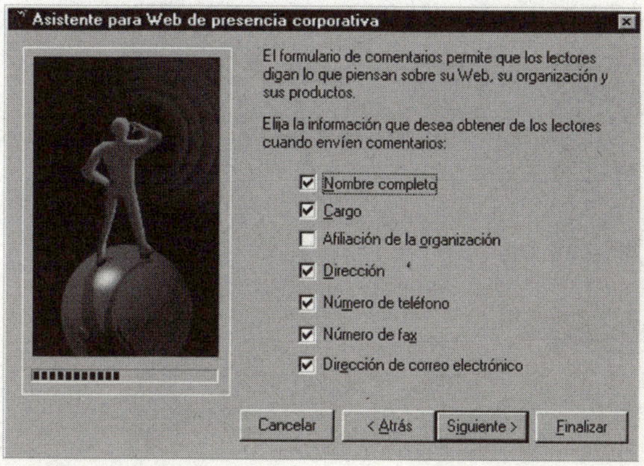

Figura 4.13.
Pantalla de opciones del Formulario de comentarios, en el Asistente para presencia corporativa.

siempre en cuenta el tipo de público que va a ver sus páginas. Si la audiencia no dispone de tiempo suficiente para rellenar cada elemento del formulario y hay muchos, puede que les resulte agobiante. Aunque solamente haya que perder unos segundos en rellenarlo, los navegantes tienen la tendencia a salir de la página si da la sensación de que va a llevar demasiado tiempo rellenarla.

Seleccione las opciones que desee que aparezcan en el Formulario de comentarios y luego pulse Aceptar.

10. La siguiente pantalla, que se muestra en la Figura 4.14, presenta una opción muy clara: permite especificar el modo de guardar los comentarios de los visitantes. Si va a manipular la información con una base de datos o una hoja de cálculo (como por ejemplo, con las aplicaciones Access y Excel de Microsoft), seleccione la primera opción. FrontPage guardará la información en un formato delimitado por tabuladores. Si no tiene intención de utilizar este tipo de aplicaciones, seleccione la segunda opción, para que FrontPage guarde la información en un formato de página web.

    Snake River Winery no es una empresa muy grande, pero su equipo directivo espera que su sitio web reciba un gran número de visitas. Si utiliza Access o Excel, le resultará mucho más fácil manipular la información de los comentarios y además reducirá la cantidad de trabajo; por esta razón, la empresa quiere guardarla en un formato delimitado por tabuladores. Así que seleccione la opción Sí, utilizar formato delimitado por tabuladores.

    Cuando haya finalizado, pulse Siguiente para continuar.

11. Aquí puede ver una pantalla con las opciones para personalizar la página de la Tabla de contenido (TDC), tal y como se muestra en la Figura 4.15. Puede seleccionar ciertas opciones para que la Tabla de contenido se actualice cada vez que se modifique una página, para mostrar las páginas que no están vinculadas a las páginas que aparecen en la Tabla de contenido, y para utilizar viñetas para las páginas de nivel superior.

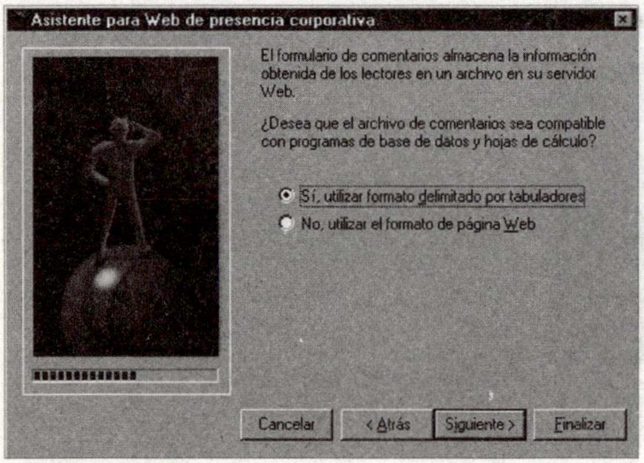

Figura 4.14.
Pantalla de opciones para guardar los comentarios, en el Asistente para presencia corporativa.

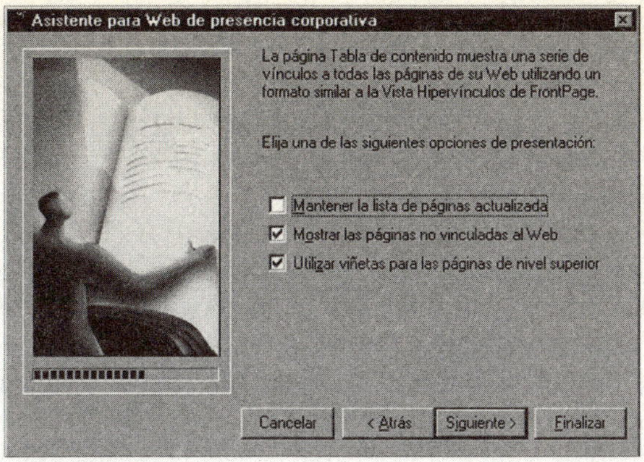

Figura 4.15.
Pantalla de opciones de la Tabla de contenido, en el Asistente para Web de presencia corporativa.

Si sabe de antemano que su sitio web va a ser pequeño o que no se va a actualizar muy a menudo, sería buena idea marcar la casilla Mantener la lista de páginas actualizada. Si, por el contrario, sabe que el sitio va a ser grande o que va a aumentar de tamaño con el tiempo, no debería marcar la casilla en cuestión, porque en estos casos la actualización puede ser muy lenta. Puede actualizar la Tabla de contenido manualmente más adelante, así que no se preocupe.

Una vez seleccionadas las opciones que desee, pulse Siguiente.

12. La siguiente pantalla que verá detalla los elementos que quiera que aparezcan al principio y al final de cada página de su sitio web (véase la Figura 4.16). Al

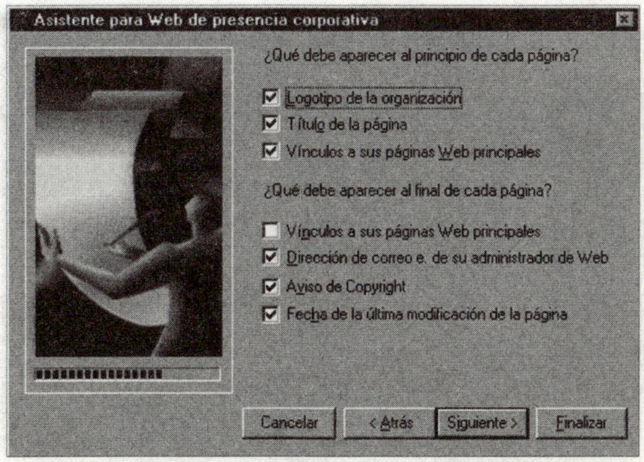

Figura 4.16.
Pantalla de opciones para los elementos que aparecen al principio y al final de cada página, en el Asistente para presencia corporativa.

principio de las páginas puede incluir el logotipo de la empresa, el título de la página y vínculos a sus páginas web principales. Por otra parte, al final de las páginas se pueden incluir vínculos a sus páginas web principales, la dirección de correo electrónico del administrador del sitio web, el aviso de Copyright y la última fecha de modificación de la página (que FrontPage aplica automáticamente).

Una vez más, en estas opciones lo que se decide es si FrontPage tiene que dejar un espacio o no para dichos elementos, y no se introduce el contenido. Puede seleccionar todos los elementos que desee, incluso si tiene la intención de utilizar distintos elementos en cada página.

El sitio web de la empresa de vinos que estamos utilizando como ejemplo va a tener un logotipo diferente en las páginas de cada sección, así que marque la casilla Logotipo de la organización para que FrontPage incluya un espacio para dicho logotipo. Posteriormente podrá insertar manualmente un logotipo diferente al principio de cada página.

FrontPage no verifica el contenido de cada espacio, por lo que disfruta de cierta flexibilidad para utilizar estas opciones. Si esta empresa quiere que en las páginas aparezca la dirección de correo electrónico de otra persona, además de la del administrador del sitio, por poner un ejemplo, marque la casilla Dirección de correo e. de su administrador de web, para que el espacio quede disponible. Más adelante podrá cambiar la dirección de correo electrónico.

Seleccione las opciones que desee, y luego pulse Siguiente.

13. En la siguiente pantalla se le ofrece la opción de colocar un icono de En construcción en todas las páginas del sitio que aún no estén terminadas, tal y como se muestra en la Figura 4.17.

Seleccione Sí y luego pulse Siguiente.

14. En las dos pantallas siguientes, las que se muestran en las Figuras 4.18 y 4.19, se le pedirá información sobre su empresa, como el nombre completo,

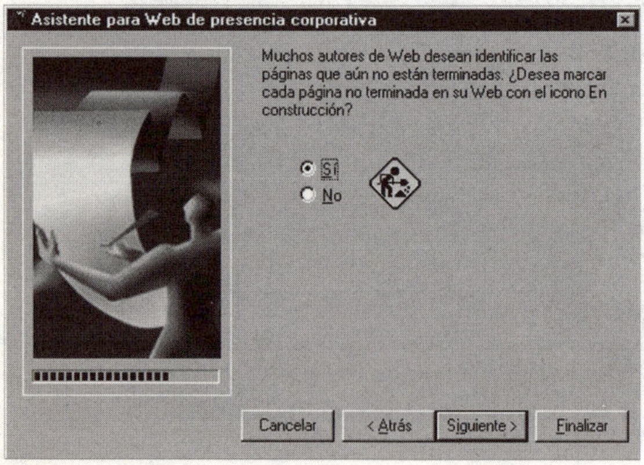

Figura 4.17.
Pantalla de opciones del icono En construcción, del Asistente para presencia corporativa.

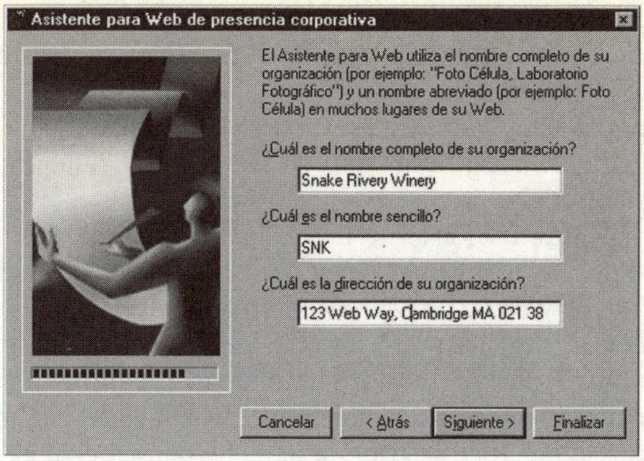

Figura 4.18.
Primera pantalla sobre la información de la empresa, del Asistente para presencia corporativa.

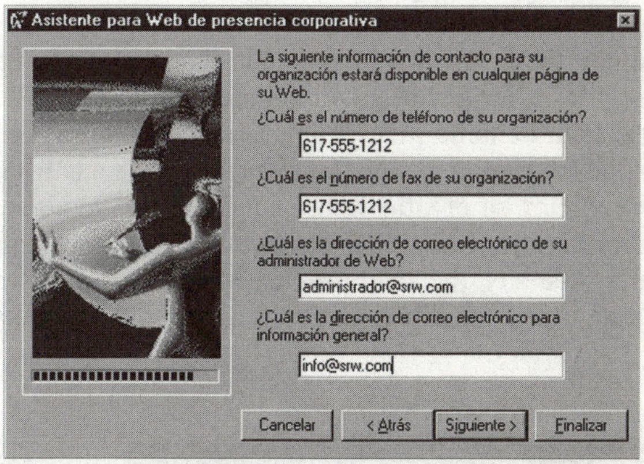

Figura 4.19.
Segunda pantalla sobre la información de la empresa, del Asistente para presencia corporativa.

el nombre sencillo, la dirección, el número de teléfono y el número de fax, además de la dirección de correo electrónico de su administrador de web y una dirección de correo electrónico para información general. Estas opciones ahorran una gran cantidad de tiempo, porque la información solamente se introduce una vez, y FrontPage la inserta automáticamente en los espacios habilitados para ello en el sitio web. Por ejemplo, si en una de las pantallas anteriores del asistente (vuelva a la Figura 4.15), optó porque apareciera la dirección de correo electrónico del administrador de web al final de cada página, todo lo que tiene que hacer es escribir aquí la dirección y FrontPage la insertará automáticamente.

Si, posteriormente, tiene que cambiar esta información, solamente tendrá que modificarla en un lugar, seleccionando la orden Configuración del Web en el menú Herramientas.

La empresa para la que estamos construyendo el sitio quiere que toda esta información aparezca al principio de las páginas, aunque luego puede que decida no incluir algunos datos.

Escriba la información en las dos pantallas y pulse Siguiente para continuar.

15. En la siguiente pantalla se puede determinar la apariencia del sitio web utilizando los Temas de Web de FrontPage, como se muestra en la Figura 4.20.

    Si quiere utilizar uno de los temas de FrontPage, pulse el botón Elegir tema de web. Se abrirá el cuadro de diálogo Elegir tema de la Figura 4.21. Para obtener más información sobre los Temas, véase el Capítulo 7.

    Desplácese por toda la lista de temas y decida cuál es el mejor para su sitio. Snake River Winery quiere que su web tenga un aspecto sólido, por lo que utilizaremos el tema Expediciones y seleccionaremos Colores intensos, Gráficos activos, Imagen de fondo y Aplicar mediante CSS.

    Una vez seleccionado el tema, pulse Aceptar.

16. Ahora ya habrá regresado al Asistente para presencia corporativa en el punto donde lo dejó.

    La pantalla final, que se muestra en la Figura 4.22, indica que FrontPage ya tiene toda la información que necesita para crear el Web para presencia corporativa. Esta pantalla incluye la casilla de verificación Mostrar la vista Tareas después de cargar el web. La vista Tareas es una lista de las tareas que hay que completar en el sitio web. FrontPage añade algunas a la lista después de crear el sitio. Entre ellas se encuentran la personalización de varias páginas, a las que hay que añadir un texto determinado y otros archivos, y la sustitución de imágenes. En el Capítulo 3 se explica la vista Tareas con más detalle.

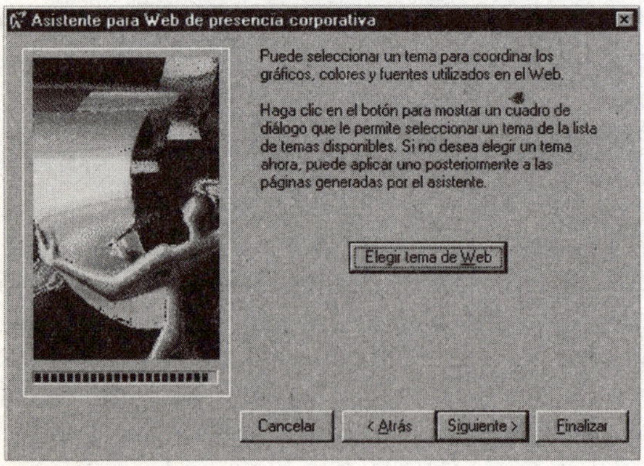

Figura 4.20.
Opciones para seleccionar un tema de Web en el Asistente para presencia corporativa.

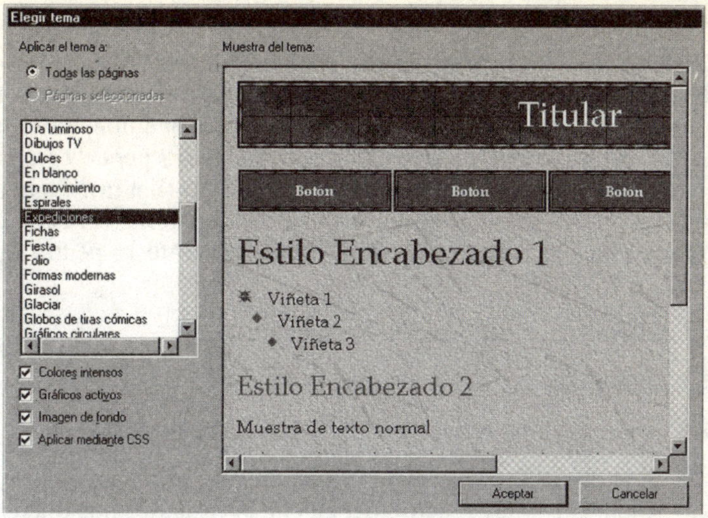

Figura 4.21.
Cuadro de diálogo Elegir tema.

Pulse el botón Finalizar; FrontPage creará el Web de presencia corporativa en la ubicación que haya especificado y con la información que le haya suministrado y después lo guardará. A continuación FrontPage se abrirá en la vista Tareas, porque eso es lo que se le ha indicado. Desde este momento ya puede incluir los pequeños detalles del sitio web y personalizarlo para adaptarlo a sus necesidades.

Esto es todo lo que hay que hacer para crear la estructura de un sitio web con el Asistente para Web de presencia corporativa; son unos cuantos pasos que ahorran una cantidad de tiempo asombrosa.

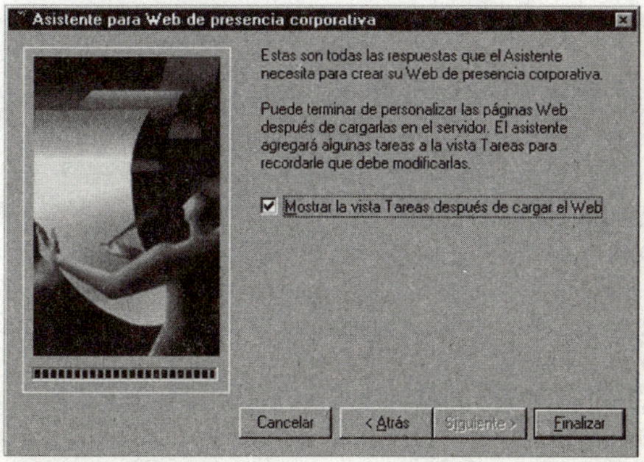

Figura 4.22.
Opciones para ver la vista Tareas, en el Asistente para presencia corporativa.

Asistente para Web de discusión

El Asistente para Web de discusión crea un grupo de discusión sobre un tema de su elección. Normalmente, los diseñadores de sitios web incluyen grupos de discusión en sitios web ya existentes, ya que pueden resultar componentes web muy útiles. En estos grupos de discusión, cada usuario puede compartir sus ideas y asociarlas a una conversación particular en curso (hebra). Cada uno de los mensajes individuales que aporta un usuario se denomina artículo. El usuario también puede buscar artículos existentes. El asistente le pedirá que decida lo siguiente:

- El tipo de páginas que quiere incluir.
- El título de la discusión.
- Algunos campos para separar los temas de discusión.
- Si la discusión va a celebrarse en un sitio web protegido. Esto significa que solamente podrían participar en ella los usuarios que estén registrados.
- Cómo hay que ordenar en la tabla de contenido los artículos enviados.
- Si la página Tabla de contenido va a ser la página principal.
- La información que quiere que se muestre para cada artículo encontrado al realizar una búsqueda en las discusiones pasadas.
- El color del fondo y del texto.
- Si quiere crear el sitio web utilizando marcos.

Como siempre, más adelante puede modificar el sitio web como quiera y agregar o borrar características de estas páginas.

Administración de un grupo de discusión

En FrontPage resulta muy sencillo administrar un grupo de discusión. Si es responsable de la administración de un grupo de este tipo, aquí tiene algunas de las cosas que puede hacer:

- **Modificar artículos.** Cada página que completa el usuario y que luego envía al grupo de discusión se denomina artículo. FrontPage guarda los artículos como archivos HTML en una carpeta oculta, normalmente llamada *_disc1*. Para ver la lista de los artículos, es preciso ordenar a FrontPage que muestre los archivos de los directorios ocultos. Esto se hace seleccionando la orden Configuración del Web en el menú Herramientas, abriendo luego la ficha Avanzada y marcando por último la casilla de verificación Mostrar documentos en directorios ocultos. Al pulsar el botón Aceptar, aparecerá un cuadro de diálogo que le preguntará si desea actualizar el sitio web en ese momento. Si dice Sí, aparecerán las páginas ocultas.

Para modificar un artículo, primero hay que buscarlo en la carpeta de discusión y luego pulsar dos veces con el ratón sobre él. El artículo aparecerá en la vista Página, en donde podrá borrar el texto que quiera como, por ejemplo, todo tipo de lenguaje desagradable. A continuación puede guardar el artículo modificado y los usuarios podrán ver el resultado.

- **Borrar artículos antiguos.** Si puede ver los archivos de las carpetas ocultas, también puede ordenar los archivos y borrar los mensajes que ya no son necesarios. En la vista Carpetas, ordene la lista de archivos del grupo de discusión por fechas y, a continuación, borre los archivos inútiles seleccionándolos y pulsando la tecla Supr.

Es posible limitar el acceso a su sitio web, de tal modo que solamente puedan acceder a él los usuarios que estén registrados. En el Asistente para Webs de discusión hay una pantalla que le ofrece la opción de que todas las discusiones tengan lugar en un sitio web protegido, lo que significa que solamente pueden acceder a los artículos los usuarios registrados del grupo de discusión. Si opta por utilizar un sitio web protegido, FrontPage le dará algunas instrucciones sobre los pasos que ha de seguir para generar la página de registro, una vez que haya acabado de utilizar el asistente y se haya creado el sitio web.

Asistente para importar al Web

Si tiene otros sitios web que le gustaría convertir en sitios de FrontPage, puede utilizar el Asistente para importar al Web. Este asistente importa una carpeta de archivos desde su disco duro o LAN y crea con ellos un nuevo sitio web de FrontPage. La carpeta no tiene por qué ser un sitio web completo: vale cualquier carpeta de archivos que quiera utilizar para crear un sitio web de FrontPage.

Éstos son los pasos que tiene que seguir para importar sitios con el Asistente para importar al Web:

1. Seleccione Nuevo en el menú Archivo y a continuación Web en el submenú.
2. En el cuadro de diálogo Nuevo, seleccione el Asistente para importar al Web, especifique el nombre y la ubicación del nuevo sitio y luego pulse Aceptar. FrontPage le advertirá que el nombre y la ubicación especificadas no existen y, a continuación, creará la carpeta automáticamente. Aparecerá el cuadro de diálogo del Asistente para importar al Web (véase la Figura 4.23).

Nota También se puede acceder al Asistente para importar al Web seleccionando la orden Importar en el menú Archivo y después eligiendo Desde el Web en el cuadro de diálogo Importar.

---

3. En la pantalla Elegir origen del Asistente para importar al Web (que se muestra arriba), decida si desea importarlo desde una computadora o red local o desde un sitio de la World Wide Web.

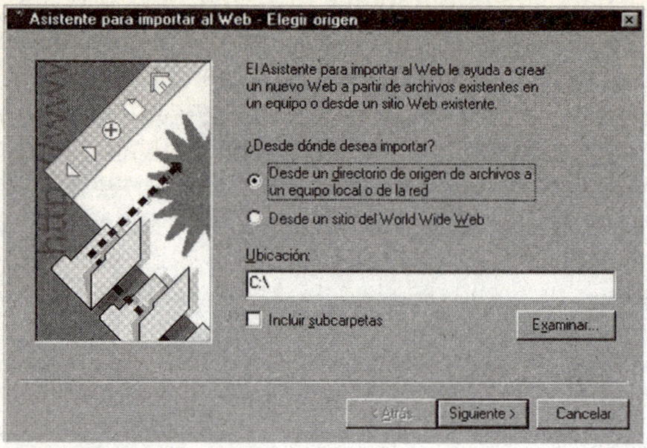

Figura 4.23.
Primera página del Asistente para importar al Web. Cuadro de diálogo Elegir origen.

Si selecciona la primera opción, es preciso especificar la ubicación de la carpeta de archivos que quiera importar. Pulse el botón Examinar, seleccione la carpeta en el cuadro de diálogo Buscar carpeta y pulse Aceptar. Si la carpeta contiene subcarpetas de archivos que también le gustaría importar, marque la casilla Incluir subcarpetas en la pantalla del asistente.

Si, por el contrario, selecciona la segunda opción, Desde un sitio del World Wide Web, tendrá que indicar una ubicación web y, si el servidor requiere SSL, marcar la casilla correspondiente. La Figura 4.24 muestra estas opciones.

Pulse Aceptar para continuar.

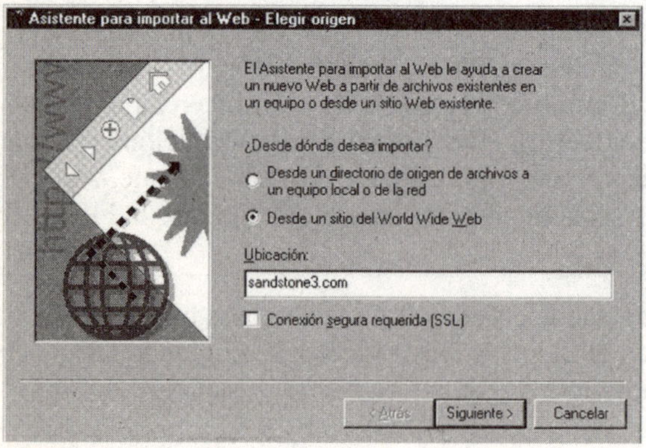

Figura 4.24.
Cuadro de diálogo Elegir origen del Asistente para importar al Web, en el que se ha seleccionado como origen un sitio web.

4. Si quiere importar el sitio desde una computadora o red local, aparecerá la pantalla Modificar lista de archivos del Asistente para importar al Web, que se muestra en la Figura 4.25, y que contiene una lista de todos los archivos que contiene la carpeta que haya seleccionado (incluyendo las subcarpetas). Ahora es cuando puede especificar los archivos que desea importar. Si, por ejemplo, tiene pensado construir un sitio web nuevo y quiere importar un web ya antiguo para que forme parte de él, seguramente no querrá importar algunos de los archivos que no vaya a utilizar.

   Para eliminar un archivo de la lista de los que se van a importar a su nuevo sitio web, seleccione el archivo en cuestión y pulse Excluir. Si ya ha eliminado algunos elementos de la lista y le gustaría volver a empezar con la lista original, pulse Actualizar, y ésta volverá a aparecer.

   Una vez que esté seguro que quiere incluir todos los elementos de la lista en su nuevo sitio web de FrontPage, pulse Siguiente.
5. Si quiere importar el sitio desde la World Wide Web, pulse Siguiente y se abrirá el cuadro de diálogo Elegir la cantidad que se va a descargar, que se muestra en la Figura 4.26. Aquí es donde hay que establecer los límites de los niveles y del tamaño de los archivos y donde podrá optar, además, por limitar la importación a archivos de texto e imagen.

   Seleccione las opciones que necesite y pulse Siguiente.
6. Fíjese en la pantalla Modificar lista de archivos del Asistente para importar al Web. Verá que contiene una lista de todos los archivos, incluso de aquellos que se encuentran en las subcarpetas de la carpeta seleccionada. Ahora ya puede especificar qué archivos va a importar. Si, por ejemplo, tiene pensado construir un sitio web nuevo y quiere importar un web ya existente para que forme parte de él, no tiene por qué importar algunos de los archivos que no vaya a utilizar.

   Seleccione las opciones que necesite y luego pulse Siguiente.

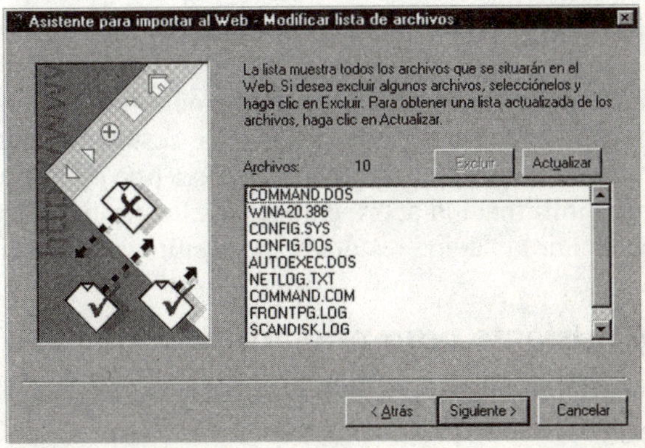

Figura 4.25.
Cuadro de diálogo Modificar lista de archivos, del Asistente para importar al Web.

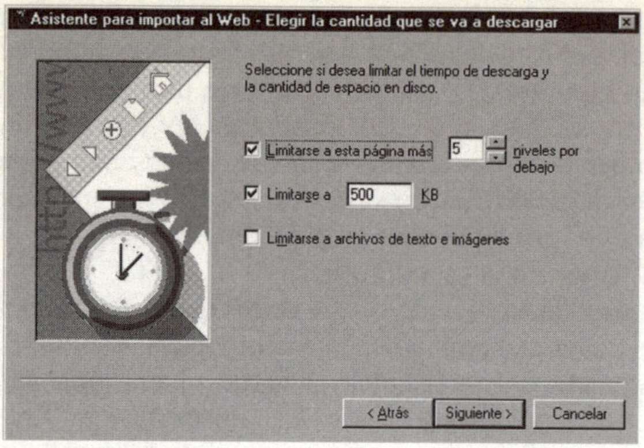

Figura 4.26.
Cuadro de diálogo Elegir la cantidad que se va a descargar, en el Asistente para importar al Web.

7. Ya ha llegado a la pantalla Finalizar, la última pantalla del asistente. Pulse el botón Finalizar para que FrontPage cree el nuevo sitio web. Si desea cambiar alguna información que haya introducido anteriormente, pulse el botón Atrás todas las veces necesarias, hasta llegar a la pantalla en la que se encuentre dicha información. Modifique los datos y pulse Siguiente hasta llegar una vez más a la pantalla Finalizar.

Esto es todo lo que hay que hacer en FrontPage para importar una carpeta de archivos y crear un sitio nuevo con ella. FrontPage conserva la antigua estructura de carpetas que ha importado y agrega sus propias carpetas al sitio como, por ejemplo *_private* e *images*, en donde guarda los archivos privados y de imágenes, respectivamente.

Asistente para páginas de formulario

El Asistente para páginas de formulario crea un formulario que tiene la función de recopilar las aportaciones de los usuarios y guardar los resultados en una página web o en un archivo de texto situado en el servidor web. Este tipo de formulario puede ser muy útil para recopilar información sobre contactos, clientes, productos y demás, de sus visitantes. Puede incluir la página resultante en el sitio web y vincularla con otras.

Cómo utilizar el Asistente para páginas de formulario

Si quiere agregar una página a su sitio web con el Asistente para páginas de formulario, siga estos pasos:

1. Pulse el icono Página en el menú Vistas de FrontPage.
2. Seleccione Nuevo en el menú Archivo y elija luego Página en el submenú. Abra la ficha General en el cuadro de diálogo Nuevo.

3. En la lista de plantillas de página, seleccione el Asistente para páginas de formulario. Observe que, cuando se selecciona una plantilla o asistente, aparece una descripción del mismo en la parte superior derecha del cuadro de diálogo Nuevo. Cuando haya seleccionado el asistente adecuado, pulse Aceptar.
4. Recorra todas las pantallas del asistente y responda las preguntas que se le formulen. Estos asistentes funcionan de un modo muy parecido al Asistente para presencia corporativa, que ya se ha explicado anteriormente, pero las preguntas que tendrá que responder son diferentes. Por ejemplo, FrontPage le pedirá que proporcione el nombre de la página, en vez del nombre del sitio web.
5. Cuando llegue a la última pantalla, pulse Finalizar; FrontPage creará la página y la presentará en la vista Página. A continuación ya puede modificarla, agregando texto o imágenes, o las dos cosas, vinculándola con otras páginas, etc.

Asistentes personalizados

Cualquier persona puede crear asistentes de página y de sitios web personalizados con Microsoft Visual Basic o Microsoft Visual C++. Para saber cómo hacerlo, consulte el kit de desarrollo de FrontPage. Si quiere informarse sobre la manera de obtener este kit de manera gratuita, consulte la página de FrontPage en el sitio web de Microsoft, en la dirección www.microsoft.com/frontpage.

Las plantillas y asistentes de FrontPage le permiten tener más tiempo libre para hacer otras cosas en la vida. Puede que disfrute de tanto tiempo libre que incluso ponga en su puerta uno de esos carteles que dicen «Me he ido a las carreras de monstruos».

A continuación

Además del tiempo que ahorra, FrontPage también permite implantar mecanismos de seguridad, gestionar tareas, actualizar el contenido, realizar pruebas y poner en marcha el sitio web. En el Capítulo 5 se tratarán todos estos temas.

5

Administración del sitio

Con FrontPage es mucho más fácil

Ya lleva mucho tiempo trabajando en el diseño y planificación del sitio web y acaba de empezar a construirlo. Ahora es cuando todas esas ideas toman la forma de páginas reales, pero tiene muchas dudas sobre si lo va a conseguir acabar, quién va a asegurarse de que se mantenga actualizado, cómo puede estar seguro de que funciona perfectamente antes de publicarlo y cómo evitar que su compañero, que hace el doble de trabajo con la mitad de su talento, entre en su sitio web y lo estropee todo.

Hay muchísimas preguntas como éstas que le pueden venir a la cabeza en todas las etapas de construcción del sitio, especialmente si la empresa u organización para la que trabaja tiene un equipo de desarrollo muy numeroso. Pero aunque el equipo conste de una sola persona hay que tener en cuenta muchas cuestiones. Antes de que todas esas dudas que recorren su mente se conviertan en un espantoso dolor de cabeza, lea lo que viene a continuación para saber cómo Microsoft FrontPage 2000 simplifica las cosas.

Si tiene como misión administrar el sitio web, FrontPage le va a hacer muy feliz, porque este programa se encarga de casi todas las tareas de este tipo: puede ver qué trabajo hay que realizar en el sitio, asignar las tareas necesarias, tratar con servidores *proxy* (llamados también *cortafuegos*) y muchas cosas más. En este capítulo aprenderemos cómo FrontPage le ayuda a hacer todo esto, comenzando por la seguridad.

Seguridad

En el antiguo Oeste americano, la seguridad estaba representada por un tipo duro y sus seis pistoleros de confianza. Hoy en día, con toda la información que viaja por las ondas hertzianas y las líneas telefónicas a la velocidad de la luz, la seguridad es algo muy complejo, en especial cuando un pirata informático de doce años de Missouri no deja de encontrar nuevos métodos para romper las medidas de seguridad más complejas. Precisamente por esto, le alegrará saber que FrontPage se encarga de las cuestiones de seguridad y de hacer que ese crío de doce años tiemble. O casi.

Utilización del protocolo SSL

La *Capa de conectores seguros* o SSL (Secure Socket Layer) es un protocolo que permite establecer una comunicación segura entre un cliente y un servidor. SSL no evita el acceso a los datos que se están enviando, sino que los encripta. Para que SSL funcione correctamente, tanto el cliente como el servidor deben admitir este tipo de protocolo. Tanto FrontPage como Microsoft Internet Explorer lo hacen, al igual que Netscape Navigator. FrontPage también permite crear vínculos que comiencen por https:// en lugar de por http://. Los vínculos que comienzan por https:// indican que se está utilizando el protocolo SSL.

Antes de seguir leyendo, probablemente le gustaría saber si el servidor con el que se está comunicando admite SSL. Hay unas cuantas formas de comprobarlo:

- Preguntándoselo a la persona encargada de administrar el servidor. El administrador puede desconectar el soporte SSL, por lo que sería una buena idea comprobarlo antes de nada.

- Si está trabajando con Microsoft Internet Information Server o con el servidor Netscape Commerce, Fast Track o Enterprise, lo más probable es que todo esté bien. Pero no estaría de más preguntárselo al administrador del servidor también en estos casos.

  Una vez activado el protocolo SSL en el servidor y en FrontPage, todas las comunicaciones entre el servidor y el cliente FrontPage son seguras. Esto significa que la información va encriptada durante su viaje entre FrontPage y el servidor web, independientemente de dónde esté cada uno. Este tipo de seguridad puede ser de mucha utilidad en determinadas situaciones.

- Si ya se ha puesto a trabajar y tiene que realizar algunos cambios en un sitio web que esté en su servidor, puede abrir el sitio web, realizar los cambios pertinentes y volver a guardarlos en ese servidor.
- Si su empresa u organización dispone de más de una oficina, pero solamente tiene un servidor web, cualquier persona que se encuentre en una oficina a gran distancia puede realizar cambios en el sitio web.
- Si su sitio web corporativo o personal se encuentra en el servidor de escala (es decir, el servidor que alberga los sitios web en proceso de creación) de un proveedor de servicios de Internet, y accede a dicho servidor para realizar cambios en él con FrontPage, la información es encriptada en el mismo momento en que la envía. Con esto se evita que cualquier pirata informático vea la información antes de que el sitio entre en funcionamiento.

Permisos del servidor

En la mayoría de las ocasiones, los servidores web disponen de mecanismos de asignación de permisos que permiten restringir el acceso mediante una contraseña/nombre de usuario, una máscara de dirección IP, o la combinación de ambos. Nota: Microsoft Internet Information Server y Windows NT/2000 Workstation Peer Web Services restringen el acceso utilizando la seguridad estándar de Windows NT/2000 y no admiten restricciones con máscaras de direcciones IP.

Una *dirección IP*, que es el modo estándar de identificar a una computadora conectada a una red, contiene cuatro números separados por puntos, siendo cada uno de ellos menor de 256. Un ejemplo sería el número 150.200.45.65. Las *máscaras de dirección IP* utilizan combinaciones de valores reales y asteriscos (también llamados *comodines*) para crear modelos de direcciones IP aceptables. Las máscaras sirven para determinar si una computadora tiene acceso a una ubicación de Internet como, por ejemplo, un sitio web de FrontPage. Una máscara de dirección IP que permitiera conectarse con la dirección IP anterior sería 150.200.*.*. Por tanto, todas las computadoras que tuvieran direcciones IP que comenzaran por 150.200 tendrían acceso al sitio web de FrontPage y aquellas que no comenzaran así, lo tendrían denegado. Si hay una máscara IP definida, todos los usuarios deben estar trabajando en una computadora con acceso a la ubicación y además deben tener permisos válidos para acceder al sitio web de FrontPage. De manera predeterminada, todas las computadoras tienen permiso para acceder a los sitios web de FrontPage.

Para obtener más información sobre los permisos del servidor, consulte la documentación de su servidor.

Servidores Proxy

Los *servidores proxy*, llamados también cortafuegos, protegen una determinada red de posibles visitantes indeseados del exterior. FrontPage facilita la comunicación con los servidores en ambas direcciones. Por ejemplo, la comunicación puede ser entrante, es decir, con origen en el exterior y destino en el servidor interno, pasando a través del servidor proxy; o puede ser saliente, es decir, con origen en su servidor y destino en un servidor que se encuentre en el exterior, pasando a través de un servidor proxy. Toda la comunicación relacionada con los sitios web solamente está permitida a través del proxy, por lo que se prohíbe el acceso al sistema a las personas sin invitación.

Si su red local utiliza un servidor proxy, deberá especificar dicho servidor en FrontPage para que éste pueda comunicarse con él. Para especificar un servidor proxy para su computadora o para especificar cualquier servidor que se pueda utilizar sin tener que atravesar el cortafuegos, hay que seguir este procedimiento:

1. Seleccione la orden Opciones del menú Herramientas y luego abra la ficha Servidores proxy en el cuadro de diálogo (véase la Figura 5.1).
2. En el cuadro de texto Proxy HTTP, escriba el nombre del servidor proxy y el puerto, por ejemplo, *itgproxy:1000*. El administrador de la red le puede informar de cuáles son este nombre y puerto.

   Si su organización tiene servidores en el interior del cortafuegos, enumérelos en el cuadro de diálogo Lista de hosts sin proxy. Es posible conectarse a estos servidores sin utilizar el servidor proxy. Los números de los puertos son

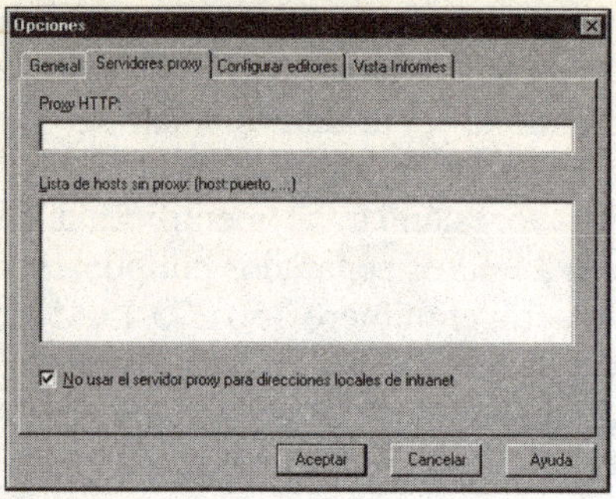

Figura 5.1.
Pantalla Proxy del cuadro de diálogo Opciones.

opcionales y los diversos elementos de la lista han de ser separados por comas, por ejemplo servidoruno:345, servidordos:222. Para eliminar de la lista un servidor proxy o de cualquier otro tipo, selecciónelo y pulse la tecla SUPR.

3. Si desea utilizar todos los servidores disponibles dentro del cortafuegos, marque la casilla de verificación No usar el servidor proxy para direcciones locales de intranet.
4. Una vez que tenga actualizada la información en la ficha Servidores proxy, pulse Aceptar.

FrontPage guardará automáticamente la información del servidor proxy y la utilizará en todas las conexiones futuras, por lo que no tendrá que volver a introducir la misma información una y otra vez.

Siempre que solicite una conexión con un servidor (por ejemplo, cuando esté siguiendo un vínculo), FrontPage comprobará si está marcada la casilla No usar el servidor proxy para direcciones locales de intranet, y, si su organización tiene servidores dentro del cortafuegos, verificará la Lista de hosts sin proxy. Si el servidor puede utilizarse desde el interior, FrontPage hará la conexión directamente. Si no es así, primero se conectará con el servidor proxy y luego hará que éste se conecte con el servidor que desee utilizar. Todo esto significa que, una vez que haya proporcionado esta información al servidor proxy, FrontPage se encargará automáticamente de toda la comunicación proxy y no tendrá ni siquiera que saber que está utilizando un servidor de este tipo.

Cómo probar el sitio web

Cuando su sitio web ya esté terminado y crea que va a funcionar perfectamente, no sería mala idea probarlo antes. Si lo hace, puede evitar que le ocurra algo como lo del ejemplo siguiente. Ha llegado el día en el que tiene que presentar su sitio web terminado y en perfecto funcionamiento a la empresa, para que den su aprobación final. Aunque el sitio que ha construido es pequeño, está muy orgulloso de él. Su compañero de trabajo, celoso de su reciente ascenso y consiguiente compra de un precioso descapotable rojo, va a la oficina a las 11:30 de la noche anterior, se introduce en su sitio web y realiza un pequeño cambio en uno de los vínculos, de tal forma que ahora el botón Ver Perfil, en vez de llevarle al perfil de la empresa, tal y como había especificado, le conecta con el sitio web «Juanito visita el depósito de cadáveres». Por muy interesante que sea dicho web, la empresa seguramente no va a sentirse muy satisfecha de su trabajo.

Pero puede ser más listo que su compañero y llegar esa mañana un poco más temprano para asegurarse de que el sitio web funciona correctamente. Éstos son los tres métodos que puede utilizar para verificar los vínculos:

- Puede verificarlos individualmente, página por página. Este método es muy lento, pero si se encuentra alguna vez en la vista Página y quiere asegurarse de que un vínculo funciona, puede colocar el puntero del ratón sobre él, pulsar Control y luego sobre el vínculo. FrontPage le llevará hasta la página con la que está conectado el vínculo.

- Puede recorrer todo el sitio web con un explorador, como Microsoft Internet Explorer, Netscape Navigator o cualquier otro conocido, e ir probando todos los vínculos. De este modo, podrá comprobar de primera mano que todos los vínculos funcionan, incluidos aquellos que llevan hasta otros sitios web de Internet.

- Puede verificar el estado de todos los vínculos en la vista Informes, tal y como se explica en el Capítulo 3. No obstante, con dicho método solamente se comprobará si el destino del vínculo existe y no si está vinculado exactamente a lo que quería.

Por último, también es posible verificar si los archivos de imagen se encuentran ubicados en el lugar de la página adecuado. Para hacerlo, hay que situarse en la vista Página y utilizar los distintos exploradores. Cuando esté probando las imágenes, quizás le interese ver el tiempo de descarga y la calidad de la imagen. Para obtener más información sobre la optimización de los gráficos del sitio web, véase el Capítulo 8.

El modo más fácil de probar el sitio web en un explorador es seleccionar, en el menú Archivo, la opción Vista previa en el explorador. Esta orden le permite elegir cualquier explorador que tenga instalado para visualizar su sitio web. Para obtener más información sobre la orden Vista previa en el explorador, véase el Capítulo 7.

Al probar un sitio web desde una ubicación local, normalmente los resultados son diferentes a los obtenidos desde una red o desde Internet, a causa de las variables que pueden afectar a la velocidad y a la transferencia de información. Si es posible, lo mejor sería que probase el sitio web de todas las maneras posibles como, por ejemplo,

- Localmente, desde su propia computadora.

- En una red.

- Desde una ubicación remota en Internet.

- Utilizando módems y otros mecanismos de comunicación a diferentes velocidades.

- Con diferentes exploradores y configuraciones de pantalla distintas (como por ejemplo, diferentes resoluciones).

Inauguración del sitio web

A lo mejor le sobra el dinero para celebrar una de esas fiestas en donde se rompen botellas de champán en el servidor web, pero a la mayoría de las organizaciones no. No obstante, la puesta en marcha del sitio intranet o World Wide Web es un evento importante y, cuando llegue el momento, tiene que saber cómo hacerlo.

Existen dos modos de poner su sitio web a disposición del público. El más habitual es construir el sitio en el servidor en el que va a ser visto y dejar que la gente lo visite mientras se está construyendo.

Pero si no le gusta que la gente vea su sitio en construcción o, si simplemente no hay en él suficiente material como para que valga la pena visitarlo, puede hacer una de estas dos cosas: desarrollar el sitio en su computadora local o restringir el acceso a él.

Construcción del sitio desde una ubicación local

FrontPage es una herramienta de desarrollo basada en disco, lo que significa que no tiene que haber un servidor en funcionamiento en la computadora en donde está trabajando. Si lo desea, puede construir y administrar los sitios de FrontPage guardándolos en su disco duro. Esto le puede ahorrar mucho tiempo y un buen dinero en aspirinas.

Cuando el sitio web esté terminado y preparado para ponerse en funcionamiento, basta una pulsación del ratón para copiarlo en su servidor web de destino, utilizando la orden Publicar Web del menú Archivo. Con esta orden es posible copiar el sitio web en cualquiera de los servidores web más conocidos. Para obtener más información sobre la orden Publicar Web, véase el Capítulo 3.

Actualización del sitio web

La World Wide Web refleja perfectamente la tecnología de la información de hoy en día, es decir, cambia continuamente. Un día le manda un mensaje de correo electrónico a un amigo para aconsejarle que visite un sitio web muy bueno que ha encontrado y, al día siguiente, ese amigo ya no lo puede ver porque ha cambiado. Incluso las intranets corporativas reflejan esta naturaleza cambiante. Una de las razones por las que los sitios cambian con tanta frecuencia es que es muy fácil hacerlo. Una vez en funcionamiento, no cuesta nada reemplazar un gráfico, cambiar un vínculo o incluso agregar una nueva página.

Otra de las razones por las que hay tantos cambios es que el público así lo demanda. El sitio web tiene que estar actualizado con la información más reciente, o los visitantes no volverán a él. Es algo así como dar la vuelta a un naipe que está boca abajo: si el público no ve cartas diferentes de vez en cuando, lo más probable es que cambien de juego.

Dicho esto, debe tener cuidado y no hacer cambios importantes muy a menudo. Si tiene un público fijo, querrá que su sitio sea un lugar que resulte familiar. Seguramente no querrá confundir a la gente cambiando la ubicación de los botones de exploración cada mes, o cambiando los nombres de los departamentos o áreas del sitio de tal modo que sea imposible encontrar lo que se está buscando. Recuerde que está bien cambiar el contenido regularmente (las historias o las imágenes), pero los cambios en la estructura del sitio pueden resultar muy molestos para sus visitantes regulares.

No obstante, la actualización de sitios de gran tamaño puede llevar mucho tiempo y el proceso puede durar incluso más tiempo si su tamaño y la frecuencia con la que se actualiza aumentan. Debe trazar un plan de actualización incluso antes de comenzar a desarrollarlo. Si en este momento está diseñando un sitio o si tiene que poner en marcha un plan de actualización, lea lo que viene a continuación para extraer algunas ideas.

Actualización del contenido

Para actualizar el contenido, se puede seguir un proceso similar al que se utilizó originalmente para recopilar el contenido, pero hay que buscar medios para optimizarlo. Para aprobar el contenido, por ejemplo, puede intentar enviarlo a las distintas personas en un orden diferente, si la primera vez que lo hizo fue muy lento. O bien puede eliminar un paso del proceso si piensa que realmente no era necesario. Por ejemplo, es posible que el material solamente necesite una etapa de edición y no dos. Compruebe también los planes de trabajo de los miembros del equipo, para asegurarse de que una carpeta con contenido no se queda encima de la mesa de alguien que se ha ido de vacaciones a Tahití.

Si en su empresa es obligatorio enviar primero el material a un departamento legal, puede que no todo tenga que ser enviado allí, o quizás en algún lugar de la empresa ya se ha aprobado parte del material que quiere incluir en el sitio. Si consigue evitar tener que reenviar parte del material, podrá ahorrar tiempo y energía que puede utilizar en cualquier otra cosa.

Nunca olvide planificarlo todo. Si dedica grandes esfuerzos a poner en marcha un sitio web que hay que actualizar cada mes y si tiene intención de crear un sitio web de prueba para su nuevo material antes de publicarlo todos los meses, reserve el tiempo suficiente para realizar la prueba. Si el sitio web entró en funcionamiento en mayo y hay un plan de actualización para junio, por ejemplo, deje tiempo suficiente para desarrollar y probar la actualización antes de que se acerque el 1 de junio. Esto significa que el contenido de la edición de junio puede necesitar estar acabado a mediados de mayo, para disponer del tiempo suficiente para probar el sitio y corregir los errores que encuentre.

Piense bien cuánto tiempo se necesita para escribir, editar y aprobar el contenido. Va a necesitar los recursos de diferentes departamentos de su empresa e, incluso si le gusta ir personalmente de un lado a otro por todas las oficinas para conseguir toda la información que necesita, asegúrese de prever el tiempo suficiente para recopilar dicha información.

Actualización del contenido desde una ubicación remota

Un de las ventajas más importantes de FrontPage es que ofrece la posibilidad de actualizar el contenido del sitio desde una ubicación remota, y la verdad es que muy pocas herramientas de este tipo permiten hacerlo. El método es muy sencillo:

- Tiene que ser capaz de conectarse al servidor web que contenga el sitio que quiere actualizar. Es preferible que el servidor tenga instaladas las extensiones de servidor de FrontPage.
- FrontPage tiene que estar instalado en la computadora que vaya a utilizar en dicha ubicación remota.

Si las respuestas a estos requisitos son afirmativas, ya es hora de convencer al jefe para que le permita trabajar mientras se toma un café expreso en una de sus cafeterías favoritas de los Campos Elíseos.

Trabajo simultáneo

FrontPage hace que cambiar el contenido del sitio web sea una labor sencilla, que pueden realizar varias personas a la vez. Si está actualizando el contenido poco a poco mientras trabaja sobre el sitio web, podrá cambiar una página del sitio mientras otra persona esté trabajando en otra. El peligro, por supuesto, aparece cuando dos o más personas intentan cambiar la misma página a la vez.

Para evitar este problema, FrontPage emitirá un aviso siempre que alguien intente guardar los cambios realizados en una página cuando hay otra persona trabajando en ella.

Si ve un aviso de este tipo, tendrá que decidir qué cambios va a conservar. Si confirma sus cambios, puede que los otros se pierdan. En el futuro deberá coordinar su trabajo con otra persona, para que solamente uno de los dos pueda trabajar a la vez en una página determinada.

Su empresa puede evitar este tipo de problemas ateniéndose de un modo estricto a las asignaciones que aparecen en la vista Tareas. En esta vista, las tareas solamente están asignadas a una persona. Y, si la persona a la que está asignada una tarea no es la que debería hacerla, puede volver a asignarla. Incluso si varias personas están modificando el contenido de un sitio web desde ubicaciones diferentes, la vista Tareas es la misma para todos ellos. De esta forma, puede evitar fácilmente que haya dos personas trabajando simultáneamente en la misma página, si les ordena que solamente trabajen en las tareas que se les hayan asignado.

Otra de las características de FrontPage es su *control de fuente*. Con un programa de control de fuente, como Visual Source Safe (VSS) de Microsoft, puede obligar a las personas que trabajan en el sitio a que protejan y desprotejan los archivos con los que haya que trabajar. El control de fuente es como una biblioteca en línea, es decir, los archivos son como los libros que se toman prestado y se devuelven. Lo único que falta es ese bibliotecario tan maniático que no deja de mandar callar a todo el mundo. Con el control de fuente dispondrá siempre de un informe de lo que ha hecho cada persona y cuándo lo ha hecho. Cuando esta característica está en funcionamiento, puede acceder a sus órdenes desde el menú Edición de FrontPage.

Actualización en función del tráfico

¿Está preparada su empresa para recibir una gran cantidad de tráfico en el sitio web? Si el sitio web que ha construido se hace famoso, va a necesitar un servidor que sea capaz de procesar un gran volumen de información. La orden Publicar Web de FrontPage en el menú Archivo facilita enormemente la tarea de trasladar un sitio web de un servidor a otro, por lo que, si un servidor no es capaz de procesar toda la información y hay otro que puede manejar mucho más tráfico, lo único que tiene que hacer es cambiar el sitio de servidor. Para obtener más información sobre la orden Publicar Web, véase el Capítulo 3.

A continuación

Con esto hemos terminado la segunda parte, en la que se han cubierto las características básicas de FrontPage para ver, manipular y administrar el sitio web. La parte 3 le familiarizará con la vista Página, que es donde realmente se «construyen» las páginas. También podrá aprender a optimizar el sitio de tal modo que nadie quiera salir de él.

PARTE III

CONSTRUCCIÓN DE LAS PÁGINAS

6

Creación de las páginas

¿Se siente incapaz de aprender HTML?

Todos sabemos que la Web es el lugar de moda. Y que ahí es donde a usted le gustaría estar o, si no, ahora no estaría leyendo esto. Sin embargo, lo que puede que no sepa es que en la prehistoria de la Web (hace dos o tres años), había que ser un as de HTML para crear algo decente para Internet. Hoy en día, ¿quién tiene tiempo de convertirse en un as de nada, en especial de la programación? Lo que quiero decir es que siempre hay alguna buena reposición de *La casa de la pradera* en la televisión, ¿no?

Crear páginas con Microsoft FrontPage 2000 es tan fácil como administrar los sitios web. Con este programa no tendrá que saber ni una pizca de HTML para construir páginas profesionales. Si está modificando una página y quiere poner una palabra en cursiva o cambiar de color un encabezado, solamente tiene que seleccionar el texto, pulsar un botón y, *voilà*, FrontPage crea el código HTML subyacente, lo que le permite concentrarse en asuntos más importantes como, por ejemplo, crear un sitio web agradable a la vista. Y puede que aún le quede tiempo para apuntarse a ver una de esas reposiciones de la televisión.

Pero FrontPage no se ha olvidado de todas aquellas personas que sí que tienen tiempo para convertirse en ases de HTML, o que ya lo son. Si así lo desea, puede editar HTML directamente en FrontPage, e incluso es posible ver cómo queda la página sin tener que abrir un explorador.

Ya ha llegado el momento de meterse en faena y descubrir cómo utilizar FrontPage para distribuir todos los elementos en sus páginas web de tal modo que, al final, queden exactamente como le gustaría. Para ilustrar los numerosos componentes que puede agregar a sus páginas, trabajaremos con las páginas de un sitio web intranet de una empresa ficticia, Cascade Coffee Roasters. Veremos también diversos ejemplos en los que FrontPage se integra con el conjunto de aplicaciones Microsoft Office.

Resumen de la vista Página

Una de las razones de que la vista Página sea tan fácil de utilizar es que presenta las páginas en formato WYSIWYG (lo que se ve es lo que se obtiene). Esto significa que cualquier cosa que aparezca en la vista Página es exactamente lo que va a ver el público en un explorador. En aquellos días en los que a todos los detalles de las páginas había que darles formato con HTML, era necesario hacer los cambios laboriosamente en el código y cruzar los dedos para que quedaran bien cuando se pudiera ver el resultado. Pero ahora lo único que hay que hacer es asegurarse de que quedan bien en FrontPage, y ya está. Lo que se ve es lo que obtiene.

La vista Página funciona de un modo muy parecido a un procesador de textos como Word. De hecho, la vista Página incluye muchos de los botones y órdenes estándar que aparecen en Word, como por ejemplo los botones de negrita, cursiva y subrayado, listas numeradas y con viñetas, deshacer y rehacer, etc. En la vista Página, el texto se escribe de la misma manera que en Word y se puede revisar la ortografía de los archivos del web tal y como se hace en cualquier archivo de este procesador de textos. En la vista Página, también se pueden dibujar tablas y utilizar marcos fácilmente, es decir, solamente con unas cuantas pulsaciones del ratón.

Como en Word, la vista Página permite tener más de una página abierta a la vez, lo que es muy útil para pasar de una página a otra con el fin de asegurarse de que guardan una coherencia, de que la información es exacta, etc. En la vista Página, también es posible copiar una página de la World Wide Web (con todo su código HTML) y modificarla como se desee. Esto es de gran utilidad si posee otros sitios web y necesita información de ellos rápidamente. Tenga cuidado cuando copie la información de otros sitios web, porque existen leyes de derechos de autor a las que atenerse y el plagio es mejor dejarlo para aquellos a quienes no les importa desembolsar grandes cantidades de dinero para pagar abogados.

Ésta es la vista Página

Es muy sencillo comenzar a trabajar en la vista Página. Lo único que tiene que hacer es seleccionar el icono Página en el menú Vistas de FrontPage y ya está preparado para comenzar.

La vista Página se encuentra en la ventana derecha y tiene su propio conjunto de barras de herramientas y numerosas órdenes de menú. En la Figura 6.1 se muestra un ejemplo de la vista Página en el que todas sus barras de herramientas son visibles.

Como podrá ver, muchas de las barras de herramientas que están desactivadas en las otras vistas, como la barra Ubicación, aparecen aquí. A primera vista puede dar la impresión de que son demasiadas, pero no se preocupe, porque en este capítulo le explicaremos para qué sirven la mayoría de los botones y órdenes. Si utiliza normalmente Excel, se habrá fijado que en la parte inferior de la ventana hay unas fichas de vistas muy parecidas a las que hay en las hojas de cálculo: Normal, HTML y Vista Previa. Estas fichas permiten ver la página de diversos modos. Pero, antes de comenzar a utilizar la vista Página, debería aprender a personalizarla para sacarle el mayor partido.

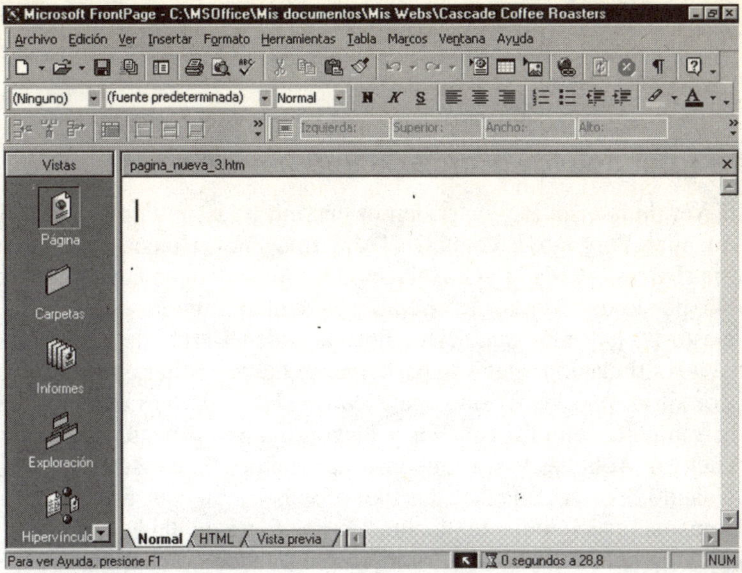

Figura 6.1.
Barras de herramientas y menús de la vista Página.

Ajuste de la configuración

Lo más seguro es que tenga ciertas preferencias a la hora de trabajar con la computadora. Por ejemplo, a lo mejor no le gusta utilizar las barras de herramientas, por lo que mantenerlas en la pantalla no tiene ningún sentido. O quizás le guste trabajar con una pantalla más grande o más pequeña. Es muy sencillo ajustar estos elementos en la vista Página. A continuación se detallan algunos métodos para configurar el entorno a su medida.

Cómo cambiar el tamaño de la ventana

Con frecuencia, puede resultar bastante útil maximizar la pantalla de la vista Página para disponer de una vista más completa de la página que se esté modificando. Para hacerlo, pulse el botón Maximizar, que se encuentra en el medio de los tres botones de la parte superior derecha de la barra de título de FrontPage, cuando el programa no está maximizado. Para que FrontPage vuelva a su tamaño y ubicación originales, pulse el botón Restaurar, que se encuentra en la misma posición anterior cuando la ventana está maximizada. Este conjunto de botones es exactamente el mismo que aparece en todas las aplicaciones de Microsoft Windows NT 4.0, Windows 95 y Windows 98.

Para cerrar cualquier página que se encuentre abierta en la vista Página, pulse la «X» que verá en la parte superior derecha de esta vista, justo encima de la barra de desplazamiento. También es posible ver qué páginas hay abiertas en ese momento en la vista Página, seleccionando la opción Ventana en la barra de menú. Aparecerá una lista de todas las páginas que están abiertas, encontrándose al principio la que se ha abierto más recientemente.

Cómo trabajar con las barras de herramientas

En el menú Ver de la vista Página podemos encontrar las siguientes barras de herramientas: Estándar, Formato, Efectos DHTML, Imágenes, Ubicación y Tablas. Cuando todas estas barras están a la vista, el espacio que ocupan en la ventana es bastante considerable, por lo que lo más aconsejable es ocultar aquellas que no se necesiten. Para hacer esto no hay más que seleccionar la orden Barras de herramientas en el menú Ver y, a continuación, elegir la barra que se desee ocultar en el menú emergente. Por el contrario, para hacer que aparezca una barra de herramientas, seleccione Barra de herramientas en el menú Ver y luego elija en el menú emergente la barra que quiera activar. Aquellas barras que ya están visibles tienen una marca junto a sus nombres. Cuando se activa una de estas barras de herramientas, ésta ocupa automáticamente la misma posición que tenía antes de que fuera ocultada.

Las barras de herramientas de FrontPage se pueden colocar en cualquier lugar de la pantalla. Puede que prefiera trabajar, por ejemplo, con las barras a un lado de la pantalla o en la parte inferior. Para desplazar una barra de herramientas, pulse en cualquier zona de la misma que no tenga botones y arrástrela hasta la posición deseada. Para que una barra de herramientas *flote*, es decir, se desplace a cualquier sitio de la pantalla, arrástrela desde la sección de las barras de herramientas hasta su nueva posición, que puede ser cualquiera. Para *aparcar* de nuevo la barra de herramientas en la sección superior de la ventana destinada a ellas, vuelva a arrastrarla hasta allí.

Cómo mostrar y ocultar los marcadores HTML

Aquellas personas a quienes les gusta ver en la página los marcadores HTML mientras están trabajando, están de suerte. En la vista Página se pueden activar u ocultar estos marcadores seleccionando la orden Mostrar etiquetas en el menú Ver.

Ahora que ya sabe cómo realizar algunas configuraciones básicas, ha llegado el momento de meterse de lleno en el web de Cascade Coffee Roasters.

Consejo Para mostrar u ocultar las marcas de formato, puede pulsar en la barra de herramientas el botón Mostrar u ocultar, que semeja un símbolo de párrafo.

Que comience la construcción

En esta sección se describirán la mayor parte de los elementos que se pueden agregar a una página en FrontPage. Podrá agregar los componentes de página más obvios, como el texto, los vínculos y los encabezados, además de algunas otras cosas en las que quizás no haya pensado. Ejemplos:

- Tablas, marcos, marquesinas, sonidos de fondo y vídeos, que se explicarán en este mismo capítulo.
- Imágenes y otros componentes fundamentales de las páginas web, que se explicarán en el Capítulo 9.
- Características avanzadas, como componentes ActiveX y applets de Java, de los que se hablará en el Capítulo 10.

Cuando agregue elementos a sus páginas, recuerde este consejo: utilice las herramientas tal y como lo haría en un procesador de textos como Word. La vista Página le permite utilizar muchos de los mismos procedimientos y técnicas que se utilizan en Word para manipular y agregar elementos a la página. Muchos de los menús y barras de herramientas también se parecen bastante a los de Word. Si ya ha utilizado alguna vez un procesador de textos, no tendrá ningún problema para trabajar en la vista Página.

Cómo desplazarse por la vista Página

Una vez que tenga el material en la página, puede utilizar el teclado para navegar de la forma estándar. Por ejemplo, se pueden utilizar las teclas AVPÁG. y REPÁG. para desplazarse de una pantalla a otra. Las teclas CTRL + INICIO llevan al principio de la página, y CTRL + FIN al final. También se pueden utilizar las flechas de cursor para moverse por las páginas y la barra de desplazamiento, si hay una, para moverse horizontal o verticalmente.

Consejo La vista Página dispone de las 25 teclas de acceso directo más utilizadas de Microsoft Word, por lo que los usuarios de Office se podrán sentir como en casa.

Texto

Agregar texto a una página es tan sencillo como escribir en ella. Veamos los pasos que hay que seguir para agregar texto a una nueva página, denominada Recursos Humanos, del sitio web RoasterNet:

1. En la vista Página, pulse Nueva Página en la barra de herramientas de FrontPage para crear una página en blanco. Ésta aparecerá en la pantalla (véase la Figura 6.2); verá que el punto de inserción parpadea en la esquina superior izquierda.
2. Escriba las palabras *Cascade Coffee Roasters.*

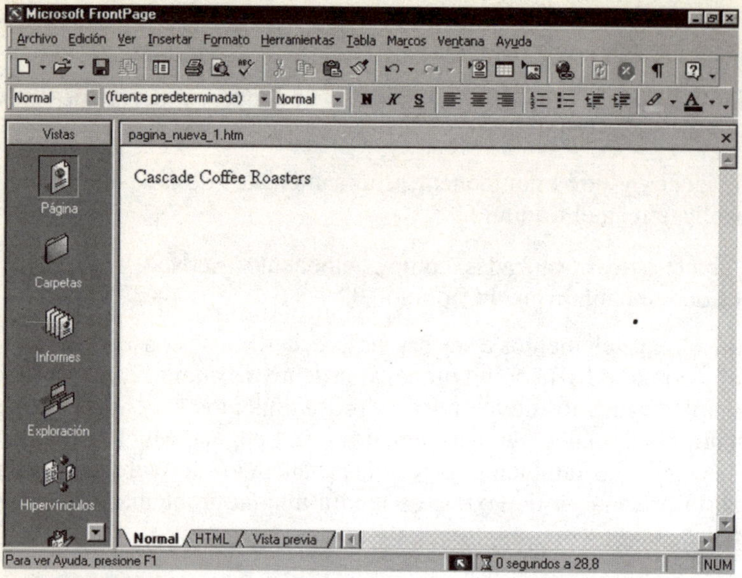

Figura 6.2.
Vista Página donde se muestra una página en blanco, en la que se ha añadido el texto del título.

Fíjese en que el texto comienza en la parte izquierda de la línea actual, pero no tiene por qué estar siempre allí: puede añadirle sangrías, centrarlo o alinearlo a la derecha. También se puede cambiar el tipo de letra y el tamaño del texto, convertirlo en un título y cambiar sus propiedades de muchas otras formas. En el Capítulo 7 hablaremos de todas estas técnicas de formato.

Lo que escriba en la pantalla es lo que va a ver en el explorador. Y, como en Word, para comenzar un párrafo nuevo, simplemente hay que pulsar la tecla INTRO.

Consejo La vista Página utiliza teclas de acceso directo y órdenes de la barra de herramientas para cortar, copiar y pegar. Cortar: CTRL + X, Copiar: CTRL + C y Pegar: CTRL + V. También es posible acceder a estas órdenes pulsando el botón derecho del ratón y seleccionando la opción que se desee en el menú emergente.

Cómo cortar, copiar y pegar texto

En la vista Página se puede cortar, copiar y pegar un texto (o cualquier otro elemento) utilizando el mismo método que en las aplicaciones de Office. FrontPage, al ser una de las aplicaciones de la edición Premium de Microsoft Office, utiliza el Portapapeles como otras aplicaciones de Office, por lo que se puede cortar, copiar y pegar material en otras páginas u otros documentos de otras aplicaciones. Lo único que hay que hacer es cortar o copiar lo que se desee, situarse en el documento de destino (abriéndolo antes si es necesario) y pegarlo. Dependiendo de la aplicación a la que se vaya a trasladar el material, puede que se pierda parte del formato original. Por ejemplo, si se traslada un texto con varios tamaños de letra a un archivo de Wordpad, el texto aparecerá en el tamaño estándar de esta aplicación.

Cómo borrar texto

Borrar texto u otros elementos es también muy sencillo y existen diversas maneras de hacerlo. Tras haber seleccionado el material que se desea borrar, pulse la tecla SUPR o elija Eliminar en el menú Edición.

Consejo Si quiere volver a insertar el material borrado, seleccione Deshacer en el menú Edición o pulse el botón del mismo nombre en la barra de herramientas. Para obtener más detalles, véase la sección «Utilización de las órdenes Deshacer y Rehacer» del Capítulo 7.

También es posible borrar las palabras y caracteres que preceden o están a continuación del punto de inserción. Si quiere borrar la palabra que se encuentra a la derecha del punto de inserción, pulse las teclas CTRL + SUPR y, si quiere borrar una palabra que se encuentra a la izquierda, pulse CTRL + RETROCESO. Practique con estas teclas de acceso directo para familiarizarse con ellas. Aunque no son las más utilizadas en la vista Página y en Word, pueden agilizar mucho las tareas de edición.

Material procedente de archivos de Microsoft Office

Una de las ventajas más importantes de FrontPage 2000 es que permite incorporar sin problemas cualquier material procedente de archivos de Microsoft Office. Esta característica supone un ahorro de tiempo considerable. Por ejemplo, si tiene algún archivo de Word o Excel que quiera utilizar en una de las páginas del sitio creado con FrontPage, no tiene por qué volver a crear ese material en esta aplicación. Y esto se puede aplicar también a documentos completos, es decir, que si tiene documentos de Word o Excel que desee utilizar, puede incorporarlos a FrontPage en cuestión de segundos. Y, si los archivos de Office contienen hipervínculos, FrontPage los importa dejándolos intactos.

Cómo copiar y pegar desde archivos de Office

Lo único que hay que hacer para copiar un texto de un documento de Office y pegarlo en FrontPage es seleccionar dicho texto en Word o en otro programa de Office, copiarlo, activar la vista Página de FrontPage y pegarlo en cualquier lugar de la página abierta. FrontPage convertirá automáticamente el material en código HTML para poder utilizarlo en la página.

Cómo arrastrar archivos de Office hasta FrontPage

Pasemos ahora a asuntos más importantes. Pongamos por caso que Susan no solamente tiene escritas unas cuantas líneas en Word, sino toda una pila de páginas. Su intención era, quizás, escribir el material y luego convertirlo con Word en un archivo HTML para poder utilizarlo en su sitio web de la intranet de la empresa. Muy bien pensado, pero resulta que su compañera Roberta, del departamento de Recursos Humanos, sabe muy bien que este paso no es necesario, porque en el sitio de Cascade Coffee Roasters se está utilizando FrontPage.

Roberta le enseña a Susan cómo establecer un vínculo con archivos de Office o cómo insertar páginas enteras en la vista Página de FrontPage y convertirlas automáticamente a HTML:

- **Vínculos con archivos de Office.** Si ya se ha copiado el archivo de Office en un directorio con el fin de que forme parte del sitio web (dicho de otro modo, con el objeto de establecer un vínculo con él desde el sitio web), se puede arrastrar dicho archivo desde la vista Carpetas hasta una página cualquiera de la vista Página. Solamente hay que pulsar en el icono que representa el archivo en la vista Carpetas (puede ser un icono de Word o de Excel) y, mientras se mantiene pulsado el botón izquierdo del ratón, arrastrar el archivo hasta el icono de la vista Página en el menú Vistas. FrontPage abrirá la página actual en la vista Página y, cuando se suelte el botón del ratón, creará un vínculo al archivo usando el nombre de éste.
- **Insertar un archivo de Office.** Se puede arrastrar un archivo de Office desde cualquier lugar de Windows hasta una página abierta en la vista Página. Se pueden, por ejemplo, arrastrar archivos desde el Explorador de Windows o incluso desde el escritorio de Windows. FrontPage convierte todo el archivo a HTML y lo coloca en el punto de inserción de la página abierta. Si el archivo posee vínculos, éstos se convertirán en vínculos de FrontPage conectados a los mismos lugares.

Consejo También se pueden insertar archivos en una página, en la vista Página, con la orden Archivo del menú Insertar.

Cuando arrastre algún elemento, recuerde que al principio no tiene que tener activada la vista Página. Puede arrastrar el archivo hasta el icono de la vista Página en el menú Vistas y esperar un momento (sin soltar el botón del ratón). En ese momento se activará en la pantalla la vista Página y ya podrá colocar el archivo en la página abierta.

Consejo FrontPage le permite arrastrar o insertar archivos que tengan cualquier formato de documento que reconozca Office. Por ejemplo, puede arrastrar documentos de WordPerfect u hojas de cálculo de Lotus 1-2-3 hasta la vista Página.

Encabezados

La buena utilización de los encabezados es un indicio muy claro de que el diseño de la página es efectivo, ya que la abundancia de encabezados de gran tamaño puede hacer que la página sea difícil de leer y, por el contrario, su escasez puede hacer que parezca aburrida o difícil de entender. Los encabezados ayudan a establecer las prioridades de los niveles de información que hay en una página, de igual modo que se hace en un periódico o en una revista.

Para ver un modo muy sencillo de utilizar los encabezados, vamos a ponernos en el lugar de un empleado de la empresa Cascade Coffee Roasters, Kurt, que está creando la página principal de la sección de contabilidad. Kurt quiere que en la página aparezcan los nombres de los empleados de su departamento y que éstos sirvan de vínculos con sus propias páginas. Pues bien, esto es lo que tendría que hacer:

1. Crear una página nueva seleccionando la opción Nuevo en el menú Archivo y a continuación Página en el submenú. En el cuadro de diálogo que aparecerá, hay que seleccionar Página normal y pulsar luego Aceptar. Se verá entonces una página en blanco en la vista Página, con el punto de inserción parpadeando en la esquina superior izquierda.
2. En la lista desplegable Estilo de la barra de herramientas Formato, hay que seleccionar Encabezado 1. Observará que existen seis niveles de encabezados en esta lista, además de unas cuantas opciones de formato más. El encabezado de la página tiene que resultar bien visible como, por ejemplo, el Encabezado 1. FrontPage agregará un párrafo para este encabezado, situándolo en su propia línea, a la espera de que escriba el texto.
3. Escribir el título principal de la página, en este caso *Contabilidad*, tal y como se muestra en la Figura 6.3.
4. A continuación, hay que añadir los nombres de los empleados. Cambie de línea pulsando Intro y a continuación seleccione el Encabezado 3 en la lista desplegable. Aparecerá una línea con el formato del Encabezado 3 debajo del título de la página. Escriba aquí *Kraig*.
5. Repetir el paso 4 para escribir todos los nombres de los empleados: Donna, Diane, Blaine, Tony, Kim, Mike y Jenny. La página tiene que quedar como la que aparece en la Figura 6.4.

En la Figura 6.5 se muestran los diferentes tamaños de los formatos de encabezado.

El explorador que van a utilizar los visitantes de la página es lo que va a determinar el formato exacto de los encabezados y puede llegar a anular el que ha insertado FrontPage. No obstante, los formatos están diseñados de tal modo que los de nivel superior (comenzando por el Encabezado 1) destacan más que los de nivel inferior (finalizando con el Encabezado 6). En general, cuanto más importante sea el encabezado, mayor tamaño tendrá, habrá más espacio por encima y por debajo de él, y así sucesivamente. Más adelante, en el Capítulo 10, aprenderemos a personalizar estos estilos con las hojas de estilo.

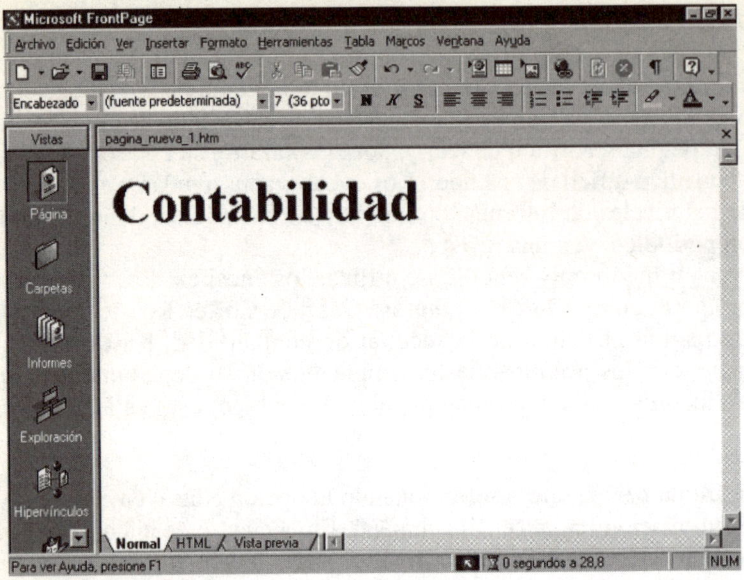

Figura 6.3.
Encabezado en el que se ha utilizado el formato Encabezado 1. Fíjese en que la opción Encabezado 1 aparece activada en la lista desplegable Estilo.

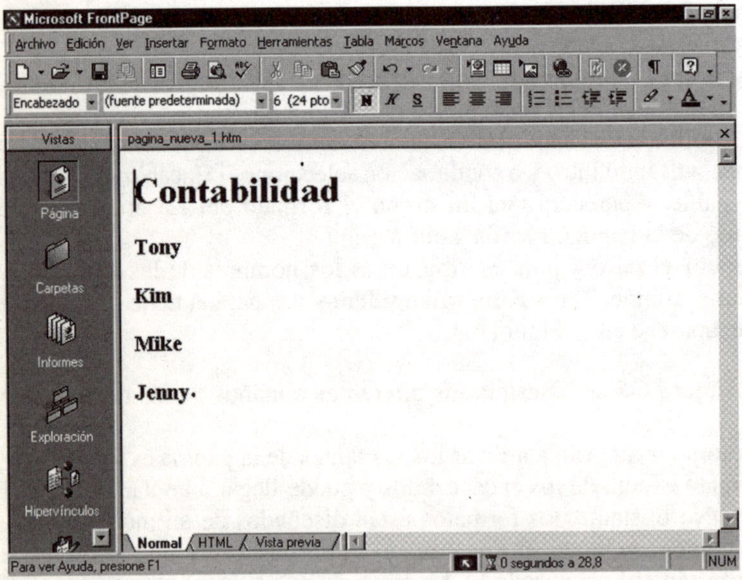

Figura 6.4.
Encabezado 1 seguido de otros en los que se ha utilizado el Encabezado 3.

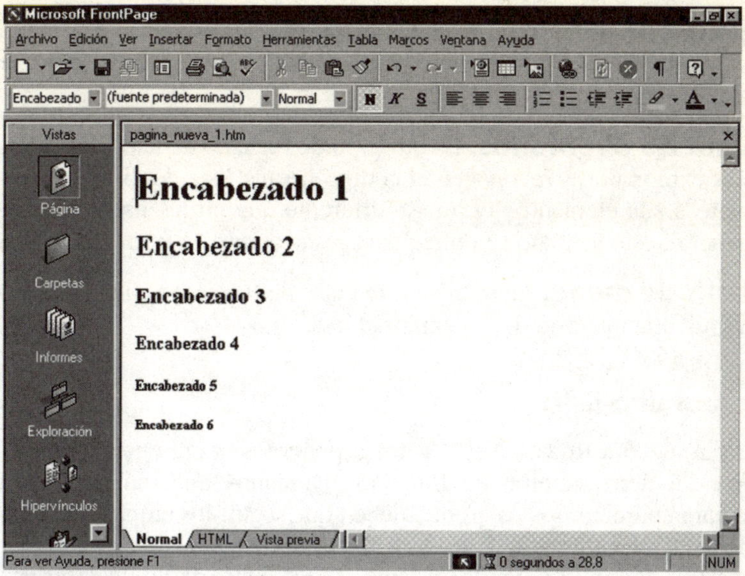

Figura 6.5.
Tamaños de los niveles de encabezado.

Listas

Cuando esté diseñando las páginas, piense en la posibilidad de utilizar una lista en lugar de amontonar el material en párrafos. Las listas son mucho más fáciles de leer, por lo que suelen hacer las páginas mucho más agradables. Sin embargo, si se utilizan demasiadas, las páginas pueden llegar a resultar aburridas y puede que el público prefiera leer la *Física de partículas ilustrada*, para despejar su mente.

Consejo Es posible modificar los atributos de las listas numeradas. Por ejemplo, se puede ordenar la lista utilizando numerales romanos o letras, en mayúsculas y minúsculas. También se puede modificar el valor de inicio. Para obtener más información, véase la sección «Propiedades de lista», en el Capítulo 7.

El explorador que utilicen los visitantes es lo que va a determinar el formato exacto de cada tipo de lista. Aquí tiene un resumen de los tipos de listas que están disponibles en el menú desplegable de la opción Estilo:

- **Lista numerada.** En esta lista, los elementos se presentan en una secuencia ordenada, normalmente con numerales y comenzando por el número 1. Las listas numeradas son ideales para indicar procedimientos que hay que seguir paso por paso.

- **Lista con viñetas.** Aquí los elementos se presentan con viñetas. Normalmente se utilizan para elementos relacionados, pero que no siguen una secuencia.
- **Lista de directorios.** Es otro tipo de formato de lista con viñetas. Algunos exploradores reconocen el código de una lista de directorios y dan formato a sus elementos de modo diferente que en las listas con viñetas. En general, este formato se utiliza para listas cortas.
- **Lista de menú.** Se trata de otra clase de formato de lista con viñetas que admiten la mayoría de los exploradores.

Cómo crear una lista

Volvamos de nuevo a RoasterNet. Vamos a ponernos ahora en el lugar de Jodi, un especialista del departamento de Recursos Humanos que quiere crear una lista numerada para enumerar los pasos que tienen que seguir los empleados para declarar los días de baja por enfermedad. No hay ni que decir que los empleados de Cascade Coffee Roasters son muy honrados y jamás se les ocurriría no declararlos. A continuación se indican los pasos que debería seguir:

1. En la vista Página, sitúe el punto de inserción en donde quiere que comience la lista. Puede situar el puntero al principio, en el medio o al final de un párrafo. Si coloca el puntero en una línea que contenga texto, FrontPage convertirá ese texto en el primer elemento de la lista. Si quiere empezar una nueva lista, sitúe el puntero en una línea en blanco.

Consejo Es posible convertir un texto ya existente en una lista numerada o con viñetas, seleccionándola primero y pulsando a continuación el botón apropiado de la barra de herramientas. Para obtener más información sobre el formato, véase el Capítulo 7.

---

2. Seleccione la opción Lista numerada de la lista desplegable Estilo. FrontPage colocará el número 1 en la primera línea de la nueva lista.
3. Escriba el texto correspondiente al primer elemento y pulse Intro. FrontPage insertará el número siguiente para escribir el texto correspondiente al siguiente elemento de la lista. Repita este proceso hasta llegar al final de la lista.
4. Una vez finalizada la lista, pulse las teclas CTRL + INTRO. FrontPage insertará una nueva línea a continuación de la lista, le asignará el estilo Normal y colocará el punto de inserción al principio de ella.

Cómo trabajar con archivos de página

Las órdenes estándar de gestión de archivos de la vista Página son muy similares a las de otras vistas, excepto por el hecho de que aquí se trabaja con páginas y no con sitios web. Por ejemplo, cuando se da formato a un tema en la vista Página, éste solamente se aplicará a la página abierta en ese momento, mientras que en otras vistas se aplicará al sitio web por entero. En la vista Página, además, se pueden realizar algunas tareas adicionales con los archivos como, por ejemplo, imprimir. En esta sección aprenderemos a utilizar las órdenes de gestión de archivos de la vista Página.

Creación de páginas nuevas

FrontPage permite crear fácilmente multitud de tipos de páginas distintas utilizando sus plantillas y asistentes. Seguramente, en la mayoría de las ocasiones creará páginas nuevas para agregarlas a un sitio web ya abierto, pero no tiene por qué limitarse a hacer solamente esto. También tiene la posibilidad de crear una página nueva, guardarla aparte y agregarla a cualquier otro web más adelante. Para obtener más información, véase la sección «Cómo guardar páginas» en este mismo capítulo.

Consejo Para crear rápidamente una Página normal nueva, solamente hay que pulsar el botón Nuevo de la barra de herramientas.

---

1. Para crear una página nueva, seleccione la opción Nuevo en el menú Archivo y, a continuación, Página en el submenú, o bien pulse la combinación de teclas CTRL + N. Verá aparecer el cuadro de diálogo Nuevo de la Figura 6.6.

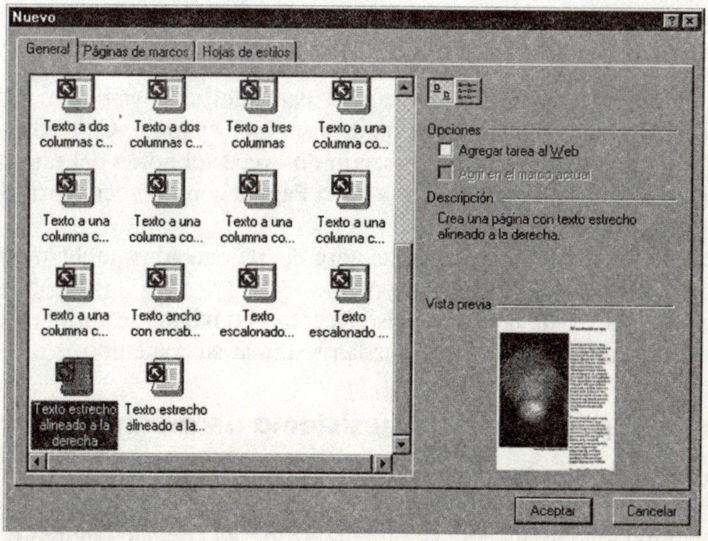

Figura 6.6.
Ficha General del cuadro de diálogo Nuevo.

Si quiere crear la página nueva, pero le gustaría trabajar con ella más adelante en vez de abrirla en ese momento en la vista Página, seleccione en este cuadro de diálogo la opción Agregar tarea al Web y FrontPage agregará la página a la vista Tareas. Si quiere que la página se abra en una página de marcos que ya esté abierta, seleccione la opción Abrir en el marco actual.

En la ficha General del cuadro de diálogo Nuevo podrá seleccionar todas las plantillas de página que desee, o bien puede abrir la ficha Páginas de marcos y seleccionar alguna de las plantillas de dicha ficha. También es posible seleccionar una hoja de estilos en la ficha del mismo nombre de este cuadro de diálogo. Para obtener más información sobre las hojas de estilo, véase el Capítulo 10.

2. Cuando haya decidido qué plantilla va a utilizar, pulse Aceptar. En el Capítulo 4 se describen en profundidad las plantillas y los asistentes.

Cómo abrir páginas

La orden Abrir le permite abrir cualquier página del sitio web actual, páginas ya existentes que se hayan guardado en el sistema como archivos e incluso páginas procedentes de la World Wide Web. No solamente se pueden abrir páginas creadas con FrontPage, sino también otros tipos de archivo. Esta característica amplía las posibilidades para agregar material nuevo al sitio web.

Si tiene instalados, en Microsoft Office, los conversores de documentos adicionales que se le ofrecieron durante el proceso de instalación de la aplicación, puede acceder a dichos conversores también desde FrontPage.

Cómo abrir una página desde el sitio web actual

Si tiene que modificar una página que forma parte del sitio web actual, hay dos modos de hacerlo: o bien activando cualquier vista (por ejemplo, Carpetas), buscando la página y abriéndola desde allí (pulsando dos veces el botón del ratón); o bien de un modo más sencillo: abriéndola en la vista Página con la orden Abrir del menú Archivo.

Al seleccionar la orden Abrir, verá el cuadro de diálogo Abrir archivo que aparece en la Figura 6.7.

Seleccione un archivo de la lista y pulse Aceptar. La página se abrirá en una ventana nueva de la vista Página, para que pueda modificar su contenido.

Cómo abrir una página desde su sistema de archivos

Pongamos por caso que está realizando cambios en el web y tiene que agregar una página que está guardada como archivo, pero no como parte de un sitio web. Imaginemos, por ejemplo, que alguien de su organización está creando páginas personalizadas para muchos sitios web diferentes y las está guardando aparte para que luego otras personas las agreguen a sus respectivos web cuando las necesiten. Si quiere

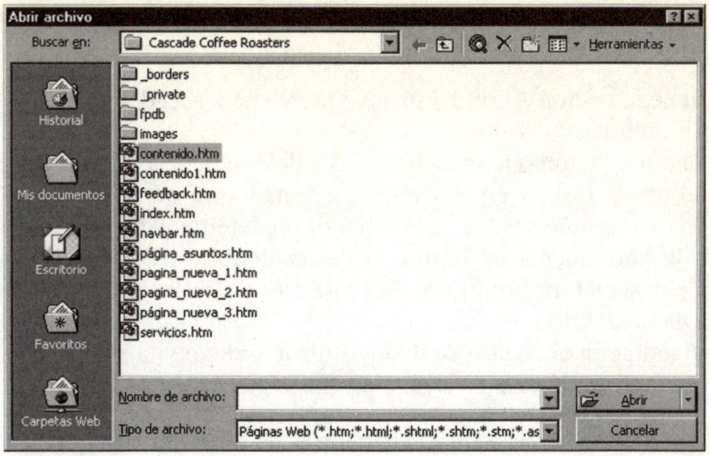

Figura 6.7.
Cuadro de diálogo Abrir archivo.

agregar una página de este tipo a su sitio web, a continuación se describe cómo hacerlo:

1. Seleccione la orden Abrir en el menú Archivo y aparecerá el cuadro de diálogo Abrir archivo. Pulse el menú desplegable Buscar en, y busque la ubicación del archivo, por ejemplo, en una carpeta del disco fijo. En la ventana del cuadro de diálogo Abrir archivo aparecerá el contenido de la carpeta seleccionada.
2. Seleccione el archivo que desee y, a continuación, pulse Aceptar. El archivo se abrirá en la vista Página.

Consejo Se puede acceder más rápidamente al cuadro de diálogo Abrir archivo desde cualquier vista pulsando la combinación de teclas CTRL + O, o bien utilizando el botón Abrir de la barra de herramientas

---

FrontPage intentará abrir los archivos HTML tal y como están, sin ningún tipo de conversión, y presentará todos sus elementos en la pantalla. No obstante, si el archivo contiene algún código HTML que FrontPage no sea capaz de reconocer, preservará dicho código.

Cómo abrir una página desde cualquier sitio web

Es posible abrir una página desde cualquier sitio web al que se tenga acceso, incluyendo las páginas ubicadas en sitios de una intranet o de la World Wide Web. Lo único que hay que saber es la dirección de la página. Éstos son los detalles de todo el proceso:

1. Seleccione la opción Abrir del menú Archivo para acceder al cuadro de diálogo Abrir archivo.
2. Pulse el tercer botón o icono a la derecha del menú desplegable Buscar en; es decir, el botón Buscar en el Web, representado por un pequeño globo terráqueo. Esto hace que se abra el explorador predeterminado.
3. Utilice la herramienta de búsqueda del explorador para localizar la página web que desee abrir. FrontPage escribirá automáticamente su dirección en el campo de texto URL.
4. Pulse Aceptar en el cuadro de diálogo Abrir archivo y la página que busca se abrirá en la vista Página, en espera de que la guarde en su sitio web.

Si, cuando esté intentando abrir una página desde la World Wide Web, le aparece un mensaje de error, puede que no esté conectado. Asegúrese de que lo está, abriendo la página con el explorador y a continuación vuélvalo a intentar.

También se puede abrir una página de la Web en la vista Página escribiendo su dirección en la lista desplegable Nombre de archivo, del cuadro de diálogo Abrir archivo. La dirección debe tener el formato de un URL absoluto. El *URL absoluto* es la dirección completa de una página, incluyendo el protocolo, el nombre del host, de la carpeta y del archivo como, por ejemplo, http://www.microsoft.com. Cuando se utilizan URL absolutos, es posible abrir páginas desde cualquier sistema que sea capaz de crear una conexión con ese sitio web. Por ejemplo, supongamos que la empresa que nos ocupa, Cascade Coffee Roasters, está probando un sitio web denominado *RoasterTest1* en un servidor local que se llama BeanThere. El sitio web contiene una página de notificaciones de prensa (con el URL de página *NP3.htm*) que le gustaría editar. Si tuviera acceso al sitio web, podría acceder a la página escribiendo http://BeanThere/RoasterTest1/ NP3.htm; es decir, su URL absoluto. Es así de fácil, incluso para ver páginas de la World Wide Web en la vista Página. Observe que la dirección de un servidor local comienza con el nombre del directorio; por ejemplo, una dirección de la World Wide Web comenzaría por http://www., y después vendría el nombre del host o del dominio.

Puede que FrontPage le advierta de que la dirección que ha especificado no es una dirección IP válida. Si le aparece un aviso de este tipo, revise la dirección e inténtelo de nuevo. Asegúrese de que escribe en la dirección los caracteres correctos; tendrá que escribir al menos el nombre del servidor al principio de la dirección. No olvide utilizar en esta dirección las barras inclinadas a la derecha, en vez de las invertidas.

Cómo cerrar páginas

Para cerrar una página en la vista Página, seleccione Cerrar en el menú Archivo. Si FrontPage advierte que no ha guardado la página, le preguntará si desea hacerlo antes de cerrar; a continuación, FrontPage guardará y cerrará la página.

Cómo guardar páginas

Guarde su trabajo como la gente de Seattle bebe café: pronto y muy a menudo, porque puede que la Ley de Murphy se cumpla en el peor momento; es decir, puede que haya un corte de electricidad o que su compañero de oficina tropiece con sus zapatos de gamuza azul en los cables y desenchufe la computadora. En la vista Página se le ofrecen dos opciones para guardar los documentos:

- **Guardar.** Guarda la página activa, en formato HTML, en un sitio web o en un archivo.
- **Guardar como.** Copia y guarda la página activa como una nueva, en el sitio web actual o en un archivo.

Cómo guardar una página por primera vez

Independientemente de la orden que utilice, si no había guardado la página con anterioridad, se abrirá el cuadro de diálogo Guardar como, en el que se le ofrecerán varias opciones para guardar el archivo. También puede utilizar esta orden para guardar la página en una ubicación diferente o con un nombre distinto. En la Figura 6.8 se muestra el cuadro de diálogo Guardar como.

A continuación se indica cómo utilizar el cuadro de diálogo Guardar como:

- Sustituya el título predeterminado de la página pulsando el botón Cambiar y escribiendo a continuación el nuevo Nombre del archivo. El nombre que elija tiene que ser un nombre no existente y que tenga cierta lógica, para poder reconocerlo fácilmente más adelante en una lista. Una vez escrita la información, pulse Aceptar.

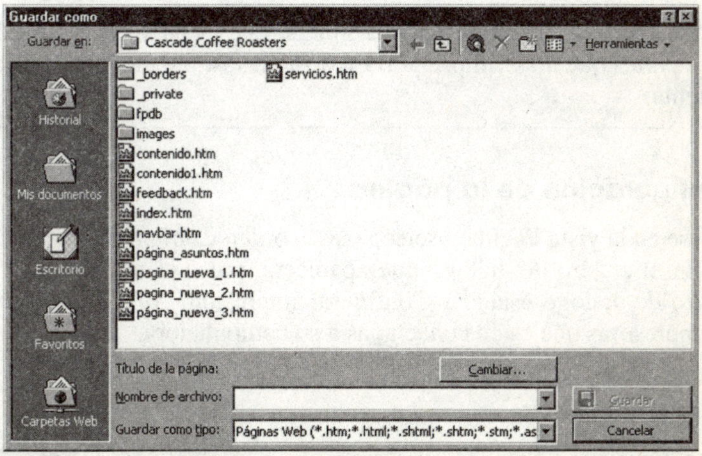

Figura 6.8.
Cuadro de diálogo Guardar como.

- También puede optar por guardar la página como una plantilla en este mismo cuadro de diálogo. Para obtener más detalles sobre este tema, véase el Capítulo 4.

Consejo Para guardar la página más rápidamente, pulse la combinación de teclas CTRL + S o bien utilice el icono Guardar de la barra de herramientas.

Cómo imprimir las páginas

Hay veces que en el mundo virtual del diseño de sitios web es bueno ver una copia impresa de la página en la que se está trabajando, aunque solamente sea para tener una perspectiva diferente.

Consejo A veces, a los visitantes del sitio web les gusta imprimir las páginas para leerlas más tarde. Por este motivo, quizás quiera imprimir las páginas desde exploradores diferentes, para ver cómo quedarían.

FrontPage imprime las páginas tal y como aparecen en la pantalla en la vista Página, siempre y cuando el tamaño del papel que esté utilizando sea suficientemente grande como para que quepa toda la página. En las siguientes secciones se va a describir cómo utilizar la Configuración de página y las órdenes Imprimir y Vista previa para obtener una versión en papel de la página en la que esté trabajando.

Consejo Si la página es más grande que el papel en el que la va a imprimir, habrá partes que no se impriman. En estos casos, intente imprimir la página horizontalmente.

Configuración de la página

Sitúese en la vista Página y seleccione la orden Configurar página en el menú Archivo. En el cuadro de diálogo que aparecerá, pulse el botón Opciones y se abrirá el cuadro de diálogo estándar Configurar impresión. Aquí es donde podrá configurar las impresoras que estén conectadas a su computadora.

Vista preliminar

Tanto en la vista Página como en la vista Exploración, puede seleccionar cuando quiera la orden Vista preliminar del menú Archivo para ver cómo quedaría la página en su versión impresa. No obstante, el resultado no tiene que ser necesariamente el

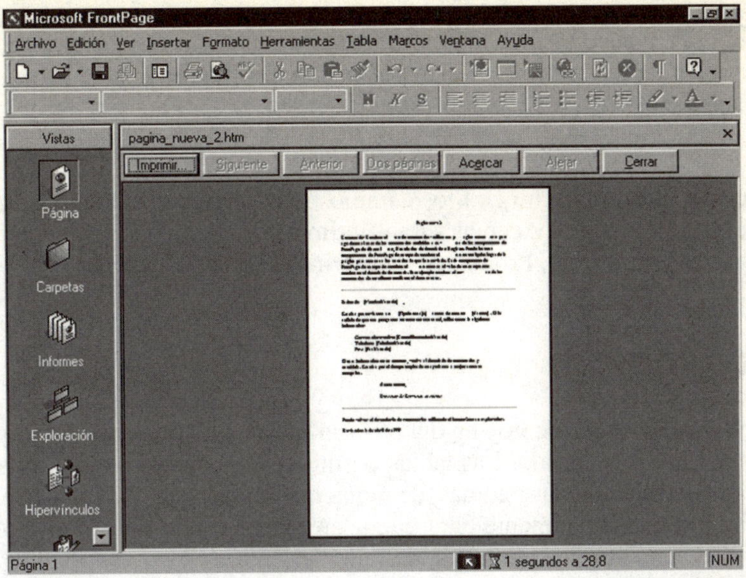

Figura 6.9.
Ejemplo de una página en la Vista preliminar.

mismo que el que aparece en un explorador, por lo que tenga cuidado y no confíe en la copia impresa.

Cuando FrontPage muestra la versión preliminar de la página, tal y como aparece en la Figura 6.9, se nos ofrecen una serie de botones de ajuste en la parte superior de la pantalla. Puede acercar o alejar la imagen, ver la página siguiente, la anterior o dos páginas a la vez. También se puede imprimir la imagen directamente desde aquí, pulsando el botón Imprimir. Para salir de esta pantalla sin imprimir, pulse la tecla ESC o bien pulse Cerrar.

Consejo Para obtener una vista previa de la página en el explorador, puede pulsar, en la barra de herramientas, el botón Vista previa en el explorador. Para obtener más información sobre este tema, véase la sección «Vista previa en un explorador» del Capítulo 7.

Cómo imprimir

Para imprimir la página, seleccione la orden Imprimir en el menú Archivo. Aparecerá en la pantalla el cuadro de diálogo estándar Imprimir. Si tiene que cambiar la configuración de la impresora, pulse el botón Propiedades y se mostrará el cuadro de diálogo del mismo nombre, en donde se pueden realizar los cambios. Para utilizar las funciones de impresión hay que activar antes la vista Página o la vista Exploración.

Consejo Para acceder más rápidamente al cuadro de diálogo Imprimir, pulse la combinación de teclas CTRL + P, o bien pulse el botón Imprimir de la barra de herramientas estándar.

Cuando ya esté satisfecho con los cambios que haya realizado en la configuración de la impresora, pulse Aceptar para imprimir la página. Si la página no cabe en el papel que está utilizando, FrontPage la imprimirá en varias páginas.

Creación de tablas

Muchos de los sitios web de hoy en día utilizan tablas para presentar la información de un modo claro y ordenado. Las tablas permiten disponer de cierta flexibilidad y control sobre el diseño de las páginas, de modo que no hay que dar formato a los textos y las imágenes manualmente para que aparezcan estructurados. Las tablas también permiten aumentar la coherencia de todos los sitios web y especialmente entre las páginas de un sitio. Y, todavía más, las tablas incrementan la probabilidad de que la información aparezca exactamente como quiere que aparezca, independientemente del explorador que utilice el visitante del sitio web. La mayoría de los exploradores tratan las tablas de un modo similar, lo que es suficiente para asegurar la coherencia entre lo que se ve en un explorador y en otro.

Consejo Si abre en FrontPage un documento de Word que contenga una tabla, ésta se convierte en una tabla HTML y se puede modificar en la vista Página.

Las tablas de FrontPage tienen la misma estructura y se utilizan de la misma manera que en los documentos de Word. Las tablas están formadas por columnas y filas de celdas que, a su vez, contienen texto, imágenes, imágenes de fondo, formularios, componentes de FrontPage o incluso otras tablas. Si crea una tabla y más adelante se da cuenta de que tiene que cambiar el tamaño de las celdas o añadir o borrar filas o columnas, no se apure, porque en FrontPage es muy fácil personalizar una tabla ya existente. Al crear una tabla, no tiene que pensar en el tamaño de las celdas si no quiere, ya que éstas se ajustan automáticamente al material que se ha introducido.

Todas las opciones son pocas, ¿verdad? Bueno..., no siempre, al menos en lo que se refiere a agregar tablas en FrontPage. Hay dos maneras de crear una tabla en una página, en la vista Página. Para empezar, puede dibujar la tabla directamente en la página con la barra de herramientas Tablas, o bien insertarla desde el menú del mismo nombre. Si no le gusta tomar decisiones, no se preocupe, porque FrontPage le permite utilizar ambas opciones en una misma tabla, combinándolas de diferentes formas. Por ejemplo, podría insertar una tabla desde el menú Tablas y luego agregar filas con la barra de herramientas; puede combinar las dos opciones como desee. No obstante, aquí explicaremos estas dos opciones por separado para que queden más claras. Comenzaremos con la barra de herramientas y luego seguiremos explicando los elementos que tienen en común las dos opciones.

La barra de herramientas Tablas de FrontPage

FrontPage permite dibujar tablas en la vista Página casi exactamente del mismo modo que Word, utilizando la barra de herramientas que se muestra en la Figura 6.10. Para acceder a esta barra de herramientas, seleccione Barras de herramientas en el menú Ver y, a continuación, Tablas en el menú emergente, o bien seleccione la orden Dibujar tabla en el menú Tablas.

Esta barra de herramientas permite dibujar la tabla directamente en la página y después modificar cualquiera de sus elementos para adaptarla a las necesidades de cada uno. El primer botón de la barra de herramientas Tablas, Dibujar tabla, es también el primero que hay que utilizar para dibujar la tabla.

1. Si selecciona la orden Dibujar tabla de la barra de herramientas, el puntero de esta opción se activa automáticamente; si no es así, pulse el botón Dibujar tabla de la barra de herramientas. El puntero del ratón se convertirá en un lápiz.
2. Sitúe el puntero donde quiere que empiece la tabla, pulse con el ratón y luego arrastre la línea hacia abajo y hacia la derecha para crear la tabla. Ésta quedará dibujada automáticamente en la parte izquierda de la página, pero más adelante podrá cambiar su ubicación si lo desea. Para obtener más información sobre las propiedades de las tablas, véase la sección «Cómo cambiar las propiedades de la tabla», en este mismo capítulo.

Para ayudarle a ver el tamaño que va a tener la tabla, FrontPage representa el borde exterior de ésta con una serie de puntos a medida que se arrastra el lápiz.

Acaba de crear una tabla de una sola celda, con una columna y una fila. Al dibujar una tabla, FrontPage agrega automáticamente el borde. Para quitarlo, hay que abrir el cuadro de diálogo de propiedades de la tabla. Para obtener más información sobre este cuadro de diálogo, véase la sección «Cómo cambiar las propiedades de la tabla» de este mismo capítulo. La tabla debería quedar como la que se muestra en la Figura 6.11.

En el supuesto de que no la haya conseguido dibujar correctamente, puede cambiar fácilmente su tamaño sin tener que volverla a dibujar. Mueva el puntero hasta el borde de la tabla y observe cómo se transforma en una flecha de dos direcciones. El ancho de la tabla se cambia arrastrando el lado derecho de la misma y la altura, arrastrando la parte inferior.

Figura 6.10.
Barra de herramientas Tablas.

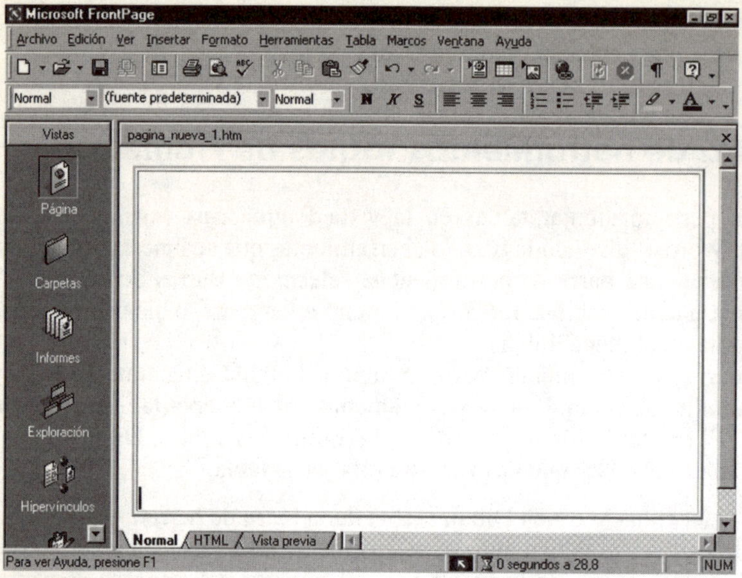

Figura 6.11.
Tabla de gran tamaño que consta de una columna y una fila.

Consejo Si mantiene pulsada la tecla MAYÚS mientras arrastra uno de los bordes, todas las celdas que estén situadas en la dirección en la que se arrastre mantendrán su anchura original.

Cómo agregar filas y columnas

Quizá, ahora que la tabla tiene exactamente el tamaño que quería, le gustaría agregar algunas filas y columnas.

Con el icono en forma de lápiz de la orden Dibujar tabla se pueden dibujar fácilmente filas o columnas y, de este modo, dividir la tabla casi de cualquier manera.

1. Pulse en el icono Dibujar tabla si no lo ha hecho aún.
2. Coloque el puntero en el interior de la celda que vaya a dividir. Tenga cuidado y procure no tocar el borde de la tabla con el puntero, porque si lo hace se crearía una tabla nueva dentro de la celda.
3. Arrastre el puntero horizontalmente para crear una fila, o bien verticalmente para crear una columna. Cuando comience a arrastrarlo, aparecerá una línea de puntos que representa el borde nuevo. No hay que preocuparse de que la línea quede recta, porque FrontPage restringe la línea automáticamente, tanto vertical como horizontalmente. Todo lo que hay que hacer es comenzar a dibujarla en el punto exacto.

En la Figura 6.12 vemos una tabla dividida en dos columnas, de las cuales la de la derecha está dividida a su vez en dos filas.

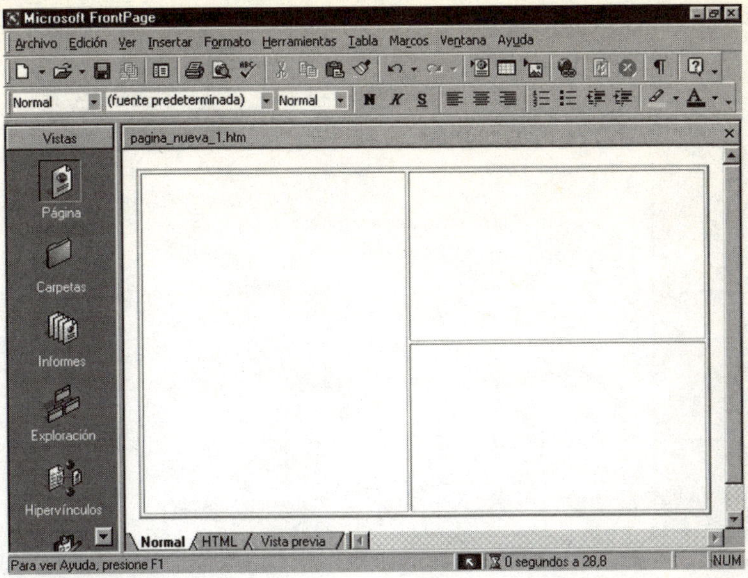

Figura 6.12.
Tablas con dos columnas, en donde la columna de la derecha está dividida en dos filas.

Si quisiera dividir la tabla más uniformemente en filas y columnas, utilice los botones Insertar columnas e Insertar filas de la barra de herramientas Tablas.

1. Sitúe el puntero en la celda de la tabla que quiere dividir.
2. Pulse cualquiera de los dos botones, Insertar columna o Insertar fila. FrontPage creará automáticamente una columna que divida la celda exactamente por la mitad, o bien una fila del mismo tamaño que la celda. El puntero se sitúa parpadeando en la nueva celda.

En la Figura 6.13 se muestra una tabla que ha sido dividida utilizando el botón Insertar columna de la barra de herramientas. Observe que las dos columnas en las que se ha dividido son exactamente iguales. Si sigue los pasos anteriores, podrá dividir las celdas cuantas veces quiera. Una vez creada la tabla, puede mover los bordes hasta el lugar que desee para adaptar la tabla a sus necesidades, independientemente del método utilizado para crearlos.

Cómo borrar una fila o una columna

Si, una vez creada la tabla, se da cuenta de que ha insertado demasiadas filas o columnas, es muy fácil borrarlas utilizando el botón Borrador de la barra de herramientas.

1. Pulse el botón Borrador de la barra de herramientas Tablas. El puntero se convertirá en una goma de borrar.

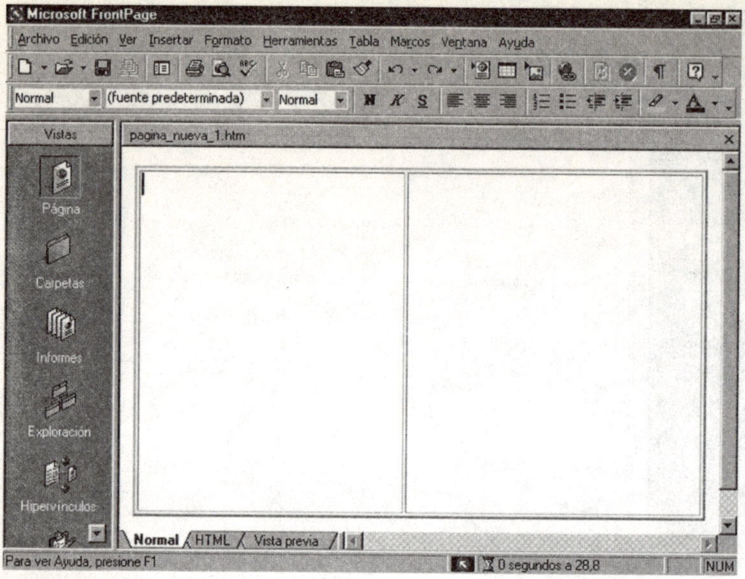

Figura 6.13.
Tabla con dos columnas iguales.

2. Coloque el puntero del borrador en el exterior del borde que desea borrar.
3. Arrástrelo a través de la línea del borde que haya que borrar. Mientras esté realizando esta operación, el borde aparecerá resaltado.
4. Cuando suelte el botón del ratón, FrontPage borrará automáticamente los bordes seleccionados.

Hay bordes que no se pueden borrar, porque dejarían una celda incompleta. Dicho de otro modo, todas las líneas de los bordes deben estar en contacto con dos bordes completos. Tal y como se muestra en la Figura 6.14, los bordes interiores de la tabla han quedado seleccionados para su borrado posterior. Sin embargo, el área que aparece señalada con un círculo no se puede borrar por sí sola, porque la celda de la parte inferior quedaría incompleta.

Otros botones de la barra de herramientas Tablas

El resto de los botones de esta barra de herramientas permiten ajustar y refinar el diseño de la tabla aún más:

- **Eliminar celdas.** Para eliminar cualquier celda, hay que seleccionar la fila o columna que la contiene y pulsar a continuación el botón Eliminar celdas en la barra de herramientas. Para obtener más información sobre cómo seleccionar filas y columnas, véase la sección «Cómo seleccionar filas y columnas» de este mismo capítulo.

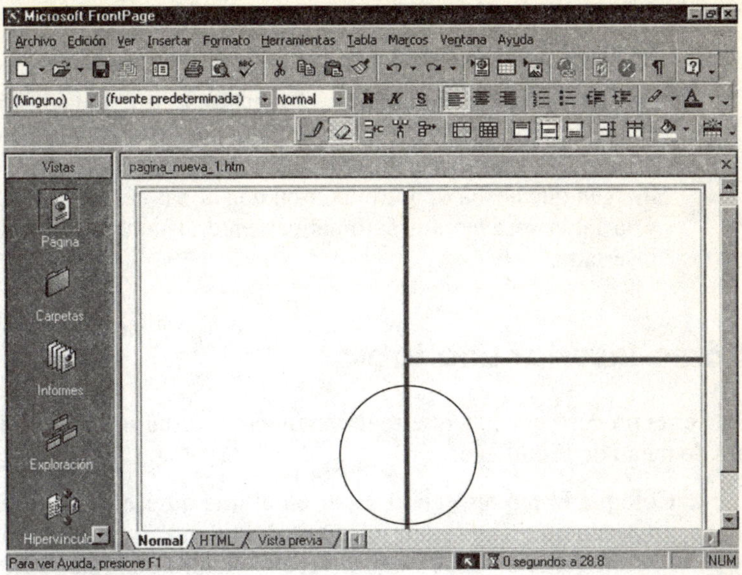

Figura 6.14.
Bordes de una tabla que han sido seleccionados para ser borrados.

- **Combinar celdas.** Para combinar unas celdas con otras, hay que seleccionar las celdas en cuestión y pulsar luego el botón Combinar celdas de la barra de herramientas.
- **Dividir celdas.** Las celdas se pueden dividir en columnas o filas, seleccionando primero las celdas que se deseen modificar y pulsando a continuación, en la barra de herramientas, el botón Dividir celdas. En ese momento aparecerá el cuadro de diálogo Dividir celdas. Para obtener más información sobre este cuadro de diálogo, véase la sección «Cómo dividir celdas» de este mismo capítulo.
- **Alinear con el borde superior, Centrar verticalmente, Alinear con el borde inferior.** Si coloca el puntero del ratón en una celda y pulsa cualquiera de estos botones, podrá alinear el texto que se encuentre en el interior de la celda tal y como especifique.
- **Distribuir filas y columnas uniformemente.** Si quiere distribuir uniformemente en la tabla un grupo de columnas o filas, selecciónelas y luego pulse el botón correspondiente.
- **Color de relleno.** Si quiere rellenar el fondo de una celda o de toda la tabla con un color determinado, seleccione el área que desee rellenar y, a continuación, pulse el botón Color de relleno. Al hacer esto, aparecerá el cuadro de diálogo emergente Color; elija un color y luego pulse Aceptar.

Observe que el color que ha seleccionado aparece ahora debajo del icono Color de relleno, en la barra de herramientas.

- **Autoajustar.** Si quiere que el tamaño de la celda se ajuste a lo que haya en su interior, pulse el botón Autoajustar. Por ejemplo, si está utilizando la tabla para controlar el diseño de la página y quiere que ésta se ajuste a la imagen que acaba de introducir en una de las celdas, seleccione Autoajustar y la tabla se adaptará automáticamente al tamaño de la imagen que haya insertado.

Cómo insertar una tabla

Éste es el proceso que hay que seguir si quiere insertar una tabla utilizando las órdenes de menú de FrontPage.

1. Coloque el puntero en el lugar en el que quiere que empiece la tabla, luego seleccione la orden Insertar del menú Tablas y, a continuación, la opción Tabla en el submenú. Verá el cuadro de diálogo Insertar tabla de la Figura 6.15.
2. Indique el número de filas y columnas que piense que va a necesitar en la tabla. Más adelante podrá eliminarlas o añadir más, si lo considera necesario.
3. Seleccione una alineación de la tabla en relación con la página o sus elementos; es decir, a la izquierda, centrada o a la derecha.
4. Si quiere que haya un borde alrededor de toda la tabla, especifique su tamaño en píxeles. La configuración que acaba de establecer es para el borde que rodea toda la tabla; cada una de las celdas posee también un borde que representa la separación entre celdas (véase el paso 6). Si no desea que haya un borde, escriba *0*. Si ha optado por rodear la tabla con un borde, más adelante podrá especificar el color del mismo.

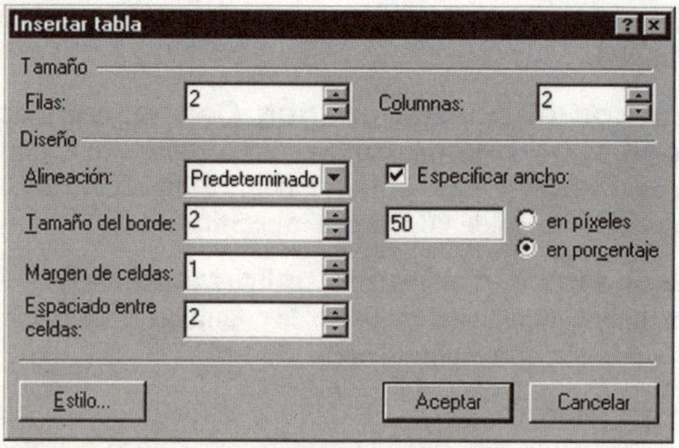

Figura 6.15.
Cuadro de diálogo Insertar tabla.

Nota No se preocupe si ha creado una tabla sin bordes. FrontPage inserta una línea de puntos que marca el contorno de la tabla en la vista Página, para poder ver en dónde está y lo que está haciendo el diseñador. La línea de puntos aparece única y exclusivamente durante su proceso de creación y no se muestra en los exploradores.

5. Indique un número, en píxeles, para el margen de las celdas. El *margen de las celdas* es el espacio que hay entre su contenido y cada uno de los bordes. El número que introduzca se aplicará a todas las celdas de la tabla, ya que no se puede especificar un margen diferente para cada celda. El valor predeterminado es 1 píxel.
6. Indique un número, en píxeles, para el *espaciado entre celdas*. Este valor controla el espacio que hay entre las celdas de una tabla y está representado por un borde alrededor de cada celda, incluso en aquellas que se encuentran en el límite exterior de la tabla. El valor predeterminado es de 2 píxeles.
7. Especifique el ancho de la tabla. El valor que indique puede estar en píxeles o bien en porcentaje. Si, por ejemplo, especifica un valor de ancho de tabla del 50 por 100, la tabla ocupará la mitad del ancho de la página.
8. Pulse Aceptar y FrontPage creará la tabla y la presentará en la página, como en la Figura 6.16. FrontPage utiliza el número de columnas y el ancho de la tabla para calcular el tamaño de cada una de las columnas.

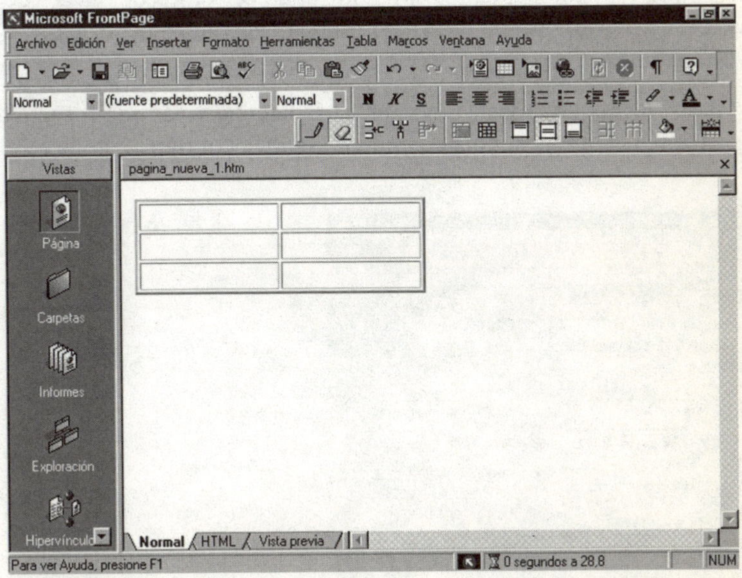

Figura 6.16.
Tabla con tres filas y dos columnas justificada a la izquierda, con un borde de dos píxeles, un margen de celda de un píxel, un espaciado entre celdas de dos píxeles y un ancho del 50 por 100.

Cómo trabajar con tablas

Cuando haya creado la tabla, probablemente querrá optimizarla.

Cómo añadir texto

En las celdas de las tablas se puede escribir como en cualquier parte de la página en la vista Página. Si añade más texto del que puede contener la celda, ésta se expandirá para ajustarse a él.

Cómo cambiar las propiedades de la tabla

Con la orden Propiedades de tabla, es posible cambiar en cualquier momento la alineación de la tabla, el tamaño del borde, el margen de las celdas y el ancho de la tabla. Lo único que hay que hacer es pulsar con el botón derecho del ratón en cualquier lugar de la tabla y elegir a continuación Propiedades de tabla en el menú emergente. También es posible acceder a las propiedades de la tabla situando el puntero en ésta y seleccionando luego Propiedades de tabla en el menú Tabla. Se abrirá el cuadro de diálogo Propiedades de tabla que se muestra en la Figura 6.17.

Consejo Para agregar rápidamente una tabla a la página, pulse en la barra de herramientas el botón Insertar tabla e indique a continuación su tamaño, pulsando el cuadro correspondiente en la rejilla que aparece. Las propiedades de la tabla estarán basadas en la configuración de la última tabla creada.

Para obtener una «vista de prueba» de la tabla y ver qué aspecto tendría con configuraciones diferentes, puede cambiar algunas configuraciones en el cuadro de diá-

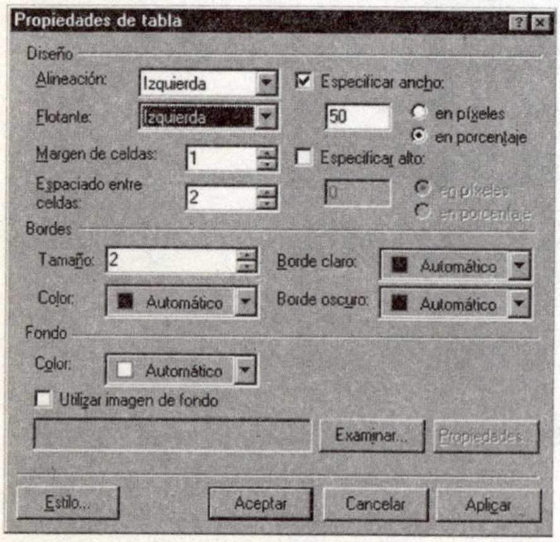

Figura 6.17.
Cuadro de diálogo Propiedades de tabla.

logo Propiedades de tabla y luego pulsar Aplicar. Este proceso se puede repetir todas las veces que sean necesarias.

Nota Siempre que vea el botón Estilo en un cuadro de diálogo, querrá decir que es posible crear o modificar una hoja de estilo asociada a la página desde ese mismo cuadro de diálogo. Para obtener más información sobre las hojas de estilo, véase el Capítulo 10.

Además de esto, también es posible insertar una imagen o especificar un color de fondo marcando la casilla de verificación Utilizar imagen de fondo. Una vez marcada, el botón Examinar se activa. Hay varias formas de elegir una imagen:

- Si quiere utilizar una imagen de fondo que se encuentre en su sitio web, busque el archivo en la carpeta correspondiente y luego pulse Aceptar.
- Si quiere utilizar una imagen de fondo que se encuentre en cualquier otra ubicación, es decir, en un disquete, en el disco duro o en una LAN, localice la imagen de fondo en el cuadro de diálogo Seleccionar imagen de fondo y luego pulse Aceptar. También es posible seleccionar imágenes en la Web o establecer un hipervínculo a un archivo de su computadora.
- También puede utilizar las imágenes prediseñadas que vienen con FrontPage. Para hacerlo, abra la ficha Imágenes, seleccione una imagen para el fondo y a continuación pulse Aceptar.

Si la tabla tiene bordes, puede especificar su color en la sección Color de bordes del cuadro de diálogo Propiedades de tabla. Para utilizar un color uniforme en todos los bordes, seleccione ese color en la lista desplegable Bordes. Para conseguir que la tabla tenga un aspecto tridimensional, hay que elegir un color en las listas desplegables Borde claro y Borde oscuro. El borde claro especifica el color principal y el oscuro el de las sombras. Haga diversos experimentos con estos colores para personalizar el aspecto de las tablas que construya.

Nota Un modo muy fácil de ampliar el número de filas de una tabla es situar el puntero en la celda de la esquina inferior derecha de la tabla y luego pulsar la tecla de tabulación.

Cómo cambiar las propiedades de la celda

Es posible cambiar algunas de las propiedades de las celdas, como por ejemplo la alineación del texto que hay en su interior, su anchura mínima, el número de filas o columnas que abarcan y las imágenes y color de fondo. Éste es el proceso que hay que seguir para hacerlo:

1. Coloque el puntero en una celda cuyas propiedades quiera cambiar. Para cambiar las propiedades de varias celdas a la vez, hay que seleccionarlas primero. Para hacerlo, sitúe el puntero en una de las celdas y luego elija en el menú Tabla la orden Seleccionar celda. A continuación, pulse la tecla CTRL o MAYÚS y manténgala presionada hasta que termine de seleccionar las otras celdas con el puntero. Con la tecla CTRL pulsada también se puede eliminar la selección de las celdas. Para obtener más información sobre los métodos para seleccionar fácilmente filas o columnas completas, véase la sección «Cómo seleccionar filas y columnas» de este mismo capítulo.
2. Elija la opción Propiedades de celda en el menú Tabla, o bien pulse con el botón derecho del ratón en las celdas seleccionadas y elija a continuación Propiedades de celda en el menú emergente. Se abrirá el cuadro de diálogo Propiedades de celda que se muestra en la Figura 6.18.
3. Para cambiar la alineación del texto que se encuentra en el interior de las celdas, modifique su configuración en la sección Diseño. Por ejemplo, para alinear el texto justamente en el centro de una celda, hay que seleccionar Centro en la lista desplegable Alineación horizontal, y Medio en Alineación vertical.
4. Escriba nuevos valores en los cuadros de texto Especificar ancho y Especificar alto para cambiar la anchura y la altura de las celdas, respectivamente. Puede especificar este número tanto en píxeles como en porcentaje. Si, por ejemplo, especifica un ancho de celda del 50 por 100, la celda ocupará la mitad del ancho de la tabla.
5. Utilice los cuadros de texto Número de filas y Número de columnas para escribir el número de columnas o filas que quiera que abarque la celda. Con esta configuración, la celda se expandirá hasta abarcar ese número de filas o columnas. Como resultado, las celdas de la columna de la derecha o las filas de la parte inferior se moverán para dejar espacio a la celda ampliada. Expandir una celda de esta manera sirve, entre otras cosas, para introducir posteriormente una imagen.

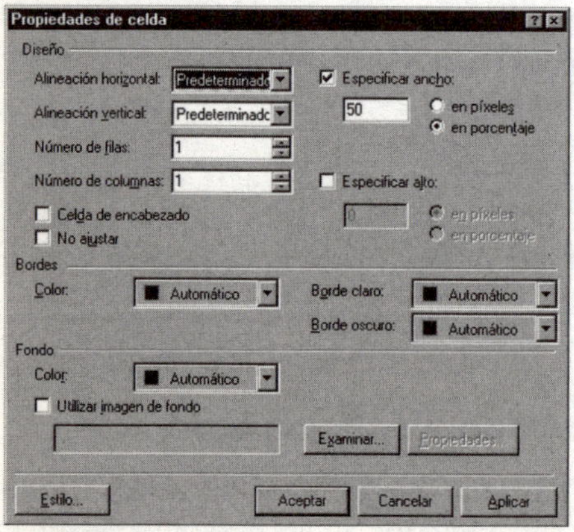

Figura 6.18.
Cuadro de diálogo Propiedades de celda.

Imaginemos, por ejemplo, que tiene una tabla de dos filas y dos columnas y quiere incluir una imagen en la zona que se encuentra bajo las dos celdas superiores. Puede expandir la celda inferior izquierda de tal forma que abarque las dos columnas. Para insertar una imagen o un color de fondo en la celda, seleccione las opciones correspondientes en la sección Fondo.

6. Para añadir bordes de color a las celdas, elija el color que desee en las secciones Bordes y Fondo del cuadro de diálogo.
7. Pulse el botón Aplicar para ver los cambios antes de cerrar el cuadro de diálogo. Cuando todo esté a su gusto, pulse Aceptar para salir del cuadro de diálogo Propiedades de celda.

Cómo crear celdas de encabezado

Las celdas de encabezado son celdas que tienen un formato especial. En las tablas de FrontPage, en concreto, el texto de este tipo de celdas aparece en negrita y centrado. Las celdas de encabezado son útiles para colocar un título en la parte superior de una columna o en el extremo izquierdo de una fila, pero podría definirse como encabezado cualquier celda que se quisiera destacar. Para convertir cualquier celda normal en una celda de encabezado, hay que seguir este proceso:

1. Seleccione la celda que quiera convertir en una celda de encabezado. Para convertir varias, seleccione la primera de ellas y luego mantenga pulsada la tecla CTRL o MAYÚS mientras que pulsa con el ratón en el resto de las celdas.
2. Seleccione la opción Propiedades en el menú Tabla y luego Celda en el submenú, o bien pulse en las celdas con el botón derecho del ratón y luego elija Propiedades de celda en el menú emergente. Una vez que se encuentre en el cuadro de diálogo Propiedades de celda, marque la casilla de verificación Celda de encabezado y, finalmente, pulse Aceptar.

La celda se convertirá en una de encabezado y el texto que se encuentra en su interior aparecerá en negrita y centrado. Cualquier otro texto que agregue posteriormente a la celda también tendrá este formato. Tenga cuidado, porque los distintos exploradores pueden tratar el formato de las celdas de encabezado de distinto modo.

Cómo seleccionar filas y columnas

Para seleccionar una fila o una columna, coloque el puntero del ratón junto a la parte superior de la columna o junto al borde izquierdo de una fila hasta que se convierta en una flecha y luego pulse con el ratón. También se puede colocar el puntero en una celda, elegir la orden Seleccionar en el menú Tabla y luego elegir entre Tabla, Columna, Fila o Celda en el menú emergente.

Cómo desplazarse por una tabla

Para ir de un carácter a otro (o de un elemento a otro) en el interior de una celda, hay que utilizar las teclas de cursor y para pasar de una celda a otra el tabulador.

Cómo añadir celdas

Si tiene que añadir información a la tabla, pero no hay ningún lugar en dónde colocarla, siempre existe la posibilidad de insertar una celda en blanco. Al hacer esto, se añade una celda adicional a la fila en la que la ha insertado y es posible que se salga de los límites originales de la tabla. En la Figura 6.19 se muestra una celda añadida a la derecha de la que tiene el número 6 en su interior.

Como puede ver, la inserción de celdas puede hacer que las tablas queden asimétricas, pero quizás esa sea precisamente su intención. Para insertar una celda, coloque el puntero en la celda que se encuentre directamente a la izquierda del lugar en donde quiere que aparezca la nueva. A continuación seleccione la opción Insertar en el menú Tabla y Celda en el menú emergente.

Cómo añadir filas

Para añadir una o varias filas a la tabla, hay que hacer lo siguiente:

1. Coloque el puntero en la fila anterior o posterior al lugar en donde quiera que aparezca la nueva.
2. Seleccione la opción Insertar en el menú Tabla y Filas o columnas en el submenú. Verá aparecer en su pantalla el cuadro de diálogo Insertar Filas o columnas que se muestra en la Figura 6.20
3. Elija la opción Filas e indique el número de ellas que quiere insertar. A continuación especifique en dónde quiere que aparezcan, por encima o por debajo de la fila seleccionada, y luego pulse Aceptar.

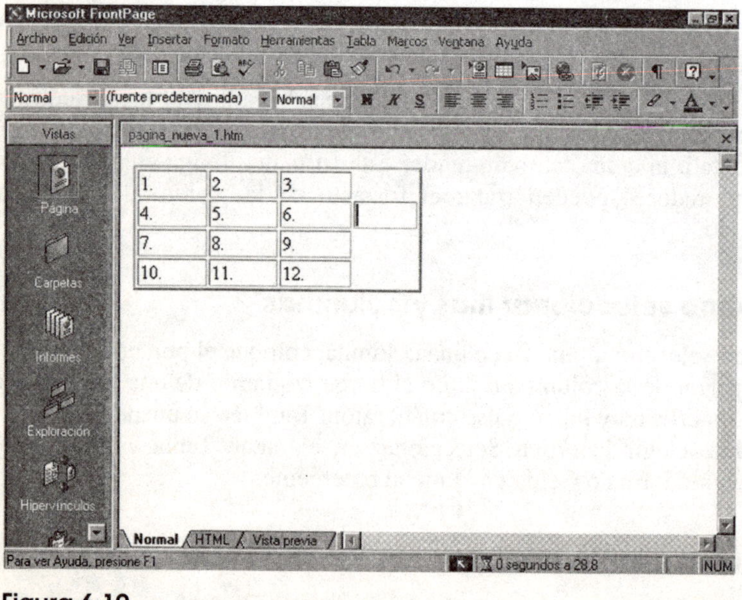

Figura 6.19.
Tabla a la que se ha añadido una celda a la derecha.

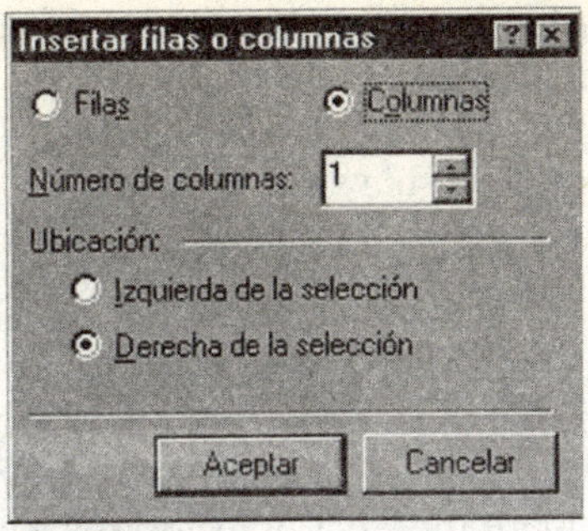

Figura 6.20.
Cuadro de diálogo Insertar filas o columnas.

Cómo añadir columnas

Para añadir una o más columnas a una tabla, coloque el puntero en la columna que se encuentre junto al lugar en el que quiera que aparezca la nueva. A continuación, siga el mismo procedimiento explicado en la sección «Cómo añadir filas», pero esta vez seleccione la opción Columnas y especifique la cantidad de ellas que quiere insertar.

Consejo Para añadir un párrafo en blanco a continuación de una tabla, coloque el puntero al final de la celda inferior derecha y pulse CTRL + INTRO.

Cómo borrar filas o columnas

Para borrar una fila o una columna, seleccione la fila o columna en cuestión y a continuación elija la opción Eliminar celdas en el menú Tabla.

Cómo insertar un título

Un título de tabla es un encabezado descriptivo que aparece en la parte superior de la tabla. Para insertar uno, seleccione la opción Insertar en el menú Tabla y después Título en el menú emergente. El puntero aparecerá parpadeando en la parte superior de la tabla, para que pueda introducir el texto. Si quiere colocar este título en la parte inferior de la tabla, pulse sobre el título con el botón derecho del ratón y seleccione Propiedades de título en el menú emergente. En el cuadro de diálogo que aparecerá en su pantalla, elija Principio de la tabla o Final de la tabla. Para dar un formato a este texto hay que hacer lo mismo que con un texto normal.

Cómo desplazar filas o columnas

Ahora pasaremos a explicar cómo trasladar una fila o columna a otro lugar de la tabla. En FrontPage (al igual que en Excel), al pegar una parte de una tabla, la información que se ha pegado sustituye a la que había anteriormente en esa ubicación. Por lo tanto, para desplazar una fila o columna sin perder la información anterior, primero hay que insertar una fila o columna en blanco para pegar en ella la fila o columna que se quiera desplazar. En el ejemplo siguiente desplazaremos una fila, pero el método es el mismo para las columnas:

1. Si no hay ninguna fila en blanco en la tabla, inserte una para que sirva de punto de destino del material que vaya a desplazar.
2. Seleccione la fila que quiera desplazar y, a continuación, elija Cortar en el menú Edición, o bien pulse la combinación de teclas CTRL + X.
3. Seleccione la fila en blanco a la que quiere trasladar el material y a continuación elija Pegar en el menú Edición, o bien pulse CTRL + V. El material quedará pegado en la nueva fila.

Este procedimiento también sirve para copiar material en otra fila o columna. Puede cortar y copiar varias filas y columnas de una sola vez utilizando el mismo método.

Cómo dividir celdas

Puede que quiera dividir una celda para que la información de la tabla quede más detallada o, quizás, para hacer más claro el formato de la página. Con esta función, la celda queda dividida en tantas filas y columnas como se haya especificado. Así es como se hace:

1. Coloque el puntero en la celda que quiera dividir.
2. Seleccione Dividir celdas en el menú Tabla. El cuadro de diálogo Dividir celdas aparecerá en su pantalla, tal y como se muestra en la Figura 6.21.
3. Indique si quiere dividir la celda en filas o en columnas y, a continuación, indique el número de columnas o filas nuevas que quiera que aparezcan en la celda. Pulse Aceptar.

En la Figura 6.22 se muestra un ejemplo de una tabla de tres columnas en la que se ha dividido la columna central en tres filas:

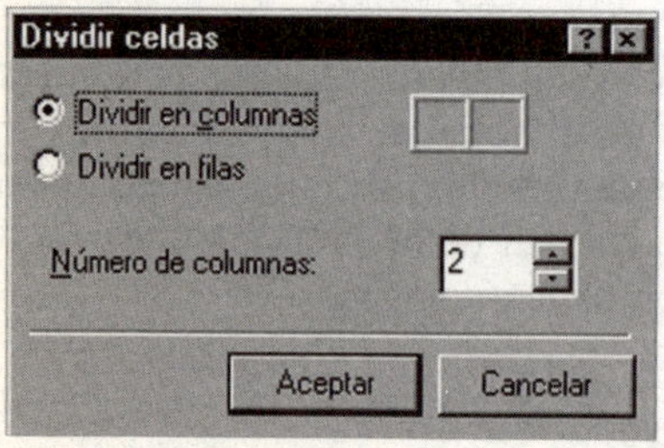

Figura 6.21.
Cuadro de diálogo Dividir celdas.

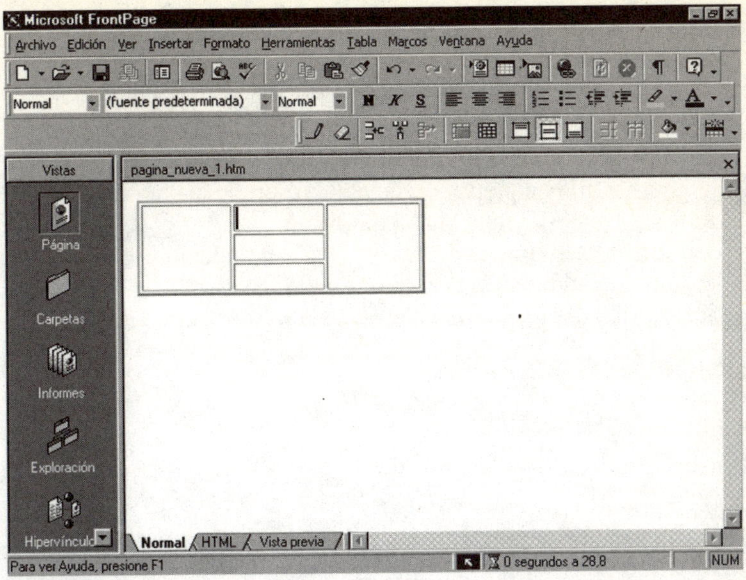

Figura 6.22.
Tabla en la que la columna central se ha dividido en tres filas.

Cómo combinar celdas

Quizás quiera combinar en una sola celda diverso material procedente de celdas adyacentes. Este proceso se denomina combinar celdas. Así es como se hace:

1. Marque las celdas que quiera combinar. Para marcar varias, seleccione la primera y después pulse sobre la siguiente mientras mantiene presionada la tecla CTRL o MAYÚS. Se pueden seleccionar todas las celdas que se deseen, pero al final el área seleccionada que resulte tiene que ser necesariamente rectangular.
2. Elija Combinar celdas en el menú Tabla y FrontPage las combinará automáticamente, eliminando todos los bordes que hubiera entre las celdas combinadas. Como resultado, tendremos una celda de mayor tamaño, como se muestra en la Figura 6.23. El contenido de cada celda se mantendrá y se le dará formato como si fueran párrafos independientes.

Cómo agregar imágenes a las celdas

Para agregar una imagen a la celda de una tabla, coloque el puntero del ratón en la celda, seleccione la opción Imagen en el menú Insertar y luego Imagen predeterminada o Desde archivo en el menú emergente. También se pueden arrastrar imágenes desde el Explorador de Windows. Para obtener información más detallada sobre la inserción de imágenes, consulte el Capítulo 8.

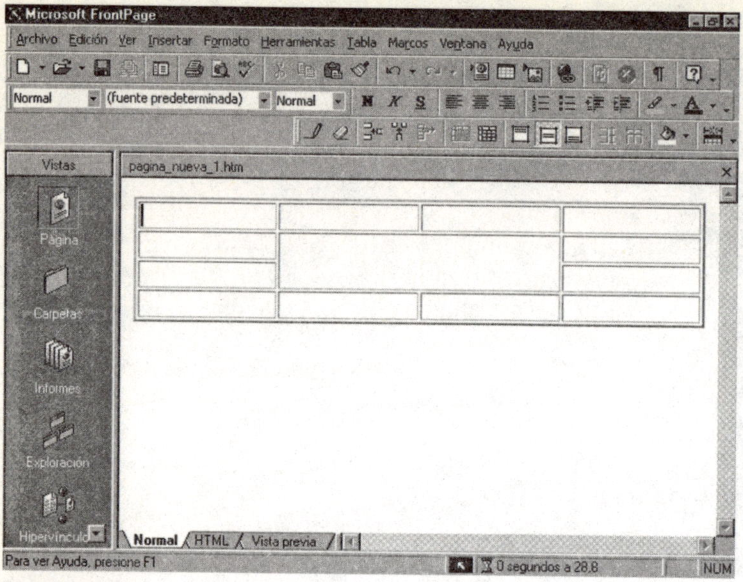

Figura 6.23.
Tabla en la que se han combinado las celdas centrales.

Cómo insertar una tabla dentro de otra

FrontPage permite insertar una tabla dentro de otra. Puede que desee utilizar esta característica para ordenar sus datos de algún modo especial. O bien, puede que le guste el aspecto de las tablas con bordes múltiples. Si va a utilizar las tablas para presentar imágenes en miniatura que los usuarios puedan ampliar posteriormente pulsando con el ratón sobre ellas, esta característica le puede resultar útil para presentar estas miniaturas de una forma más lógica o más atractiva que en una tabla ordinaria.

Antes de utilizar esta función, piense si puede obtener los mismos resultados dividiendo las celdas. Porque, cuanto más sencillo sea el diseño de la tabla, más tiempo ahorrará para solucionar cualquier problema que haya en sus páginas.

Para insertar una tabla dentro de otra, coloque primero el puntero en la celda en donde quiera insertarla. A continuación, cree una tabla nueva seleccionando en el menú Tabla la orden Insertar, Tabla, o bien pulsando en la barra de herramientas el botón Insertar tabla. Este proceso ya se ha explicado en la sección «Cómo insertar una tabla» de este mismo capítulo.

Utilización de los marcos WYSIWYG

Los *marcos* son áreas rectangulares de las páginas web que presentan otras páginas o imágenes. En FrontPage se pueden crear páginas de marcos utilizando las plantillas descritas en el Capítulo 4.

Funciones de los marcos

El número de aplicaciones de los marcos solamente está limitado por la propia imaginación. Se podría utilizar un marco, por ejemplo, para hacer que un contenido en concreto de la página permaneciera fijo mientras que otro contenido de la misma página cambiara. Los diseñadores suelen insertar el logotipo de la empresa en un marco situado en la parte superior de la página y suelen dividir el resto de la página en marcos en donde poder incluir el resto del contenido.

Otra función de los marcos podría ser la de presentar una lista de los productos de la empresa en un marco situado en el lado izquierdo de la página y una descripción de cada uno de ellos en una página situada en un marco a la derecha. La página de la izquierda estaría fija, ya que probablemente querrá que la lista de productos se vea siempre. Por el contrario, la página del marco de la derecha iría cambiando en función del producto que el usuario seleccionase en el marco izquierdo. Puede asociar todos los vínculos de la página del marco izquierdo con un marco de destino, que en este caso sería el marco de la derecha. De este modo, cuando un usuario pulsara sobre el vínculo de una página en el marco de la izquierda, la página correspondiente aparecería en el marco de destino de la derecha.

Por ejemplo, en el marco izquierdo de una de las páginas del sitio web RoasterNet de Cascade Coffee Roasters se podría presentar una lista de los meses del año. A continuación podría vincular cada mes con un informe de las ventas de ese mes en concreto, para que éste apareciera en el marco derecho. O bien, colocar en un marco de la parte superior de la página una lista de los formularios que tienen que rellenar los empleados periódicamente; podría colocar los formularios en sí en una ventana más grande en la parte inferior de la página. En el siguiente gráfico se muestra un ejemplo de una página web en construcción que contiene tres marcos.

Como puede ver en la Figura 6.24, la página está dividida en tres secciones, cada una separada por una línea de color gris. No olvide que en la vista Página tendrá el mismo aspecto que en el explorador del usuario.

Conjuntos de marcos

En realidad, un conjunto de marcos es una página independiente que contiene la información combinada de todas las páginas del conjunto. La página del conjunto de marcos se comunica con el servidor para que el explorador pueda presentar las páginas en la pantalla. En el ejemplo anterior, hay visibles tres páginas; si añadimos la página del conjunto de marcos, el número total de páginas que se necesitan para ver los marcos asciende a cuatro. Esto significa que hay que hacer cuatro visitas al servidor para que éste pueda presentar las páginas en la pantalla, de lo que se deduce que sería aconsejable limitar el número de marcos de cada conjunto de marcos.

FrontPage presenta juntas todas las páginas de un conjunto de marcos en la vista Página. En FrontPage se pueden crear, manipular y ver páginas de marcos. Esta función WYSIWYG (lo que se ve es lo que se obtiene) es de una ayuda incalculable para realizar un diseño con marcos. En los «viejos» tiempos, había que abrir cada página individualmente para poder trabajar en ella y el resultado final solamente se podía ver en un explorador.

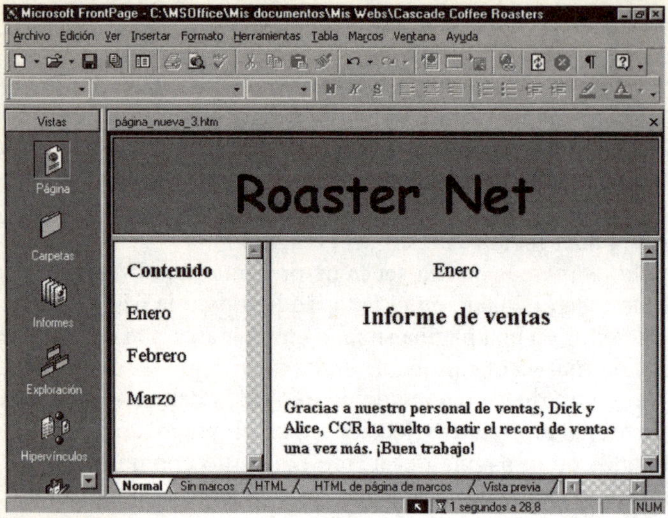

Figura 6.24.
Tres marcos en la vista Página.

Trabajo con marcos

Cuando se utilizan las plantillas de marcos (descritas en el Capítulo 4) para crear marcos, FrontPage crea automáticamente las páginas individuales y el conjunto de marcos y, finalmente, presenta todos los marcos en la vista Página. ¿No es maravilloso?

Definición de la nueva página de marcos

La primera vez que cree una página de marcos en FrontPage, como se muestra en la Figura 6.25, las páginas todavía no estarán configuradas. Hay que elegir rápidamente unas cuantas opciones antes de comenzar a incluir el contenido:

- **Establecer página inicial.** La *página inicial* es la primera que se ve en un marco al abrirlo por primera vez. Cada página del conjunto de marcos tiene que establecerse por separado. Cuando se pulsa el botón Establecer página inicial, se abre el cuadro de diálogo Crear hipervínculo. Es aquí donde se puede crear la nueva página y un vínculo a la misma o, si ya existen páginas en su web, puede especificar que la página inicial sea cualquiera de las páginas que actualmente se guardan en el sitio. Para obtener más información sobre el cuadro de diálogo Crear hipervínculo, véase la sección «Utilización de vínculos» en el Capítulo 7.
- **Nueva página.** Al pulsar este botón, aparecerá una nueva página en el marco. Se trata de una página creada con la plantilla Normal y que aún no ha sido guardada. Para obtener más información sobre las plantillas de página, véase el Capítulo 4.

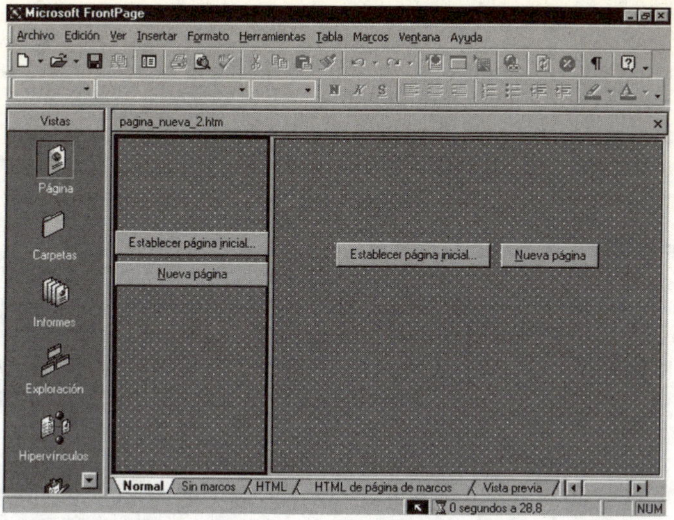

Figura 6.25.
Nueva página de marcos creada con la plantilla de marcos Contenidos.

Una vez definidas las páginas en el conjunto de marcos, ya está preparado para comenzar a añadir el contenido y diseño de la página. La Figura 6.26 muestra un marco en el que se ha creado una página nueva, que ya está preparada para añadirle el contenido y dotarla de un diseño.

Figura 6.26.
Conjunto de marcos con una nueva página ya creada.

Cómo seleccionar una página o un conjunto de marcos

Si pulsa con el ratón en cualquier lugar del marco, la página que contiene se activa. Esta página aparece rodeada de un borde coloreado, que indica que ésa es la página activa. Pulse con el ratón en cualquier lugar del borde exterior del conjunto de marcos para seleccionar todo el conjunto.

Propiedades de los marcos

Seleccione una única página de marcos y elija la orden Propiedades de marco en el menú Marcos; o bien, pulse con el botón derecho del ratón en cualquier lugar de la página y seleccione Propiedades de marco en el menú emergente. Al hacer esto aparecerá el cuadro de diálogo Propiedades de marco, que se muestra en la Figura 6.27.

Desde aquí se pueden realizar los cambios a una página de marcos individual. Si no está muy contento con las opciones que ha elegido, puede asignar un nombre nuevo a la página escribiéndolo en el cuadro de texto Nombre. También se puede especificar una nueva página inicial escribiendo su nombre directamente en el cuadro de texto Página inicial, o bien pulsando el botón Examinar. Si opta por esta última alternativa, verá aparecer el cuadro de diálogo Modificar hipervínculo, que (al igual que el cuadro de diálogo Crear hipervínculo, que es idéntico) se trata con más detalle en el Capítulo 7.

Existen otras tres áreas de este cuadro de diálogo que permiten personalizar todavía más la página de marcos: Tamaño del marco, Márgenes y Opciones.

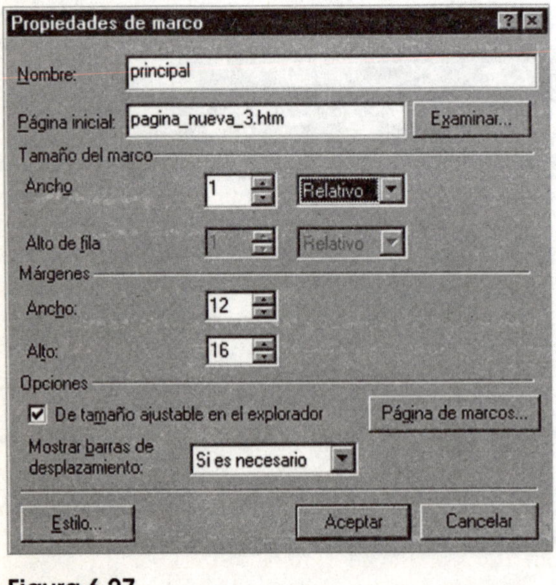

Figura 6.27.
Cuadro de diálogo Propiedades de marco.

- **Tamaño del marco.** Aquí es donde se ajustan el ancho o la altura de fila del marco.

- **Ancho.** Esta opción solamente está activada si la página de marcos está alineada en una columna junto a otro marco. Seleccione Relativo si quiere basar el tamaño del marco en los otros marcos de la columna; por ejemplo, un valor relativo de 1 significa que todos los marcos de la columna tendrán el mismo tamaño. Un valor relativo de 3 en un marco y de 1 en otro significa que el primero será tres veces más ancho que el segundo. Seleccione la orden Por ciento si quiere que el marco ocupe un porcentaje determinado de la ventana cuando aparezca en el explorador. Y si quiere definir el tamaño exacto del marco, indique un valor y seleccione Píxeles.

- **Alto de fila.** Esta opción solamente está activada si el marco se encuentra en una fila que tenga otra fila de marcos a su derecha o a su izquierda. Los valores se definen de la misma forma que los del Ancho.

FrontPage cambia uniformemente todos los marcos de una fila o columna cuando se modifica cualquiera de las páginas de marcos que hay en esa fila o columna.

- **Márgenes.** Si quiere ajustar los márgenes de la página, indique el valor que desee en los cuadros de texto Ancho y Alto. Cualquier cosa que aparezca en la pantalla quedará afectada por el valor, en píxeles, que se introduzca aquí.

- **Opciones.** Aquí puede especificar si quiere que el explorador ajuste automáticamente el tamaño del marco, basándose en el tipo de explorador que utilice el visitante. La casilla está marcada de manera predeterminada y, en la mayoría de las páginas, resulta bastante aconsejable. Aquí también se puede decidir cuándo se van a mostrar las barras de desplazamiento: Si es necesario, Nunca o Siempre. La opción Si es necesario aparece seleccionada de manera predeterminada; es aconsejable no cambiarla, a menos que esté completamente seguro de que el contenido no va a necesitar barras de desplazamiento. Si selecciona Siempre, la página tendrá siempre barras de desplazamiento, independientemente de cuánto contenido haya en ella y de la resolución que se haya especificado. No obstante, si coloca barras de desplazamiento innecesarias, no solamente dará la impresión de ser muy poco profesional, sino que además puede poner a los visitantes de mal humor y hacer que salgan de su web, y lo que queremos es que se queden, ¿no?

- **Propiedades de página de marcos.** Para realizar cambios en el conjunto de marcos, hay que seleccionarlo primero y elegir, a continuación, Propiedades de marco en el menú Marcos. En el cuadro de diálogo al que se accede, pulse el botón Página de marcos. Verá el cuadro de diálogo Propiedades de página; abra la ficha Marcos y comprobará que contiene dos opciones:

  - **Espaciado del marco.** Puede agregar espacio entre los marcos, en píxeles, escribiendo un número en el cuadro de texto de la opción Espaciado del marco.

- **Mostrar bordes.** Puede mostrar u ocultar los bordes del marco, marcando o borrando la casilla de verificación Mostrar bordes.

Para obtener más información sobre el cuadro de diálogo Propiedades de página, véase el Capítulo 7.

Si quiere crear o modificar una hoja de estilos asociada a la página, pulse el botón Estilo del cuadro de diálogo Propiedades de marco, para acceder al cuadro de diálogo Estilo. Para obtener más información sobre este cuadro de diálogo, consulte el Capítulo 7.

Una vez realizados los cambios en el marco, pulse Aceptar.

Propiedades de la página

Para cambiar las propiedades de una página, hay que pulsar con el botón derecho del ratón sobre ella y seleccionar luego Propiedades de página en el menú emergente. Aparecerá el cuadro de diálogo Propiedades de página. Para obtener más información sobre este cuadro de diálogo, véase el Capítulo 7. También se puede cambiar el marco de destino predeterminado. Para saber cómo hacerlo, véase la sección «Asignación de marcos de destino predeterminados» de este mismo capítulo.

Cómo guardar los marcos y los conjuntos de marcos por primera vez

Para guardar una página de marcos y la página del conjunto de marcos hay que hacer exactamente lo mismo que si se guardara una página normal por primera vez, con una única diferencia. Cuando se guarda un marco por primera vez, en el cuadro de diálogo Guardar como aparecerá una versión en miniatura del conjunto de marcos, en el que la página actual aparece destacada, preparada ya para ser guardada, tal y como se muestra en la Figura 6.28. Gracias a esto, es posible saber qué marco se está guardando exactamente y qué nombre tiene.

Asigne un nombre a la página y pulse Aceptar. La página siguiente aparecerá destacada en la imagen en miniatura, a la espera de que la guarde. Cuando haya terminado de guardar los marcos, se le pedirá que guarde la página del conjunto de marcos.

Nota Es aconsejable utilizar nombres fáciles de recordar, especialmente para las páginas de marcos y la página del conjunto de marcos, ya que probablemente más adelante quiera establecer vínculos desde un marco a páginas abiertas en otros marcos; y, si no ha proporcionado un nombre muy lógico para esas páginas, el proceso puede resultar muy complicado.

Cómo guardar una página en sucesivas ocasiones

Una vez guardada la página por primera vez, este proceso se realiza automáticamente en el resto de las ocasiones.

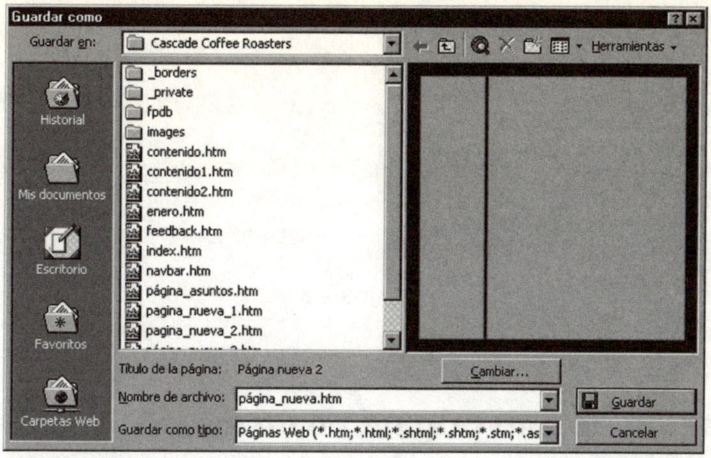

Figura 6.28.
Cuadro de diálogo Guardar como, en el que se destaca el marco que se va a guardar.

Cómo borrar un marco

Si desea borrar un marco del conjunto de marcos, seleccione el marco en cuestión y elija la orden Eliminar marco en el menú Marcos. El marco quedará borrado y el resto de los marcos se expandirán para rellenar el espacio vacío dejado por él.

Cómo abrir una página en una ventana nueva

Si quiere ver una página de marcos en su propia ventana, fuera del conjunto de marcos, pulse con el botón derecho del ratón sobre la página y seleccione la opción Abrir página en nueva ventana en el menú emergente, o bien seleccione esta misma opción en el menú Marcos.

Cómo dividir una página de un conjunto de marcos

Una vez creado el conjunto de marcos con una plantilla de marcos, puede que se dé cuenta de que necesita otro marco. Se puede generar uno rápidamente desde el menú Marcos.

1. Seleccione la página de marcos que desee dividir, pulsando en su interior con el ratón. La página quedará rodeada por una línea de color.
2. En el menú Marcos, seleccione Dividir marco para abrir el cuadro de diálogo del mismo nombre, que se muestra en la Figura 6.29. Este cuadro de diálogo funciona del mismo modo que el cuadro Insertar filas o columnas, que ya se ha explicado en las secciones «Cómo agregar filas» y «Cómo agregar columnas» de este mismo capítulo.
3. Seleccione Dividir en columnas o Dividir en filas y pulse Aceptar.

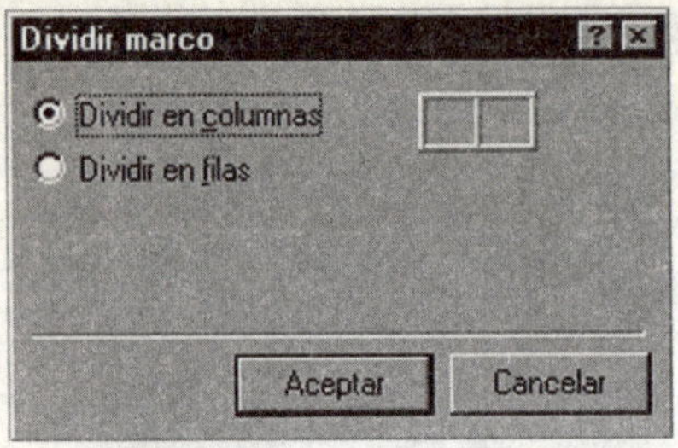

Figura 6.29.
Cuadro de diálogo Dividir marco.

Presentación de una página en un marco

Para que una página aparezca en un marco, se puede crear un vínculo con esa página y asociar dicho vínculo con el marco. Este proceso hay que realizarlo en el cuadro de diálogo Crear hipervínculo o Modificar hipervínculo. Imaginemos, por ejemplo, que RoasterNet posee una página Tabla de contenido en la que la palabra «Ventas» se encuentra en el marco de la izquierda, ya vinculada a una página de información de ventas. Lo que quieren es que, cuando se pulse el vínculo Ventas, aparezca la página Ventas en el marco de la derecha. Esto es lo que tendría que hacer:

1. Abra el conjunto de marcos en la vista Página.
2. En la página Tabla de contenido, pulse con el botón derecho del ratón en el vínculo Ventas y seleccione Propiedades de hipervínculo en el menú emergente. Se abrirá el cuadro de diálogo Modificar hipervínculo, tal como muestra la Figura 6.30.

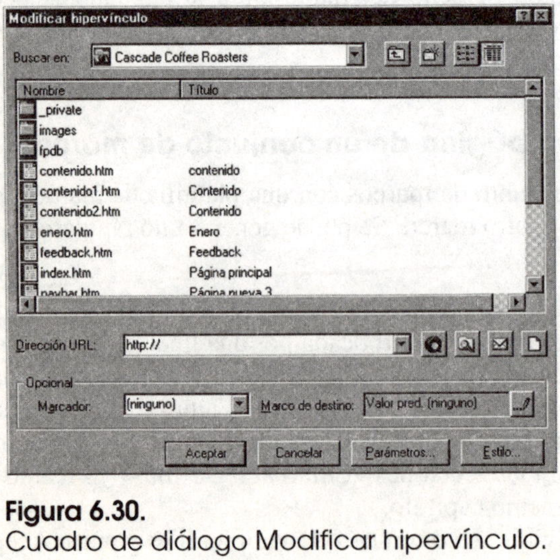

Figura 6.30.
Cuadro de diálogo Modificar hipervínculo.

3. Especifique el URL en el cuadro de texto, o bien utilice la lista desplegable para ver los archivos que se han utilizado más recientemente en FrontPage. Para obtener más información sobre el resto de las opciones del cuadro de diálogo Modificar hipervínculo, consulte el Capítulo 7.
4. Pulse el botón que se encuentra a la derecha del cuadro de texto Marco de destino para abrir el cuadro de diálogo del mismo nombre de la Figura 6.31. Escriba el nombre del marco en el que le gustaría que apareciese la página Ventas. También puede pulsar con el ratón sobre la imagen en miniatura que representa al conjunto de marcos y seleccionar el marco de destino.

Si ya ha establecido un marco de destino predeterminado para la página y está contento con él, puede saltarse el paso 4. Para obtener más información sobre el marco de destino predeterminado, véase la sección «Asignación de un marco de destino predeterminado» en este mismo capítulo.

5. Pulse Aceptar en todos los cuadros de diálogo para volver la vista Página.

Cuando haya regresado a la vista Página, puede seguir el vínculo Ventas del marco izquierdo que abre la página Ventas en el derecho. Para seguir un vínculo en la vista Página, debe asegurarse primero de que está seleccionada la ficha Normal en la parte inferior de la ventana y luego pulsar con el botón derecho del ratón en el vínculo y seleccionar Seguir hipervínculo en el menú emergente, o bien pulsar la tecla CTRL a la vez que el ratón.

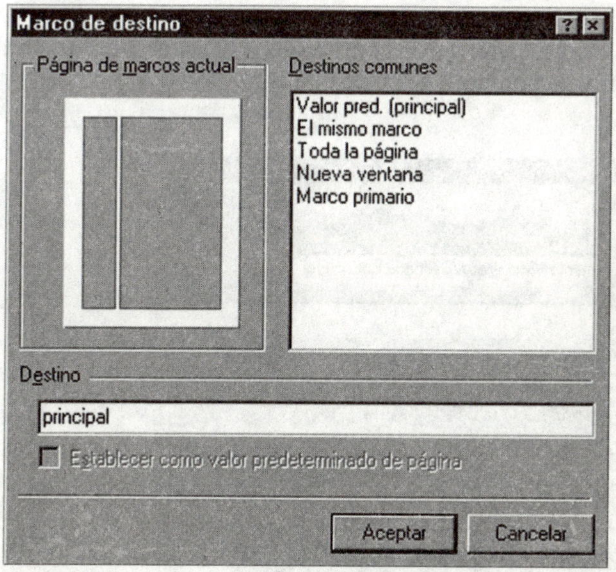

Figura 6.31.
Cuadro de diálogo Marco de destino.

Presentación de los resultados de un formulario en un marco

Al igual que se puede hacer que una página estándar aparezca en un marco, también se puede hacer lo mismo con los resultados de un formulario. Estos resultados son los que se utilizan con los controladores de formularios ISAPI, NSAPI o CGI script personalizados o el Asistente de región de resultados de base de datos. Para obtener más información sobre estos temas, véase el Capítulo 10. A continuación se indica cómo se configura esta funcionalidad:

- En la vista Página, pulse con el botón derecho del ratón en cualquier campo del formulario y seleccione la opción Propiedades de formulario en el menú emergente. En ese momento se abrirá el cuadro de diálogo Propiedades de formulario, que se muestra en la Figura 6.32.
- Pulse el botón que se encuentra a la derecha del cuadro de texto Marco de destino, para que aparezca el cuadro de diálogo del mismo nombre. Escriba el nombre del marco en el que quiere que aparezcan los resultados del formulario.
- Pulse Aceptar para cerrar este cuadro de diálogo y, a continuación, pulse otra vez Aceptar para cerrar el cuadro de diálogo Propiedades de formulario.

Para obtener más información sobre la creación y la utilización de formularios, véase la sección del mismo nombre en el Capítulo 9.

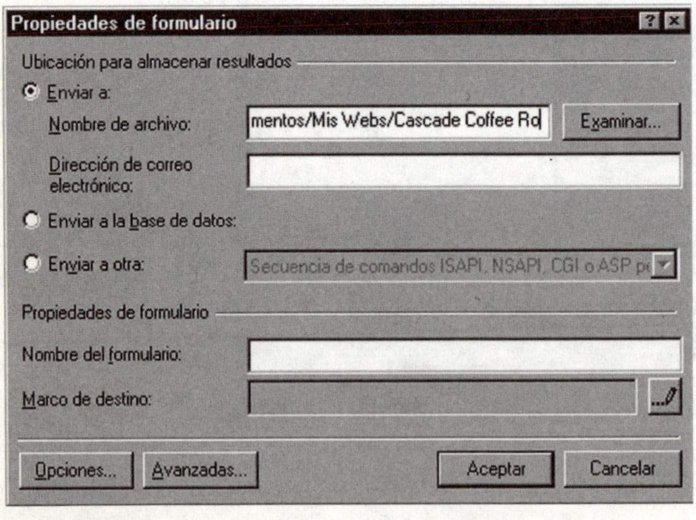

Figura 6.32.
Cuadro de diálogo Propiedades de formulario.

Asignación de marcos de destino predeterminados

En caso de que tenga una página que contenga múltiples vínculos y no quiera asignar un marco de destino a cada uno de ellos por separado, tiene la posibilidad de asociarlos todos con un marco de destino predeterminado. Los marcos de destino predeterminados especifican un marco para todos los vínculos de la página (incluso para las imágenes vinculadas) que no estén asociados a un marco de destino específico. Para asignar un marco de destino predeterminado hay que hacer lo siguiente:

1. Con la página abierta en la vista Página, pulse con el botón derecho del ratón en cualquier lugar de la página y seleccione la opción Propiedades de página en el menú emergente.
2. En el cuadro de diálogo Propiedades de página, abra la ficha General y a continuación pulse el botón que se encuentra a la derecha del cuadro de texto Marco de destino predeterminado, para abrir el cuadro de diálogo del mismo nombre. Escriba el nombre del marco en el que quiere que aparezcan los resultados del formulario y luego pulse Aceptar.

Sigue teniendo la posibilidad de modificar un hipervínculo individual para que tenga un marco de destino que no sea el predeterminado. Este proceso ya se ha descrito en la sección «Presentación de una página en un marco» de este mismo capítulo.

Utilización de las fichas de vistas de los marcos

Cuando se abra un conjunto de marcos en la vista Página, aparecerá una nueva serie de fichas de vistas en la parte inferior de la ventana. Cada una de estas fichas permite ver un aspecto diferente del conjunto de marcos y las páginas de marcos.

- **Normal.** Esta ficha es la que está seleccionada de manera predeterminada. Es la vista con la que se «trabaja» en FrontPage, la vista con la que hemos estado trabajando hasta ahora.

- **Sin marcos.** Si algún usuario trata de abrir el sitio web con marcos pero su explorador no los admite, verá automáticamente el texto que aparece en esta página. Se puede cambiar de la forma que se quiera.

- **HTML.** Aquí se muestra la codificación en HTML de todos los marcos del conjunto de marcos actual. Se trata de un editor de HTML completo, por lo que debe tener cuidado con lo que cambia.

- **HTML de página de marcos.** Aquí se puede ver y modificar la codificación HTML del conjunto de marcos. Tenga también cuidado y no cambie nada, a menos que tenga experiencia con HTML y marcos.

- **Vista previa.** Con esta vista podrá obtener una imagen previa de su página en el propio FrontPage. FrontPage hace todo lo posible para presentar las páginas en la pantalla tal y como quedarían en un explorador, pero si quiere ver una representación más real, debe utilizar la característica Vista previa en el explorador, descrita en este mismo capítulo.

A continuación

Con esto hemos finalizado el estudio sobre la creación de páginas en la vista Página. En el próximo capítulo aprenderemos a dar formato a las páginas, además de estudiar algunas herramientas y órdenes de la vista Página que pueden resultar muy útiles.

7

Optimización de las páginas

Me pregunto cómo quedaría esto...

Cuando ya se encuentre en las páginas todo el material, es más que probable que quiera optimizarlo. Los párrafos no tienen por qué estar alineados a la izquierda, ni el texto tiene por qué ser todo del mismo tamaño y color, ni los vínculos y el fondo de las páginas tienen por qué quedarse tal y como están. Con Microsoft FrontPage 2000, se pueden cambiar todos estos aspectos, entre otras muchas cosas. Y con la nueva barra de herramientas Ubicación, dispondrá de un control incluso más preciso de los elementos de sus páginas.

Probablemente ya se habrá dado cuenta de que hay muchas páginas web que simplemente utilizan un texto de color negro, siempre del mismo tamaño, lo que hace que los párrafos sean vulgares y aburridos. Aunque la tendencia ya está cambiando, aún queda un largo camino que recorrer hasta conseguir que la mayoría de las páginas web sean agradables a la vista. Con FrontPage se pueden diseñar las páginas de tal modo que destaquen por encima de las de la competencia, como un Ferrari al lado de un 2 CV oxidado y destartalado. Las páginas que construya llamarán más la atención y generarán una respuesta más positiva si dan la impresión de ser alegres y ordenadas.

Ahora que FrontPage ya está integrado con Microsoft Office, dispone de una flexibilidad mucho mayor para dar formato a las páginas que la que tenía en versiones anteriores de FrontPage. La mayor parte del formato se puede configurar utilizando la barra de herramientas Formato (Figura 7.1), que se puede mostrar u ocultar seleccionando la orden Barras de herramientas en el menú Ver y luego Formato en el menú emergente.

Comenzaremos estudiando la utilización de los Temas en FrontPage y, a continuación, seguiremos con los conceptos básicos del formato, empezando con las fuentes.

Figura 7.1.
Barra de herramientas Formato.

Trabajo con los temas

¿Cuántas veces ha visitado un sitio web y le ha parecido viejo y feo? Los colores y los botones que tenía no suscitaban ningún interés y lo único que lograba mantener la coherencia entre las páginas era lo malas que eran. ¿Ha pensado alguna vez en lo mucho que le gustaría crear un sitio web de calidad y con un aspecto profesional, en el que las páginas mantuvieran una coherencia, pero le preocupa no tener el tiempo o el talento necesarios para crear páginas como lo haría un diseñador gráfico profesional? Pues bien, FrontPage le va a alegrar el día, porque con los Temas se puede hacer eso y mucho más. No hace falta que nadie se entere de que no ha aprobado ni un solo curso de Bellas Artes.

Utilización de los Temas

Los diseñadores de FrontPage han creado los Temas pensando en las empresas o los usuarios nuevos, porque probablemente los diseñadores gráficos profesionales preferirán crear sus propios gráficos partiendo de cero. Para obtener más información sobre la creación de gráficos para la Web, véase el Capítulo 8. Los Temas permiten agregar al sitio web botones, titulares, fondos, texto y colores de vínculo con un diseño profesional, para dar una buena impresión y que funcionen coordinadamente, creando así un sitio web con una apariencia sólida. Se ofrece también la posibilidad de modificar los colores, los gráficos o los estilos de un tema, por si quiere jugar a ser un diseñador gráfico.

Para poder acceder al cuadro de diálogo Temas, que se muestra en la Figura 7.2, hay que seleccionar la orden Tema en el menú Formato.

Si no hay ningún tema aplicado en la página o sitio web, la opción (Sin tema) aparece destacada en el cuadro de lista que se encuentra en el lado izquierdo del cuadro de diálogo. Si hay algún tema aplicado al sitio web, su nombre aparecerá destacado en la lista.

A la derecha de la vista Temas se encuentra la ventana Muestra del tema. Cuando se seleccionan los diversos temas de la lista, FrontPage los va presentando en esta pantalla. Puede desplazarse por ella para ver todas las opciones de las que dispone el tema seleccionado. FrontPage tiene multitud de temas entre los que elegir, así que écheles un vistazo y diviértase. Como siempre, piense para quién está creando el web y cómo un tema determinado puede afectar al usuario.

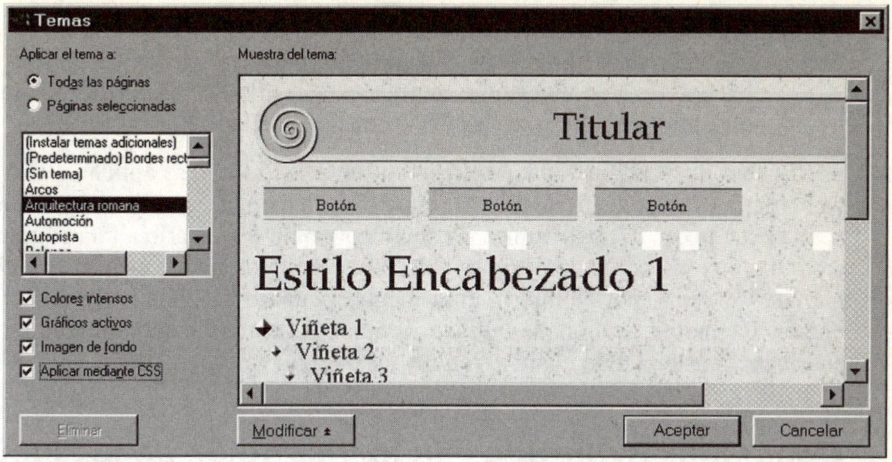

Figura 7.2.
Cuadro de diálogo Temas.

Conceptos básicos en la utilización de un tema

Para garantizar que los temas que hay en un sitio web mantengan una coherencia y funcionen correctamente en su conjunto, FrontPage no permite elegir elementos de un tema y añadírselos a otro. Sin embargo, si quiere, puede modificar el aspecto de un tema determinado. Cuando elige un tema, tiene a su disposición una serie de opciones básicas que afectan al modo en que el explorador lo presenta.

- **Colores intensos.** Marque esta casilla de verificación para hacer que los colores de los distintos botones, fondos y otros elementos sean más intensos. Si borra la marca de estas casillas, la mayoría de los elementos aparecerán en blanco y negro, con colores en sólo unos cuantos sitios.

- **Gráficos activos.** Marque esta casilla para llenar el sitio web de gráficos más interactivos. Algunos elementos, como las viñetas, pueden estar animados. Los botones de exploración cambian la apariencia si el usuario mueve el ratón por encima de ellos o los pulsa. Tenga cuidado de no incluir demasiados elementos animados, porque pueden distraer a los usuarios. Si la opción Gráficos activos no está seleccionada, los elementos de la página no son interactivos, pero tienen una elegancia más sutil y aparecerán más rápidamente en el explorador del usuario.

- **Imagen de fondo.** Esta casilla de verificación sirve para intercambiar dos opciones, la de tener una imagen o un color de fondo. Todos los temas tienen un fondo propio que forma parte del tema. Si se selecciona la opción Colores intensos pero no Imagen de fondo, FrontPage elegirá un color de fondo apropiado para el tema.

- **Aplicar mediante CSS.** Si quiere que el tema utilice hojas de estilo en cascada (Cascading Style Sheets) para personalizar las fuentes, el tamaño, los colores y la ubicación, marque esta casilla de verificación. Para obtener más información sobre las CSS, consulte el Capítulo 10.

Existen dos opciones para aplicar un tema. Si lo quiere aplicar a todo el sitio web, marque la opción Todas las páginas, situada bajo el encabezado Aplicar el tema a, en el cuadro de diálogo Temas. Si solamente quiere aplicarlo a una página en concreto o a una selección de páginas, seleccione primero las páginas en FrontPage (en la vista Carpetas, por ejemplo), abra luego el cuadro de diálogo Temas y active la opción Páginas seleccionadas. Pulse Aceptar para que FrontPage aplique el tema automáticamente a todo el sitio web o a las páginas seleccionadas.

Conceptos avanzados en la utilización de los temas

Muy bien, ya ha visto todos los temas que hay y le han gustado bastante, pero querría algo ligeramente diferente, algo más *personal.* Sería estupendo poder modificar un cierto tema, con unos cambios en el color por aquí, o en una fuente allá, o quizás utilizar uno de sus propios gráficos. Pues bien, parece que hoy es su día, porque las características avanzadas de los temas de FrontPage abren todo un mundo de posibilidades.

Para comenzar a utilizar esta característica, pulse el botón Modificar que se encuentra en la parte inferior del cuadro de diálogo Temas. No olvide, no obstante, que si solamente quiere aplicar los cambios en unas cuantas páginas, debe seleccionarlas antes de abrir este cuadro de diálogo.

Tras pulsar el botón Modificar, FrontPage le ofrecerá tres opciones: Colores, Gráficos y Texto. Si pulsa cualquiera de estos botones aparecerá el cuadro de diálogo correspondiente, en el que se ofrecen una serie de opciones de personalización, descritas a continuación.

Modificar los colores

Ha elegido un tema que le encanta, excepto por un detalle: los colores. Sería maravilloso poder cambiar el color de las fuentes. Pues bien, si selecciona la opción Colores y utiliza el cuadro de diálogo Modificar el tema que se muestra en la Figura 7.3, podrá hacerlo.

Al abrir por primera vez este cuadro de diálogo, se dará cuenta de que hay unas cuantas cosas interesantes. Todos los temas aparecen enumerados en la columna izquierda y cada uno de ellos tiene una serie de colores junto a su nombre. Se trata de las combinaciones de colores o la «paleta de colores» que utiliza el tema. Cada tema está formado por una serie de seis colores, procedentes todos de los colores de la paleta segura. La paleta segura es una colección de 256 colores estándar configurados para que puedan verse correctamente en todos los exploradores. Para obtener más información sobre la paleta de seguridad, véase el Capítulo 8. Si conoce los colores de la paleta de un tema determinado, puede crear fácilmente cualquier gráfi-

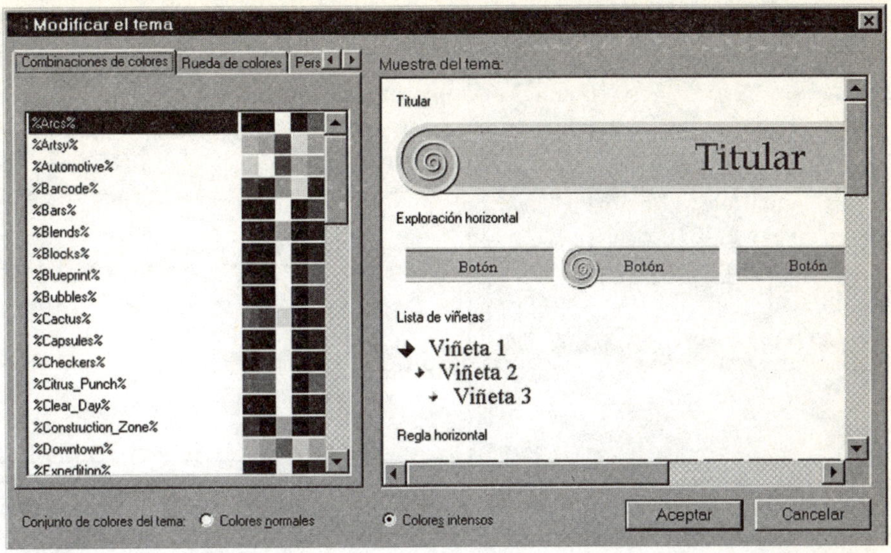

Figura 7.3.
Ficha Combinaciones de colores del cuadro de diálogo Modificar el tema.

co adicional utilizando la misma paleta, para garantizar la armonía con el tema. Seleccione los temas que desee modificar.

Tras haber seleccionado el tema que se va a modificar, hay que abrir la ficha Rueda de colores del cuadro de diálogo Modificar el tema (que se muestra en la Figura 7.4), para comenzar a modificar la paleta de colores de ese tema.

Si pulsa con el ratón en distintas zonas de la rueda de colores, verá como cambian tanto la paleta de una combinación de colores determinada como los colores del ejemplo del tema. Haga todos los experimentos que desee y, cuando haya tomado una decisión, puede utilizar la barra Brillo para ajustar el brillo de la paleta. No obstante, si lo único que quiere hacer es ajustar el brillo, puede hacerlo sin modificar la combinación de colores.

La última ficha del cuadro de diálogo Modificar el tema se llama Personalizado y es la que se muestra en la Figura 7.5. En esta ficha se pueden modificar los colores de las fuentes que se han utilizado en el tema. Genial, ¿verdad?

Seleccione el elemento que desee en la lista desplegable Elemento y, a continuación, elija un color en la lista desplegable Color. El ejemplo del tema que se muestra en la ventana derecha refleja automáticamente los cambios, por lo que puede ver qué es exactamente lo que está haciendo. Puede elegir uno de los 16 colores estándar, o bien seleccionar la opción Más colores para abrir el cuadro de diálogo Colores. Para obtener más información sobre este cuadro de diálogo, consulte el Capítulo 8.

No es necesario decir que es conveniente que haga uso de su buen gusto al cambiar los colores de las fuentes, o aquello acabará pareciendo un circo. Recuerde que

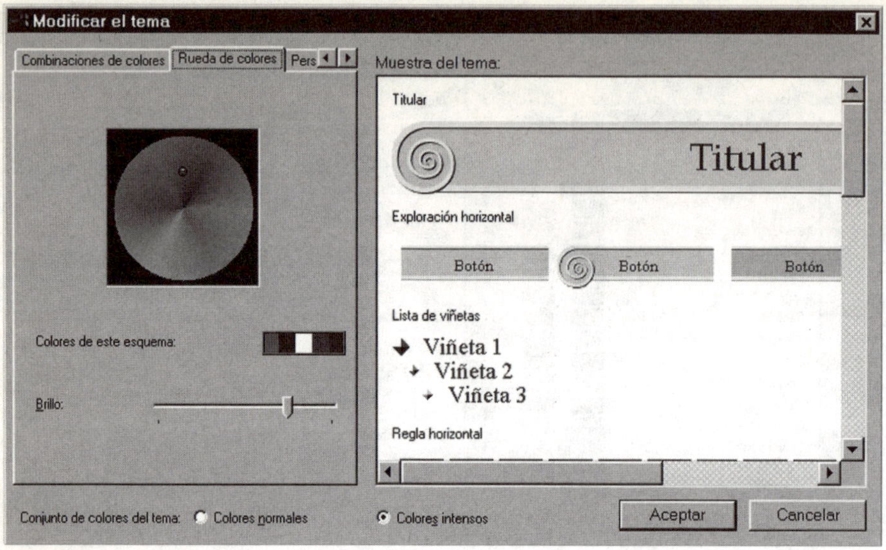

Figura 7.4.
Ficha Rueda de colores del cuadro de diálogo Modificar el tema.

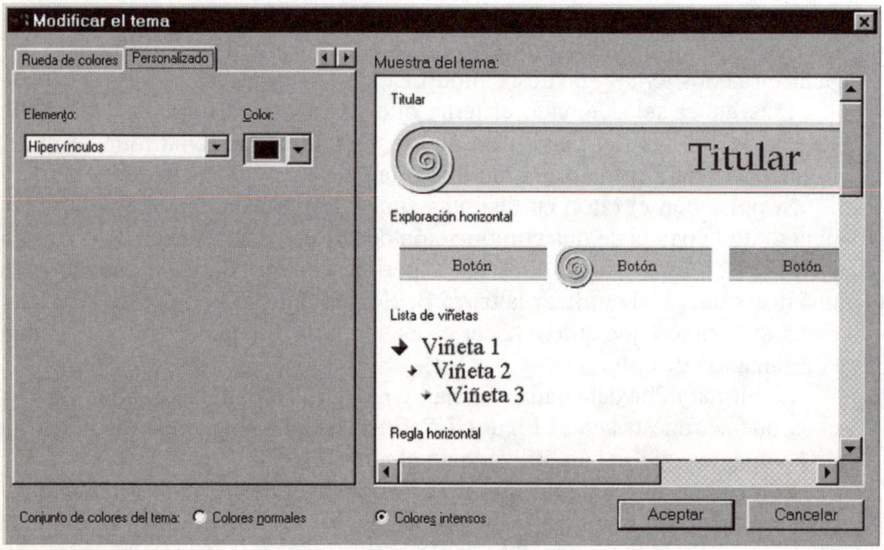

Figura 7.5.
Ficha Personalizado del cuadro de diálogo Modificar el tema.

la función principal de los temas es la de dar a las páginas un aspecto más interesante, sin sacrificar su facilidad de uso.

Cómo modificar los gráficos

Aquí es donde tendrá la oportunidad de lucirse, de dejar salir al diseñador gráfico que hay en su interior e impresionar a amigos y vecinos. Verá lo maravilloso que es.

Para modificar los gráficos de un tema, hay que pulsar el botón Gráficos del cuadro de diálogo Modificar el tema que se muestra en la Figura 7.6.

Seleccione el elemento que vaya a modificar en la lista desplegable Elemento. Escriba el nombre del nuevo gráfico en el campo de texto, o bien busque la imagen utilizando el botón Examinar y ¡ya está! Acaba de modificar un gráfico del tema.

Cuando se selecciona un elemento de la lista, éste aparece automáticamente en la ventana Muestra del tema y su nombre de archivo aparece en el cuadro de texto, junto a su descripción. La ventana Muestra del tema permite controlar todo lo que se está haciendo y ver cómo va a quedar el elemento antes de pulsar Aceptar.

Si selecciona un elemento que utilice fuentes, abra la ficha Fuente para ver todas las opciones disponibles.

En la ficha Fuente, que se muestra en la Figura 7.7, se puede cambiar la fuente, su estilo, tamaño y alineación vertical y horizontal. La ventana Muestra del tema refleja todos los cambios que se realizan.

Hay un par de cosas que recordar cuando se realizan cambios en las fuentes. No seleccione millones de fuentes diferentes: un par de ellas por tema es suficiente. Y recuerde que, para que los usuarios vean estas fuentes, tienen que tenerlas instaladas en sus computadoras. Por este motivo, es aconsejable utilizar solamente las fuentes

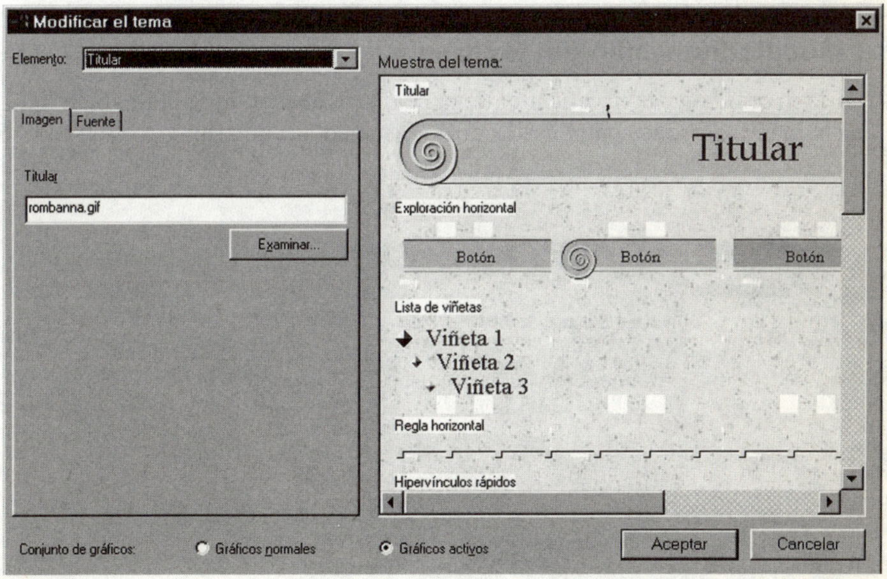

Figura 7.6.
Cuadro de diálogo Modificar el tema, tras haber pulsado el botón Gráficos.

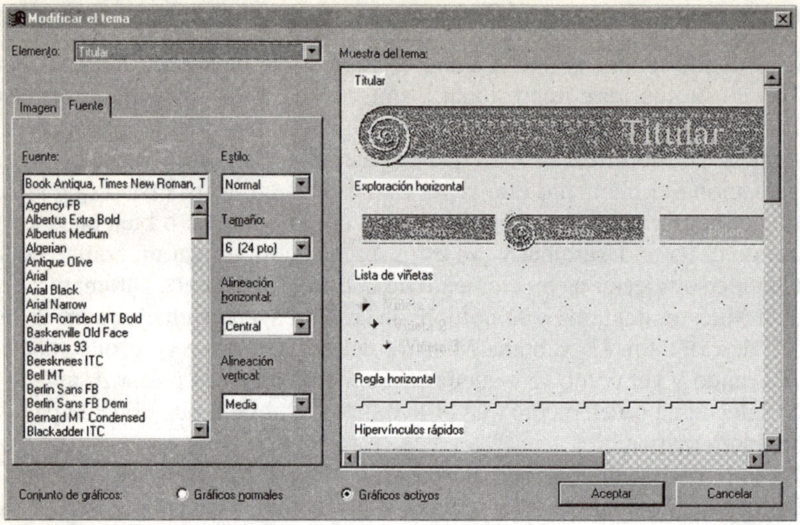

Figura 7.7.
Ficha Fuente del cuadro de diálogo Modificar el tema, después de pulsar el botón Gráficos.

estándar del sistema operativo, a menos que esté completamente seguro de que los visitantes de su web disponen de las fuentes que va a utilizar.

Modificar el estilo del texto

El tercer botón de Modificar el tema nos lleva al cuadro de diálogo de la Figura 7.8, en donde se pueden cambiar los estilos asociados a determinado elemento. Seleccio-

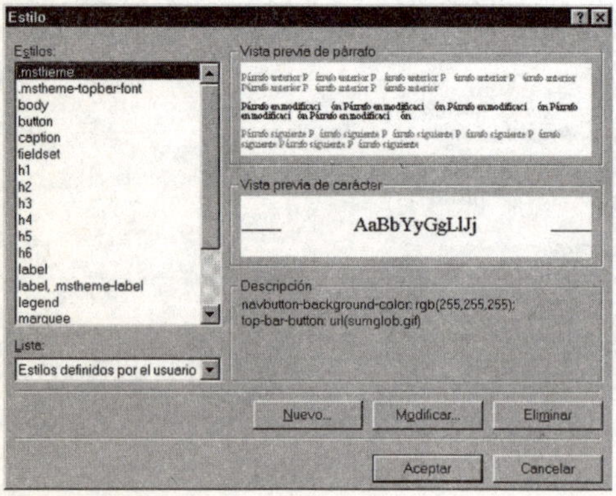

Figura 7.8.
Cuadro de diálogo Estilo.

ne dicho elemento en la lista desplegable Elemento, elija una fuente nueva en la ventana Fuente y, antes de que se dé cuenta, ya estará manipulando los estilos de texto.

Cuando seleccione las fuentes de un texto, no se olvide de aplicar las mismas normas que hemos mencionado anteriormente: ¡no se entusiasme demasiado!

Si quiere cambiar el estilo del texto todavía más, ajustando, por ejemplo, su alineación en la página, pulse el botón Más estilos de texto para acceder al cuadro de diálogo Estilo. Para obtener más información sobre la utilización del cuadro de diálogo Estilo y las hojas de estilo en cascada (Cascading Style Sheets), véase el Capítulo 10.

Una vez finalizados los cambios realizados al tema con los botones Modificar, pulse Aceptar. A continuación podrá pulsar el botón Guardar como, en el cuadro de diálogo Temas, para guardar el tema y utilizarlo más adelante.

Formato de las fuentes

FrontPage le ofrece diversas opciones para configurar el tamaño, los colores y los estilos de los distintos caracteres. La mayoría se pueden cambiar utilizando los botones de la barra de herramientas Formato, pero también se pueden usar las diversas órdenes de menú. No obstante, también se pueden utilizar las hojas de estilo para personalizar los tamaños de los encabezados y otros atributos de las fuentes y los párrafos. Para obtener más información sobre las hojas de estilo, véase la sección «Hojas de estilos en cascada» del Capítulo 10. Las siguientes secciones proporcionan una introducción a las opciones de formato.

Tamaño del encabezado

FrontPage sigue el estándar HTML de utilización de encabezados para determinar el tamaño de las fuentes de una página. El encabezado determina el tamaño con el que se verán las fuentes en el explorador, de tal forma que, cuanto menor sea el número del encabezado, mayor será su tamaño. Por ejemplo, el encabezado 1 será mayor que el encabezado 2, y así sucesivamente.

Para definir el tamaño de un encabezado de la página, hay que seleccionar el encabezado en cuestión en la lista desplegable Estilos de la barra de herramientas Formato.

Tamaño del texto

Además del tamaño de los encabezados, también se puede cambiar el tamaño en puntos del texto de la página, de modo que, cuanto más grande sea el tamaño en puntos, mayor será el texto. El tamaño predeterminado es 12, el cual funciona bastante bien para leer texto en la pantalla de una computadora.

Éste es el modo más sencillo de cambiar el tamaño del texto: seleccione el texto que quiera cambiar; puede ser una sola letra o palabra, una línea, un párrafo o toda una página (para seleccionar la página, pulse CTRL + A). A continuación, abra la lista desplegable Tamaño de la barra de herramientas Formato y elija el tamaño de fuente que desee. Otra alternativa sería utilizar la orden Fuente del menú Formato.

Color del texto

Ocasionalmente, un texto que tenga un color diferente puede ser un buen modo de llamar la atención, pero sólo «ocasionalmente». Si hay demasiado texto con colores diferentes, la página puede dar la sensación de estar abarrotada y desordenada. Un ejemplo de buena utilización de esta característica sería utilizar un color diferente para resaltar las primeras palabras de los párrafos más importantes. Esto podría ayudar a hacer un «índice» de la página. Los lectores suelen prestar mayor atención a las cosas que se salen de lo corriente y un texto de diferente color es eso precisamente, si se utiliza con economía.

Cómo cambiar el color del texto

Se puede utilizar uno de los 16 colores estándar que ofrece FrontPage, o bien cualquier otro color personalizado. Para cambiar el color del texto, seleccione el texto en cuestión y pulse a continuación el botón Color de fuente, de la barra de herramientas Formato.

En el cuadro de diálogo emergente que aparecerá, elija el color que desee. Si quiere utilizar un color personalizado, pulse el botón Más colores para abrir el cuadro de diálogo en el que podrá definir el nuevo color. Se pueden definir colores incluso con valores de color Hex (hexadecimales), por lo que las posibilidades son infinitas. Si está diseñando un sitio web con una paleta «segura» de 256 colores, deberá asegurarse de que incluye el color personalizado en dicha paleta. Para obtener más información sobre el cuadro de diálogo Color y los valores de color Hex, consulte el Capítulo 8.

Tipo de fuente

Existe una gran variedad de fuentes y opciones de estilo entre los que elegir para diseñar fácilmente el efecto que quiere que tengan sus páginas. No obstante, debería mantener una coherencia; es decir, no utilice demasiadas fuentes o estilos diferentes en una página. Si se entusiasma demasiado, los visitantes saldrán de sus páginas como caballos desbocados.

Consejo Recuerde que, para que una fuente aparezca en el explorador del usuario, ésta deberá estar disponible en el sistema de la computadora de dicho usuario. Si utiliza una fuente que no lo esté, el explorador elegirá por defecto otra fuente, normalmente, Times New Roman. Si realmente quiere utilizar una fuente determinada y no quiere arriesgarse a que los visitantes no la tengan, convierta el texto en un gráfico.

Cómo cambiar las fuentes

Tiene montones de fuentes entre las que elegir en FrontPage. Si ya está familiarizado con la lista desplegable Fuentes de Microsoft Word, la transición a FrontPage será muy sencilla.

Para cambiar las fuentes, seleccione el texto que quiera cambiar, abra la lista desplegable Tamaño de fuente que hay en la barra de herramientas Formato y seleccione la fuente que desee. Si no tiene muy claro cómo va a quedar una fuente en concreto, no se preocupe; FrontPage presenta todas las fuentes en la pantalla tal y como quedarían en la página.

Estilo de fuente

Las variaciones del estilo de la fuente (**negrita**, *cursiva* y subrayado, por ejemplo) pueden lograr dar el énfasis justo a palabras, oraciones o incluso párrafos enteros de las páginas. Sea objetivo con los cambios de estilo y trate de imaginar cómo verán las páginas los visitantes. Piense, por ejemplo, en aquellos visitantes que tengan problemas de visión. Esas personas tendrán problemas para leer todo un párrafo en cursiva; ésta es la razón por la que no se debe abusar de las negritas y cursivas en las pantallas de las computadoras.

Cómo cambiar el estilo de fuente

El estilo de fuente se puede convertir muy fácilmente en negrita, cursiva o subrayado, pulsando el botón correspondiente en la barra de herramientas. FrontPage incluye estos botones en la barra de herramientas Formato.

Para cambiar el estilo de la fuente, seleccione el texto que desee cambiar y luego pulse uno de estos botones.

Cómo utilizar los efectos de fuente

FrontPage incluye algunos estilos adicionales llamados Efectos. La razón por la que van incluidos en FrontPage es que puede que las páginas que abra contengan estilos especiales. Intente utilizar los estilos habituales, y no los especiales, al crear un nuevo texto, porque puede que estos últimos no aparezcan en el explorador tal como lo hacen en la vista Página, ya que algunos exploradores no disponen de ellos. Si quiere aplicar un efecto de fuente a un texto seleccionado, utilice la opción Fuente del menú Formato. En el cuadro de diálogo que aparecerá, abra la ficha Fuente que muestra la Figura 7.9.

Hay muchos efectos de fuente disponibles. Si marca una de las casillas, aparecerá un ejemplo del estilo seleccionado en la sección Vista previa. Para aplicar un estilo especial, seleccione dicho estilo y pulse a continuación Aceptar.

También es posible seleccionar varios estilos. Por ejemplo, si selecciona Cursiva y Teclado a la vez, el resultado será un estilo Teclado en cursiva.

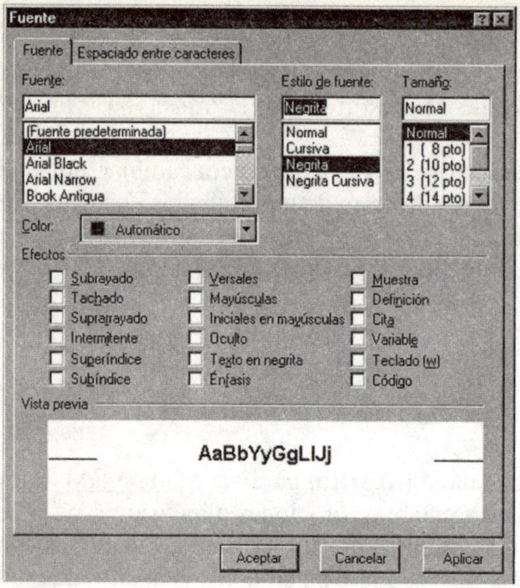

Figura 7.9.
Ficha Fuente del cuadro de diálogo Fuente.

Cómo cambiar el espaciado entre caracteres

La segunda ficha del cuadro de diálogo Fuente, Espaciado entre caracteres, permite definir la separación que hay entre las letras (caracteres) de una palabra. Esta función puede llegar a ser útil si quiere dar un toque final al encabezado o título de una página.

Si quiere cambiar el espaciado entre caracteres de algún texto seleccionado, elija Fuente en el menú Formato. En el cuadro de diálogo que aparece, abra la ficha Espaciado entre caracteres. El espaciado entre caracteres se define seleccionando una opción en la lista desplegable o simplemente escribiendo un valor en el campo de texto. También es posible definir la posición del texto, por encima o por debajo de la línea base, seleccionando los valores correspondientes en la lista desplegable Ubicación.

Utilización de símbolos

Los símbolos también se denominan caracteres especiales, ya que contienen otros caracteres distintos de los que se encuentran en el conjunto de caracteres estándar ASCII de 7 bits. Se preguntará que qué es eso... No se preocupe, todo lo que tiene que saber es que el conjunto de caracteres ASCII es el sistema de codificación de caracteres más utilizado del mundo, aunque no incluye todos los caracteres de las lenguas europeas que utilizan signos de acentuación, ni muchos otros caracteres extranjeros o símbolos, como el de *copyright* y el de marca registrada. No obstante,

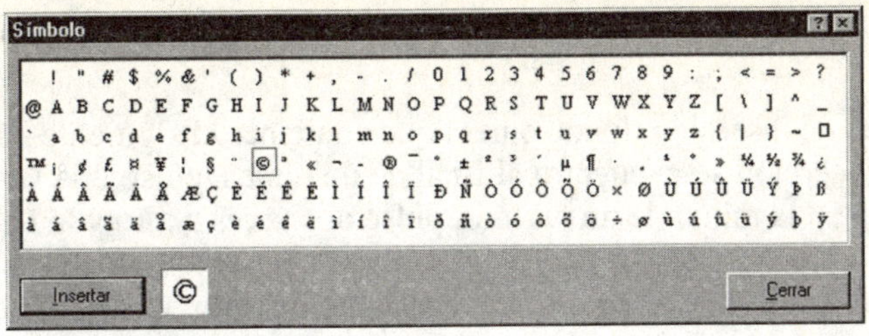

Figura 7.10.
Cuadro de diálogo Símbolo.

en FrontPage se pueden utilizar muchos de estos caracteres especiales. A continuación se indica cómo hacerlo:

1. Coloque el puntero en donde quiera que aparezca el símbolo.
2. Seleccione la opción Símbolo en el menú Insertar, para abrir el cuadro de diálogo Símbolo, que se muestra en la Figura 7.10.
3. Elija el símbolo y luego pulse Insertar. FrontPage insertará el símbolo en la página, pero el cuadro de diálogo no se cerrará. Tiene la posibilidad de insertar más símbolos justo a continuación del que acaba de insertar, repitiendo este paso.
4. Pulse Cerrar cuando haya terminado.

Tras haber insertado el símbolo en la página, se le puede dar un formato como a cualquier otro texto de la página. Por ejemplo, si inserta el símbolo de marca registrada al lado de una palabra de la página, puede aprovechar la opción Superíndice del cuadro de diálogo Fuente para elevar el símbolo por encima de la palabra a la que acompaña.

Formato de párrafos

Otro tipo de formato importante en FrontPage es el que se aplica a los párrafos. Es posible dar formato a líneas, oraciones y párrafos enteros y es posible, además, utilizar características como la justificación, los estilos de lista, los saltos de línea y la ubicación exacta en la página. En las siguientes secciones se presenta una serie de opciones de formato de párrafo, muchas de las cuales pueden ayudarle a dar a sus páginas un toque especial.

Creación de un párrafo nuevo

Empecemos por el nivel más sencillo. Para crear un párrafo nuevo, pulse la tecla Intro. Aparecerá una línea en blanco y el párrafo que vamos a crear tendrá el estilo Normal de manera predeterminada.

Para insertar un párrafo nuevo con un estilo diferente, ejecute los siguientes pasos:

1. Sitúe el punto de inserción donde quiera que comience el siguiente párrafo. Si el punto de inserción se encuentra al final de una línea, pulse una vez la tecla INTRO. Si está en la mitad de un párrafo, pulse dos veces INTRO y la flecha arriba una vez.
2. Seleccione un estilo nuevo en la lista desplegable Estilo. Cualquier cosa que escriba en el nuevo párrafo tendrá el estilo que haya elegido.

Si inserta un nuevo párrafo en mitad de otro ya existente, FrontPage dividirá el párrafo original en dos partes e insertará el párrafo nuevo en el medio, manteniendo el estilo original de las dos partes. Por ejemplo, si inserta un párrafo con formato en uno con estilo Normal, obtendrá un párrafo formado por la primera mitad del párrafo normal, el párrafo nuevo con formato y, finalmente, el resto del párrafo normal original.

Propiedades de párrafo

Los diseñadores de páginas siempre han querido ser capaces de hacer que sus páginas destaquen, reivindicando un mayor control sobre la forma en que aparece el texto en la página. Una de las soluciones que ofrece FrontPage a este problema es incrementar la flexibilidad en el modo de colocar los párrafos individuales. El cuadro de diálogo y la barra de herramientas Ubicación hacen posible manipular el contenido de las páginas con mayor precisión. Para obtener más información sobre estas características, véase la sección «Utilización de la función de ubicación exacta», en este mismo capítulo.

Para ver todas las opciones de formato de párrafo hay que abrir el cuadro de diálogo Párrafo. Es posible hacerlo, en la vista Página, colocando primero el punto de inserción en cualquier lugar del párrafo que desee modificar y seleccionando a continuación Párrafo en el menú Formato. Aparecerá el cuadro de diálogo Párrafo, que se muestra en la Figura 7.11.

En este cuadro de diálogo se puede ajustar la alineación del párrafo utilizando una de las opciones de la lista desplegable: Izquierda, Derecha, Centro o Justificar. Los párrafos se alinean a la izquierda de manera predeterminada. En las otras dos secciones de este cuadro de diálogo, Sangría y Espaciado, se puede realizar una selección en la lista desplegable o escribir directamente en los cuadros de texto.

La ventana Vista previa que se encuentra en la parte inferior del cuadro de diálogo le muestra cómo quedará el párrafo después de pulsar Aceptar. Una vez que tenga el párrafo tal y como lo quiere, pulse Aceptar para aplicar los cambios al párrafo en la vista Página.

Sangría de un párrafo

Cuando quiera aplicar una sangría a un texto manualmente en la vista Página, coloque el punto de inserción en cualquier lugar del párrafo y pulse el botón Aumentar sangría, de la barra de herramientas Formato.

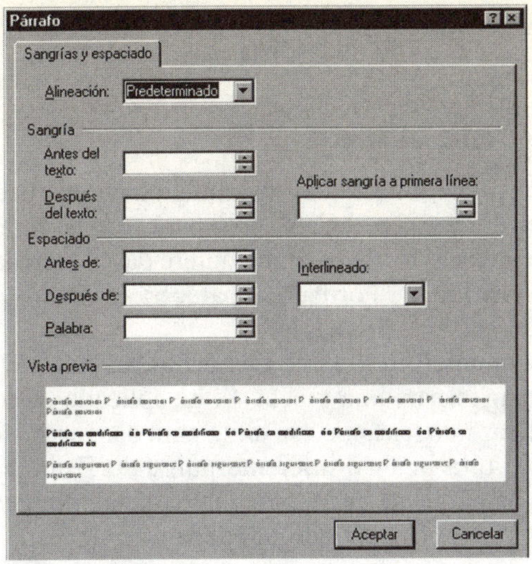

Figura 7.11.
Cuadro de diálogo Párrafo.

Alineación de un párrafo

Para alinear un párrafo a la izquierda, derecha o en el centro, hay que pulsar el botón correspondiente en la barra de herramientas. Coloque el punto de inserción en cualquier lugar del párrafo y luego pulse los botones Alinear a la izquierda, Centrar o Alinear a la derecha, de la barra de herramientas Formato.

Utilice estos botones tanto para alinear párrafos en una página como para alinear texto en la celda de una tabla. Con la alineación a la izquierda, el margen de la derecha adquiere un aspecto irregular; con la alineación a la derecha, el que queda irregular es el margen de la izquierda; mientras que, con el centrado, ambos márgenes quedan irregulares y el párrafo se sitúa en el centro.

Cómo cambiar los estilos de párrafo

Imaginemos que se propone cambiar el estilo de un párrafo Normal a Encabezado 3. Pues bien, lo podrá hacer con solamente una o dos pulsaciones del ratón. Seleccione primero el párrafo cuyo estilo desee cambiar, o bien coloque el punto de inserción en cualquier lugar del párrafo y, a continuación, seleccione un nuevo estilo de párrafo en la lista desplegable Estilo.

Propiedades de lista

FrontPage le ofrece toda una gama de opciones de estilos de lista, incluyendo bastantes variedades de listas de viñetas y numeradas, además de la opción de utilizar una imagen como viñeta. En el Capítulo 6 aprendimos a crear una lista elemento por elemento; aquí aprenderemos a cambiar el estilo de las listas una vez creadas.

Cómo asignar un estilo de lista al texto

Pongamos por caso que quiere convertir unas líneas de la página en una lista. No es necesario que siga todo el proceso descrito en el Capítulo 6 para crearla. Simplemente tiene que seleccionar los elementos del texto a los que quiere dar el formato de lista y elegir Viñetas y numeración en el menú Formato. Aparecerá el cuadro de diálogo del mismo nombre, que se muestra en la Figura 7.12.

El cuadro de diálogo Viñetas y numeración posee tres fichas. La ficha Viñetas de imagen le permite utilizar una imagen para una viñeta. Si ha aplicado un tema a la página, FrontPage le permite utilizar imágenes de ese tema para dar formato a la lista. También es posible especificar otra imagen diferente pulsando Examinar y eligiendo a continuación el archivo en el que se encuentre. Obviamente, la imagen que elija tiene que ser suficientemente pequeña para que se pueda utilizar como carácter de viñeta.

Las dos fichas restantes permiten dar a la lista el formato Viñetas o Numeración, y disponen de una gran variedad de opciones, que podemos ver en sus versiones en miniatura. Para convertir un texto en una lista de viñetas, abra la ficha Viñetas, seleccione un estilo y pulse Aceptar. El estilo predeterminado no tiene ningún formato. Si quiere transformar un texto en una lista numerada, abra la ficha Numeración. Se puede comenzar la lista con un número que no sea «1» (o, si quiere una lista con letras, con una que no sea «A»). Todo lo que hay que hacer es seleccionar un estilo en la ficha Numeración y, a continuación, elegir o escribir el número en el cuadro Comenzar en. Finalmente, pulse Aceptar.

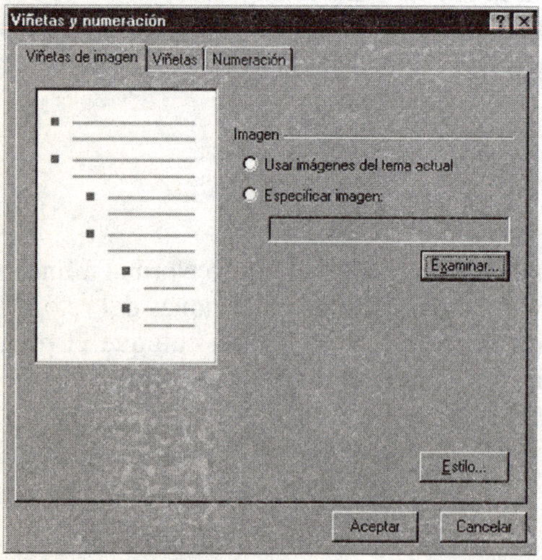

Figura 7.12.
Ficha Viñetas de imagen del cuadro de diálogo Viñetas y numeración.

Cómo cambiar el estilo de toda una lista

Para cambiar el estilo de una lista, pulse con el botón derecho del ratón en la lista y seleccione Propiedades de lista en el menú emergente. Verá el cuadro de diálogo del mismo nombre, que es exactamente igual que el de Viñetas y numeración, excepto en que tiene una ficha adicional llamada Otros. Puede elegir entre los estilos de viñetas de imagen, viñetas o numeración en las fichas del mismo nombre, o bien puede elegir, en la ficha Otros, el estilo de lista de viñetas estándar, lista de definiciones, lista de directorios, lista de menú o lista de numeración, como se muestra en la Figura 7.13.

Cómo cambiar el estilo de elementos individuales de la lista

Desde el punto de vista del diseño de la página, sería conveniente que todos los elementos de la lista guardaran una coherencia. Pero, si alguna vez le surge la necesidad de cambiar el estilo de un elemento individual, esto es lo que hay que hacer: pulse con el botón derecho del ratón en el elemento en cuestión y seleccione Propiedades de elemento de lista en el menú emergente. Se abrirá entonces el cuadro de diálogo Propiedades de los elementos de la lista, que dispondrá de una sola ficha, de acuerdo con el tipo de lista que se haya especificado anteriormente. Elija otro estilo y luego pulse Aceptar para salir del cuadro de diálogo.

Saltos de línea

Los saltos de línea sirven para crear una línea nueva sin la necesidad de tener que crear un párrafo nuevo o insertar una línea en blanco. Dicho de otro modo, al insertar

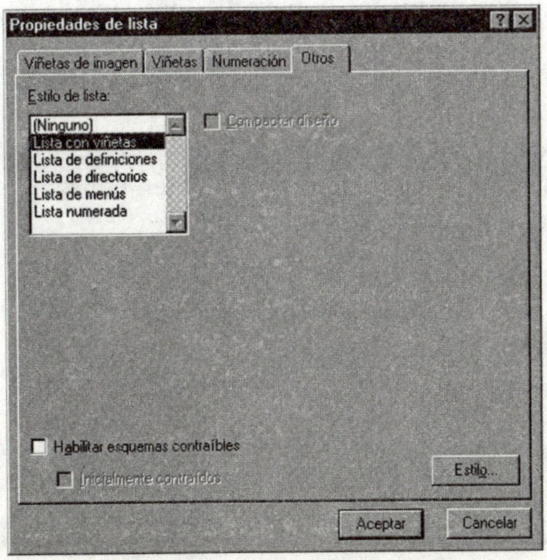

Figura 7.13.
Ficha Otros del cuadro de diálogo Propiedades de lista.

un salto de línea, la línea siguiente comenzará a continuación de la anterior con el mismo formato que tengan las líneas del párrafo anterior. Por el contrario, cuando se comienza un párrafo nuevo de la manera normal, también se empieza en una nueva línea, pero lo más probable es que su formato sea diferente al del párrafo anterior.

Cómo insertar un salto de línea

Para insertar un salto de línea, coloque el punto de inserción en donde quiera que aparezca y seleccione la orden Salto de línea en el menú Insertar. Aparecerá el cuadro de diálogo Propiedades de salto de línea, que se muestra en la Figura 7.14.

Seleccione en este cuadro una de las siguientes opciones:

- **Salto de línea normal.** Añade un salto de línea exactamente en el lugar en el que se ha colocado el punto de inserción. Los saltos de línea no se mueven ante la presencia de imágenes en los márgenes derecho e izquierdo. Dicho de otro modo, aunque haya una imagen en uno de los márgenes, la línea nueva comenzará inmediatamente a continuación del salto de línea. Para insertar un salto de línea, también se pueden utilizar las teclas MAYÚS + INTRO.
- **Hasta el margen izquierdo.** Añade un salto de línea y, si hay una imagen en el margen izquierdo, mueve la línea por debajo del salto de línea hasta donde finaliza la imagen.
- **Hasta el margen derecho.** Añade un salto de línea y, si hay una imagen en el margen derecho, mueve la línea situada a continuación del salto de línea hasta donde finalice la imagen.
- **Hasta ambos márgenes.** Añade un salto de línea y, si hay una imagen en cualquiera de los dos márgenes, mueve la línea situada a continuación del salto de línea hasta donde finalice la imagen.

Cómo borrar un salto de línea

Los saltos de línea se pueden tratar como cualquier otro carácter, por lo que también se pueden borrar pulsando las teclas RETROCESO o SUPR.

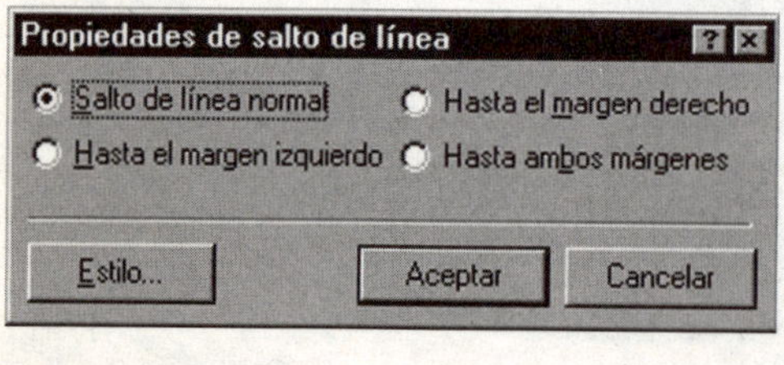

Figura 7.14.
Cuadro de diálogo Propiedades de salto de línea.

Líneas horizontales

Las líneas horizontales sirven para separar secciones, temas u otros elementos. Se pueden insertar líneas horizontales sombreadas o sólidas y darles un formato utilizando una de las muchas opciones disponibles.

Cómo insertar una línea horizontal

Para insertar una línea horizontal, hay que colocar el punto de inserción en el lugar en el que se quiere que aparezca y pulsar luego la opción Línea horizontal del menú Insertar. Verá que aparece una línea con el mismo formato que la última que se insertó. Las líneas horizontales se adaptan a los márgenes o a cualquier otro formato de página que se haya especificado. Si se insertan líneas horizontales en el interior de las celdas de una tabla, también se adaptarán al formato que se haya aplicado a las celdas.

Cómo dar formato a una línea horizontal

Para cambiar el aspecto de las líneas horizontales, hay que pulsar con el botón derecho del ratón sobre la línea en cuestión y seleccionar Propiedades de línea horizontal en el menú emergente. Se abrirá el cuadro de diálogo que se muestra en la Figura 7.15.

Consejo También es posible utilizar una imagen como línea horizontal. Para hacerlo, seleccione la opción Imagen en el menú Insertar y, a continuación, Imágenes o Desde archivo en el menú emergente. Elija después la imagen que quiere utilizar como línea horizontal. Como la línea que se va a insertar es en realidad una imagen y no una línea horizontal estándar HTML, hay que especificar sus propiedades de forma diferente, utilizando el cuadro de diálogo Propiedades de imagen en lugar del de Propiedades de línea horizontal. Para obtener más información, véase el Capítulo 8.

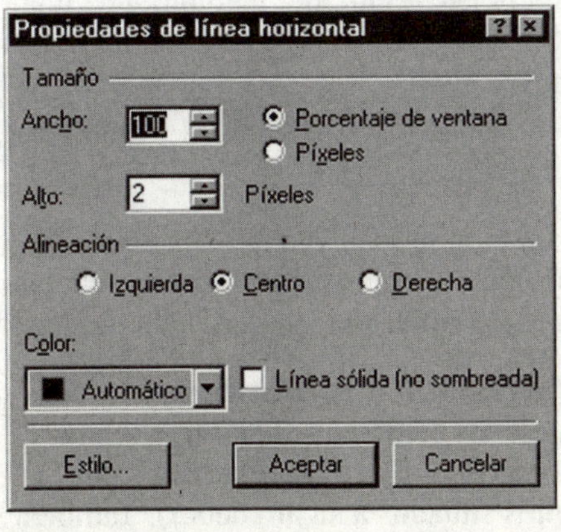

Figura 7.15.
Cuadro de diálogo Propiedades de línea horizontal.

En la sección Tamaño de este cuadro de diálogo, hay que especificar en el campo Ancho la longitud de la línea en píxeles, o bien en un porcentaje de la ventana del explorador (en el caso de los marcos, en un porcentaje del ancho de la ventana del marco). A continuación hay que indicar el grosor de la línea, en píxeles, en el campo Alto de esta misma sección. En la sección Alineación se especifica la opción de alineación Izquierda, Centro o Derecha. Y, finalmente, en la lista desplegable Color, se elige el color de la línea. También es posible especificar si la línea va a tener sombreado o no, marcando la casilla de verificación Línea sólida (no sombreada). Generalmente, el color predeterminado de las líneas sólidas es el gris, y el de la sombra de las líneas sombreadas es el color de fondo de la página. Pulse Aceptar para fijar la configuración y cerrar el cuadro de diálogo.

Cómo borrar una línea horizontal

Para borrar una línea horizontal, lo único que hay que hacer es seleccionarla y pulsar la tecla SUPR O RETROCESO.

Utilización de la función de ubicación exacta

Así que, por lo visto, el lector no es muy diferente al resto de los diseñadores de sitios web del planeta. Quiere, implora y necesita tener mayor control sobre la ubicación de los elementos en las páginas. Quiere tener un control absoluto del diseño en 2-D, ¿no es cierto? En la antigüedad (hace cerca de un año), eso hubiera sido mucho pedir, o, en caso de haberlo tenido, habría estropeado todo el código HTML de la página. Pero con FrontPage 2000, la posibilidad de obtener una ubicación clara y exacta es una realidad. Le gustará saber que, como todo en FrontPage, la función de ubicación 2-D es sencillísima de utilizar.

La ubicación de los elementos se controla con el cuadro de diálogo y la barra de herramientas Ubicación. Veamos en primer lugar el cuadro de diálogo.

Para acceder al cuadro de diálogo Ubicación, debería haber antes algo en la página que poder manipular. Seleccione un objeto como, por ejemplo, una imagen o parte de un texto, y elija a continuación la opción Ubicación en el menú Formato. Aparecerá el cuadro de diálogo de la Figura 7.16.

En este cuadro de diálogo se ofrece una gran variedad de opciones para ubicar el elemento seleccionado. Éstas son:

- **Estilo de ajuste.** En esta sección se incluyen tres opciones. Dependiendo de la opción que elija, el texto que se encuentra alrededor del elemento que ha seleccionado se ajustará a la derecha, a la izquierda o a ningún lado.
- **Estilo de ubicación - Ubicación y tamaño.** En estas dos secciones se puede ajustar la ubicación de los elementos de tal modo que sea absoluta (muy precisa, utilizando coordenadas *x* e *y*) o relativa (a una determinada distancia de los otros elementos situados a su alrededor). También se puede ajustar el Orden Z del elemento, lo que resulta bastante útil cuando se quieren superponer unos elementos a otros. Los elementos que tengan un número de

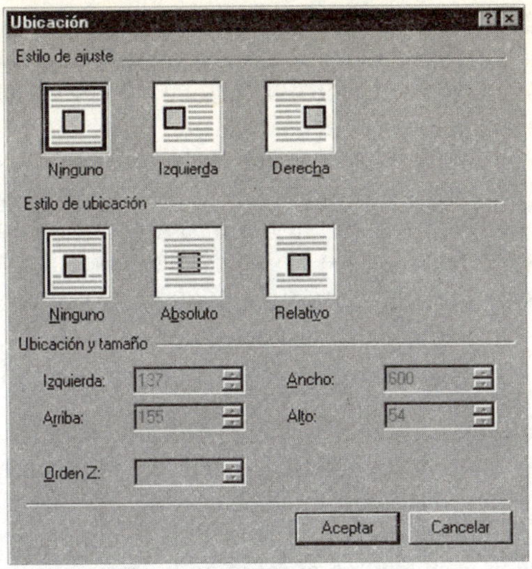

Figura 7.16.
Cuadro de diálogo Ubicación.

Orden Z superior aparecerán encima de aquellos que tengan un número inferior. También se pueden utilizar números negativos en este cuadro de texto.

En la Figura 7.17 se muestra un ejemplo de ubicación exacta, realizada utilizando este cuadro de diálogo.

Figura 7.17.
Ubicación exacta de un texto y una imagen en la vista Página.

Observe que la imagen está seleccionada y que la barra de herramientas está activada. La imagen del ejemplo posee una ubicación absoluta, con un margen izquierdo de 34 píxeles y uno superior de 8. Su Índice Z es de –1, lo que permite que el texto se superponga a la imagen.

La Figura 7.18, por su parte, muestra cómo está configurado el cuadro de diálogo Ubicación para la imagen de la Figura 7.17. Como verá, al igual que en la barra de herramientas, la imagen tiene un Estilo de ubicación Absoluto, su posición con respecto al margen izquierdo es de 34 píxeles y de 8 con respecto al superior. También se pueden ver el valor del Orden Z y los del ancho y alto de la imagen.

Consejo Si se ha seleccionado una posición Absoluta para la imagen, su ubicación se puede configurar tanto en el cuadro de diálogo como en la barra de herramientas Ubicación. Pero hay un modo mucho más fácil de hacerlo. Seleccione la imagen y verá unos cuadrados alrededor de la misma, que indican que se encuentra seleccionada. A continuación, pulse con el ratón en la imagen y, sin soltar el botón, arrastre la imagen a cualquier lugar de la página o incluso al exterior de ella, si eso es lo que quiere. El cuadro de diálogo y la barra de herramientas Ubicación ajustarán sus valores de acuerdo con la posición adoptada.

La barra de herramientas Ubicación funciona básicamente de la misma forma que el cuadro de diálogo. Su principal ventaja es que, como es una barra de herra-

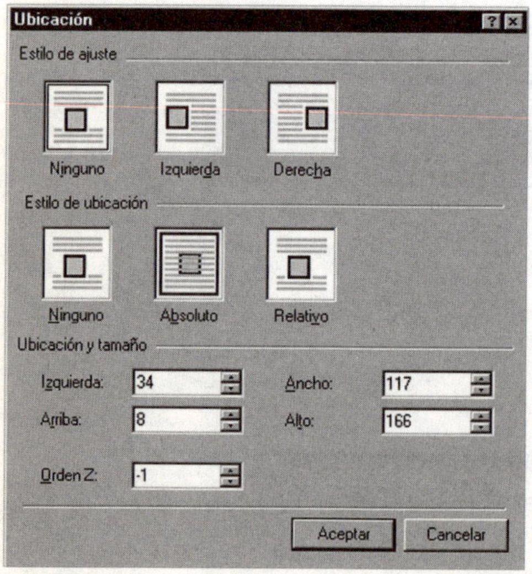

Figura 7.18.
Configuración de la imagen de la Figura 7.17, en el cuadro de diálogo Ubicación.

mientas, es muy fácil acceder a ella. Una imagen se puede traer hacia adelante o llevar hacia atrás rápidamente utilizando los botones correspondientes de la barra de herramientas. Si quiere realizar un ajuste rápido en un elemento, utilice la barra de herramientas y lo hará en un instante.

Cómo realzar las páginas

Una vez vistas algunas de las maneras de dar formato a las páginas, pasemos a analizar otras características que sirven para dar un mayor realce a las páginas, es decir: marcadores, vínculos, sonidos y temas.

Aplicación de un tema a una página

Como ya hemos visto anteriormente, los temas son una herramienta fantástica para crear sitios web coherentes y con diseños profesionales, incluso para aquellas personas que no sean diseñadores. En la sección «Trabajo con los temas», de este mismo capítulo, aprendimos a aplicar un tema a todo el sitio web. En la vista Página, es posible aplicar un tema a una única página o modificar un tema que ya se hubiera aplicado. Pongamos por caso que ha elegido un tema para el sitio web que le gusta muchísimo y que, además, incluye una imagen de fondo. Cuando empieza a trabajar en el formulario de comentarios del sitio, decide que esa imagen de fondo distrae demasiado del formulario que quiere que rellene la gente. Pues bien, es posible eliminar la imagen de fondo de la página, manteniendo intacto el resto del tema.

Seleccione la opción Tema en el menú Formato para abrir el cuadro de diálogo del mismo nombre. Este cuadro de diálogo funciona exactamente igual que cuando se aplica un tema a todo el sitio web, ofreciéndole la opción de elegir entre los diversos temas (si no ha seleccionado uno ya), de utilizar el tema desde el sitio web actual o de seleccionar uno nuevo. Recuerde que los cambios que se realizan aquí solamente se aplicarán a la página en la que esté trabajando y no a todo el web.

Cómo utilizar la orden Vista en miniatura automática

En ocasiones no le quedará más remedio que utilizar imágenes de gran tamaño, o quizás tenga que colocar numerosas imágenes en una sola página. Como probablemente ya sabrá a estas alturas, si utiliza demasiadas imágenes (en especial muy grandes) los navegantes que visiten sus páginas no saldrán de ellas muy contentos. Con la orden Vista en miniatura automática, es posible hacer que FrontPage cree versiones del gráfico de menor tamaño, que estén vinculadas con las versiones de tamaño original. Con esta característica se ahorrará espacio, lo que, a su vez, reducirá el tiempo de carga de la página. Si utiliza esta orden de una forma coherente, podrá conseguir que todas las imágenes del sitio web aparezcan rápidamente. Los visitantes tienen además la opción de pulsar sobre una imagen para ver en sus pantallas la versión de mayor tamaño.

La Vista en miniatura automática es una herramienta magnífica cuando se puede salir del paso perfectamente insertando una versión en miniatura de la imagen. Si está creando un catálogo web, por ejemplo, probablemente querrá disponer de muchas imágenes de los productos. Con esta característica, puede crear numerosas imágenes pequeñas y presentarlas todas en una única página. Los visitantes podrán optar posteriormente por ver una imagen de mayor tamaño de únicamente aquellos productos en los que estén interesados.

Para crear una versión en miniatura de una imagen, hay que seleccionar primero la imagen y luego hacer una de las dos cosas siguientes: o bien elegir la orden Vista en miniatura automática en la barra de herramientas Imágenes, o bien pulsar las teclas CTRL + K. FrontPage creará la miniatura y la presentará en la pantalla, en la vista Página, como una imagen con hipervínculo. El aspecto que tenga la miniatura lo determinarán las opciones que se hayan elegido en el cuadro de diálogo Opciones. Para obtener más información sobre la configuración de las opciones de la vista en miniatura, véase la sección «Configuración de las opciones de la Vista en miniatura automática» de este mismo capítulo.

Al convertir una imagen en miniatura, FrontPage crea una versión nueva y de menor tamaño de ella y, al guardar la página, le preguntará si quiere guardar la nueva imagen junto a ella. Aunque con este método se están creando dos versiones diferentes de la misma imagen, el proceso de presentación de estas imágenes en la pantalla es mucho más rápido y deja su control en manos de los visitantes, ya que son ellos los que deciden si desean ver la imagen de mayor tamaño o no. Recuerde, no obstante, que es aconsejable utilizar esta característica solamente cuando sea necesario o conveniente incluir una imagen en miniatura, y no siempre.

Utilización de los marcadores

Los marcadores, también llamados anclas, son conjuntos de uno o más caracteres de una página que sirven como destino de un vínculo. La utilización de vínculos con marcadores permite al visitante del sitio web saltar hasta cualquier punto de la página (no solamente al principio de ella).

Imaginemos, por ejemplo, que una de las páginas del sitio web RoasterNet está formada por un extenso documento de cinco secciones sobre el brillante futuro que tiene la venta de granos de café en Seattle, y que se puede llegar a esta página con un vínculo situado en algún otro lugar del web. Cuando el visitante siga dicho vínculo, lo que aparecerá en la pantalla del explorador será la parte superior de la página (que es la parte superior del documento). Pero, si se incluyen marcadores al principio de cada una de las cinco secciones, se pueden crear vínculos directos a dichos marcadores. De esta manera, el visitante podrá saltar directamente hasta cualquiera de esas secciones, en vez de tener que ir hasta el principio del documento y luego buscar la sección que quiera leer.

En la vista Página, los marcadores tienen el aspecto de un texto con líneas de subrayado entrecortadas, que no hay que confundir con las líneas de subrayado rojas, que indican errores de ortografía. Véase la sección «Utilización de vínculos», en este capítulo, para obtener más información sobre los vínculos con marcadores.

Cómo crear un marcador

Para crear un marcador, siga estos pasos:

1. Seleccione uno o varios caracteres de texto para convertirlos en marcadores (el texto hasta el que se quiere saltar).
2. Elija la orden Marcador en el menú Insertar. Aparecerá el cuadro de diálogo que se muestra en la Figura 7.19.
3. Asigne un nombre distintivo al marcador utilizando el cuadro Nombre de marcador. Los marcadores deberán tener nombres muy intuitivos porque, posteriormente, cuando cree el vínculo hacia el marcador, tendrá que buscar este nombre en una lista. Esto ayudará a poder distinguir fácilmente un marcador de otro. Si en la página en la que esté trabajando ya existen otros marcadores, éstos aparecerán en el cuadro de diálogo.
4. Pulse Aceptar cuando haya acabado de introducir el nombre del marcador. En la vista Página, el texto seleccionado aparecerá ahora con una línea de subrayado entrecortada, indicando que se trata de un marcador.

Consejo Para acceder al cuadro de diálogo Propiedades de marcador, hay que pulsar con el botón derecho del ratón en cualquier marcador y seleccionar luego Propiedades de marcador en el menú emergente. También es posible hacerlo pulsando las teclas ALT + INTRO, habiendo seleccionado antes dicho marcador.

Cómo encontrar un marcador

Pongamos por caso que tiene una lista de marcadores en la página actual que se muestran en el cuadro de diálogo Marcadores, y quiere encontrar uno en concreto.

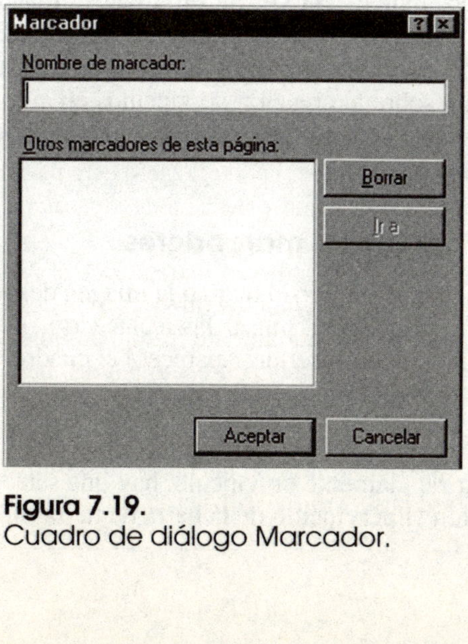

Figura 7.19.
Cuadro de diálogo Marcador.

Para buscar un marcador utilizando este cuadro de diálogo, hay que seleccionar el marcador en cuestión y luego pulsar Ir a. La página se desplazará hasta el lugar en el que se encuentra el marcador y éste quedará seleccionado. Esta alternativa es un método rápido y útil para buscar un marcador en la página.

Cómo borrar un marcador

Para borrar un marcador, primero hay que seleccionarlo y luego elegir la orden Marcador en el menú Insertar, o bien pulsar con el botón derecho del ratón en el marcador y a continuación seleccionar Propiedades de marcador. Por último, en el cuadro de diálogo Marcador, hay que pulsar el botón Borrar. Este cuadro de diálogo se cerrará y el marcador quedará borrado automáticamente. Con este procedimiento, lo único que se borra es la referencia del marcador y no el texto asociado a él.

Utilización de vínculos

Los *vínculos*, también conocidos con el nombre de *hipervínculos*, son conexiones entre dos puntos. Con estas herramientas, los visitantes de un web pueden saltar hasta el lugar al que está conectado el vínculo, solamente con pulsarlo. Este lugar al que está conectado el vínculo está representado por un URL en HTML. Es posible establecer vínculos hacia o desde textos, imágenes, otros archivos (por ejemplo, de Microsoft Office) y marcadores. Para obtener más información sobre la creación de vínculos desde imágenes, véase el Capítulo 8. Por su parte, para aprender a cambiar el color de un vínculo, consulte la sección «Configuración de las propiedades de página», en este mismo capítulo.

Si su sitio de la intranet está repleto de documentos de Office, es posible conectar dichos documentos entre sí mediante vínculos. Por ejemplo, un archivo de Word podría tener un vínculo con un archivo de Excel. Al pulsar este vínculo, el archivo de Excel aparecería en el propio programa Excel. Resulta muy sencillo establecer vínculos entre los archivos de Office y los archivos HTML de FrontPage, creando así un sitio intranet dinámico y con todas las características y ventajas de Office. En este libro se explica cómo crear vínculos desde los archivos de FrontPage hasta los de Office. Para obtener más información sobre la creación de vínculos en el interior de archivos de Office exclusivamente, véase la documentación de ayuda en línea de las correspondientes aplicaciones de Office.

Cómo crear un vínculo con páginas o marcadores

Para crear un vínculo, hay que seleccionar primero el texto o la imagen desde los que se quiere establecer el vínculo y, a continuación, pulsar las teclas CTRL + K, o bien seleccionar la orden Hipervínculo en el menú Insertar. Aparecerá el cuadro de diálogo Crear hipervínculo, que se muestra en la Figura 7.20.

Consejo Para crear o modificar rápidamente un vínculo, hay que seleccionar el texto o vínculo y pulsar luego el botón Hipervínculo de la barra de herramientas.

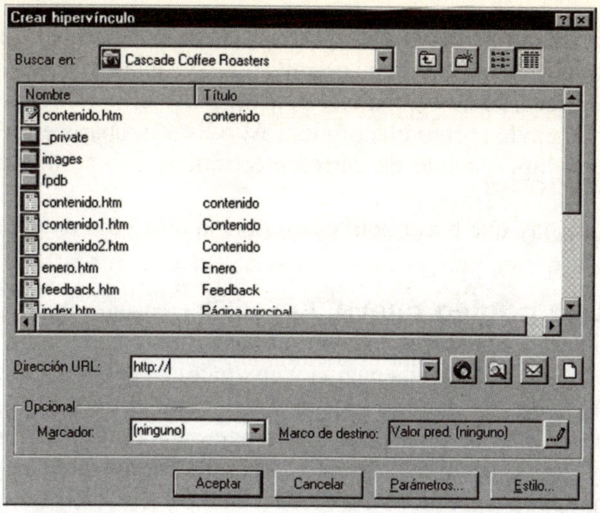

Figura 7.20.
Cuadro de diálogo Crear hipervínculo.

Los hipervínculos pueden ser de muy diverso tipo: se puede establecer un vínculo con una página del sitio web actual, con un URL de la Web, con un archivo de su computadora o con una dirección de correo electrónico. También se puede crear una página nueva y establecer un vínculo con ella. Y, todavía más, se puede establecer un vínculo con un marcador y también especificar el marco de destino en donde se quiere que aparezca el vínculo. A continuación se explica cómo crear vínculos de todas estas formas:

- **Vínculo a una página situada en el interior de un sitio web abierto.** Al trabajar con un sitio web en FrontPage, observará que en el cuadro de diálogo aparecen enumeradas todas las páginas del sitio web actual, totalmente disponibles para que establezca un vínculo. Fíjese en que, al seleccionar un vínculo, FrontPage coloca su dirección URL en el cuadro de texto del mismo nombre del cuadro de diálogo Crear hipervínculo.
- **Vínculo a un URL de la World Wide Web.** La dirección URL también se puede escribir directamente en el cuadro de texto del que hablábamos antes. También se puede utilizar el botón Permite usar su explorador de Web para seleccionar una página o un archivo. Al pulsarlo, se abrirá el explorador, permitiéndole ir hasta la página con la que quiere crear el vínculo. Cuando haya encontrado la página en la Web, FrontPage insertará automáticamente su URL en el cuadro de texto.
- **Vínculo a un archivo de su computadora.** Si el archivo con el que quiere crear el vínculo se encuentra en su computadora, puede seleccionarlo pulsando el botón Establece un hipervínculo a un archivo de su equipo. Al pulsarlo, aparecerá el cuadro de diálogo Seleccionar archivo, en donde puede seleccionar el archivo que necesite.

- **Vínculo a una dirección de correo electrónico.** Si quiere que en su sitio web haya un vínculo que permita a los visitantes enviar mensajes a determinada dirección de correo electrónico, pulse el botón Establece un hipervínculo que envía correo electrónico. Al pulsarlo, aparecerá el cuadro de diálogo Crear hipervínculo de correo electrónico, que se muestra en la Figura 7.21.

  Lo único que hay que hacer aquí es escribir la dirección en el cuadro de texto.

- **Vínculo a una página nueva.** Es posible crear un vínculo con una página del sitio web actual que todavía no haya sido creada. Para hacerlo, hay que pulsar el botón Crea una página y un vínculo a la página nueva, para que se abra el cuadro de diálogo Nuevo. Seleccione el tipo de página que quiera crear en la lista de plantillas. FrontPage creará automáticamente la página nueva y a continuación la abrirá o la agregará como tarea, dependiendo de lo que haya especificado. Para obtener más información sobre el cuadro de diálogo Nuevo y la utilización de plantillas, véase el Capítulo 4.

  Además de esto, en el cuadro de diálogo Crear hipervínculo, también puede optar por uno de estos dos elementos opcionales:

- **Marcador.** Si el vínculo de destino es un marcador, se puede escribir su nombre en el cuadro de texto Marcador.

- **Marco de destino.** Para especificar un marco de destino en el que aparezca la página, escriba su nombre en el cuadro de texto Marco de destino.

Cuando haya terminado de especificar estas opciones, pulse Aceptar para volver a la vista Página. El vínculo aparecerá ahora destacado en el color de vínculos establecido para la página. Se puede probar el nuevo vínculo pulsando CTRL y luego el vínculo.

Cómo seleccionar un vínculo

Si crea un vínculo y posteriormente tiene que modificarlo, lo primero que hay que hacer es seleccionarlo, pulsando con el ratón en cualquier lugar de dicho vínculo.

Figura 7.21.
Cuadro de diálogo Crear hipervínculo de correo electrónico.

También puede seleccionar el texto asociado a un vínculo, pero no es necesario. Si el punto de inserción se encuentra en un vínculo, los botones de la barra de herramientas y los elementos de menú relacionados con los vínculos estarán activados.

Cómo borrar un vínculo

Para borrar un vínculo, selecciónelo y elija a continuación la orden Hipervínculo en el menú Insertar. Borre el texto del cuadro Dirección URL y luego pulse Aceptar. El vínculo quedará borrado, pero no el texto o la imagen que estaban asociados a él.

Vínculos creados automáticamente

Siempre que escriba en la vista Página un protocolo que reconozca FrontPage y, a continuación, un URL de destino, el programa detectará que quiere incluir un vínculo desde ese texto y lo creará automáticamente. Lo único que hay que hacer es escribir el texto en la página, por ejemplo, www.sandstone3.com. Como www es lo que se escribe delante de las direcciones de la World Wide Web, FrontPage da por hecho que se va a utilizar el protocolo HTTP, por lo que no es necesario incluirlo. También se pueden crear otros vínculos que reconozca FrontPage como, por ejemplo, *mailto*:, simplemente escribiendo un nombre de vínculo que comience con el protocolo correcto.

Cómo modificar un vínculo

Para cambiar las propiedades de un vínculo, hay que seleccionarlo y elegir la orden Hipervínculo en el menú Insertar. Otra alternativa sería pulsar con el botón derecho del ratón sobre el vínculo y seleccionar a continuación Propiedades de hipervínculo en el menú emergente. Desde este cuadro de diálogo es posible cambiar cualquier propiedad del vínculo. Para obtener más información, véase la sección «Cómo crear un vínculo con páginas o marcadores» de este mismo capítulo.

Cómo arrastrar un vínculo desde otra vista

Aquí tenemos otra de las maravillosas características de FrontPage: si quiere crear un vínculo a una página de su sitio web, puede arrastrar dicha página desde otra vista de FrontPage (como la vista Carpetas) y llevarla hasta una página en la vista Página. Estos son los pasos que hay que seguir:

1. Asegúrese de que la página en la que quiere crear el vínculo esté abierta en la vista Página.
2. Active otra vista de FrontPage. Puede utilizar las vistas Carpetas, Informes (solamente en un informe en el que haya una lista de archivos como, por ejemplo, Todos los archivos), Exploración o Hipervínculos.
3. Una vez en la vista elegida, pulse con el ratón sobre el icono o archivo que vaya a ser el destino del vínculo y arrástrelo hasta el icono de la vista Página en el menú Vistas. Asegúrese de mantener presionado el botón del ratón todo

el tiempo. Un segundo después, FrontPage activará automáticamente la vista Página. Coloque el punto de inserción en el lugar exacto de la página en el que quiere que aparezca el vínculo y, a continuación, suelte el botón del ratón. FrontPage insertará el nombre del vínculo de destino y creará un vínculo desde ese texto hasta el propio vínculo. El vínculo creado es como cualquier otro que se haya añadido manualmente y se puede modificar de la misma forma.

Cómo crear vínculos con la World Wide Web utilizando el explorador

Con FrontPage, no es necesario recordar y volver a escribir las direcciones web para crear un vínculo con una página de la World Wide Web. Existen dos maneras muy sencillas de hacerlo:

- Coloque el punto de inserción en la página en donde quiere crear el vínculo, pulse el botón Hipervínculo de la barra de herramientas y, a continuación, acceda a la ficha World Wide Web (que ya se ha explicado en esta misma sección).
- Si utiliza Internet Explorer de Microsoft o Netscape Navigator, solamente tiene que pulsar con el ratón en un vínculo incluido en cualquier página web, mantener el botón del ratón pulsado y luego arrastrar el vínculo a su página en la vista Página. Y ya está. FrontPage creará automáticamente un vínculo a esa página.

Utilización de las barras de exploración

Puede que se esté preguntando cuál es la razón de haber tenido que dedicar tanto tiempo a la construcción de la estructura en la vista Exploración. Pues bien, además de porque es bastante divertido, la razón es que es la base para crear barras de exploración en las páginas de un sitio web. Las *barras de exploración* son la representación gráfica de la estructura del sitio web. Se colocan en la página de la vista Página y, en el explorador, aparecen como botones de exploración o texto de hipervínculo. Se pueden crear de dos formas diferentes: se puede diseñar la estructura en la vista Exploración o, si ha utilizado un asistente para crear el sitio web, se crearán automáticamente. En este último caso, las barras de exploración estarán basadas en las opciones seleccionadas durante el proceso de configuración. Si ha diseñado la estructura manualmente, los vínculos a las páginas se incluirán automáticamente en la barra de exploración, basándose en la posición de las páginas en dicha estructura.

Si ha creado o modificado una estructura de exploración en la vista Exploración, puede utilizar esa estructura para crear automáticamente en una página barras de exploración, utilizando la vista Página. Si, por ejemplo, quisiera crear la estructura de exploración de una página principal que tenga asociada una página de Comentarios, el proceso sería el siguiente:

1. Cree la estructura en la vista Exploración, tal y como se muestra en la Figura 7.22. La página Principal y la página Comentarios son pares, y queremos que en la página aparezcan juntas como una barra de exploración.

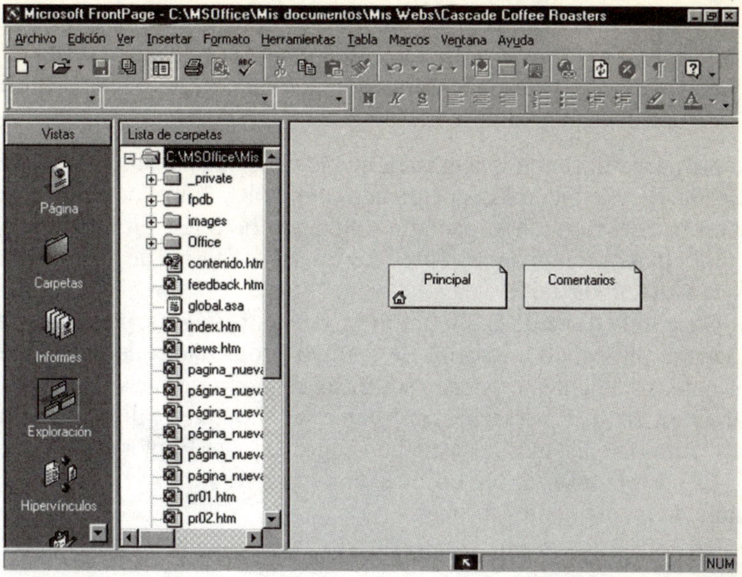

Figura 7.22.
Estructura creada en la vista Exploración, en donde la página Principal y la página Comentarios son pares.

2. Decida el aspecto que quiere que tenga la barra de exploración utilizando el cuadro de diálogo Propiedades de barra de exploración. Para acceder a este cuadro de diálogo desde la vista Página, seleccione la opción Barra de exploración en el menú Insertar. En la Figura 7.23 se muestra que nuestras barras de

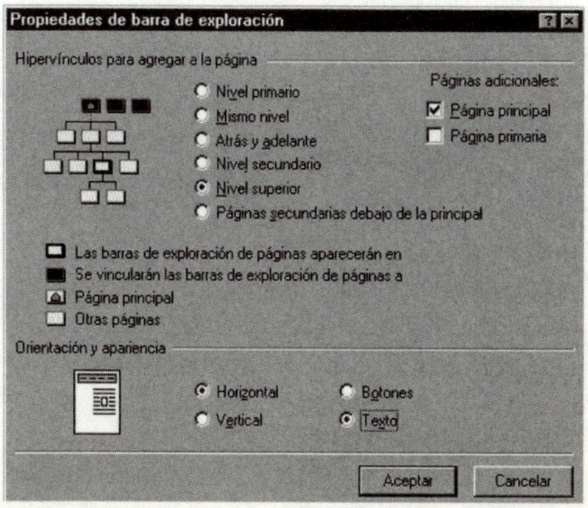

Figura 7.23.
Cuadro de diálogo Propiedades de barra de exploración, en el que se muestra la configuración actual.

exploración van a aparecer en el Nivel superior, la página Principal va a tener una orientación horizontal y su apariencia va a ser la de un texto.

3. Observe la barra de exploración que ha creado, que aparece en la parte superior de la página.

No hace falta decir que existen muchísimas más posibilidades además de la mencionada. Si, por ejemplo, ha aplicado uno de los temas en el sitio web y decide presentar la estructura en la pantalla utilizando botones, FrontPage elegirá el estilo de botones más apropiado para el tema y creará las barras de exploración con esos botones tan atractivos del tema.

Cuando la barra de exploración ya esté en la página, puede modificarla en la vista Página utilizando el cuadro de diálogo Propiedades de barra de exploración. No obstante, solamente se puede modificar el modo de presentar la estructura, y no la estructura en sí. Los cambios estructurales hay que realizarlos en la vista Exploración. Para obtener más información sobre la vista Exploración, véase el Capítulo 3.

Es posible insertar o modificar una barra de exploración en una página de cualquiera de las siguientes formas:

- Estando en la vista Página, seleccione Barra de exploración en el menú Insertar.
- Si ya tiene una barra de exploración en la página, pulse sobre ella con el botón derecho del ratón y seleccione la opción Propiedades de barra de exploración en el menú emergente.
- Pulse dos veces la barra de exploración.
- Seleccione la barra y pulse las teclas ALT + INTRO.

El cuadro de diálogo Propiedades de barra de exploración, que se muestra en la Figura 7.24, le ofrece un gran número de opciones entre las que puede elegir, para determinar el modo de presentación de la barra de exploración en la página.

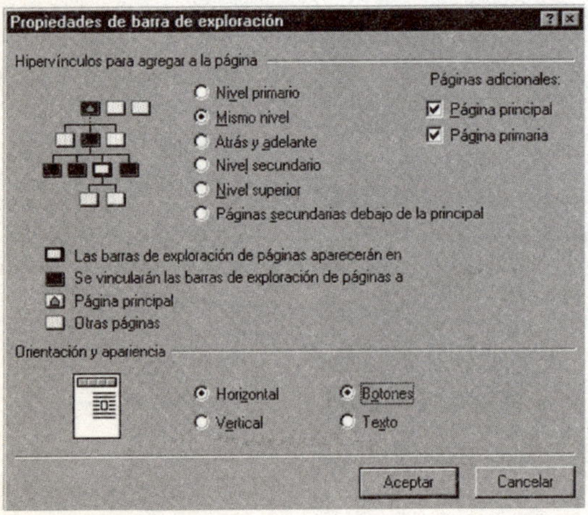

Figura 7.24.
Cuadro de diálogo Propiedades de barra de exploración.

Este cuadro de diálogo está dividido en dos secciones:

- **Hipervínculos para agregar a la página.** Aquí es donde se seleccionan las páginas que van a aparecer en la barra de exploración. Cuando se seleccionan, aparecen destacadas en la imagen en miniatura de la estructura que se ve en el lado izquierdo del cuadro de diálogo. La lista que hay bajo esta estructura es la leyenda de las páginas. En numerosas ocasiones, la única herramienta de exploración que habrá en la página será la barra de exploración, por lo que seguramente querrá que la página principal también aparezca en esta barra. Cuando sea así, marque la casilla Página principal. También se puede incluir la página primaria de un nivel determinado marcando la casilla Página primaria.

- **Orientación y apariencia.** Las barras de exploración se pueden colocar en la página tanto vertical como horizontalmente. Si no está utilizando ningún tema en esa página, o si prefiere que solamente haya texto en ella, marque la casilla Texto y la barra de exploración aparecerá únicamente como texto de hipervínculo.

Cómo modificar las barras de exploración

FrontPage crea automáticamente las barras de exploración basándose en las opciones que haya especificado, por lo que probablemente estará contento con ellas tal y como están. Pero si no es así, hay muchas maneras de cambiarlas.

- Las etiquetas de texto de las barras de exploración se basan en los títulos de las páginas. Si decide que no le gusta uno de los nombres, puede cambiar el título de página del archivo y luego aplicar los cambios.

- Si la barra de exploración fue creada automáticamente con un asistente y ahora quiere cambiar su destino, abra la página en la vista Página y luego el cuadro de diálogo Propiedades de barra de exploración, en el que podrá cambiar la configuración.

- Si no está muy contento con los colores, los tipos de botones o las fuentes que se han utilizado en las barras de exploración, lo que tiene que hacer es seleccionar un tema diferente. Si cambia el tema solamente en la vista Página, los cambios se aplicarán únicamente a la página actual.

Cómo eliminar barras de exploración

Si tiene que eliminar una barra de exploración de la página, seleccione la barra en cuestión y pulse a continuación la tecla SUPR, o bien elija la opción Cortar en el menú Edición. Otra posibilidad sería pulsar con el botón derecho del ratón en la barra de exploración y seleccionar luego Cortar en el menú emergente.

Configuración de las opciones de página

Es posible personalizar globalmente el aspecto de determinados elementos ocultos de todo el sitio web. En FrontPage, al configurar un elemento, dicha configuración se aplica a todas las páginas que lo contengan y que no se hayan configurado por separado.

Los cambios hay que realizarlos en el cuadro de diálogo Opciones, al que se accede seleccionando Opciones de página en el menú Herramientas. Aquí tenemos varias fichas para elegir, con las que se pueden realizar diversos tipos de modificaciones. Examinaremos cada una de ellas por separado, para que queden más claras.

Configuración de las opciones de Codificación en colores

Si le gusta utilizar HTML, le resultará mucho más fácil trabajar con él si los diversos marcadores y atributos HTML están codificados en colores. Tal y como se ve en la Figura 7.25, pueden definirse los colores del Texto normal, Etiquetas (marcadores), Nombres de atributos, Valores de atributos, Comentarios y Secuencias de comandos.

También puede optar por no utilizar ninguna codificación en color, desactivando la casilla de verificación Mostrar codificación en colores. Si comienza a cambiar muchos colores y posteriormente decide que quiere volver a utilizar los colores predeterminados, siempre puede pulsar el botón Restablecer colores para volver a activar la configuración predeterminada.

Estos colores solamente son visibles cuando está activada la vista Página y la ficha HTML de la parte inferior de la ventana. Para obtener más información sobre

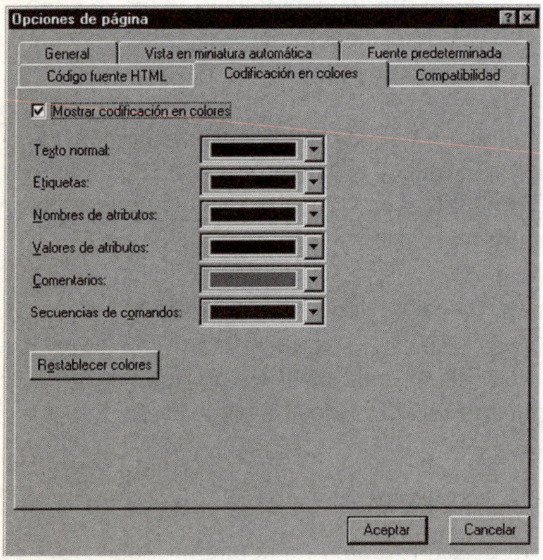

Figura 7.25.
Ficha de Codificación en colores del cuadro de diálogo Opciones de página.

las fichas de la vista Página, véase la sección «Utilización de las fichas de la vista Página» en este mismo capítulo.

Configuración de las opciones de ortografía

La sección Ortografía de la ficha General, en el cuadro Opciones de página, presenta dos opciones. FrontPage puede ser configurado de tal modo que revise la ortografía mientras se escribe y, además, que muestre o no los errores de ortografía en todos los documentos. ¿Se acuerda de todas aquellas líneas entrecortadas de color rojo que aparecen debajo de las palabras con errores de ortografía? Pues bien, si marca la casilla Ocultar errores de ortografía en todos los documentos, esa línea no volverá a aparecer. Pero, claro, si desactiva esta opción y tiene un error de ortografía, no lo va a poder localizar tan fácilmente, así que si lo hace, aténgase a las consecuencias. Para activar las opciones que desee, marque las casillas correspondientes y, para desactivarlas, borre la marca de las casillas.

Configuración de las opciones de Compatibilidad

En la ficha Compatibilidad del cuadro de diálogo Opciones de Página, que se muestra en la Figura 7.26, se pueden activar las órdenes de menú de un explorador determinado, de una versión concreta de explorador o de un servidor específico.

Seleccione las opciones que desee en las listas desplegables y pulse Aceptar.

Si desea excluir la utilización de determinadas tecnologías en las páginas de su sitio web, éstas se pueden activar o desactivar según las necesite. Todas están activadas de manera predeterminada y es aconsejable dejarlas así.

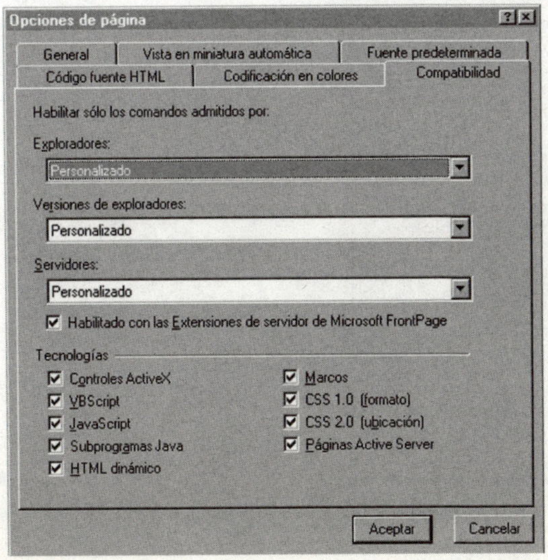

Figura 7.26.
Ficha Compatibilidad del cuadro de diálogo Opciones de página.

Configuración de las opciones Generales

En la ficha General del cuadro de diálogo Opciones de página se presentan dos alternativas: se puede activar el uso de etiquetas DIV, es decir, las etiquetas que permiten definir las variables que ha de seguir el explorador y, en segundo lugar, también es posible delimitar automáticamente los campos de formulario dentro de un formulario, lo que significa que, si comienza a crear un formulario campo por campo y se le olvida crear un formulario en donde incluirlos todos, FrontPage lo hará automáticamente. Para seleccionar ambas opciones, marque las casillas de verificación correspondientes y, para desactivarlas, quite la marca de las casillas.

Configuración de las opciones de la Vista en miniatura automática

Para configurar los parámetros de esta característica, abra la ficha Vista en miniatura automática del cuadro de diálogo Opciones de Página. Para obtener más información sobre esta característica, véase la sección «Cómo utilizar la orden Vista en miniatura automática» en este mismo capítulo. En la Figura 7.27 se muestra esta ficha.

Aquí se puede configurar el tamaño predeterminado de la imagen en miniatura, en píxeles. Se pueden definir valores tales como el Ancho, Alto, Lado más corto o Lado más largo. FrontPage creará la imagen en miniatura basándose en esta configuración y las proporciones de la imagen original. Por ejemplo, si establece un ancho de 50 píxeles, todas las imágenes en miniatura tendrán un ancho de este tamaño y la altura variará de acuerdo con la imagen original.

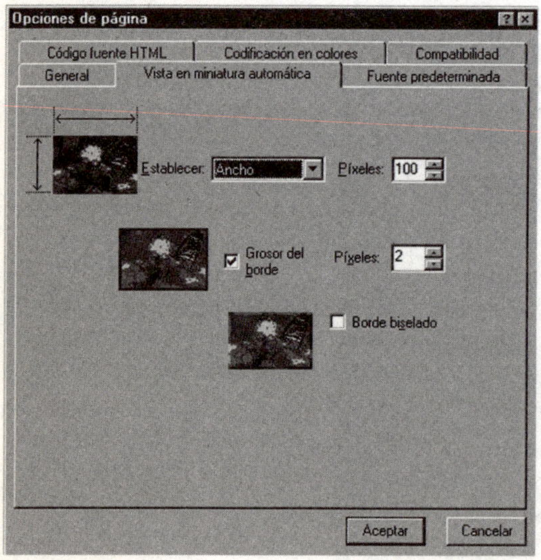

Figura 7.27.
Ficha Vista en miniatura automática del cuadro de diálogo Opciones de página.

También es posible aplicar un borde alrededor de la imagen y ajustar el grosor de borde que aparecerá en el hipervínculo de la imagen en miniatura. Marque la casilla Borde biselado si desea crear imágenes en miniatura que tengan esta característica.

Configuración de las opciones de fuentes predeterminadas

En la ficha Fuente predeterminada se puede elegir un idioma de fuente predeterminado como, por ejemplo, Estados Unidos/Europa occidental, cuando no haya otra fuente definida para el texto. Esta configuración no afecta de ningún modo al código HTML, únicamente a la presentación en pantalla de esa fuente en la vista Página. También se puede seleccionar la Fuente proporcional predeterminada, así como la Fuente de ancho fijo predeterminada.

Configuración de las opciones de Código fuente HTML

Si siempre se ha considerado un gurú de HTML y le gusta controlarlo todo, éste es su cuadro de diálogo. Aquí se va a encontrar con diversas opciones que le permitirán definir el modo en que se ve el código HTML en la vista HTML o en un explorador. La Figura 7.28 muestra la ficha Código fuente HTML del cuadro de diálogo Opciones de Página.

En este cuadro de diálogo se pueden especificar las opciones para guardar los archivos, para el formato HTML (definiendo, por ejemplo, las sangrías y los saltos de línea) y para la presentación en pantalla de determinados marcadores. Si ya ha creado un fragmento de código HTML y quiere que todas las páginas tengan el for-

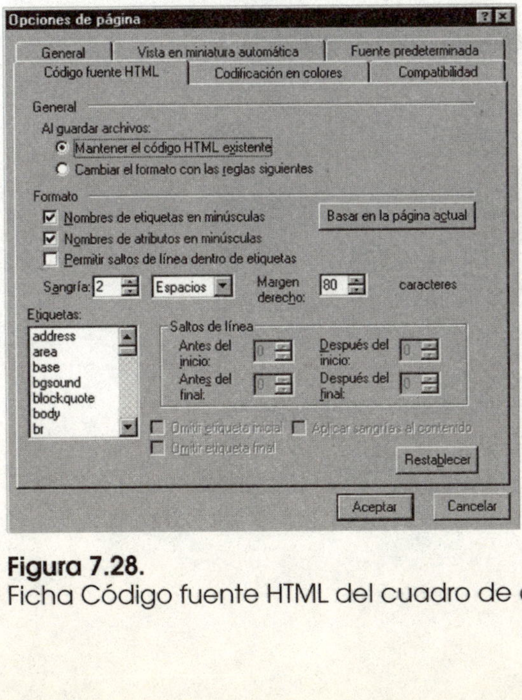

Figura 7.28.
Ficha Código fuente HTML del cuadro de diálogo Opciones de página.

mato de esas especificaciones, pulse el botón Basar en la página actual. Evidentemente, habrá que abrir primero una página en la vista Página si quiere que la configuración tenga efecto. No obstante, si realiza bastantes cambios y posteriormente decide que lo que ha hecho no vale para nada, es muy sencillo borrarlo utilizando el botón Restablecer, que sirve para volver a establecer todos los valores predeterminados de la configuración.

Utilización de bordes compartidos

Imaginemos, por ejemplo, que le gustaría que el logotipo de su empresa apareciera en la parte inferior de todas las páginas del sitio web. Probablemente crea que tendrá que agregarlo a las páginas una por una, o que habrá que utilizar marcos. Pues no: existe otra alternativa mucho más sencilla. Se podría utilizar un borde compartido en la parte inferior de la página, de tal forma que todas las páginas que tuvieran este borde compartido presentaran la misma información. En resumidas cuentas, esto significa que solamente hay que agregar una vez el logotipo, en una página con borde compartido. Más aún: si quiere modificar la información de un borde compartido, también tendrá que hacerlo una sola vez, en cualquiera de las páginas del sitio web que compartan la misma ubicación de borde compartido.

Para utilizar los bordes compartidos, seleccione la orden Bordes compartidos en el menú Formato; aparecerá el cuadro de diálogo del mismo nombre que se muestra en la Figura 7.29.

Aquí se puede especificar si hay que incluir los bordes compartidos en todas las páginas del sitio web o solamente en la página actual, pulsando el botón de opción

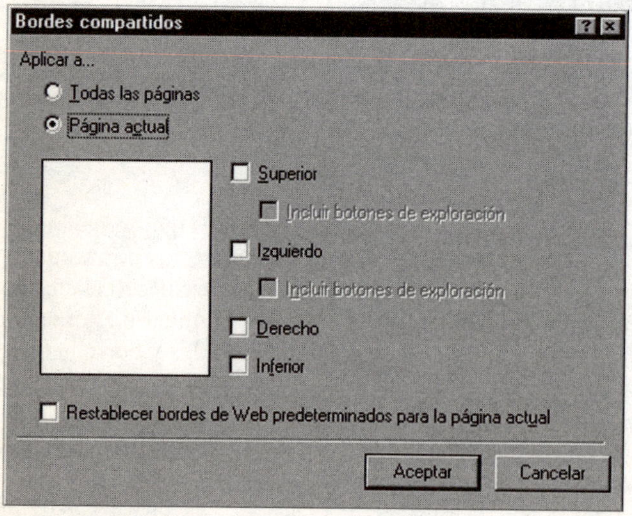

Figura 7.29
Cuadro de diálogo Bordes compartidos.

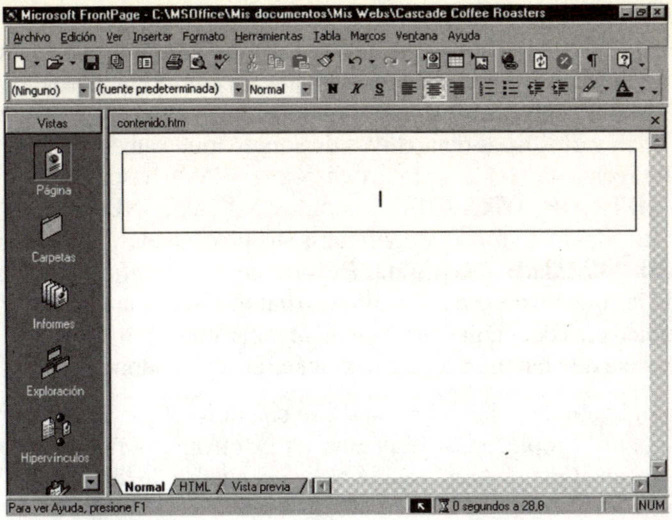

Figura 7.30.
Vista de una página en la que aparece un borde compartido a la espera de que se introduzca la información.

apropiado. También se puede optar por ver el borde compartido en la parte superior, a la izquierda, a la derecha o en la parte inferior de cada página. La Figura 7.30 muestra una página que tiene un borde compartido en su parte superior, de tal forma que cualquier texto o imagen que se inserte aquí aparecerá en todas las páginas que utilicen este borde compartido. El borde que aparece alrededor del borde compartido no se verá en el explorador de los visitantes, pues está allí solamente para facilitar el diseño.

Nota No se recomienda utilizar bordes compartidos en una página de marcos, ya que, al hacerlo, se crea una página nueva.

Para utilizar los bordes compartidos, hay que marcar los que se quieren incluir y a continuación pulsar Aceptar. También se pueden asignar a los bordes de la página los bordes predeterminados para todo el web, marcando la casilla Restablecer bordes de Web predeterminados para la página actual. Si desea eliminar un borde compartido de la página, abra el cuadro de diálogo Bordes compartidos y borre la marca de la casilla de verificación.

Adición de sonidos

Los sonidos de fondo pueden añadir una dimensión multimedia a su sitio web. Este tipo de sonidos se activan cada vez que alguien visita el sitio, y pueden repetirse un número de veces determinado o emitirse continuamente. De igual modo que hay ciertas canciones que suscitan ciertos estados de ánimo, los sonidos de fondo pueden ejercer cierta influencia en la actitud de los visitantes, pero también pueden ser muy irritantes si se abusa de ellos. Utilice estos sonidos con moderación e inteligencia.

FrontPage utiliza varios tipos de archivos de sonido, que van desde sonidos codificados mediante forma de onda (con extensiones WAV) hasta secuencias midi (MID), sonidos AIFF (AIF, AIFC, AIFF) y sonidos AU (AU, SND).

Para insertar un sonido de fondo y configurar sus propiedades, hay que utilizar el cuadro de diálogo Propiedades de página. Para obtener más información sobre las otras opciones de las que dispone este cuadro de diálogo, véase la sección «Configuración de las propiedades de página» en este mismo capítulo.

Éste es el proceso que hay que seguir para insertar un sonido:

1. Pulse con el botón derecho del ratón sobre cualquier lugar de la página y elija luego la opción Propiedades de página en el menú emergente (o bien elija Propiedades en el menú Archivo). Se abrirá el cuadro de diálogo Propiedades de la Figura 7.31.
2. En el cuadro de texto Ubicación (situado debajo del título Sonido de fondo) de la ficha General, escriba la ruta de acceso del archivo de sonido que quiera utilizar. También se puede seleccionar un sonido de fondo utilizando el botón Examinar. Aparecerá el cuadro de diálogo Sonido de fondo, que se muestra en la Figura 7.32.

Se puede seleccionar un sonido del web actual, utilizar el explorador para buscar uno en la World Wide Web, o bien emplear un sonido ubicado en una unidad local de su computadora. Cuando haya terminado, pulse Aceptar para volver al cuadro de diálogo Propiedades de página.

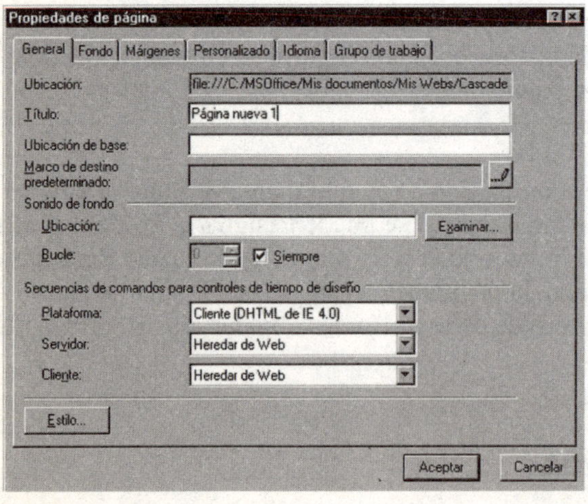

Figura 7.31.
Ficha General del cuadro de diálogo Propiedades de página.

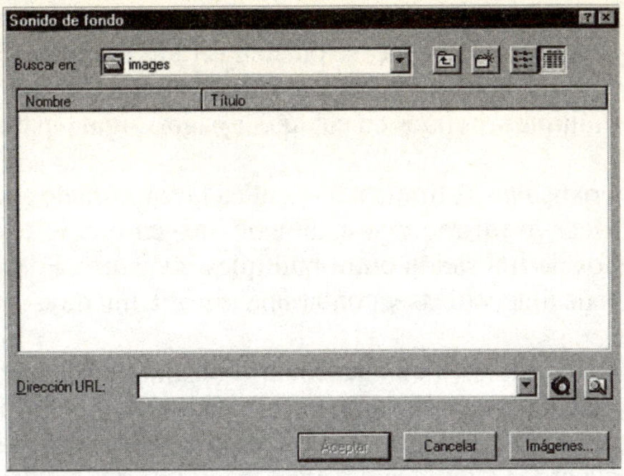

Figura 7.32.
Cuadro de diálogo Sonido de fondo.

3. En el cuadro de diálogo Propiedades de página, especifique en el cuadro de texto Bucle: el número de veces que quiere que se reproduzca el sonido. Si quiere que suene indefinidamente, marque la casilla de verificación Siempre.
4. Pulse Aceptar para salir del cuadro de diálogo Propiedades de página.

Utilización de los elementos activos

Seguramente ya estará cansado de ver todos esos sitios web tan estáticos; es decir, aquellos que lo único que hacen es estar allí y nada más. Pero también estará pensando que para lograr una página divertida habría que contratar a algún crío de diez años que se dedicara a escribir el código. Pues no se preocupe, porque FrontPage lleva incorporadas ciertas características que permiten mejorar las páginas sin tener que recurrir a esos pequeños genios de la programación.

En este capítulo se van a explicar cuatro componentes activos: el *Administrador de titulares*, el *Contador de visitas a la página*, el *Botón activable* y las *Marquesinas*. Para utilizar cualquiera de estos componentes, hay que seleccionar la orden Componente en el menú Insertar y luego elegir la opción que se desee en el menú que aparece. FrontPage incluye muchos otros componentes a los que se puede acceder con esta misma orden del menú Insertar. Todos ellos, como la Imagen programada, el Formulario de búsqueda y la Tabla de contenido, se explicarán en el Capítulo 9.

Utilización del Administrador de titulares

Una de las formas más populares de ganar dinero en la World Wide Web hoy en día es vender espacio para publicidad en las páginas. Seguramente ya habrá visto varios de estos titulares en muchos lugares. ¿Se ha dado cuenta de que, con frecuencia, si se queda en la página el tiempo suficiente, se pueden ver una sucesión de anuncios diferentes en el mismo lugar? Pues bien, con el Administrador de titulares, es posible pasar en secuencia múltiples titulares en cualquier página, igual que en los sitios web importantes.

Pero esta característica no se limita solamente a la rotación de anuncios, sino que también se puede hacer lo mismo con cualquier imagen que le guste e incluso se pueden aplicar efectos de transición entre múltiples imágenes. Podría, por ejemplo, crear una exposición de diapositivas y contar una historia mientras que las imágenes van pasando.

FrontPage crea estos titulares en secuencia utilizando un applet (subprograma) de Java, y sus propiedades se configuran en el cuadro de diálogo Propiedades del Administrador de titulares de la Figura 7.33. Para acceder a este cuadro de diálogo, hay que seleccionar la orden Componente en el menú Insertar o pulsar dos veces con el ratón en un titular ya existente. Otra alternativa sería pulsar con el botón derecho del ratón en un titular existente (o bien pulsar las teclas ALT + INTRO) y elegir, a continuación, Propiedades de subprograma Java en el menú emergente.

En este cuadro es donde se configura el aspecto que va a tener el titular en un explorador. Hay varias alternativas:

- **Ancho/Alto.** Asegúrese de especificar un valor que sea igual al tamaño de la imagen más grande que se va a pasar en secuencia. El resto de las imágenes aparecerán centradas en ese espacio, con un color de fondo neutro. Si realmente quiere sacarle el mayor partido a esta característica, intente que todas sus imágenes sean del mismo tamaño.

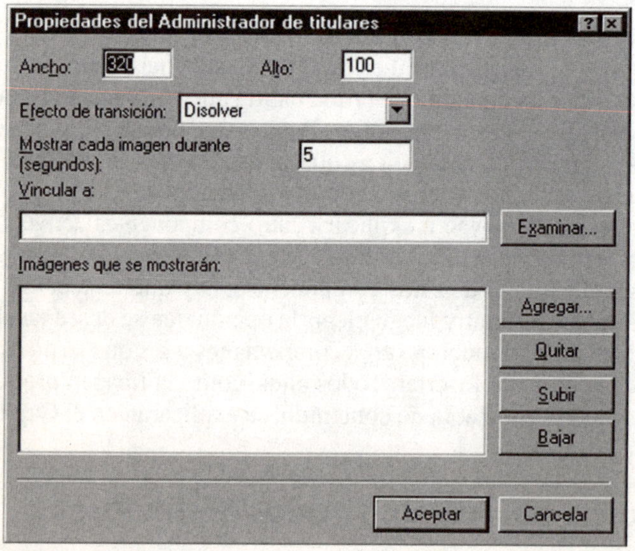

Figura 7.33.
Cuadro de diálogo Propiedades del Administrador de titulares.

- **Efecto de transición.** Hay multitud de efectos entre los que elegir. Si selecciona la opción Ninguno, las imágenes aparecerán en secuencia sin ningún efecto de transición. También es posible especificar el tiempo, en segundos, durante el que se muestra cada imagen antes de que aparezca la siguiente. No obstante, si el titular contiene texto, asegúrese de dejar el tiempo suficiente para poder leerlo. Es aconsejable especificar un tiempo inferior a diez segundos; si cree que no hay nadie que pueda leer el titular en ese tiempo, lo más probable es que haya incluido demasiado texto. No debe olvidar que los titulares son como esos carteles publicitarios que hay en los márgenes de las carreteras. La gente solamente dispone de uno o dos segundos para leerlos, por lo que hay que diseñarlos teniendo en cuenta este factor. Así es como debería diseñar también sus titulares.

- **Vincular a.** Si quiere que el titular sea un hipervínculo, adjunte aquí su dirección URL. Intente anticipar lo que harán sus visitantes cuando lleguen a la página. Si diseña el titular de tal modo que parezca un anuncio publicitario, los visitantes creerán que lo es e intentarán pulsarlo, y, claro, no querrá que lo hagan si no va a suceder nada después, ¿verdad? Para localizar el destino del vínculo, puede utilizar el botón estándar Examinar.

- **Imágenes que se mostrarán.** Aquí es donde se pueden agregar y quitar las imágenes que se van a pasar en secuencia. Pulse el botón Agregar para añadir una imagen a la lista, o bien Quitar para eliminar una imagen previamente seleccionada. Las imágenes siguen un orden establecido: las primeras de la lista son las que aparecerán primero y así sucesivamente. Se puede modificar el orden que siguen las imágenes seleccionando una de ellas en la lista y pulsando los botones Subir o Bajar, según sea necesario.

El Administrador de titulares pasa en secuencia toda la lista de imágenes indefinidamente mientras el visitante continúe en la página.

Adición de un Contador de visitas

Los *contadores de visitas* son el método más utilizado para mostrar la cantidad de visitantes que han estado en la página. En la mayoría de las ocasiones, estos contadores de visitas se encuentran en la parte inferior de la página principal. Para incluir un contador de visitas a la página, hay que seleccionar la orden Componente en el menú Insertar y, a continuación, elegir Contador de visitas a la página en el menú emergente. Aparecerá el cuadro de diálogo Propiedades de contador de visitas a la página, que se muestra en la Figura 7.34.

Hay cinco estilos predefinidos entre los que puede elegir, o bien puede crear su propia Imagen personalizada. Un contador de visitas no es uno de esos elementos que se ponen en todas las páginas del sitio; después de todo, nos informa de cuánta gente no ha visitado el sitio web. Además, si los visitantes llegan a la página y ven un montón de ceros en el contador, puede que piensen que no hay nada que valga la pena allí y se vayan. Si marca la casilla de verificación Restablecer el contador a, e

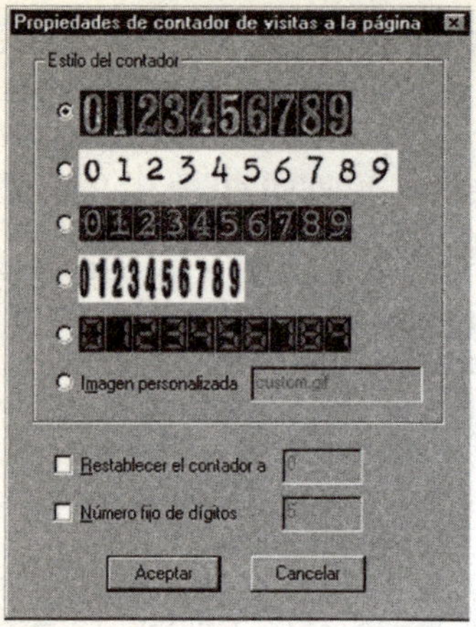

Figura 7.34.
Cuadro de diálogo Propiedades de contador de visitas a la página.

introduce un número, puede conseguir que parezca que su sitio web ha sido visitado por mucha gente. Piense que es solamente una mentirijilla. También se puede fijar el número de dígitos que quiere que aparezcan, marcando la casilla Número fijo de dígitos e indicando después un número.

Utilización de los botones activables

¿Se ha preguntado alguna vez cómo se consiguen esos botones tan increíbles que hay en algunos sitios? Ya sabe: esos que cambian de color o de biselado al pasar el ratón por encima. Pues bien, normalmente hay que tener un título en programación y en diseño gráfico para conseguir esos efectos. Pero sabe muy bien que con FrontPage ese título no es necesario en absoluto, como tampoco lo es tener el sentido estético de Picasso. Lo único que se necesita es la función Botón activable.

Con esta característica de FrontPage, solamente hay que escoger unas cuantas opciones y ¡ya está! Ahí lo tiene: un botón totalmente animado y funcional, con todos esos hipervínculos y efectos que aparecen al pasar el ratón sobre ellos. Para empezar, seleccione la orden Componente en el menú Insertar y, a continuación, elija Botón activable en el menú emergente. También se puede pulsar con el botón derecho del ratón en un botón ya existente y seleccionar Propiedades de subprograma Java en el menú emergente, o bien pulsar ALT + INTRO cuando haya un botón seleccionado. Con cualquiera de los dos métodos, aparecerá el cuadro de diálogo Propiedades de botón activable, que se muestra en la Figura 7.35.

En este cuadro se nos ofrecen diversas opciones estándar, además de algunas otras muy interesantes que permiten hacer cosas como reproducir un sonido o presentar una imagen en forma de botón. Las opciones estándar son las siguientes:

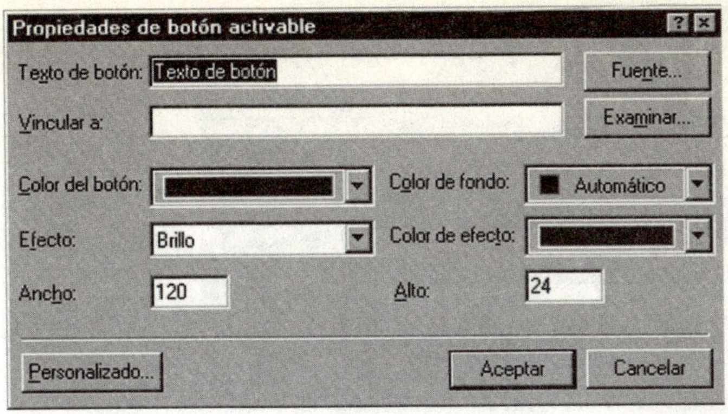

Figura 7.35.
Cuadro de diálogo Propiedades de botón activable.

- **Texto de botón.** La mayoría de los botones de las páginas web tienen algún texto, en el que se indica a los visitantes lo que van a ver cuando lo pulsen. Escriba en el cuadro Texto de botón el texto que le gustaría que apareciera en el botón. Pulse el botón Fuente para seleccionar el tipo, estilo, tamaño y color de la fuente de este texto.
- **Vincular a.** Si le gustaría que el botón fuera un hipervínculo, escriba su dirección URL en este cuadro de texto, o bien pulse el botón Examinar para buscarla. No olvide que la mayoría de la gente espera que todos los botones sean hipervínculos, así que no les decepcione.
- **Color del botón, Color de fondo.** Utilice la lista desplegable Color para elegir un color para el botón o para el fondo. Si selecciona una imagen que haga las funciones del botón en el cuadro de diálogo Personalizado, ya no será necesario indicar un color.
- **Efecto, Color de efecto.** Elija uno de los múltiples efectos visuales que se le ofrecen en la lista desplegable Efecto. Cuando se haya decidido por uno, también podrá elegir el color que tendrá cuando el efecto esté activado. Seleccione un color en la lista Color de efecto. Hay muchas opciones y muy interesantes, así que haga experimentos con ellas y elija la que se ajuste más al tono que esté intentando dar a la página.
- **Ancho, Alto.** Escriba los valores del Ancho y Alto del botón (en píxeles), respectivamente. Si ha seleccionado una imagen que haga las funciones del botón, no se olvide de indicar aquí el tamaño de esa imagen.

Para acceder a las opciones de personalización de un botón activable, hay que pulsar el botón Personalizado, que se encuentra situado en la parte inferior del cuadro de diálogo Propiedades de botón activable. En la Figura 7.36 se muestra este cuadro de diálogo.

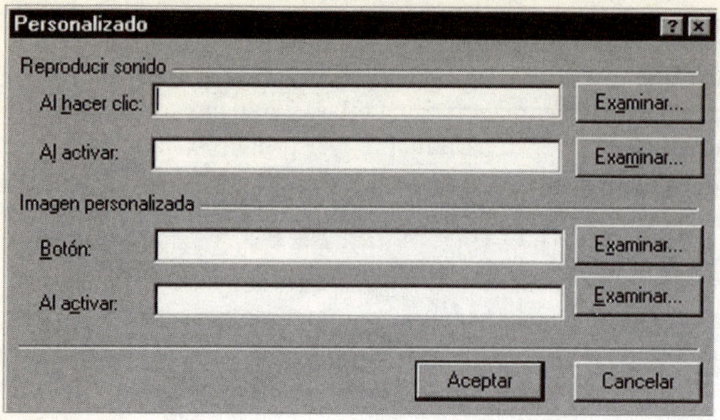

Figura 7.36.
Cuadro de diálogo Personalizado.

El cuadro está dividido en dos secciones:

- **Reproducir sonido.** En esta sección se puede optar entre reproducir un sonido cuando los visitantes pulsen con el botón sobre él en el explorador, o cuando muevan el puntero del ratón por encima. Técnicamente, se podría reproducir un sonido utilizando los dos métodos, pulsando con el botón del ratón y pasando el ratón sobre él, pero ya sabemos que no sería muy buena idea, ¿verdad? Utilice los botones Examinar para localizar los sonidos.
- **Imagen personalizada.** Si prefiere que el botón sea una imagen, pulse Examinar y seleccione una. Si le gustaría que apareciera una imagen cuando los visitantes pasen el ratón por encima del botón, pulse Examinar y busque una imagen en la opción Al activar. No olvide indicar en el cuadro de diálogo Propiedades de botón activable el alto y el ancho correctos de todas las imágenes que elija.

Adición de marquesinas

Las marquesinas sirven para llamar la atención de la gente. Tal y como diría el sheriff Buford T. Justice en la película *Los caraduras*, son unas «captadoras de atención». Pero le aconsejamos que, al igual que con el resto de los elementos de diseño de este tipo, tenga cuidado y no abuse de ellas, porque pueden resultar molestas a los visitantes o puede que no presten atención al mensaje que hay en ellas.

Las *marquesinas* son elementos HTML que hacen que un texto se mueva en la página. Convierten una página que antes era estática en otra dinámica y llena de vida. Veamos otro ejemplo del sitio RoasterNet para mostrar todas las posibilidades que tienen las marquesinas.

Mila, la persona responsable del Departamento de Ventas Nacionales de Cascade Coffee Roasters, se ha dado cuenta de la importancia que tiene hacer llegar a todos los empleados de la empresa la información de las ventas, por lo que ha dado la orden de crear una sección de Ventas en el sitio RoasterNet. Su idea es que tenga diferentes secciones en las que se detallen los patrones de ventas, las noticias relacionadas con la competencia y las reacciones a ellas, y noticias totalmente actualizadas sobre los grandes «éxitos» del departamento. Al principio, las páginas estaban en proceso de construcción y no tenía mucho tiempo para construirlas a su gusto. Pero uno de sus vendedores, Cody, ha conseguido realizar una de las mayores ventas que ha tenido la empresa en mucho tiempo, y Mila quiere que la noticia aparezca en una de las páginas de RoasterNet. Si se limita a escribir la noticia en la página, dará una impresión demasiado estática y la gente podría no verla, en especial si la página está en proceso de construcción. Probablemente pensarán que no hay nada nuevo, a menos que la miren con detalle. Por esta razón Mila va a utilizar una marquesina para captar la atención de todo el mundo. Éste es el proceso que hay que seguir:

1. Coloque el punto de inserción en donde quiera que aparezca la marquesina. Seleccione la orden Componente en el menú Insertar y luego Marquesina en el menú emergente. Se abrirá el cuadro de diálogo Propiedades de marquesina, que se muestra en la Figura 7.37.
2. Escriba el texto que quiera que aparezca en la marquesina en el cuadro Texto.
3. En la sección Dirección, especifique si prefiere que la marquesina se mueva hacia la izquierda o hacia la derecha. Si selecciona la opción Alternar en la sección Comportamiento durante el paso 5, no hay que especificar aquí ninguna dirección.
4. En la sección Velocidad, especifique los valores de Retardo y Cantidad. El Retardo establece el periodo de tiempo en milisegundos que hay entre cada uno de los movimientos de la marquesina. Cuanto más alto sea este número, mayor duración tendrá y la marquesina se moverá más lentamente. La Cantidad se refiere a la distancia en píxeles entre cada movimiento de la marquesi-

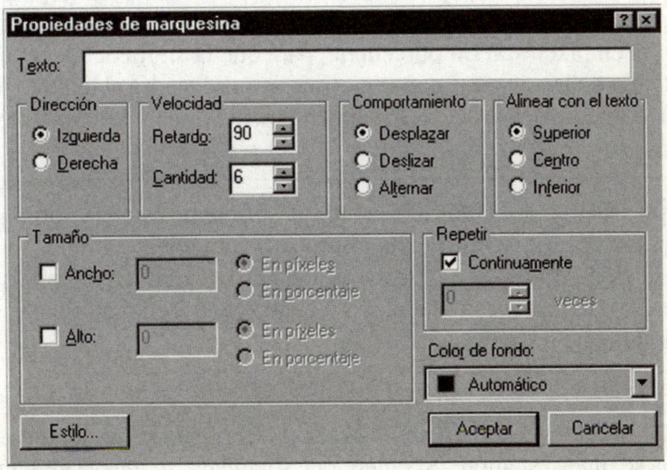

Figura 7.37.
Cuadro de diálogo Propiedades de marquesina.

na. Por lo tanto, se puede hacer que la marquesina vaya a mayor velocidad incrementando este número. Estos dos valores se pueden configurar de tal forma que la marquesina se mueva a la velocidad que se quiera.

5. En la sección Comportamiento, seleccione una de las siguientes opciones:

   - **Desplazar.** Con esta función, el texto se mueve por la pantalla en la dirección que se haya especificado en la sección correspondiente. El texto aparece y desaparece por los bordes de la marquesina.

   - **Deslizar.** También mueve el texto por la pantalla en la dirección especificada, pero en lugar de desplazarse por la pantalla hasta desaparecer, se detiene cuando llega al final de la pantalla y permanece en ella. Si configura la marquesina de tal forma que se repita un número determinado de veces, el proceso de deslizamiento volverá a comenzar una y otra vez cuando el texto llegue al final de la pantalla.

   - **Alternar.** Con esta opción, el texto se mueve hacia delante y hacia atrás en la pantalla y nunca se sale de ella.

6. En la sección Alinear con el texto, especifique cómo quiere alinear el texto en el área de la marquesina. De esta forma, el texto puede quedar alineado en la parte superior, en el medio o en la parte inferior de la marquesina. El área que ocupa la marquesina se configura en la sección Tamaño.

7. En la sección Tamaño, determine el tamaño de la marquesina. Para especificar su ancho, marque la casilla Ancho. Si lo quiere hacer en píxeles, indique un número y luego marque la casilla En píxeles. Si prefiere que el ancho ocupe un porcentaje de la pantalla, indique este porcentaje y luego marque la casilla En porcentaje.

   Active la casilla Alto para determinar la altura del área de la marquesina. Este número será el que va a determinar la altura del espacio por el que se moverá el texto. Indique un número y marque En píxeles, para especificar la altura en píxeles, o En porcentaje, para que la altura ocupe un porcentaje determinado de la página. La marquesina siempre tendrá el tamaño justo para contener la fuente del texto, independientemente de la altura que haya especificado.

Consejo Para que la marquesina tenga suficiente espacio como para que resulte cómoda la lectura, especifique una altura suficientemente amplia y seleccione Centro en la sección Alinear con el texto, del cuadro de diálogo Propiedades de marquesina. Con esto, la marquesina aparecerá centrada respecto a la parte superior e inferior, en el área que haya especificado.

---

8. En la sección Repetir, marque la casilla Continuamente si quiere que la marquesina se mueva siempre. Si quiere que solamente se mueva un número determinado de veces cuando el visitante entre en la página, borre la marca de esta casilla e indique el número de veces en el cuadro de texto Veces que hay a continuación.

9. Si quiere que la marquesina se mueva sobre un fondo de determinado color, seleccione la opción Color de fondo. En ocasiones, la utilización de un fondo de diferente color al del resto de la página puede resultar agradable, pero tenga cuidado para no «aturdir» al público con esta opción. El movimiento de la marquesina puede ser suficiente para captar su atención. Si selecciona un color de fondo, asegúrese de elegir un color de fuente compatible.
10. Cuando esté satisfecho con la configuración que tiene, pulse Aceptar para salir del cuadro de diálogo Propiedades de marquesina.

Cómo cambiar la configuración de la marquesina

Para cambiar la configuración de una marquesina, es preciso pulsar sobre dicha marquesina con el botón derecho del ratón y seleccionar Propiedades de marquesina en el menú emergente. En el cuadro de diálogo que se abrirá, cambie la configuración y pulse Aceptar. Otro medio de acceder a este cuadro de diálogo es pulsar dos veces con el ratón sobre la marquesina en cuestión. Para cambiar el tipo, estilo, tamaño y color de la fuente del texto de la marquesina, púlsela con el botón derecho del ratón y luego seleccione la opción Fuente.

Inserción de vídeos

Otra forma de dar vida a los sitios web es incluir vídeos en ellos. No obstante, como ya sabrá, los archivos de vídeo suelen ser bastante grandes y, aunque el ancho de banda de Internet es cada vez mayor, todavía no es suficiente como para transferir con rapidez grandes archivos de vídeo. La situación podría ser diferente en una empresa, si su intranet utiliza conexiones locales, en donde el ancho de banda no es tanto problema.

Consejo En la vista Página, el tiempo que se tarda en descargar las páginas aparece indicado en segundos en la parte inferior derecha de la pantalla. Pulse con el ratón en el tiempo de carga actual y aparecerá un menú emergente, en donde podrá cambiar el tiempo para que refleje las diferentes velocidades de conexión, como T1 e ISDN. Cuando se cambia la página, al añadir o eliminar vídeos, sonidos, imágenes y otros elementos, el tiempo de carga se actualiza en consecuencia.

FrontPage admite en sus sitios web los archivos AVI basados en Windows. En primer lugar, hay que insertar el archivo de vídeo en la página y, a continuación, configurar sus propiedades.

Coloque el punto de inserción en el lugar de la página en el que desee insertar el vídeo, seleccione la opción Imagen en el menú Insertar y luego Vídeo en el menú emergente. Se abrirá el cuadro de diálogo Vídeo, en donde podrá seleccionar cualquier vídeo ubicado en el sitio web actual, utilizar el explorador para buscar uno o seleccionarlo desde una unidad local. Utilice una de estas opciones y pulse Aceptar.

Aparecerá entonces el marco del archivo de vídeo, como espacio de página reservado para cuando el visitante lo descargue y lo reproduzca en su explorador.

Consejo Si pulsa dos veces con el ratón en este espacio reservado, FrontPage intentará ejecutar una aplicación de edición de vídeos. Si no hay ninguna instalada, aparecerá un mensaje que le avisará de que no hay configurado ningún editor.

Cuando haya insertado el archivo de vídeo, tendrá que configurar sus propiedades. Aquí tiene cómo hacerlo:

1. Pulse con el botón derecho del ratón en el espacio reservado para el vídeo en la página y seleccione Propiedades de imagen en el menú emergente. Aparecerá la ficha Vídeo de este cuadro de diálogo, que se muestra en la Figura 7.38.
2. Si quiere sustituir el vídeo actual por otro, pulse Examinar, localice el archivo AVI que va a ser su sustituto y, por último, pulse Aceptar.
3. Marque la casilla Mostrar controles en el explorador si quiere incluir un conjunto de controles, como Reproducir, Detener y una barra reguladora junto con el vídeo, cuando esté en funcionamiento.
4. En la sección Repetir, especifique en el cuadro de texto Bucle el número de veces que quiere reproducir el vídeo y, en el cuadro de texto Retardo de bucle, especifique el tiempo (en milisegundos) que va a haber entre las distintas repeticiones del vídeo. Si quiere que el vídeo se reproduzca indefinidamente, marque la casilla Siempre.

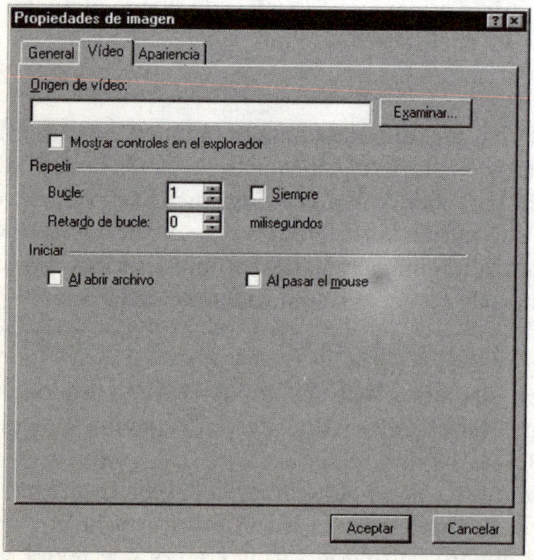

Figura 7.38.
Ficha Vídeo del cuadro de diálogo Propiedades de imagen.

5. En la sección Iniciar, especifique cuándo quiere que el vídeo comience a reproducirse. Si especifica la opción Al abrir archivo, el vídeo comenzará a funcionar cuando un visitante entre en la página en donde se encuentra. Por el contrario, si especifica Al pasar el ratón, el vídeo comenzará a funcionar cuando los visitantes muevan el puntero del ratón sobre él.
6. Cuando esté satisfecho con las configuraciones que haya especificado, pulse Aceptar para salir del cuadro de diálogo Propiedades de imagen. Para obtener más información sobre este cuadro de diálogo, véase el Capítulo 8.

Configuración de las propiedades de página

Para configurar las propiedades de la página abierta en la vista Página, hay que seleccionar la orden Propiedades en el menú Archivo o en el menú emergente que aparece al pulsar sobre la página con el botón derecho del ratón. En este cuadro de diálogo se puede hacer lo siguiente:

- Cambiar la información general del archivo como, por ejemplo, el título de la página.
- Especificar una imagen, un color o un sonido de fondo para la página.
- Especificar los colores predeterminados de los textos y los vínculos.
- Determinar las categorías de los grupos de trabajo.

Para configurar todas estas propiedades es necesario abrir primero la página en la vista Página. Si quiere obtener más información sobre cómo abrir o crear páginas, consulte el Capítulo 6. A continuación le ofrecemos una explicación sobre estas propiedades, comenzando con aquellas que se encuentran en la ficha General de la Figura 7.39.

Para cambiar el título de la página, hay que escribir el nuevo título en el cuadro de texto del mismo nombre y, para cambiar el URL de base opcional, hay que escribir el nuevo en el cuadro de texto Ubicación de base. Si quiere asignar un marco de destino predeterminado para todos los vínculos de la página, escriba su nombre en el cuadro de texto Marco de destino predeterminado, o bien pulse el botón Cambiar marco de destino para abrir el cuadro de diálogo del mismo nombre. Para obtener más información sobre el trabajo con marcos, véase el Capítulo 6.

En la sección Sonido de fondo, se pueden cambiar las propiedades de este tipo de elementos. Para obtener más detalles sobre este tema, véase la sección «Adición de sonidos» de este mismo capítulo. También se pueden definir las Secuencias de comandos para controles de tiempo de diseño de la Plataforma, el Servidor y el Cliente.

Nota Las Secuencias de comandos para controles de tiempo de diseño (Design Time Controls, DTC) son controles que se añaden durante el diseño (cuando se crea la página) y se pueden ver en tiempo de ejecución (cuando se está viendo la página

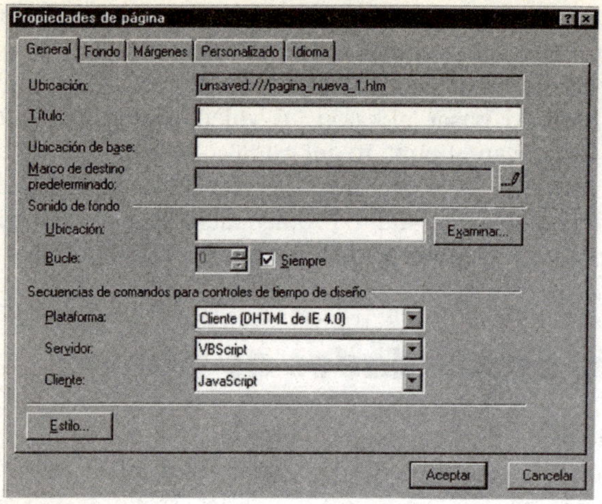

Figura 7.39.
Ficha General del cuadro de diálogo Propiedades de página.

en un explorador), desde el cliente o desde el servidor, dependiendo de cómo se hayan implementado.

La ficha Fondo, que se muestra en la Figura 7.40, sirve para especificar los colores de fondo y los de los diversos vínculos.

En la sección Formato, se pueden configurar las siguientes propiedades:

- **Formato de la imagen de fondo.** Con la casilla de verificación Imagen de fondo, es posible especificar la imagen que se va a utilizar

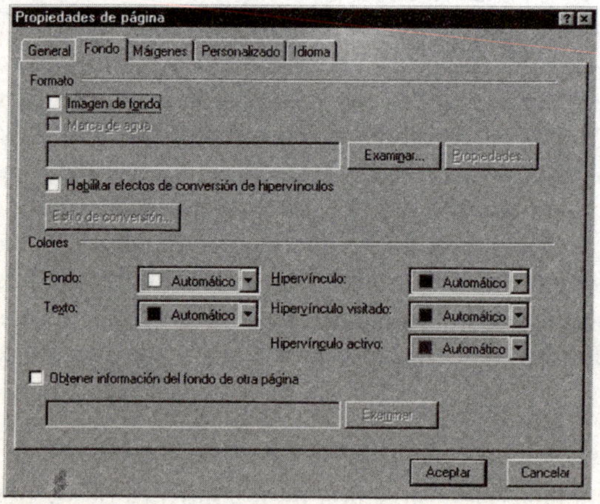

Figura 7.40.
Ficha Fondo del cuadro de diálogo Propiedades de página.

como fondo de página; la mayoría de los exploradorcs presentan esta imagen en mosaico de forma automática. Seguramente ya habrá visto algo parecido en la World Wide Web. Un fondo en mosaico puede ser muy eficaz si mejora la «visibilidad» de la página y no perjudica la visión del texto u otras imágenes en la página.

Consejo Para ajustar las propiedades de una imagen de fondo existente, abra el cuadro de diálogo Propiedades de página y pulse el botón Propiedades de la sección Formato, para acceder al cuadro de diálogo Propiedades de imagen. Véase el Capítulo 8 para obtener más información sobre este cuadro de diálogo.

- **Formato de la marca de agua.** Las marcas de agua son imágenes de fondo que no se desplazan cuando se mueve la página. Si quiere utilizar esta característica, marque la casilla Marca de agua. Si lo desea, puede utilizar el botón Examinar para especificar dicha imagen. Nota: puede que esta característica no funcione correctamente en algunos exploradores.
- **Habilitar efectos de conversión de hipervínculos.** Si marca esta casilla de verificación, se activarán en las páginas los efectos de conversión de hipervínculos. Al marcar la casilla, se activa el botón Estilo de conversión, que abre el cuadro de diálogo Fuente, desde el que podrá seleccionar un estilo para los efectos de conversión.
- **Color de fondo.** Si no quiere utilizar una imagen en mosaico, podrá especificar, en su lugar, un color de fondo para la página. Puede utilizar cualquier color que considere atractivo, pero asegúrese de que el texto y las imágenes resultan bien visibles sobre el color de fondo elegido. Utilice la lista desplegable Fondo para elegir un color.
- **Color de texto.** Para especificar el color predeterminado del texto que aparece en la página, utilice la lista desplegable Texto. El negro es la elección más segura, pero no dude en experimentar con otros colores que puedan quedar bien en contraste con el color de fondo que se haya utilizado. Los textos que se hayan configurado con un color diferente en la vista Página no se verán afectados por el color predeterminado que se especifique aquí.
- **Color de hipervínculo.** Para especificar el color de los vínculos de una página que no hayan sido visitados, utilice la lista desplegable Hipervínculo.
- **Color de hipervínculo visitado.** Los vínculos adquieren este color una vez visitados. Si un vínculo aparece en más de una página, una vez visitado, todas las copias del vínculo en todas las páginas del web adquieren el color de Vínculo visitado. Especifique el color de estos vínculos en la lista desplegable Hipervínculo visitado.

El color predeterminado de los vínculos es el azul, y el de los vínculos visitados es el morado. Sería interesante cambiarlos para que la gente supiera que se ha preocupado de personalizar todos los detalles.

- **Color de hipervínculo activo.** El color de un hipervínculo activo es el color que tiene un vínculo al ser pulsado. Para especificar aquí su color, utilice la lista desplegable Hipervínculo activo.

La opción Obtener información del fondo de otra página, sirve para especificar que se utilice el mismo color de fondo, imagen de fondo, color de texto y colores de vínculos que ya hayan sido definidos en otra página. Active esta casilla de verificación y luego pulse Examinar para indicar la página del sitio web actual que va a utilizar como modelo. Si ya ha configurado esas propiedades en otro lugar, se ahorrará algún tiempo, porque no necesitará configurarlas otra vez en la página actual.

Consejo La opción Obtener información del fondo de otra página es una característica única de FrontPage y es un buen método para crear una «página de estilo», o una plantilla de propiedades de página, si es eso lo que desea. Si, por ejemplo, realiza cambios en el fondo y en los colores de la página de estilo, estos cambios quedarán reflejados en todas las páginas que utilicen esa página de estilo.

La ficha Personalizado presenta una lista de las metaetiquetas, o variables del sistema, que se utilizan en la página. Las metaetiquetas habitan en el código fuente HTML de las páginas y contienen información sobre ellas; por ejemplo, el tipo de contenido que se ha incluido, el conjunto de caracteres utilizado y la aplicación que ha generado el código HTML. No aparecerán nunca en el explorador del visitante, pero sí en el código HTML de las páginas del sitio web, y pueden suministrar información a un explorador que las reconozca. En esta ficha se pueden agregar, modificar o quitar metaetiquetas de variables del sistema y variables del usuario. Aquí se pueden definir también las Variables del usuario como, por ejemplo, la variable Generator.

La ficha Idioma se utiliza para especificar el idioma empleado para revisar la ortografía y la codificación HTML para guardar y cargar la página. Estas configuraciones se utilizan en páginas web que tengan diferentes idiomas.

Utilización de las fichas de la vista Página

A la gran mayoría de la gente le gusta ver las cosas desde diferentes ángulos, y a muchos les gusta poder ver los elementos ocultos de sus sitios web. Por esta razón, FrontPage permite ver las páginas de unas cuantas maneras distintas. Las fichas de vistas están situadas en la parte inferior de la ventana de la vista Página.

Utilización de la vista Normal

Para muchos, el código HTML es algo que les resulta espeluznante. Ésa es precisamente una de las razones por las que está utilizando FrontPage, ¿verdad? Por eso, aquellos que no quieren tener nada que ver con este código agradecerán poder trabajar en la vista Página, utilizando la vista Normal.

La vista Normal es la que hemos estado utilizando durante la mayor parte del libro y, si no quiere ver ningún fragmento de código en toda su vida, éste es el lugar en el que debería quedarse.

Utilización de la vista HTML

Al trabajar con FrontPage, uno se siente como si estuviera en una «zona libre de HTML», en donde uno se puede quedar siempre sin tener que ver nada de código HTML, si eso es lo que desea. No obstante, si es un ferviente admirador de este lenguaje o, si simplemente le puede la curiosidad, no queremos que se sienta abandonado, por lo que también es posible ver y modificar este código en la vista Página. Para ver el código HTML de cualquier página que esté abierta en la vista Página, pulse sobre la ficha de la vista HTML, situada en la parte inferior de la ventana de FrontPage. La Figura 7.41 muestra una página en donde se ha seleccionado esta ficha.

Para modificar el código que se ve en la vista HTML, se pueden utilizar las mismas teclas de acceso directo que se usan normalmente en cualquier página, como

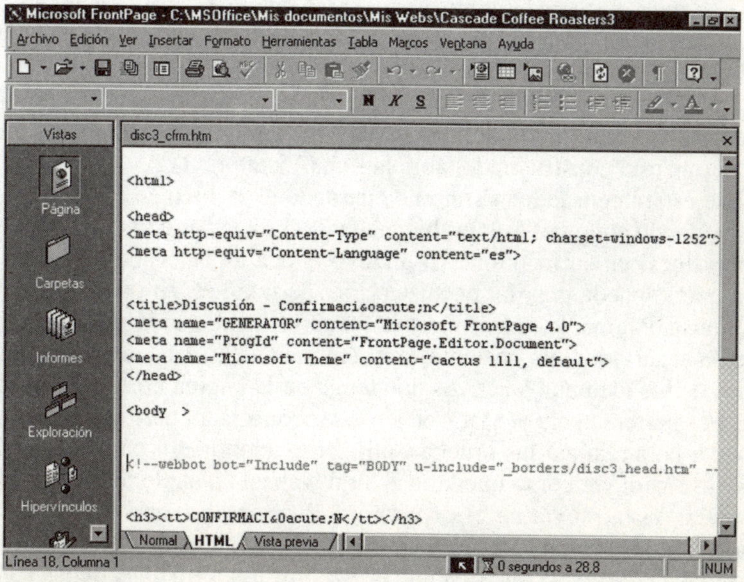

Figura 7.41.
Vista Página cuando está seleccionada la ficha HTML.

copiar, cortar y pegar. El código HTML que aparece en esta vista tiene diversos colores; es decir, los marcadores HTML, los atributos, el código JavaScript y el texto de la página se encuentran diferenciados por colores, lo que facilita en gran medida la revisión del código.

La vista HTML es en realidad un editor de HTML completo. Si comete un error o le surge cualquier problema, recuerde que existen las órdenes Deshacer y Rehacer. FrontPage no intenta corregir el código HTML que se agrega a esta página, por lo que debe tener cuidado con los cambios que realice.

Consejo Si se siente un poco abrumado con tanto código HTML y está intentando encontrar un lugar en concreto del código que es preciso modificar, puede probar este truco. Estando en la vista Normal, coloque le punto de inserción en el área que quiere modificar y, a continuación, active la vista HTML. El área en la que está colocado el punto de inserción será la que se muestre al abrir la vista HTML. Verá el punto de inserción parpadeando, ya preparado para comenzar. Si selecciona un texto o una imagen estando en la vista Página y luego activa la vista HTML, esta área también aparecerá seleccionada en el código.

Vista previa

Pongamos por caso que se encuentra trabajando en un sitio web sin estar conectado. A lo mejor está en la playa con su computadora portátil, o en alguna isla remota que no tiene línea telefónica. Aunque la verdad es que si estuviera en esa situación, no me puedo imaginar por qué demonios estaría trabajando en el sitio web; no obstante, imaginemos que es así. Durante el proceso de construcción de las páginas, querrá ver cómo están quedando, pero sin tener una conexión telefónica y no habiendo ninguna manera de publicar las páginas en el servidor, ¿qué se puede hacer? Pues solamente hay que activar la Vista Previa de la vista Página. Para obtener una vista preliminar de la página que está construyendo, abra la ficha Vista previa.

Sé lo que estará pensando: «Si no he guardado el archivo en el servidor, ¿qué es lo que estoy viendo entonces?» Pues bien, cuando FrontPage edita un archivo, lo edita de manera local en su máquina. El archivo queda almacenado en una ubicación local hasta que lo pueda guardar en su servidor de Internet. Al utilizar la ficha Vista previa de la vista Página, lo que se ve es ese archivo local, que se presenta como si se encontrara en el servidor. No obstante, como realmente no está en un servidor, puede que algunos de los elementos activos que tenga en la página no funcionen. La ficha Vista previa es perfecta para ver su web sin estar conectado, pero sería mucho mejor, especialmente para realizar las pruebas, utilizar un explorador conectado a Internet. Otra alternativa para ver cómo quedaría el sitio web en un explorador sería utilizar la orden de menú Vista previa en el explorador. Para obtener más información sobre esta orden, véase la sección «Vista previa en un explorador» de este capítulo.

Si el sitio web que está construyendo utiliza marcos, verá unas fichas adicionales en la parte inferior de la pantalla en la vista Página. Para obtener una explicación sobre estas fichas de vistas con marcos, véase el Capítulo 6.

Utilidades y otras órdenes interesantes

En FrontPage podrá encontrar numerosas utilidades y otras órdenes que facilitarán un poco más su trabajo. Puede que incluso le salven el pellejo si alguna vez comete algún error.

Vista previa en un explorador

Lo crea o no, hay mucha gente que no utiliza los exploradores Internet Explorer ni Netscape Navigator. Así que si quiere que el sitio que está construyendo sea accesible a todo el mundo, debería probarlo en todos los exploradores posibles. Por tanto, puede ser buena idea instalar varios exploradores en la computadora y ver el sitio en cada uno de ellos. También debería pensar en probar el sitio utilizando diferentes versiones de esos mismos exploradores.

De esta forma, podrá ver en cualquier momento el progreso de su trabajo y cómo van a verlo esas multitudes que seguramente se van a amontonar para entrar en su sitio. Para que FrontPage muestre la página actual en el explorador web de su elección, seleccione la orden Vista previa en el explorador, en el menú Archivo. Al hacerlo, se abrirá el cuadro de diálogo que se muestra en la Figura 7.42.

Elija, en la sección Examinar, uno de los exploradores disponibles. Se pueden incluir otros exploradores en la lista pulsando el botón Agregar. Si lo hace, se abrirá el cuadro de diálogo Agregar explorador, en donde habrá que escribir el nombre del explorador y la ruta y nombre del archivo ejecutable (que tiene la extensión de archivo .EXE). Si quiere buscar el archivo ejecutable, pulse el botón Examinar de este último cuadro de diálogo.

En el cuadro de diálogo Vista previa en el explorador, también es posible modificar o eliminar exploradores que se hayan agregado a la lista.

Para modificar un explorador, selecciónelo en la lista y pulse Modificar. Para eliminar un explorador, selecciónelo también y pulse Eliminar. Si FrontPage ha agrega-

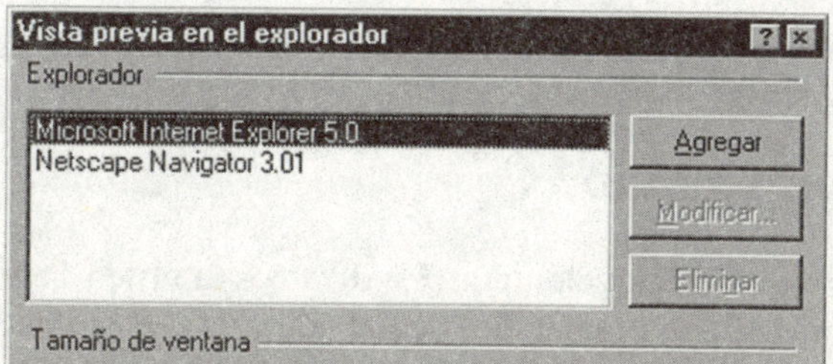

Figura 7.42.
Cuadro de diálogo Vista previa en el explorador.

do automáticamente un explorador al cuadro de diálogo Vista previa en el explorador, los botones Modificar y Eliminar, normalmente, no estarán activados para este explorador en concreto.

También se puede especificar el tamaño de la ventana del explorador, seleccionando uno de los botones de opción de la sección Tamaño de la ventana. Ésta es una buena razón para utilizar la orden Vista previa en el explorador: así podrá probar el sitio con diferentes tamaños de ventana. A lo mejor ha diseñado las páginas del sitio utilizando una resolución de 1024 por 768, pero quiere comprobar cómo van a ver la ventana del explorador los visitantes que utilicen una resolución VGA normal (640 por 480). Para que todos los tamaños de ventana funcionen correctamente, se deberá tener una resolución de pantalla igual o mayor que la que haya seleccionado. Si pulsa el botón Vista previa, la página actual aparecerá en el explorador seleccionado y con el tamaño de ventana especificado.

Utilización de las órdenes Deshacer y Rehacer

Hay cosas, como ciertos penaltis fallidos y goles en propia puerta, que probablemente pasarán a los anales de la historia, pero no los errores que cometa al trabajar en la vista Página. La orden Deshacer le puede salvar la vida, ya que su función es la de anular la última acción realizada en la página. Con esta orden se pueden anular hasta las últimas 30 acciones. Para deshacer una acción, hay que seleccionar la orden Deshacer en el menú Edición, o bien pulsar el botón del mismo nombre en la barra de herramientas estándar.

Para anular el efecto de la orden Deshacer, hay que seleccionar Rehacer en el menú Edición o pulsar el botón del mismo nombre en la barra de herramientas Estándar. Con esta orden se pueden rehacer las últimas 30 órdenes borradas con Deshacer.

Consejo Para Deshacer y Rehacer más rápidamente, pulse las teclas CTRL + Z y CTRL + Y, respectivamente.

Seguimiento de un vínculo

La vista Página puede servir de miniexplorador si utilizamos la orden Seguir hipervínculo. Para ver la página, archivo o marcador actual con el que está conectado un vínculo, pulse la tecla CTRL y luego con el ratón, o bien pulse en el vínculo con el botón derecho del ratón y luego seleccione Seguir hipervínculo en el menú emergente.

Si el vínculo conduce a otra página, FrontPage la abrirá automáticamente. Si el vínculo lleva hasta un archivo, como un documento de Microsoft Excel, FrontPage abrirá la aplicación correspondiente y presentará dicho archivo en su entorno original.

Creación de una tarea

Si quiere agregar una tarea a la vista Tareas, seleccione la opción Tarea en el menú Edición y luego Agregar tarea en el menú emergente.

Se abrirá entonces el cuadro de diálogo Nueva tarea (véase la Figura 7.43), en donde se pueden añadir detalles a la tarea que aparece en la vista Tareas como, por ejemplo, el nombre, su propietario, la prioridad que tiene y su descripción. La tarea estará vinculada a la página activa. En el Capítulo 3 se trata más a fondo la utilización de la vista Tareas.

Utilización del corrector ortográfico

FrontPage viene equipado con el corrector ortográfico de Microsoft Office, por lo que existe una buena compatibilidad entre los documentos de Office y los sitios web de FrontPage. Es posible revisar la ortografía de un texto seleccionado, de determinadas páginas o de todas las páginas HTML del sitio web.

Consejo Para acceder al corrector ortográfico más rápidamente, hay que pulsar el botón Ortografía de la barra de herramientas Estándar.

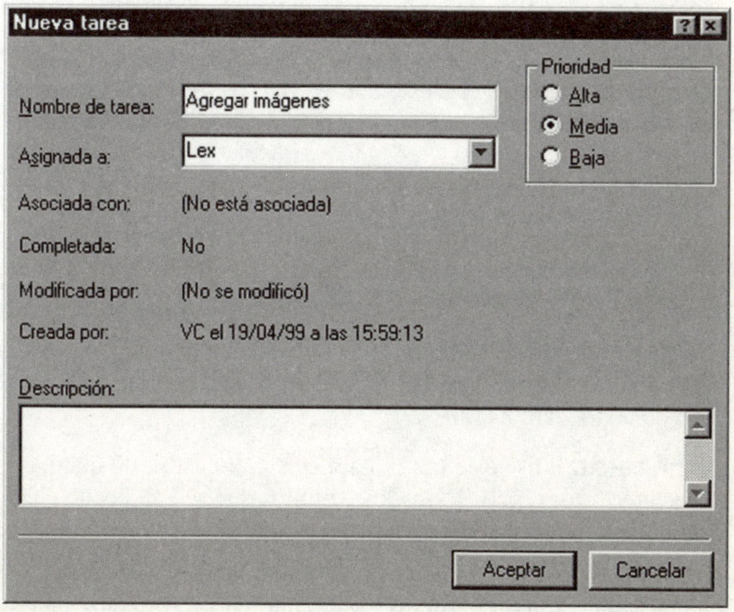

Figura 7.43.
Cuadro de diálogo Nueva tarea.

Revisión de la ortografía de una página abierta

A continuación se detallan los pasos que hay que seguir para revisar la ortografía de una página abierta:

1. Para revisar la ortografía de un fragmento de texto, selecciónelo primero. Para revisarla en toda la página no es necesario seleccionar nada.
2. Seleccione la orden Ortografía en el menú Herramientas, o bien pulse F7. Si no hay ningún texto seleccionado, el corrector ortográfico comenzará a realizar su trabajo desde el principio de la página. Si no encuentra ninguna palabra que no sea capaz de reconocer, presentará un cuadro de diálogo en el que le informará de que la revisión ortográfica ha finalizado.
3. Si el corrector ortográfico encuentra palabras que no ha sido capaz de reconocer, se abrirá el cuadro de diálogo Ortografía. Éstas son las opciones que se presentan en este cuadro:

    - **No se encontró.** En este cuadro de texto aparecen las palabras que no se encuentran en el diccionario de Office ni en el diccionario personalizado.
    - **Omitir.** Pulse este botón para omitir la palabra actual y pasar a la siguiente palabra no reconocida.
    - **Omitir todas.** Pulse este botón para omitir todas las palabras que sean iguales a la actual y continuar con la revisión.
    - **Cambiar.** Este botón sirve para sustituir la palabra no reconocida que aparece en el cuadro de texto No se encontró, por la que se ha seleccionado en el cuadro Cambiar a.
    - **Cambiar todo.** Pulse este botón para sustituir todas las palabras iguales a la actual por la que aparece en el cuadro de texto Cambiar a.
    - **Agregar.** Este botón agrega la palabra destacada en el cuadro de texto No se encontró al diccionario personalizado, tal y como está. Nota: FrontPage comparte el diccionario personalizado con Office, por lo que todas las palabras que agregue en las aplicaciones de Office estarán disponibles en FrontPage y viceversa.
    - **Sugerir.** Cuando este botón está activado, se utiliza para ver una lista de las palabras alternativas, basándose en la palabra que aparece en el cuadro de texto Cambiar a.
    - **Cancelar.** Pulse este botón para cerrar el cuadro de diálogo y salir del corrector ortográfico. Todos los cambios que se han hecho en la página y en el diccionario personalizado se conservan.

El corrector ortográfico no corrige los archivos que se han incluido en las páginas utilizando un componente Incluir de FrontPage, por lo que, para revisar su ortografía, hay que abrirlos por separado. Para obtener más información sobre los componentes de FrontPage, véase el Capítulo 9.

Revisión de la ortografía de todas las páginas del sitio

Para revisar la ortografía de todas las páginas HTML de un sitio, hay que seleccionar la orden Ortografía en el menú Herramientas en cualquier vista, excepto en la vista Página, o bien pulsar F7. En el cuadro de diálogo Ortografía hay que especificar si se van a revisar todas las páginas HTML del sitio o solamente una selección de ellas. Para seleccionar varias páginas, pulse la tecla CTRL a la vez que pulsa con el ratón sobre los iconos de las páginas en la vista Carpetas. A continuación pulse Iniciar.

FrontPage presentará los resultados de la revisión ortográfica en el cuadro de diálogo Ortografía. En este mismo cuadro de diálogo también se pueden ver detalles, como las páginas que contienen faltas de ortografía y el número de palabras incorrectas por página. Si quiere corregir un error en ese mismo momento, pulse dos veces la página correspondiente en la lista. Será transportado a esa misma página en la vista Página y se le ofrecerá la oportunidad de realizar los cambios que desee. Si no le apetece hacer los cambios en ese momento, o si le está esperando un amigo para ver ese partido que empieza dentro de media hora y aún tiene que encargar una pizza durante el camino de vuelta a casa, pulse el botón Agregar una tarea para cada página con errores ortográficos. Además, en la vista Tareas también podrá asignar el nombre de su amigo a las tareas. Cuando haya terminado de utilizar el cuadro de diálogo Ortografía, pulse Cerrar.

Utilización de las órdenes Buscar y Reemplazar

Las órdenes Buscar y Reemplazar se utilizan para buscar y reemplazar palabras en la página actual o en varias páginas HTML del sitio. Piense un segundo en lo útil que puede ser esta característica. Si en el sitio aparece la palabra "calavera" docenas de veces, y lo que realmente quería escribir era "carabela", tiene un gran problema entre manos. Pero afortunadamente existe una herramienta que sirve para llevar a cabo una búsqueda por todas las páginas del sitio y arreglar rápidamente los errores que sepa que existen.

- **Buscar.** Para abrir el cuadro de diálogo Buscar, seleccione la orden Buscar en el menú Edición. Escriba el texto que quiera encontrar e indique si desea que FrontPage lo busque solamente en unas cuantas páginas seleccionadas o en todo el sitio web. Si solamente quiere buscar palabras completas, marque la casilla Sólo palabras completas. Tenga cuidado con esta opción, porque si, por ejemplo, busca la palabra *la* pero le indica que busque *l*, no va a encontrar ningún ejemplo de la palabra si ha activado esta casilla. Por el contrario, si no la ha activado, podrá encontrar todos los ejemplos de *l* que haya.

  Marque la casilla Coincidir mayúsculas y minúsculas si el texto que quiere encontrar tiene exactamente las mismas mayúsculas y minúsculas que indique. También se puede especificar la dirección de la búsqueda, Arriba o Abajo, en relación con el punto de inserción. Cuando se encuentre con un ejemplo de la palabra seleccionada, pulse el botón Buscar siguiente para continuar buscando. Pulse Cancelar para cerrar el cuadro de diálogo y detener la búsqueda.

- **Reemplazar.** Para sustituir un texto por otro determinado, utilice la orden Reemplazar del menú Edición, o bien pulse CTRL + H. Se abrirá entonces el cuadro de diálogo Reemplazar.

  Escriba el texto que quiera sustituir en el cuadro de texto Buscar y el que quiera que lo sustituya en el cuadro Reemplazar con. Para buscar una palabra completa o un texto que tenga exactamente las mismas mayúsculas o minúsculas que ha indicado, marque las casillas correspondientes. Por otra parte, si quiere sustituir todos los ejemplos de un texto que haya en la página, pulse el botón Reemplazar todo. Para comenzar la búsqueda, pulse el botón Buscar siguiente. Observará que cuando FrontPage encuentra una de las palabras que está buscando, ésta queda seleccionada en la página. Para sustituirla, pulse el botón Reemplazar y para pasar a la siguiente, pulse Buscar siguiente.

Utilización del diccionario de sinónimos

Ahora ya podemos aprovecharnos de todas las ventajas del diccionario de sinónimos de Microsoft Office en el propio FrontPage. Este diccionario es muy útil en esos días lluviosos en los que se sienta en su despacho, intentando encontrar una palabra que tiene en la punta de la lengua, y no es una gran ayuda que su mente divague por los recuerdos de esas vacaciones en Hawaii.

Para utilizar el diccionario de sinónimos, seleccione una palabra y elija la opción Sinónimos en el menú Herramientas, o bien pulse MAYÚS + F7. Se abrirá el cuadro de diálogo Sinónimos, que se utiliza de la misma forma que en el resto de las aplicaciones de Office.

- En el cuadro de texto Buscado aparecerá la palabra que quiere sustituir por un sinónimo.
- En la lista Significado aparecerán los significados de la palabra que quiere sustituir. Si selecciona uno de estos significados, aparecerá una lista de sinónimos en la lista Reemplazar con el sinónimo.
- Pulse una palabra de la lista Reemplazar con un sinónimo, si quiere que ésta sustituya a la que haya seleccionado antes en la vista Página, o si quiere utilizar esa palabra para realizar otra búsqueda. Para utilizar la palabra en ese mismo instante, pulse Reemplazar y volverá automáticamente a la vista Página, en donde encontrará el sinónimo en su lugar. Para seguir buscando utilizando el sinónimo como una nueva palabra que hay que sustituir, pulse el botón Buscar.
- Si prefiere no utilizar ninguna de las palabras que se muestran en el diccionario de sinónimos, pulse Cancelar.
- Si el botón Anterior está activado, puede pulsarlo para volver a la palabra anterior encontrada.

Cómo moverse entre las páginas abiertas

Para moverse entre las diversas páginas que se encuentran actualmente abiertas en la vista Página, hay que pulsar el botón Atrás de la barra de herramientas Estándar. Cuando se pulsa la flecha a la derecha de este botón, aparece una lista desplegable en donde se muestran todas las páginas a las que se puede ir.

Cómo actualizar una página

Para actualizar una página activa en la vista Página, sustituyendo la última versión guardada de la misma, pulse el botón Actualizar de la barra de herramientas Estándar, o bien seleccione la orden Actualizar en el menú Ver. Si ha realizado cambios desde la última vez que la guardó, se abrirá un cuadro de diálogo en el que se le preguntará si quiere guardar los cambios. Pulse Sí o No y FrontPage actualizará la página. Esta orden resulta muy útil si se han realizado cambios en la página que no quiere guardar, y prefiere comenzar otra vez desde la última versión guardada. También resulta muy útil para ver los cambios que otra persona haya realizado en una página. Otra forma de actualizar la página en cualquier momento es pulsando la tecla F5.

Cómo detener una acción

Para detener una acción, pulse el botón Detener de la barra de herramientas, si éste se encuentra activado. Esta orden resulta de utilidad para detener acciones que están tardando demasiado tiempo en llevarse a cabo o que se hayan quedado bloqueadas.

Cómo personalizar las barras de herramientas

Todas las barras de herramientas se pueden personalizar para que incluyan sólo aquellos botones que desee que estén visibles en esa barra de herramientas. Cada una de las barras tiene su propio conjunto de botones potenciales entre los que elegir. Pulse la flecha Abajo que se encuentra a la derecha de cualquier barra de herramientas, para abrir el menú emergente Agregar o quitar botones. En este menú hay una lista de los botones disponibles para esa barra de herramientas. Aquellos botones que tengan una marca junto a ellos ya se encuentran en la barra de herramientas. Se pueden marcar y desmarcar estos botones para que las barras queden como se desee.

A continuación

Con esto hemos finalizado la explicación sobre el formato y la utilización de las órdenes de archivo y utilidades de FrontPage. En el próximo capítulo aprenderemos a usar FrontPage para trabajar con imágenes.

8
Los gráficos

Imágenes: una decisión equilibrada

Cualquier escritor le dirá que «el contenido es lo más importante», pero los artistas gráficos afirmarán que «el contenido es una cosa, pero si quiere que alguien lo lea, es necesario añadirle algunos gráficos». Como diseñador de sitios web, tendrá que moverse entre estos dos puntos de vista y hacer frente al dilema que plantean en cada una de las páginas de su web.

Al trabajar con gráficos en un sitio web, el principal problema que presentan es su tamaño, que se traduce directamente en el tiempo que tarda una imagen en aparecer en un explorador normal. Hay que tener en cuenta cosas como los formatos de los archivos gráficos, las resoluciones, el programa de edición de imágenes, las paletas de colores y los exploradores, entre otras muchas cosas. Pero la idea principal es que los mejores gráficos son aquellos que tienen una calidad de imagen razonable y no ocupan mucho espacio de disco.

Como la mayoría de la gente sigue utilizando módems de 14.4 KB, muchos diseñadores de sitios web limitan el tamaño de sus páginas. Normalmente, una página que incluya imágenes no debería exceder los 35 o 40 KB. No se preocupe, ese ruido que acaba de oír ha sido el grito colectivo de todos los diseñadores gráficos del mundo. Efectivamente, este tamaño no parece el ideal, y la verdad es que no lo es, pero si sigue nuestros consejos para optimizar las páginas, se sorprenderá de todo lo que puede hacer.

En este capítulo se tratarán cuatro aspectos de la utilización de imágenes en los sitios web:

- Los diversos tipos de formatos de archivos gráficos que se utilizan para el diseño de sitios web.

- La manera de optimizar esos formatos mediante el tratamiento del color, para conseguir imágenes que se carguen rápidamente pero que, sin embargo, sigan teniendo una buena calidad.

- La utilización de Microsoft FrontPage 2000 para manipular las imágenes; es decir, agregar imágenes, crear mapas de imágenes, superponer texto a un archivo GIF y crear archivos GIF transparentes, todo ello directamente en FrontPage.
- La nueva barra de herramientas Imágenes, que permite ajustar el contraste y el brillo y, además, voltear, girar y recortar imágenes, desde el propio FrontPage.

Formatos de archivos gráficos

Como ya sabrá, todos los nombres de los formatos de archivos gráficos, o bien son siglas o bien hacen referencia a la extensión del archivo asociado al formato. Por esta razón, estos nombres pueden dar lugar a confusión. Hay archivos BMP, GIF, EPS, PNG, TIF, JPEG, WMF y otros muchos. No obstante, cuando trabaje en un sitio web con FrontPage, se encontrará principalmente dos tipos de archivos de imagen: JPEG y GIF. Ambos son formatos de archivos gráficos comprimidos y son los más utilizados para el diseño web.

Pero se estará preguntando qué ocurre si tiene gráficos que no sean JPEG o GIF y quiere utilizarlos en una página web. Pues bien, ha tenido mucha suerte porque FrontPage puede importar numerosos formatos de archivos gráficos. Éstos son:

GIF Compuserve (GIF)
JPEG (JPG)
Bitmap (BMP)
TIFF (TIF)
Ping (PNG)
Windows Metafile (WMF)
Sun Raster (RAS)
Encapsulated PostScript (EPS)
Paintbrush (PCX)
Targa (TGA)

Al ir a guardar una página que contenga imágenes que todavía no haya guardado, FrontPage le preguntará si quiere guardar todas las imágenes en el sitio web actual. FrontPage guarda todas las imágenes que no sean GIF o JPEG en formato GIF de manera predeterminada. Si prefiere guardar la imagen como JPEG, asegúrese de especificarlo en el cuadro de diálogo Propiedades de imagen, antes de guardar la página.

El formato de archivo JPEG (Joint Photographic Experts Group) es un formato de archivo comprimido ampliable con el que se puede obtener una compresión muy elevada consiguiendo una degradación de imagen muy baja. Es bastante habitual que una imagen pierda parte de su calidad en formato electrónico, especialmente cuando se pasa de un formato a otro. Las imágenes JPEG tienen buenas características de compresión y de degradación de imagen; por eso son perfectas para un entorno web en el que constantemente se les está cambiando de tamaño, convirtiendo o modifi-

Profundidad bit	Número de colores
8 bits	256 colores
7 bits	128 colores
6 bits	68 colores
5 bits	32 colores
4 bits	16 colores
3 bits	8 colores

Figura 8.1.
Relación entre la profundidad bit de la imagen y el número de colores.

cando de muchas otras formas. El formato JPEG es el más adecuado para las fotografías o imágenes de más de 256 colores. FrontPage se fija en el número de bits que se han utilizado para representar cada color de la imagen, lo que también se llama *profundidad bit* del archivo. Las imágenes que tienen ocho bits de información de color por píxel pueden admitir hasta 256 colores diferentes. Cuantos más bits haya, más colores admitirá la imagen (véase la Figura 8.1).

El formato de archivo GIF (Graphics Interchange Format) es un formato comprimido para imágenes que contengan 256 colores o menos. Normalmente, se utiliza en las imágenes que contienen principalmente colores sólidos, como las ilustraciones. El formato GIF también permite utilizar transparencias y entrelazado.

En FrontPage, se pueden hacer varias cosas con las imágenes GIF. Con solamente una pulsación del ratón, puede hacer que el color de un GIF se haga transparente. También es posible escribir un texto sobre el GIF, utilizando cualquier color, fuente o tamaño. Hablaremos de todo esto en la sección «Todo lo que se le puede hacer a una imagen», en este mismo capítulo.

También puede encontrarse con el formato de archivo PNG (Portable Graphics Network), que se pronuncia «ping». Este formato, al igual que el GIF y el JPEG, es un formato de archivo comprimido. Se puede considerar una alternativa al formato de archivo GIF, ya que con él también se puede hacer que un color sea transparente. Aunque las versiones más recientes de los exploradores Internet Explorer de Microsoft y Netscape Navigator admiten el formato PNG, tenga cuidado, porque algunos exploradores no presentan correctamente estos archivos en la pantalla sin un plug-in.

Tratamiento del color

Puede que la idea del tratamiento del color sea nueva para muchos artistas gráficos, pero si quiere que su sitio web tenga éxito, esta función va a ser su mejor amiga. La cuestión básica en el tratamiento del color es ésta: ¿cómo se puede disminuir el número de colores de las imágenes sin disminuir a la vez su calidad? Al disminuir el número de colores, también disminuye el tamaño del archivo de la imagen y, cuanto más pequeño es el archivo, menos tiempo tarda en descargarse en el explorador.

Consejo Comience con una buena paleta de colores, es decir, una colección de colores (normalmente 256) que ha sido diseñada para que funcione correctamente en una gran variedad de exploradores y plataformas. Estas paletas, llamadas «paletas seguras», son muy fáciles de encontrar en la World Wide Web.

Si quiere que los usuarios sean capaces de ver esos gráficos tan espectaculares que está a punto de crear, debería asegurarse de que se descargan a una buena velocidad. Seguramente no le apetecerá nada que los usuarios se sientan frustrados viendo cómo se dibujan en sus pantallas una y otra vez un montón de gráficos con grandes tamaños de archivo. Intente recordar los siguientes consejos para reducir el tamaño de los archivos de imágenes:

- El formato JPEG suele funcionar bastante bien con imágenes de fotografías o raster y el formato GIF con las imágenes que contienen colores sólidos o con imágenes vectoriales, como las ilustraciones o el dibujo lineal.
- Modifique el tamaño de las imágenes utilizando un programa de edición de imágenes. Aunque en FrontPage es posible cambiar las dimensiones de las imágenes, realmente no se cambia el tamaño del archivo de imagen. Si, por ejemplo, inserta en FrontPage una imagen cuadrada de 5 centímetros que tiene un archivo de 10 KB y posteriormente la reduce a 2,5 centímetros en la vista Página, el tamaño del archivo continuará siendo de 10 KB.
- Si está creando una imagen en blanco y negro, guárdela como una imagen en blanco y negro, para reducir el tamaño del archivo.
- Si está creando una imagen que va a guardar en formato GIF y que contiene varias mezclas de colores (también llamadas *gradientes*) o líneas rectas, intente que éstas sean horizontales. El formato GIF realiza la compresión analizando cada una de las líneas horizontales; por este motivo, se puede disminuir el tamaño del archivo si toda la línea tiene el mismo valor de color.
- Pruebe los diversos niveles de compresión JPEG. Intente comprimir los archivos todo lo posible, conservando una calidad de imagen aceptable.
- Trate de ver las imágenes con resoluciones y profundidades de bit diferentes y en varios exploradores. Una imagen JPEG con una profundidad de más de 8 bits se muestra mediante tramado en los monitores que solamente admitan 256 colores.
- Si está utilizando el programa Adobe Photoshop y quiere guardar una imagen en formato GIF, sustituya el modo Color RGB por el modo Color indexado, especifique la profundidad de bit (cuanto más pequeña, mejor) y luego seleccione una paleta de adaptación sin tramado.
- Si está utilizando el programa Photoshop y guarda las imágenes en formato GIF, y sabe que sus imágenes utilizan menos de 256 colores, intente utilizar la Paleta exacta. Este tipo de paletas contienen el número exacto de colores que tiene la imagen y, de esta forma, disminuyen el tamaño de los archivos.

La clave está en experimentar todo lo posible. Se habrá dado cuenta de que los colores son más apagados, pero también se habrá fijado en que el tamaño del archivo ha disminuido. Es una decisión difícil, pero tiene que tomarla si quiere que los gráficos aparezcan rápidamente en el explorador.

Aunque parezca extraño, hay personas a quienes no les gusta nada tener que esperar a que aparezcan los gráficos, así que no olvide aprovecharse de la característica de texto alternativo, que se explicará más adelante en la sección «Cómo cambiar las propiedades de las imágenes». Diseñe las páginas de tal modo que esas personas «antigráficos» sigan pudiendo navegar por su sitio web sin problemas.

Definición de colores en HTML

Si es nuevo en todo esto de HTML y quiere saber cómo se definen los colores en el código para que aparezcan en el explorador, continúe leyendo, porque eso es precisamente lo que está a punto de descubrir.

Seguramente ya sabrá que su monitor utiliza valores RGB (rojo, verde y azul) para presentar todos los colores que aparecen en la pantalla. El código HTML no entiende los valores RGB que utiliza el monitor; por eso utiliza un valor de color hexadecimal (hex) para presentar los colores en el explorador. Seguramente se estará preguntando qué son los valores de color hex, y por qué le tendrían que interesar. Pues bien, si está creando gráficos originales y no quiere que se muestren de manera tramada, o si simplemente quiere conocer el código HTML para modificar el color, tendrá que saber qué es todo esto. Como ya sabemos que es conveniente utilizar una paleta «segura» de 256 colores, nos concentraremos en los valores hex y RGB que conforman esta paleta.

Si observa el código HTML de una página (utilizando la ficha HTML de la vista Página, por ejemplo), verá la etiqueta *color*. Si, por ejemplo, tiene un texto en negro en la página que dice «Hola», el código sería algo así: <font color=»#000000»>Hola </font>. El sistema de números hexadecimales es un sistema base-16, con números comprendidos entre 0 y F. Los colores hex son una serie de tres conjuntos de dos números o letras. Cada conjunto de dos caracteres tiene relación con un valor R, G y B; por eso hay un total de seis. En el ejemplo anterior, 000000 representa el color negro, que es la ausencia de color. El otro extremo sería FFFFFF, que es el blanco, formado por la combinación de todos los colores. En un sistema de valores RGB, el negro sería 0,0,0 y el blanco 255,255,255. En realidad se puede escribir cualquier combinación de seis números o letras (de la A a la F) para crear un color hex, pero como no nos queremos salir de nuestra paleta de 256 colores, utilizaremos únicamente valores hex que tengan un equivalente en RGB de 255 o menos. Obviamente, 255 más 0 (negro) nos da los 256 colores de la paleta «segura».

Éste el método que hay que utilizar para determinar si un color forma parte de la paleta de 256 colores: el valor hex de cada color debe ser 00, 33, 66, 99, CC o FF, y pueden combinarse de cualquier forma en los tres conjuntos. El equivalente en RGB sería un valor de 0, 51, 102, 153, 204 o 255. Así que, por ejemplo, si quiere utilizar un color naranja seguro para la palabra «Hola», su valor RGB sería 255,102,51; y su valor hex sería FF, 66, 33. En el código HTML quedaría así: <font color=»#FF6633»>Hola</font>. La ilustración de la Figura 8.2 muestra los valores hex y RGB de la paleta de 256 colores.

Cuadro de valores de la paleta de 256 colores						
HEX	00	33	66	99	CC	FF
RGB	0	51	102	153	204	255

Figura 8.2.
Valores hex y RGB de la paleta de 256 colores.

Ahora, cuando trabaje con su programa de edición de imágenes favorito, podrá crear colores RGB con confianza, sabiendo que forman parte de la paleta de 256 colores. Y, si es una de esas personas a quienes les gusta utilizar el código HTML, sabrá perfectamente qué significan todas esas etiquetas de color y cómo cambiarlas a su gusto.

Optimización de los fondos

Si tiene un fondo fantástico y quiere que se cargue rápidamente sin que pierda mucha calidad, estos consejos pueden serle de utilidad:

- Las imágenes de fondo son gráficos en mosaico, así que siga los consejos que se ofrecieron en la sección anterior para disminuir el tamaño de los archivos.
- Disminuya las dimensiones físicas de la imagen de fondo para disminuir también el tamaño del archivo.
- No incluya demasiados detalles en un fondo. Recuerde que, en la mayoría de los casos, hay un texto encima de él que hay que poder leer.
- Pruebe los diferentes fondos incluidos en FrontPage. Muchos de ellos tienen archivos muy pequeños (véase la próxima sección para saber cómo insertarlos). También puede utilizar su buscador web favorito para buscar la palabra fondos o backgrounds. Encontrará muchísimas páginas que ofrecen fondos de manera gratuita.
- Considere la opción de utilizar un color de fondo en lugar de una imagen de fondo, ya que reduciría el tiempo de descarga, a veces considerablemente.

Inserción de imágenes

Muy bien, ahora que ya sabemos un poco más sobre los formatos de archivos gráficos y el tratamiento del color, ha llegado el momento de aprender a introducir imágenes en las páginas. Para hacerlo, es preciso activar la vista Página y seleccionar la orden Imagen, en el menú Insertar, y luego la opción Desde archivo en el menú emergente. Siga estos pasos:

1. Estando en la vista Página, coloque el puntero en donde quiera que aparezca la imagen.
2. Seleccione Imagen en el menú Insertar y luego Desde archivo en el menú emergente. Si la imagen ya se encuentra en su sitio web de FrontPage, verá el cuadro de diálogo Imagen que se muestra en la Figura 8.3.

Aquí se puede seleccionar cualquier imagen que se encuentre en un archivo del sitio web abierto y examinar las carpetas de ese web. Si quiere obtener una vista previa de la imagen, pulse sobre el archivo con el ratón y ésta aparecerá en la ventana derecha del cuadro de diálogo. Si sabe cuál es su URL, lo único que hay que hacer es escribirlo en el cuadro de texto. También se puede utilizar el explorador web para seleccionar una imagen, o seleccionar un archivo de su computadora, pulsando cualquiera de los botones que se encuentran a la derecha del cuadro de texto URL.

Si quiere insertar una imagen que no forme parte del sitio web actual, o bien si pulsa el botón Seleccionar archivo en el cuadro de diálogo Imagen, se abrirá el cuadro de diálogo Seleccionar archivo, que se muestra en la Figura 8.4.

Desde este cuadro de diálogo, podrá seleccionar cualquier archivo de su máquina local. Si pulsa Cancelar, volverá a aparecer el cuadro de diálogo Imagen.

Si dispone de un escáner o a una cámara digital, tiene a su disposición una herramienta fantástica. Cuando se encuentre en el cuadro de diálogo Imagen, puede utilizar el botón Escáner para activar cualquier dispositivo de este tipo que esté conectado a su computadora. A continuación, ya puede escanear la imagen directamente en FrontPage, en donde le puede dar el nombre que prefiera y guardarla en la carpeta de su elección. Pero si no le apetece tomar decisiones de ese tipo, FrontPage le asignará un nombre y la guardará en la carpeta Temp del directorio en el que esté instalado FrontPage.

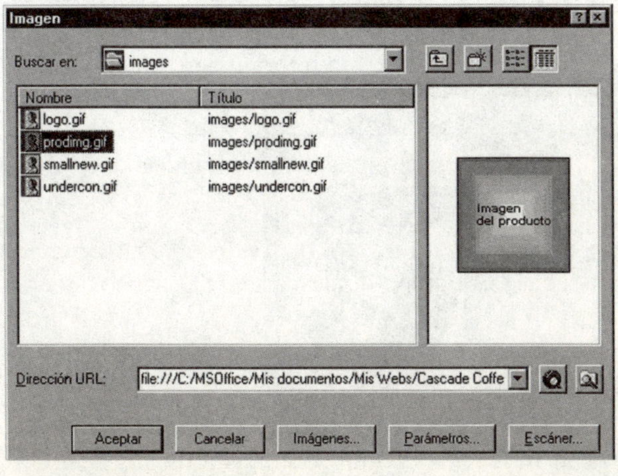

Figura 8.3.
Cuadro de diálogo Imagen de la opción Desde archivo.

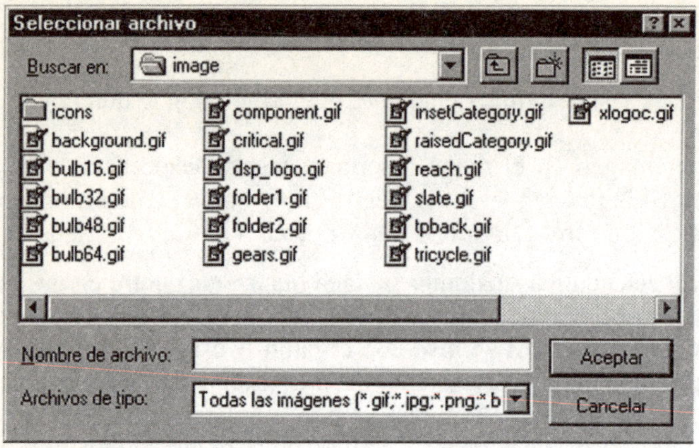

Figura 8.4.
Cuadro de diálogo Seleccionar archivo.

Cómo guardar las imágenes

Las imágenes de una página no se guardan en el archivo que contiene el código HTML, sino como archivos independientes en sus formatos de imagen (GIF o JPEG). El código HTML sólo hace referencia a la ubicación de la imagen.

Si está trabajando con una imagen cuyo origen no estaba en el sitio web abierto en FrontPage, la próxima vez que guarde la página se le pedirá que guarde también la imagen. Para guardar este tipo de imágenes se utiliza el cuadro de diálogo Guardar archivos incrustados, que se muestra en la Figura 8.5.

Los archivos que hay que guardar aparecen enumerados en la parte izquierda, junto con su ubicación y la acción que tendrá lugar al pulsar Aceptar. Si pulsa un

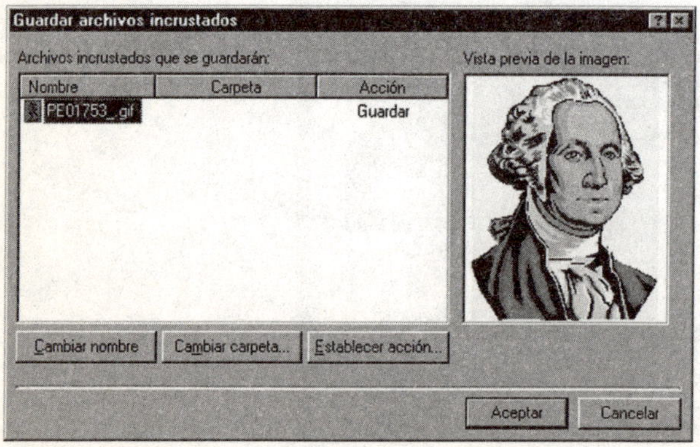

Figura 8.5.
Cuadro de diálogo Guardar archivos incrustados.

archivo de la lista, obtendrá una imagen en miniatura de la imagen en la ventana Vista previa de la imagen. También se puede cambiar el nombre del archivo, su carpeta o establecer una nueva acción de guardado, pulsando el botón apropiado. Cuando haya terminado, pulse Aceptar y FrontPage guardará las imágenes.

Utilización de las imágenes prediseñadas

FrontPage dispone de una amplia colección de imágenes prediseñadas y permite, además, acceder a la librería de imágenes prediseñadas de Microsoft Office, si tiene instalada esta aplicación. Existen dos formas de acceder a estas imágenes: abriendo la ficha Imágenes en el cuadro de diálogo del mismo nombre, o bien seleccionando la orden Imagen en el menú Insertar y luego la opción Imágenes en el menú emergente. En cualquiera de los dos casos, se abrirá la galería de imágenes prediseñadas que se muestra en la Figura 8.6.

Seleccione la categoría que prefiera en una de las tres fichas: Imágenes, Sonidos o Secuencias. Cuando encuentre una imagen que sea de su gusto, púlsela en la ventana de la vista previa y luego utilice el botón Insertar clip. Si está buscando un sonido o una secuencia, puede reproducirlos ahí mismo antes de insertarlos, utilizando el botón Reproducir. Si no encuentra nada que le guste, puede pulsar el botón Clips en línea, que se encuentra en la parte superior del cuadro de diálogo. FrontPage le llevará a la página web de imágenes prediseñadas del sitio www.Microsoft.com, en donde encontrará docenas de imágenes gratuitas. Todas las imágenes que se seleccionen allí se añadirán automáticamente a la galería de imágenes prediseñadas.

Otra forma de agregar imágenes a la galería es pulsando el botón Importar clips (que también se encuentra en la parte superior del cuadro de diálogo) y localizando a

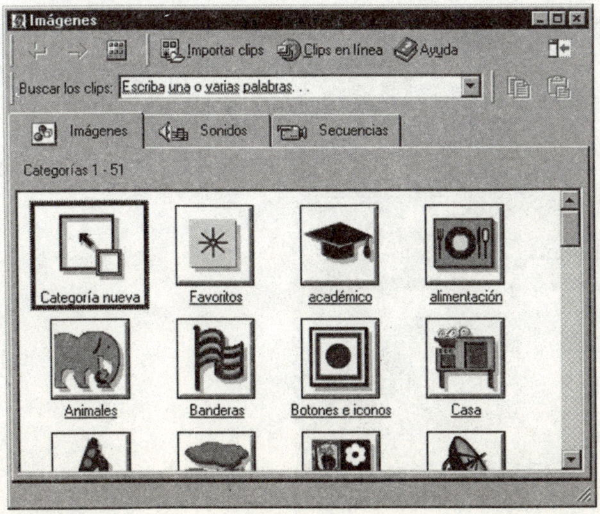

Figura 8.6.
Cuadro de diálogo de la galería de imágenes prediseñadas.

continuación las imágenes. Si necesita ayuda para utilizar este cuadro de diálogo, pulse el botón Ayuda y, si quiere buscar una imagen, escriba las palabras para la búsqueda en el cuadro de texto. Si ha estado curioseando por un montón de galerías de imágenes y quiere volver al principio, solamente tiene que pulsar el botón Atrás.

Ya tengo las imágenes. ¿Y ahora qué?

Una vez que se haya insertado la imagen, FrontPage le ofrecerá diversos medios para manipularla con el cuadro de diálogo Propiedades de imagen. Aquí encontrará información muy útil sobre la imagen, como el tipo y el tamaño, entre otras muchas cosas. Por otra parte, la barra de herramientas Imágenes también ofrece todo un conjunto de herramientas de edición de imágenes, de las que se hablará más adelante.

Cómo cambiar las propiedades de las imágenes

Si le gustaría modificar una imagen y el modo en que aparece en la pantalla, esto es lo que tiene que hacer:

1. Pulse la imagen en la vista Página para seleccionarla. Observe que la barra de herramientas Imágenes queda activada en el momento en que selecciona la imagen.
2. Seleccione la orden Propiedades en el menú Formato. Se abrirá el cuadro de diálogo Propiedades de imagen que se muestra en la Figura 8.7, en el que hay tres fichas: General, Vídeo y Apariencia.

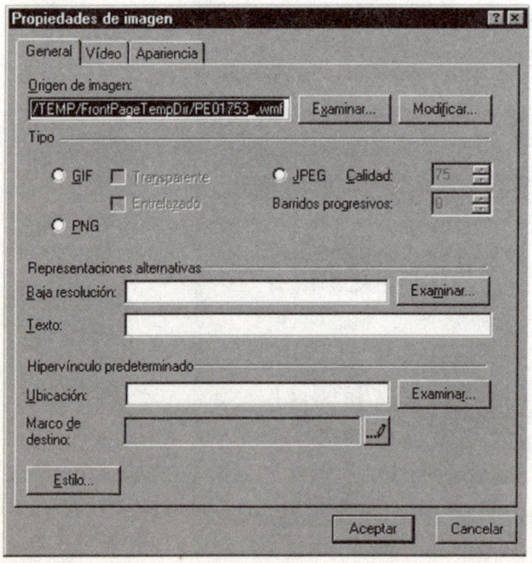

Figura 8.7.
Ficha General del cuadro de diálogo Propiedades de imagen.

3. Haga los cambios que considere oportunos y a continuación pulse Aceptar. Recuerde que esta configuración no es fija y puede volver a abrir este cuadro de diálogo cuando quiera para cambiarla.

A continuación pasamos a detallar los elementos de este cuadro de diálogo, comenzando por la ficha General.

Consejo Otra forma de acceder al cuadro de diálogo Propiedades de imagen, es pulsando sobre la imagen con el botón derecho del ratón y seleccionando Propiedades de imagen en el menú emergente. Si ya hay una imagen seleccionada, puede hacerlo incluso más rápidamente pulsando las teclas ALT + INTRO.

Ficha General

Las opciones que incluye la ficha General son las siguientes:

- **Origen de imagen.** En este cuadro de texto aparece el URL de la página en la que se encuentra la imagen, si está en el sitio web actual; el URL absoluto, si está en la World Wide Web; o la ruta y el nombre del archivo, si la imagen se encuentra en un archivo. Si quiere cambiar de imagen, pulse Examinar y se abrirá el cuadro de diálogo Imagen. Si prefiere abrir la imagen en su editor para trabajar sobre ella, pulse Modificar.
- **Tipo.** Esta sección muestra el formato gráfico de la imagen seleccionada; es decir, GIF, JPEG o PNG. La opción que está seleccionada es el formato actual de la imagen. Al seleccionar una u otra opción, la imagen se convierte automáticamente a ese formato.

  Si está seleccionado el botón GIF, habrá dos opciones para presentar la imagen: Transparente y Entrelazado. Se puede utilizar cualquiera de ellas o las dos al mismo tiempo.

  - **Transparente.** Esta opción solamente está disponible para las imágenes GIF y su casilla aparece marcada si hay un color especificado como transparente. Desmarque la casilla para que las partes transparentes de la imagen vuelvan a tener su color original. Más adelante, aprenderemos a hacer que un color sea transparente y veremos las utilidades de esta característica.
  - **Entrelazado.** Si esta casilla de verificación está marcada, la imagen aparecerá progresivamente en el explorador. Las imágenes de este tipo aparecen cada vez con mayor detalle a medida que se cargan en el explorador.

    Si está marcada la casilla JPEG, se activarán los cuadros de texto Calidad y Barridos progresivos.
  - **Calidad.** Para ajustar la calidad de la imagen hay que escribir un número del 1 al 100. Cuanto mayor sea el número, menos compresión

habrá, lo que originará una imagen de mayor calidad, pero también de mayor tamaño y con una descarga más lenta. La razón, como ya hemos visto, es que los archivos de gran tamaño tardan más en descargarse y presentarse en el explorador. Cuanto más bajo sea el número que se indique, la compresión será mayor y la calidad de imagen será inferior, pero el archivo resultante será de menor tamaño. La configuración predeterminada de la Calidad es 75.

- **Barridos progresivos.** El número que se escriba en este cuadro de texto le indicará al explorador cuántas veces tiene que pasar la imagen a través del servidor antes de que aparezca por completo. No obstante, es preciso resaltar que algunos exploradores no admiten esta característica. La configuración predeterminada de los Barridos progresivos es 0.

- **Representaciones alternativas.** No todos los exploradores admiten imágenes y en la mayoría de ellos se pueden desactivar los gráficos. Asimismo, algunos exploradores pueden presentar las imágenes de alta resolución a una resolución más baja mientras la descargan desde el servidor. También es posible especificar que aparezca texto en lugar de un gráfico, por si acaso los visitantes tienen desactivados los gráficos en sus exploradores. En este último caso se pueden proporcionar representaciones alternativas de la imagen.

  - **Baja resolución.** Especifica que aparezca una imagen de resolución baja en lugar de una de resolución alta, mientras esta última se está cargando. Pulse el botón Examinar, seleccione una imagen alternativa y luego pulse Aceptar. Las personas que utilicen el código HTML han de saber que esta imagen alternativa es la misma que si se emplea el atributo LOWSRC de HTML.

Nota Ni FrontPage ni el explorador verifican la imagen para asegurarse de que la imagen de baja resolución es una versión de la imagen real de alta resolución.

  - **Texto.** Especifica el texto alternativo que se verá en lugar de la imagen cuando el usuario no pueda ver gráficos o cuando tenga desactivada esta función en el explorador. Esta característica es muy útil para prever los casos de aquellos usuarios que vean su sitio web sin gráficos. El texto alternativo resulta muy útil para las personas discapacitadas que no pueden ver, pero sí que quieren «oír» lo que hay en la página utilizando un lector de páginas. Este texto también se ve al pasar el ratón sobre la imagen en el explorador. Por todas estas razones, es conveniente añadir un texto alternativo a todas las imágenes del sitio web y hacer que ese texto sea tan breve como descriptivo. En algunos exploradores, este tipo de texto aparece mientras se está cargando la imagen. FrontPage inserta de manera predeterminada en este campo el nombre de la imagen, junto a su tamaño en bytes. No obstante, esta configuración se puede cambiar.

- **Hipervínculo predeterminado.** Es posible hacer que parte de la imagen, o toda ella, se convierta en una zona activa vinculada con otras ubicaciones. Véase la sección «Creación de mapas de imagen», en este mismo capítulo, para aprender a hacerlo. Si una imagen tiene varias zonas activas, se puede establecer un vínculo predeterminado en aquellas partes de la imagen que no cubran las zonas activas.

  - **Ubicación.** Para especificar un vínculo predeterminado, pulse el botón Examinar y se abrirá el cuadro de diálogo Modificar hipervínculo. Se puede elegir una ubicación entre toda la lista de páginas abiertas, páginas o archivos de sitios web, Gopher, de noticias o FTP, o bien crear una página nueva que sirva de vínculo. Si quiere especificar un vínculo que envíe correo electrónico, pulse el icono Correo en este cuadro de diálogo. Una vez elegido el vínculo, pulse Aceptar para regresar al cuadro de diálogo Propiedades de imagen.

    Si la imagen ya tiene un vínculo predeterminado, al pulsar el botón Examinar se abrirá el cuadro de diálogo Modificar hipervínculo. El vínculo se puede cambiar exactamente del mismo modo que se especificó. Cámbielo y pulse Aceptar para volver al cuadro de diálogo Propiedades de imagen.

  - **Marco de destino.** En este cuadro de texto se puede especificar un marco de destino del vínculo predeterminado. Para obtener más información sobre la configuración del marco de destino, véase el Capítulo 6.

- **Estilo.** Pulse el botón Estilo si quiere adjuntar o modificar una hoja de estilos en cascada asociada a la imagen. Para obtener más información sobre las hojas de estilos en cascada, véase el Capítulo 10.

Ficha Vídeo

La segunda ficha del cuadro de diálogo Propiedades de imagen es Vídeo, tal y como se muestra en la Figura 8.8, y se puede utilizar para insertar un archivo AVI (Audio-Vídeo) en la página. El archivo de imagen designado en la ficha General se utiliza como espacio reservado para el vídeo en la página y es lo que se ve hasta que el archivo AVI termina de cargarse y está preparado para funcionar. La inserción de vídeos utilizando la orden Imagen del menú Insertar y la opción Vídeo del submenú es un proceso ligeramente diferente. Para obtener más información sobre la orden Vídeo, véase el Capítulo 7.

- **Origen de vídeo.** En este cuadro de texto hay que escribir la ruta y el nombre del archivo del vídeo, aunque también se puede utilizar el botón Examinar para localizarlo.

- **Mostrar controles en el explorador.** Marque esta casilla de verificación para que aparezca un conjunto de controles (Reproducir, Detener y una barra reguladora) junto con el vídeo, cuando éste se esté reproduciendo en el explorador.

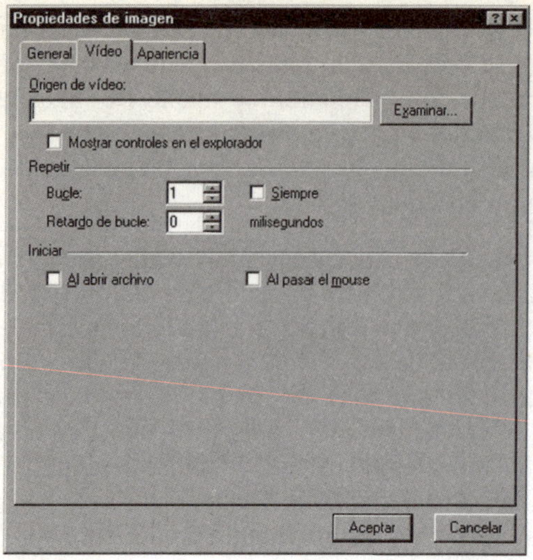

Figura 8.8.
Ficha Vídeo del cuadro de diálogo Propiedades de imagen.

- **Repetir.** En esta sección del cuadro de diálogo se le permite especificar las veces que tiene que reproducirse el vídeo y en qué momento.
  - **Bucle.** Escriba un número para indicar el número de veces que quiere reproducir el vídeo.
  - **Retardo de bucle.** Escriba un número que indique el tiempo que debe transcurrir entre cada una de las reproducciones del vídeo. El retardo se especifica en milisegundos.
  - **Siempre.** Marque esta casilla si prefiere que el vídeo se reproduzca indefinidamente mientras se esté viendo la página.
- **Iniciar.** Las opciones que aparecen en esta sección del cuadro de diálogo le permiten determinar cuándo se reproducirá el vídeo.
  - **Al abrir archivo.** Marque esta casilla para que el vídeo empiece a reproducirse en el momento en que termine de descargarse en el explorador.
  - **Al pasar el mouse.** Marque esta casilla para que el vídeo se reproduzca cuando el usuario coloque el puntero del ratón sobre la imagen.

Ficha Apariencia

La tercera y última ficha del cuadro de diálogo Propiedades de imagen es la de Apariencia (que se muestra en la Figura 8.9), la cual se utiliza para manipular la apariencia de la imagen de varias formas:

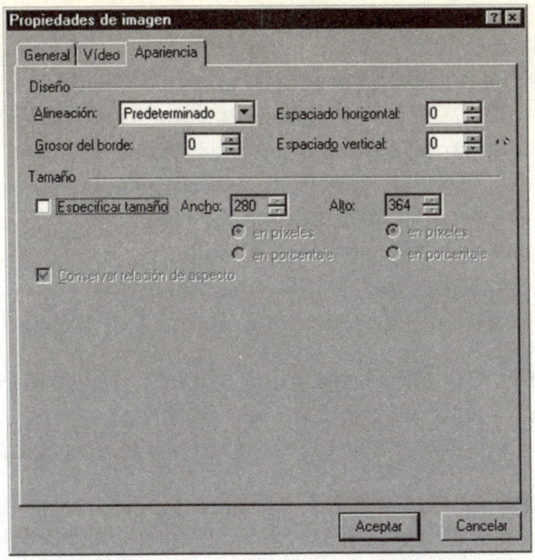

Figura 8.9.
Ficha Apariencia del cuadro de diálogo Propiedades de imagen.

- **Diseño.** En esta sección del cuadro de diálogo se controla la posición de la imagen en la página.

- **Alineación.** Especifica el tipo de alineación entre la imagen y el texto circundante. En HTML, este atributo está definido por el marcador «align =». La imagen puede alinearse de diversas formas:

  Predeterminada. No añade ningún marcador de alineación a la imagen en el código HTML.

  Izquierda. Coloca la imagen en el margen izquierdo y sitúa a su derecha el texto que la precedía.

  Derecha. Coloca la imagen en el margen derecho y el texto que la precedía a su izquierda.

  Superior. Alinea el texto con la parte superior de la imagen.

  Texto superior. Alinea la parte superior de la imagen con la parte superior del texto más alto de la línea.

  Medio. Alinea el texto con el centro de la imagen.

  Medio absoluta. Alinea la imagen con el centro de la línea actual.

  Línea de base. Alinea la imagen con la línea de base de la línea actual.

  Inferior. Alinea el texto con la parte inferior de la imagen, de tal forma que el texto empiece en la parte inferior de ésta.

  Inferior absoluta. Alinea la imagen con la parte inferior de la línea actual.

  Centro. Alinea la imagen en el centro de la página.

Consejo Para colocar la imagen a la izquierda, en el centro o a la derecha de una página, se utilizan los botones de alineación de la barra de herramientas. La alineación de la imagen en la vista Página tiene la característica WYSIWYG, por lo que es posible ver cómo quedaría la imagen en un explorador.

Estas configuraciones solamente se aplican a las imágenes que aparecen en la misma línea que un texto. Si el único elemento que hay en una línea es la imagen, la configuración se establece como Inferior de manera predeterminada.

- **Grosor del borde.** Determina el borde negro que rodea a la imagen. El ancho aparece especificado en píxeles. Para cambiarlo, seleccione el número contenido en el cuadro de texto y escriba el nuevo.
- **Espaciado horizontal.** Configura un espaciado horizontal específico, en píxeles, desde la imagen hasta el texto o imagen más cercanos de la línea actual, a ambos lados.
- **Espaciado vertical.** Configura un espaciado vertical, en píxeles, desde la imagen hasta el texto o imagen más cercanos de la línea inferior o superior.

- **Tamaño.** Esta sección del cuadro de diálogo presenta la altura y la anchura de la imagen en píxeles. Marque la casilla Especificar tamaño para incluir etiquetas de altura y anchura en el código HTML, o cambie el Alto o el Ancho de la imagen indicando nuevos números. Los tamaños se miden en píxeles o en un porcentaje del tamaño actual de la imagen.
  - **Conservar relación de aspecto.** Active esta casilla para mantener la relación entre la altura y la anchura de la imagen si se cambia una de estas dos dimensiones. Dicho de otro modo, si cambia la altura o la anchura, pero no las dos, con esta casilla se podrán mantener las proporciones de la imagen.

Consejo Es posible cambiar el tamaño de una imagen seleccionándola y arrastrando luego sus lados o esquinas. Si arrastra las esquinas, la imagen cambia de tamaño proporcionalmente. Recuerde que estos cambios solamente afectarán a las dimensiones visibles de la imagen y no al tamaño del archivo.

Nota Se dice que el tamaño no importa, pero aquí sí. Siempre es aconsejable marcar la casilla Especificar tamaño en la ficha Apariencia del cuadro de diálogo Propiedades de imagen. Cuando el explorador comienza a cargar la página, busca una serie de marcadores en el código HTML. Uno de estos marcadores indica la presencia de imágenes en la página. Cuando se especifica la altura y anchura de una imagen, el explorador deja espacio para ella en la página, incluso antes de cargarla. Si no se ha especificado ningún valor de altura y anchura de la imagen, el explorador tendrá que esperar a que la imagen se cargue para hacerle un espacio. Cuando ocurra esto, verá que el texto y otros elementos de la página se mueven continuamente para dejar sitio a la imagen.

Todo lo que se le puede hacer a una imagen

Una vez que la imagen ya está en la página, se pueden hacer multitud de cosas con ella, además de especificar o cambiar sus propiedades, utilizando la barra de herramientas Imágenes que se muestra en la Figura 8.10. Para activar esta barra de herramientas, si no lo está ya, hay que seleccionar la orden Barra de herramientas en el menú Ver y luego Imágenes en el submenú. La barra de herramientas quedará flotando, lo que significa que se puede mover hasta el lugar de la pantalla que prefiera, e incluso fuera de la ventana de FrontPage. Para mover la barra de herramientas, pulse con el ratón en cualquier área de su interior que no esté ocupada por un botón y, luego, arrástrela hasta su destino. También se puede colocar en la zona destinada a las barras de herramientas de FrontPage. La barra de herramientas Imágenes se activará automáticamente al seleccionar una imagen en la vista Página.

Con la barra de herramientas Imágenes tiene a su disposición todo un estudio de edición en miniatura. Se pueden crear mapas de imágenes y GIF transparentes, escribir texto encima de un GIF, recortar imágenes y ajustar la calidad de la imagen, además de otras muchas cosas. A continuación analizaremos cada una de estas características, comenzando con el primer botón de la barra, Insertar imágenes desde archivo.

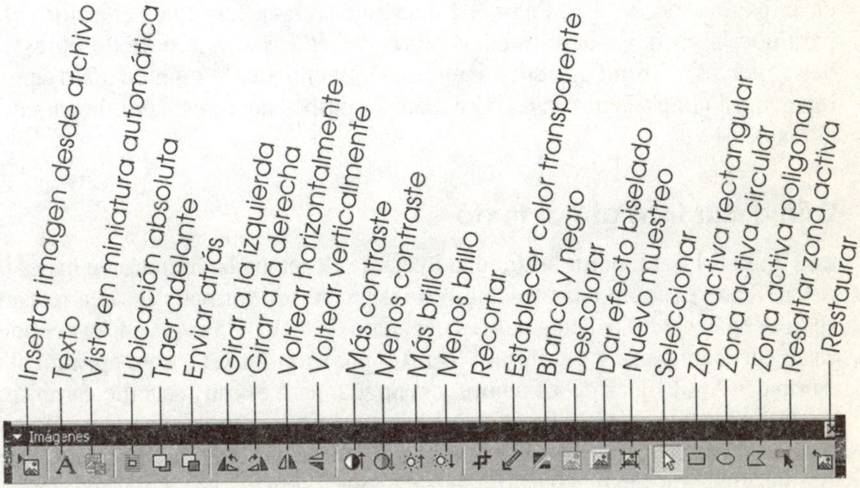

Figura 8.10.
Barra de herramientas Imágenes.

Insertar imágenes desde archivo

Al pulsar este botón en la barra de herramientas Imágenes, se abrirá el cuadro de diálogo Imagen, ya descrito en la sección «Inserción de imágenes» de este mismo capítulo. Se trata de un método bastante rápido, y es especialmente útil para insertar muchas imágenes en la página actual.

Texto

Imagínese que le han encargado organizar todas las páginas del sitio web de la empresa, lo que ya de por sí es un caos. Pero ya ha demostrado que es bastante inteligente habiendo elegido FrontPage para crear el sitio. De repente, su jefe mira la página y dice que quiere que en esa ilustración de la hamburguesa que está en la parte superior se lea «Coma en Jeff's y no se arrepentirá», el eslogan de la empresa, y que además esté vinculada con la página de información nutricional. Pero, claro, ya ha gastado todo el presupuesto para los gráficos, por lo que no se puede permitir el lujo de que lo haga un diseñador. Sin embargo, rápidamente se acuerda de que cualquier persona puede escribir un texto sobre una imagen en la vista Página e incluso convertirlo en un hipervínculo. Si pulsa el botón Texto de la barra de herramientas Imágenes, el problema quedará resuelto y todo el mundo estará contento, incluso el maniático de su jefe, Jeff.

Ésta es una de las funciones más espectaculares de esta barra de herramientas. La herramienta Texto permite escribir un texto con determinado formato encima de una imagen, e incluso convertir ese texto superpuesto en una zona activa, utilizando el cuadro de diálogo Crear hipervínculo. Éste es uno de los mejores medios de incorporar texto a una imagen siempre que sea preciso.

Para utilizar la herramienta Texto, primero hay que haber insertado una imagen en la página, en la vista Página. En segundo lugar, hay que seleccionar la imagen para que la barra de herramientas se active. Pulse el botón Texto en esta barra de herramientas y FrontPage creará automáticamente una región de texto centrada en la imagen. El punto de inserción comenzará a parpadear en esta región para que escriba el texto.

Cómo dar formato al texto

La Figura 8.11 anterior muestra una imagen seleccionada, después de haber pulsado el botón Texto y escrito unas palabras con determinado formato. El área rectangular que aparece en el centro del cuadrado es el campo de texto. Una vez pulsado el botón Texto, ya se puede empezar a escribir. El formato predeterminado que se aplicará al texto que escriba es Arial Black de 12 puntos y centrada, pero es muy sencillo cambiar esos atributos. Es posible cambiar fuentes, colores, tamaños y alineaciones con sólo seleccionar el texto y pulsar uno de los botones de la barra de herramientas Formato. Para obtener más información sobre la barra de herramientas Formato, véase el Capítulo 7.

El texto se muestra en una sola línea, por lo que, si quiere que salte de línea, tendrá que ajustar el ancho todo lo que sea necesario. Para hacerlo hay que cambiar el

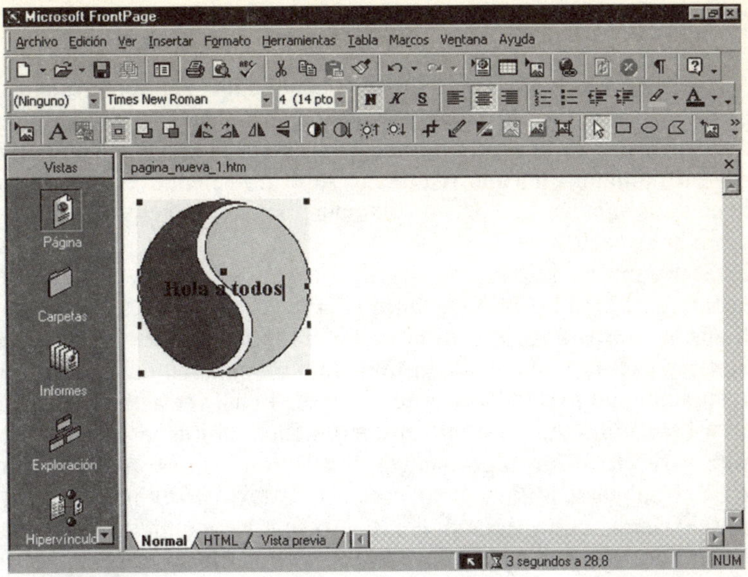

Figura 8.11.
Texto superpuesto a una imagen.

tamaño de la región de texto, dentro de los límites de la imagen. Seleccione un ancla de uno de los bordes (son unos cuadrados pequeños que se encuentran en las esquinas y en medio de los bordes) y arrástrela. Las anclas de los bordes superior e inferior ajustan la altura, las de la izquierda y derecha ajustan la anchura, y las de las esquinas, ajustan la altura y la anchura simultáneamente. También es posible mover la región de texto a otro lugar de la imagen pulsando un borde y arrastrándolo luego por toda la imagen, pero sin salirse de ella.

Cómo convertir el texto en un hipervínculo

Si quiere que el texto sea activo (un hipervínculo), pulse en la región de texto con el botón derecho del ratón y seleccione la orden Hipervínculo en el menú emergente. Se abrirá el cuadro de diálogo Crear hipervínculo. Otra forma de crear un hipervínculo consiste en seleccionar el área de texto y pulsar las teclas ALT + INTRO, o bien pulsar dos veces en el borde. En el cuadro de diálogo Crear hipervínculo, es muy fácil convertir el área de texto de la imagen en un hipervínculo. Para obtener más información sobre este cuadro de diálogo, véase el Capítulo 7.

Cómo borrar el texto

Es muy fácil borrar el texto que se ha colocado encima de una imagen. Lo único que hay que hacer es seleccionar la región de texto y pulsar la tecla SUPR.

Vista en miniatura automática

Si en su página hay varias imágenes de gran tamaño, seguramente estará pensando en convertirlas todas o, por lo menos algunas, en imágenes en miniatura, es decir, versiones reducidas de la imagen original y que están vinculadas con ella. Al crear una imagen en miniatura, lo que realmente se está haciendo es crear una imagen independiente, una imagen menor, no solamente por sus dimensiones, sino también por el tamaño de su archivo.

Para crear una miniatura partiendo de una imagen, selecciónela en la vista Página y pulse a continuación el botón Vista en miniatura automática, en la barra de herramientas Imágenes. FrontPage creará la miniatura basándose en los parámetros que haya especificado en la ficha Vista en miniatura automática del cuadro de diálogo Opciones. Para obtener más información sobre esa ficha, véase el Capítulo 7.

Al pulsar el botón Vista en miniatura automática, la imagen se convertirá automáticamente y se creará un hipervínculo con la original, de mayor tamaño. Esta característica no se puede utilizar si se ha insertado texto en el interior de la imagen, tal y como se describe en la sección «Texto», o si se ha incluido una zona activa en dicha imagen. Para obtener más información sobre la creación de zonas activas en las imágenes, véase la sección «Mapas de imagen», en este mismo capítulo.

Ubicación de la imagen

Si le gustaría mover de lugar una imagen de la página, seleccione la imagen y pulse a continuación el botón Ubicación absoluta en la barra de herramientas Imágenes. Al hacerlo, aparecerá un cuadro de ubicación alrededor de la imagen, permitiéndole moverla a cualquier lugar de la página; de ahí el término «ubicación absoluta». Para obtener más información sobre la ubicación de los elementos en la página, véase el Capítulo 7.

Si tiene muchas imágenes en la página y quiere cambiar rápidamente su orden Z (el orden de superposición), seleccione el botón Traer adelante o el botón Enviar Atrás de la barra de herramientas Imágenes. Obviamente, hay que seleccionar una imagen antes de pulsar cualquier botón. Para obtener más información sobre el Orden Z y la función de superposición, véase el Capítulo 7.

Manipulación de imágenes

En la mayoría de las ocasiones, la imagen que inserte tendrá exactamente el aspecto que quería que tuviera. Tendrá el tamaño justo, el color, la claridad y la orientación perfectos y no habrá nada más que hacer. Pero probablemente haya otras veces en las que la imagen necesite algunos retoques y, entonces, le alegrará saber que FrontPage incluye un minieditor en la barra de herramientas Imágenes. Con los botones de esta barra de herramientas, puede optimizar la imagen para que quede totalmente a su gusto. Si experimenta un poco, puede que incluso cambie radicalmente su apariencia, al descubrir ideas nuevas que jamás se le habrían ocurrido.

Todas las herramientas de la barra Imágenes permiten cambiar la apariencia de una imagen desde el interior de la vista Página. En todos los casos, es necesario seleccionar primero la imagen, lo que activará la barra de herramientas, y luego elegir uno de los botones incluidos en dicha barra. Es preciso añadir que solamente se puede aplicar un efecto a la vez.

Girar y Voltear

Si quiere girar las imágenes una y otra vez, es muy sencillo; solamente hay que pulsar los botones Girar a la izquierda, Girar a la derecha, Voltear horizontalmente y Voltear verticalmente. Estas funciones pueden ahorrarle una cantidad de tiempo enorme; por ejemplo, si ha insertado una imagen y resulta que la había guardado por accidente al revés, se le puede dar fácilmente la vuelta en la vista Página. Antiguamente, había que ser un artista gráfico para abrir la imagen y volver a guardarla en la posición correcta. Fíjese cuántos problemas se ha ahorrado.

Contraste y Brillo

El contraste y el brillo de una imagen se pueden ajustar de manera gradual, pulsación a pulsación, utilizando los botones Más/Menos Contraste y Brillo de la barra de herramientas Imágenes. Recuerde que sus imágenes se van a mostrar en una gran variedad de exploradores, con multitud de configuraciones diferentes. Así que, aquello que en su máquina se ve perfectamente puede que no se vea igual en la de otra persona. Si está intentando mejorar la calidad de imagen, tenga cuidado al utilizar estos botones; es muy fácil cometer un error y que la imagen que resulte sea muy difícil de ver. Estas herramientas se deberían utilizar únicamente para realizar los ajustes de menor importancia. Utilice un programa de edición de imagen para cualquier trabajo de mayor relevancia que haya que realizar sobre la imagen.

Recortar la imagen

Para recortar las imágenes seleccionadas en la vista Página, utilice la herramienta Recortar de la barra de herramientas Imágenes. Al recortar una imagen, hay una parte de ella que permanecerá visible y otra que desaparecerá de la vista, modificando así su apariencia y sus dimensiones. Cuando haya terminado de recortar la imagen, tendrá dos alternativas: o bien sobreescribir el archivo de la imagen al guardarla, o bien darle otro nombre. Si quiere mantener intacta la imagen original, dé un nombre diferente a la versión recortada. Por el contrario, si no le va a hacer falta la original, sobreescríbala al guardar la página. En cualquiera de los dos casos, la nueva imagen «recortada» tendrá un tamaño de archivo menor que antes.

Seleccione una imagen y pulse el botón Recortar en la barra de herramientas Imágenes. Alrededor de la imagen aparecerá un borde que se puede cambiar de tamaño para dar forma al área que quiere mantener intacta. Toda la parte de la imagen que quede fuera de este borde, quedará eliminada al recortarla. Pulse cualquiera de los cuadrados de recorte que hay en el borde y arrástrelo hasta delimitar el área que quiera mantener intacta. Cuando haya cambiado el tamaño del borde, podrá desplazarlo por el interior de la imagen pulsándolo y arrastrándolo. Este borde se puede cambiar de tamaño y arrastrar cuantas veces se quiera. Cuando ya tenga delimitada la parte de la imagen que quiera que se mantenga en el interior del borde, pulse de nuevo el botón Recortar (o Intro) y toda el área que quede fuera de este borde desaparecerá.

Establecer color transparente

Muy bien, ya lleva un buen rato esperando pacientemente para saber cómo se puede crear un color transparente. La verdad es que no hay que ser Houdini para hacer que un color desaparezca de la imagen. Es bien sencillo: solamente hay que utilizar el botón Establecer color transparente de la barra de herramientas Imágenes. Lo que hace este botón, exactamente, es convertir un color de una imagen previamente seleccionada en transparente, para poder ver a través de dicho color el fondo que hay detrás. La Figura 8.12 muestra una imagen antes y después de utilizar el botón Establecer color transparente.

Éste es el proceso que hay que seguir para hacer que un color sea transparente:

1. Seleccione una imagen para que se active la barra de herramientas Imágenes.
2. Pulse el botón Establecer color transparente. Cuando lo haya hecho y mueva el ratón por encima de la imagen, el puntero se transformará en un lápiz.

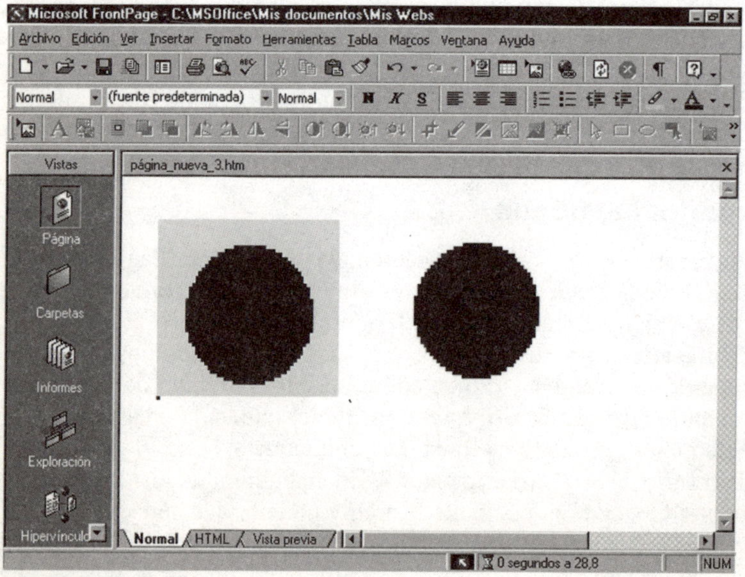

Figura 8.12.
Una imagen antes y después de utilizar el botón Establecer color transparente. El área oscura que hay alrededor del círculo se ha hecho transparente, permitiendo ver el fondo a través de ella.

3. Ya en la imagen, pulse el color que quiera hacer transparente. En el ejemplo de la figura 8.12, se ha seleccionado el color oscuro que hay alrededor del círculo. Y ya está: toda la parte de la imagen que contenía ese color es ya transparente y el fondo resulta visible a través de la imagen.

Solamente se puede hacer transparente un color de cada imagen. Por lo que, si selecciona un nuevo color transparente en una imagen que ya tiene uno, el primero volverá a recuperar su color original.

El formato de archivo GIF es el más utilizado para trabajar con transparencias, por la simple razón de que contiene menos colores y áreas más sólidas con las que trabajar. Las imágenes JPEG, por el contrario, pueden contener una gama de colores muy amplia, por lo que intentar crear transparencias en este tipo de imágenes sería algo parecido a pinchar una fotografía con una chincheta en diversos lugares. La imagen solamente sería transparente en esos pequeños agujeritos que ha dejado la chincheta.

Consejo Muchos paquetes gráficos intentan utilizar tramados en las imágenes GIF para que parezca que tienen una mayor resolución de imagen. El problema del tramado es que utiliza muchos colores similares en vez de uno solo, lo que impide que la transparencia de un color funcione como debería. Cuando cree imágenes que posteriormente quiera hacer transparentes, asegúrese de que el fondo de la imagen es de un solo color sólido.

Blanco y negro

Para convertir las imágenes en color en imágenes en blanco y negro (escala de grises) se puede utilizar el botón Blanco y negro de la barra de herramientas Imágenes. Las imágenes que utilizan escalas de grises no contienen color, por lo que sus archivos son de menor tamaño y se pueden cargar a mayor velocidad en el explorador. Al guardar la imagen, toda la información sobre los colores es eliminada, así que si cree que en el futuro puede arrepentirse de haber eliminado los colores, tenga a mano una copia de seguridad de la imagen original. Obviamente, ya sabemos que siempre hay que hacer copias de seguridad de las imágenes antes de modificarlas, ¿verdad?

Descolorar

Si ha insertado una imagen de fondo en la página o en una tabla, querrá asegurarse de que dicha imagen sea lo suficientemente clara como para que se pueda escribir un texto encima de ella. Pues bien, con la herramienta Descolorar es posible crear una imagen «fantasma», para que sea perfecta como fondo de la pantalla. Aunque el botón Descolorar resulta una herramienta perfecta para crear imágenes de fondo, también se puede utilizar para aplicar algunos efectos interesantes a las imágenes de la página.

Dar efecto biselado

Si le gustaría que su imagen tuviera el aspecto de un botón 3-D, seleccione la imagen en cuestión y luego pulse el botón Dar efecto biselado, de la barra de herramientas

Imágenes. Este efecto es ideal si va a convertir la imagen en un hipervínculo y le gustaría que se notara que la imagen es en realidad un botón. Al utilizar la herramienta Dar efecto biselado, FrontPage iluminará las partes superior e izquierda de la imagen y oscurecerá las partes derecha e inferior, creando así un efecto 3-D. Al utilizar esta técnica, no aumenta ni la altura ni la anchura de la imagen.

Nuevo muestreo

Si se cambia, aumenta o disminuye el tamaño de una imagen arrastrando sus bordes, puede que ésta quede borrosa o desenfocada, al intentar compensar el explorador la altura y la anchura nuevas. El botón Nuevo muestreo puede ayudarle a eliminar las pequeñas imperfecciones que haya en una imagen que ha cambiado de tamaño, pero, claro, no hay que esperar que haga milagros. Si va a realizar un cambio de tamaño importante en la imagen, utilice un programa de edición de imágenes antes de insertar la imagen en FrontPage. Al utilizar la técnica Nuevo muestreo, FrontPage comprueba si se ha reducido la imagen, reduciendo entonces el número de píxeles y la cantidad de datos de la imagen; o si se ha ampliado, aumentando en este caso los píxeles y la cantidad de datos de la imagen. Si la imagen ha sido reducida, se borran píxeles y, si ha sido ampliada, se añaden, basándose en los colores de los píxeles circundantes. Como lo que se está haciendo es añadir o eliminar píxeles, al realizar el nuevo muestreo, el tamaño del archivo de la imagen cambia. Cuando haya terminado de realizar el nuevo muestreo en una imagen y la haya guardado, no trate de devolver a la imagen su tamaño original, porque lo que va a encontrar es una masa informe de píxeles. Esa es otra buena razón para tener siempre cerca una copia de seguridad de la imagen cuando se están utilizando las herramientas de edición.

Mapas de imagen

FrontPage utiliza mapas de imagen del lado del cliente. Tradicionalmente, para que el vínculo de un mapa de imagen funcionase, el cliente (por ejemplo, el explorador) tenía que comunicarse con el servidor para descubrir adónde tenía que apuntar el vínculo cuando el usuario pulsaba una zona activa. Sin embargo, al utilizar los mapas de imagen del lado del cliente, la información referente al destino del vínculo se guarda en el cliente, de tal forma que el mapa de imagen ya no tiene por qué depender del servidor. Todo esto se traduce en una disminución de las necesidades de comunicación entre el cliente y el servidor, con lo que el servidor tiene menos trabajo y se tarda menos tiempo en determinar el destino del vínculo cuando un usuario pulsa sobre una zona activa. FrontPage genera de manera predeterminada mapas de imagen tanto del lado del cliente como del lado del servidor, por lo que cualquier explorador puede utilizar los mapas de imagen de la página.

Creación de mapas de imagen

Si lo desea, puede convertir una imagen o parte de ella en una zona activa vinculada con otra ubicación. Si, por ejemplo, el dueño de una tienda de juguetes está haciendo

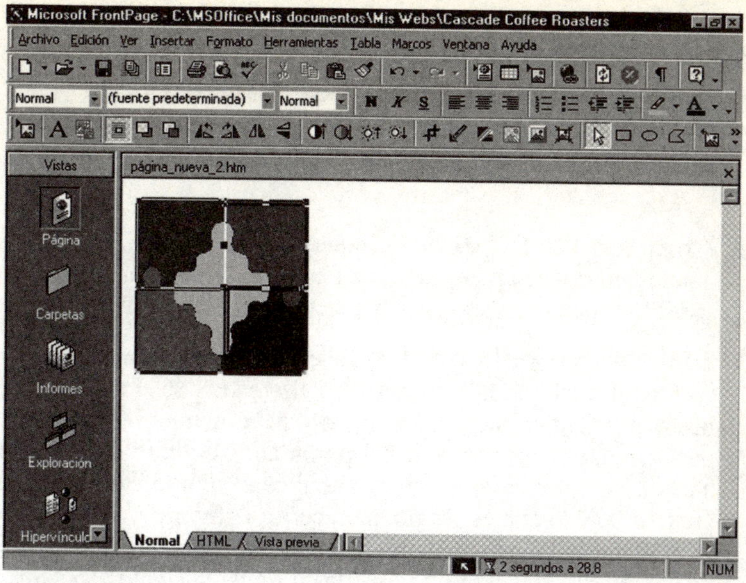

Figura 8.13.
Mapa de imagen con zonas activas en la vista Página.

publicidad de sus productos en la Web, podría utilizar la imagen de un osito de peluche como vínculo con la sección de animales de peluche. O, en un sitio intranet, se podría utilizar la imagen de un billete de dólar para que sirviera de vínculo con la sección de ventas. En la Figura 8.13, se han convertido en zonas activas las distintas partes del *puzzle*, estando definida cada zona por un borde negro rectangular situado alrededor de cada pieza.

En FrontPage, solamente se necesitan unos pocos segundos para crear mapas de imagen utilizando los botones de mapa de imagen de la barra de herramientas Imágenes.

1. Seleccione la imagen en la que quiera crear una zona activa. Observe que la barra de herramientas Imágenes se activa y que el botón Seleccionar está pulsado.
2. Decida qué área o áreas de la imagen van a estar «activas». Por ejemplo, en la imagen de una casa, estaría bien que, al pulsar la puerta, el usuario saltara hasta una imagen del vestíbulo.

   Si es posible, asegúrese de que se vea bien en la pantalla toda el área de la imagen con la que quiera trabajar.
3. Pulse el botón Zona activa rectangular, Zona activa circular o Zona activa poligonal, dependiendo del tipo de área que quiera definir. Con los botones Zona activa rectangular y Zona activa circular se crean zonas activas rectangulares y circulares, respectivamente, mientras el botón Zona activa poligonal permite crear una zona activa de forma arbitraria. Al seleccionar uno de estos botones, el puntero del ratón se transforma en un lápiz cuando se pasa sobre la imagen, indicando que ya está preparado para dibujar la zona activa.

4. Dibuje cuidadosamente la zona activa alrededor de la porción de la imagen que quiera que se pueda pulsar. A continuación se detalla el proceso:

   - **Zona activa rectangular.** Sitúe el puntero del ratón en una esquina del lugar en el que quiera que aparezca la zona activa. Pulse sobre ella con el ratón y arrastre el puntero para dibujar y determinar el tamaño de la zona activa.
   - **Zona activa circular.** Coloque el puntero en el centro del lugar en donde quiera que aparezca una zona activa. Pulse sobre él con el ratón y arrastre el puntero para dibujar y determinar el tamaño de la zona activa.
   - **Zona activa poligonal.** Sitúe el puntero en el lugar en el que quiera comenzar a dibujar la zona activa. Pulse en él con el botón del ratón para insertar el primer punto del polígono. Mueva el ratón y vuelva a pulsarlo para dibujar el primer lado del polígono. Continúe dibujando los lados hasta completar la zona activa. Finalice el dibujo conectando el primer punto dibujado con el último, para cerrar la figura.

   Cuando ya haya dibujado la zona activa, siempre tiene la posibilidad de cambiarla de tamaño o moverla, si no ha quedado exactamente como quería. Véase la siguiente sección, «Cómo mover y cambiar el tamaño de las zonas activas», para obtener más información.

5. Una vez dibujada la zona activa, se abrirá el cuadro de diálogo Crear hipervínculo. Aquí es donde habrá que especificar el vínculo de destino de la zona activa. Para obtener más información sobre la creación de vínculos, véase el Capítulo 7.

Cómo desplazar las zonas activas y cambiar su tamaño

Una vez dibujada una zona activa en la imagen, se puede controlar por completo su tamaño y ubicación. Se puede arrastrar a cualquier lugar de la imagen, o bien se pueden utilizar las teclas de cursor para desplazarla y ajustar su posición. Para cambiar el tamaño de una zona activa, selecciónela, pulse en ella con el ratón y arrastre uno de esos pequeños cuadrados que hay en las esquinas de la zona activa. Para devolver una zona activa a su posición original, pulse la tecla ESC; esta acción es similar a la que realiza la orden Deshacer. No olvide que hay que pulsar la tecla ESC antes de soltar el botón del ratón.

Consejo Si modifica el tamaño de una imagen que tenga zonas activas, éstas no cambiarán su tamaño. A las zonas activas hay que cambiarlas de tamaño individualmente.

Cómo modificar el vínculo de una zona activa

Para cambiar el vínculo de destino de una zona activa, hay que pulsar en dicha zona activa dos veces con el ratón, para abrir el cuadro de diálogo Modificar hipervínculo. Otra posibilidad sería pulsar en la zona activa seleccionada con el botón derecho del ratón y elegir la orden Hipervínculo en el menú emergente, para que se abra el mismo cuadro de diálogo. Un tercer método consistiría en seleccionar la zona activa y pulsar luego el botón Hipervínculo en la barra de herramientas Estándar. Cambie a continuación el vínculo de destino y pulse Aceptar.

Consejo Para saltar de una zona activa de la imagen a otra, hay que pulsar la tecla TAB. Para seleccionar la zona activa anterior, pulse las teclas MAYÚS + TAB.

Resaltar zonas activas

Hay veces en las que resulta muy difícil ver todas las zonas activas que se han creado, especialmente en las imágenes que tengan cierta complejidad. Para hacerlo, pulse el botón Resaltar zonas activas, en la barra de herramientas Imágenes. La imagen desaparecerá y quedará reemplazada por un fondo blanco, en el que solamente se mostrarán los bordes de las zonas activas. Pulse cualquier zona activa y ésta quedará rellena en negro. El botón Resaltar zonas activas permite conmutar entre estas dos vistas. La Figura 8.14 muestra la misma imagen del puzzle de la Figura 8.13, tras haber pulsado el botón Resaltar zonas activas en la barra de herramientas Imágenes.

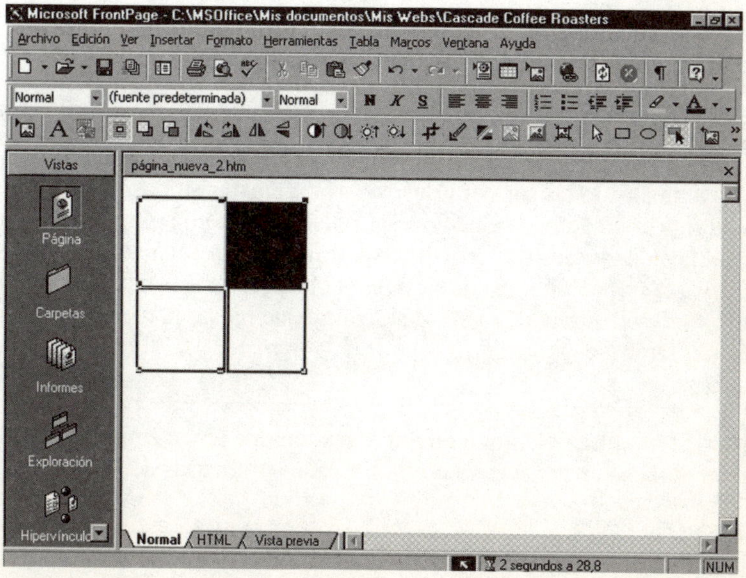

Figura 8.14.
Mapa de imagen en la vista Página, en el que se han destacado las zonas activas.

Restaurar

Con todas estas herramientas en la punta de los dedos, podría tener la tentación de utilizar demasiadas a la vez en una sola imagen. Si se ha convertido en un «loco del botón» y su imagen es un claro indicio de ello, hay una solución: el botón Restaurar. Al pulsar este botón, desaparecen todas las modificaciones que haya hecho a la imagen desde la última vez que la guardó. Fíjese muy bien en esto último: «desde la última vez que la guardó». Llevamos ya tiempo insistiendo en que haga copias de seguridad antes de que le caiga un rayo a su computadora y la tueste. Bien, pues en este caso, lo mejor es que, después de utilizar las herramientas de edición y dejar la imagen a su gusto, la guarde. Si le preocupa perder cualquier tipo de información, siempre es aconsejable tener una copia de seguridad de la imagen disponible, sólo por si acaso.

Manipulación de las imágenes de fondo

En las imágenes de fondo de las páginas, se pueden aplicar cualquiera de los efectos de manipulación disponibles en la barra de herramientas Imágenes. Lo único que hay que hacer es pulsar el efecto de su elección cuando no haya otras imágenes seleccionadas en la página.

A continuación

El Capítulo 9 se adentrará en los componentes y formularios de FrontPage, que permiten añadir un gran abanico de funciones a sus sitios web.

9 Componentes y formularios de FrontPage

Todos necesitamos tomarnos un descanso

Los cazadores y agricultores primitivos sabían perfectamente cómo sacarle el mayor partido a su tiempo y conservar así las energías necesarias para optimizar la recolección de alimentos y la fabricación de herramientas, entre otras muchas tareas. Sabían, además, lo importante que es descansar; de hecho, muchas culturas basadas en la caza y la agricultura trabajaban menos horas que nosotros y dedicaban más tiempo a las actividades de ocio.

FrontPage le permite volver a ese tipo de vida. Con los componentes y formularios de FrontPage se ahorrará tanto tiempo, que incluso podrá irse a vivir a una cueva y recoger raíces para cenar, si así lo desea. Puede que sea un poco duro, porque no habrá enchufes a los que conectar la televisión y los electrodomésticos, por lo que no podrá ver *Melrose Place* ni *Urgencias* mientras come esas raíces. ¿Cree que lo podrá soportar?

¿Qué son los componentes?

Los componentes de FrontPage son programas integrados que aumentan la funcionalidad de un sitio web. Por ejemplo, se puede añadir un componente Formulario de búsqueda a la página con solamente unas cuantas pulsaciones del ratón y, en tan sólo un instante, la página tendrá un buscador de texto completo a disposición de los visitantes. Tradicionalmente, un diseñador de sitios web tendría que hacer lo siguiente:

1. Crear un formulario HTML que permitiera realizar la consulta.
2. Instalar un buscador de texto de otro fabricante en el servidor web.
3. Crear un programa CGI en el servidor web que conectase el formulario HTML con el buscador de texto.

Si utiliza los componentes, se podrá olvidar de todo esto y ya no tendrá la necesidad de utilizar la complicada programación en HTML o CGI (o cualquier otra) para crear sitios web modernos e interactivos. No obstante, no olvide que, para que los componentes funcionen correctamente, el servidor del sitio web ha de tener instaladas las extensiones de servidor de FrontPage. Estas extensiones se deben instalar manualmente en el servidor del sitio web. Para obtener más información sobre los Servidores web personales y las extensiones de servidor de FrontPage, consulte el Capítulo 11.

Existen unos cuantos métodos diferentes para insertar componentes de FrontPage, pero a todos ellos se accede a través del menú Insertar. En este capítulo, cuando se describa cada uno de estos componentes, también se explicará el método que hay que utilizar para insertarlo en la página. Al seleccionar un componente, verá uno o más cuadros de diálogo en donde tendrá que configurarlo y, a continuación, FrontPage insertará el componente en la página, en el lugar en donde esté situado el punto de inserción. Algunos componentes están asociados a formularios, los cuales se describirán más adelante.

En las próximas secciones se examinarán brevemente los componentes de FrontPage.

Aplicación de la funcionalidad de búsqueda

Para que los visitantes puedan buscar palabras o frases en el texto de las páginas web o en el texto de todos los mensajes de un grupo de discusión, se puede insertar el componente Formulario de búsqueda de FrontPage. Se puede configurar este componente de tal manera que examine todas las palabras que se han utilizado en el sitio web, para comprobar si coinciden con la que se busca. Esta característica se llama *búsqueda de texto completo*.

Inclusión de un componente Formulario de búsqueda

El componente Formulario de búsqueda, que se muestra en la Figura 9.1, crea un formulario que permite a los usuarios escribir una o varias palabras que quieran localizar en las páginas del sitio web.

Realmente, FrontPage no examina todas las páginas del sitio, sino que busca la palabra en una lista que mantienen las extensiones de servidor de FrontPage. FrontPage presenta una lista de las páginas que contienen esa palabra o palabras que esté buscando el usuario.

Para que los usuarios puedan buscar palabras o frases en el sitio web, hay que hacer lo siguiente:

1. Con la vista Página activada, coloque el punto de inserción en el lugar de la página en el que quiera que aparezca la esquina superior izquierda del formulario de búsqueda (la etiqueta, el cuadro de texto y los botones que va a crear este componente).

Consejo Si quiere excluir ciertas páginas de la búsqueda, guárdelas directamente en la carpeta _private de su sitio web. FrontPage no busca normalmente en las carpetas cuyo nombre comienza por un símbolo de subrayado. Si ha guardado la página

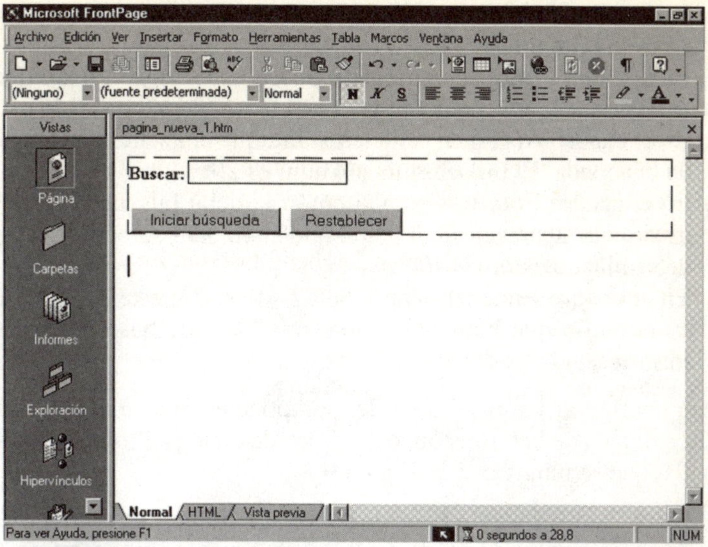

Figura 9.1.
Componente Formulario de búsqueda en la vista Página.

en otra ubicación y posteriormente la mueve a esta carpeta, es recomendable que utilice la orden Actualizar hipervínculos, para actualizar el índice de búsqueda.

---

2. Seleccione la orden Componentes en el menú Insertar y Formulario de búsqueda en el menú emergente. Se abrirá el cuadro de diálogo Propiedades de formulario de búsqueda, que se muestra en la Figura 9.2, el cual contiene dos

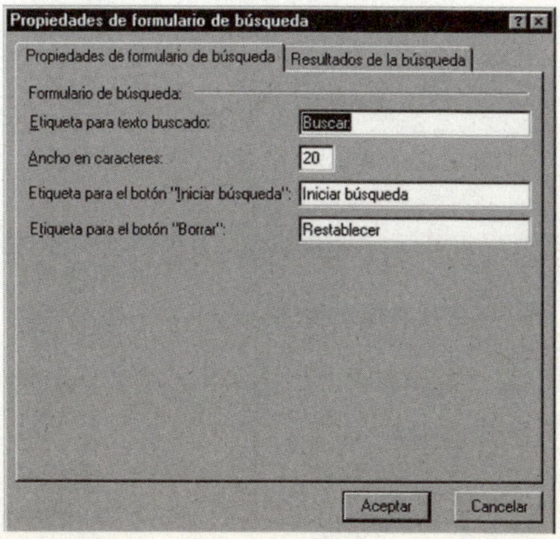

Figura 9.2.
Ficha Propiedades de formulario de búsqueda, del cuadro de diálogo del mismo nombre.

fichas: Propiedades de formulario de búsqueda y Resultado de la búsqueda. Abra la primera de ellas.

3. En el campo Etiqueta para texto buscado, escriba el texto que quiera utilizar en la etiqueta del cuadro de texto. El texto predeterminado es *Buscar:*.
4. En el cuadro Ancho en caracteres, indique el ancho (en caracteres) del campo de búsqueda. El predeterminado aquí es *20*.
5. En el cuadro Etiquetas para el botón «Iniciar búsqueda», escriba el texto que quiera que aparezca en el botón que sirve para comenzar la búsqueda. El predeterminado es *Iniciar búsqueda*.
6. En el cuadro Etiqueta para el botón «Borrar», escriba el texto que aparecerá en el botón que borra la palabra que hay que buscar. El predeterminado es *Restablecer*.

Para configurar los resultados del componente Formulario de búsqueda, abra la ficha Resultados de la búsqueda, del cuadro de diálogo Propiedades de formulario de búsqueda, que se muestra en la Figura 9.3.

1. En el cuadro de texto Lista de palabras para buscar, escriba *Todo* si la búsqueda se va a realizar en todo el sitio web. Si ha creado un grupo de discusión utilizando el Asistente para Webs de discusión, puede escribir aquí el nombre de la carpeta de un grupo de discusión. Con esto se restringe la búsqueda al contenido del grupo de discusión.
2. También se pueden marcar las casillas de verificación que se encuentran en esta ficha para presentar el siguiente tipo de información en la lista de resultados de la búsqueda:

   - **Mostrar relevancia (grado de coincidencia).** Indica el grado de coincidencia, es decir, hasta qué punto coinciden los resultados con la palabra o palabras que se estaban buscando.

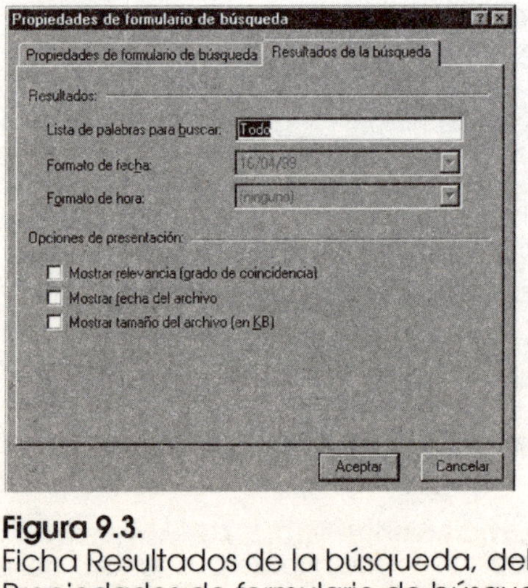

Figura 9.3.
Ficha Resultados de la búsqueda, del cuadro de diálogo Propiedades de formulario de búsqueda.

- **Mostrar fecha del archivo.** Indica la fecha y hora en que se modificó por última vez el documento que contiene la palabra o palabras buscadas. Solamente si se marca esta casilla de verificación se activarán los campos Formato de hora y Formato de fecha. Elija el formato que sea de su gusto.
- **Mostrar tamaño del archivo (en KB).** Indica el tamaño del documento que contiene la palabra buscada, en kilobytes. Esta información puede ser muy útil para aquellos usuarios que tengan conexiones de acceso telefónico muy lentas, ya que les permite ver el tamaño del documento antes de descargarlo.

3. Cuando termine de introducir la información en el cuadro de diálogo Propiedades de formulario de búsqueda, pulse Aceptar. FrontPage insertará el formulario de búsqueda en la página.

Es muy sencillo volver a configurar las propiedades del componente Formulario de búsqueda: solamente hay que pulsar en el componente con el botón derecho del ratón, en la vista Página, y seleccionar la orden Propiedades de formulario de búsqueda en el menú emergente, o bien seleccionar el componente y pulsar en el teclado ALT+INTRO.

Limitaciones del componente Formulario de búsqueda

Una de las limitaciones de este componente se refiere a la actualización del índice de búsqueda. Pongamos por caso que en una página llamada *test.htm* se encuentra la palabra *Jenny* en el momento de guardarla en el sitio web. El índice del componente Formulario de búsqueda toma nota de que la página *test.htm* contiene la palabra *Jenny*. Sin embargo, imaginemos que borramos esta palabra de la página. El índice de búsqueda no se actualiza automáticamente, por lo que continuará informando de que la palabra *Jenny* se encuentra en la página *test.htm*. De este modo, si alguien utilizara el componente Formulario de búsqueda para buscar la palabra *Jenny*, obtendría un resultado que es falso. La forma de solucionar este problema, y de actualizar el índice de búsqueda para que muestre la información correcta, es utilizar la orden Actualizar hipervínculos, del menú Herramientas. Para obtener más información sobre esta orden, véase el Capítulo 3.

Inclusión de una tabla de contenido

El componente Tabla de contenido sirve para crear un esquema del sitio web, con vínculos a cada una de sus páginas. Se puede ordenar al componente que actualice este esquema cada vez que se añadan, borren o modifiquen las páginas.

Cómo añadir un componente Tabla de contenido

Para insertar una tabla de contenido (TDC) en la página, hay que seguir estos pasos:

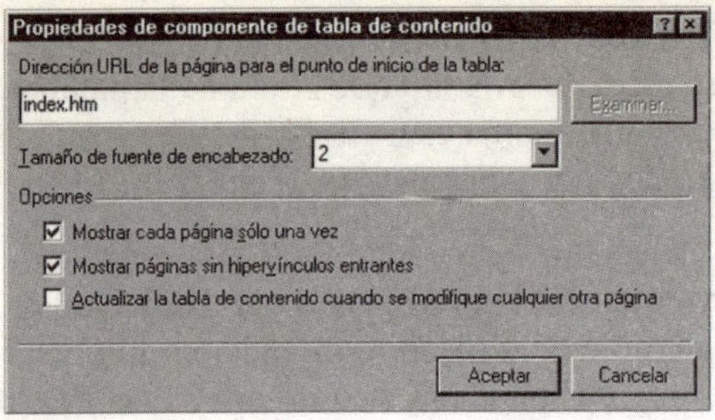

Figura 9.4.
Cuadro de diálogo Propiedades de componente de tabla de contenido.

1. Con la vista Página activa, coloque el puntero en el lugar de la página en el que quiera insertar la tabla de contenido.
2. Seleccione la orden Componente en el menú Insertar y la opción Tabla de contenido en el menú emergente. Verá que se abre el cuadro de diálogo Propiedades de componente de tabla de contenido de la Figura 9.4.
3. Escriba el URL de la página que quiera que aparezca en primer lugar en la tabla de contenido. La tabla incluirá todas las páginas que tengan vínculos cuyo origen se encuentre en la página seleccionada. Si quiere que la tabla de contenido sea completa, especifique la página principal, que normalmente se llama *default.htm* o *index.htm*. Si el sitio web está abierto, se puede pulsar el botón Examinar para ver toda la lista de las páginas del sitio web. Si hace esto, seleccione una página en el cuadro de diálogo Web actual y luego pulse Aceptar.
4. Seleccione en la lista desplegable Tamaño de fuente de encabezado el tamaño de encabezado del primer elemento de la tabla de contenido. Elija un número del 1 (el mayor) al 6 (el menor), o bien seleccione Ninguno si prefiere utilizar el tamaño predeterminado.
5. Hay ciertas casillas de verificación que se pueden marcar para que FrontPage haga lo siguiente:
   - **Mostrar cada página sólo una vez.** Marque esta casilla para que cada una de las páginas aparezca solamente una vez en la tabla de contenido. Si una página está vinculada múltiples veces (directa e indirectamente) a la página principal, puede aparecer más de una vez, a menos que marque esta casilla.
   - **Mostrar páginas sin hipervínculos entrantes.** Marque esta casilla para incluir las páginas huérfanas en la tabla de contenido. Las páginas huérfanas son aquellas que no tienen vínculos entrantes desde otras páginas del sitio web.
   - **Actualizar la tabla de contenido cuando se modifique cualquier página.** Marque esta casilla para actualizar automática-

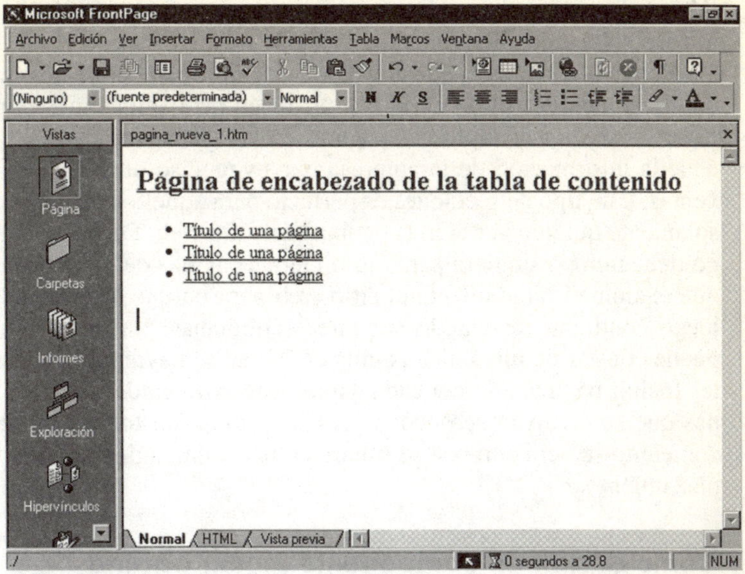

Figura 9.5.
Componente Tabla de contenido en la vista Página.

mente la tabla de contenido cada vez que se añadan, borren o modifiquen las páginas. Si el sitio web tiene un tamaño considerable y suele modificar las páginas con bastante frecuencia, esta opción puede ralentizar bastante su trabajo, por ejemplo, al guardar los cambios. La alternativa sería actualizar la tabla manualmente, abriendo y guardando la página que contiene el componente Tabla de contenido.

6. Cuando haya terminado de introducir esta información, pulse Aceptar y la tabla de contenido aparecerá en la página, dentro de la vista Página. No se puede dar un formato individual a cada uno de los elementos de la tabla, ya que cualquier cambio de formato se aplicaría por igual a todos los elementos. Por ejemplo, no es posible determinar que el encabezado esté en cursiva y la lista en formato normal.

La Figura 9.5 muestra el componente Tabla de contenido tal y como aparece en la vista Página.

Inclusión de una página en otra

Con el componente Incluir página, se puede presentar todo el contenido de una página en el lugar que desee de otra página. No obstante, la página que inserte ha de pertenecer al sitio web actual. El Componente insertar página se diferencia del componente Inclusión programada de página (del que hablaremos más adelante), en que el primero presenta una página en el interior de otra siempre, mientras que el segundo lo hace solamente en momentos específicos.

Pongamos por caso que el web de su empresa dispone de una sección denominada «Resumen del sitio» en la que aparecen las páginas más importantes en un solo lugar como, por ejemplo, las páginas en las que se incluyen las noticias urgentes y aquella información de la empresa que es preciso que conozca el departamento de ventas. Este tipo de secciones es perfecto para aquellos visitantes que están de paso y solamente quieren ver ciertas páginas del sitio web. De hecho, hay incluso gente que no tiene tiempo siquiera para mirar ciertas páginas del sitio una a una; así que puede que examinen rápidamente el sitio web para buscar determinada información, para luego continuar realizando sus tareas cotidianas. La sección «Resumen del sitio» puede constar de una única página en la que se hayan utilizado diversos componentes Incluir página, uno por cada página que extraiga del resto del sitio web. Las páginas que se incluyan se pueden presentar como un todo, una detrás de la otra, y el contenido se verá como si se tratara de una sola página utilizando una barra de desplazamiento.

Cómo añadir un componente Incluir página

Para insertar el contenido de una página en otra, siga estos pasos:

1. Estando en la vista Página, sitúe el puntero en el lugar de la página actual en el que quiera insertar la página.
2. Seleccione la orden Componente en el menú Insertar y luego Incluir página en el menú emergente. Al hacerlo, se abrirá el cuadro de diálogo Propiedades de inclusión de página, que se muestra en la Figura 9.6.
3. En el cuadro de texto Página que se va a incluir, escriba el URL de la página que quiera que aparezca. Si tiene abierto un sitio web, puede utilizar el botón Examinar para ver la lista de las páginas del sitio web actual; si hace esto, elija una página y luego pulse Aceptar.
4. Una vez indicado el URL, pulse Aceptar. El contenido de esa página quedará insertado en la página actual. No obstante, aquí no se inserta el código HTML de la página, sino que se incrusta un componente Incluir página. La página insertada posee todas sus funciones originales, pero si quiere realizar cualquier cambio en ella desde FrontPage, tendrá que ir hasta la página original.

Una utilidad que puede tener el componente Incluir página, sería la de incluir la información de *copyright* de su empresa en cada una de las páginas. También se pue-

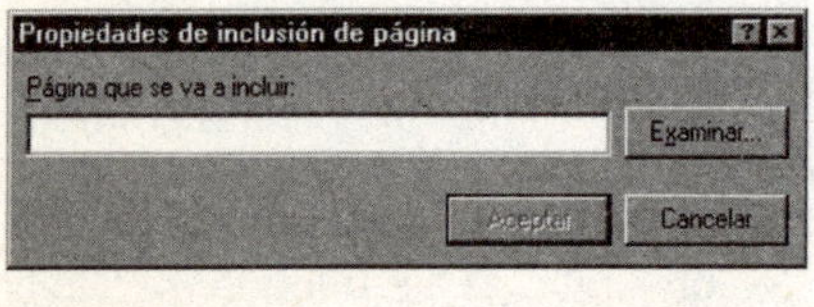

Figura 9.6.
Cuadro de diálogo Propiedades de inclusión de página.

de incluir cualquier tipo de nota o escrito de descargo de responsabilidades, si así se desea. Y, si alguna vez tiene que cambiar el contenido del componente Incluir página, solamente hay que abrir la página original y hacer los cambios necesarios. Estos cambios aparecerán en cada una de las páginas que utilicen este componente.

Cómo hacer que las imágenes aparezcan solamente en determinados momentos

El componente Imagen programada sirve para poner una imagen a disposición de los usuarios solamente durante un periodo de tiempo determinado. La imagen aparece en la página cuando comienza ese periodo de tiempo, y desaparece cuando termina.

Imaginemos, por ejemplo, que el departamento de recursos humanos quiere aumentar la aceptación, por parte de la plantilla de la empresa, de un plan de pensiones y va a poner en marcha en las páginas de su intranet una campaña de promoción de siete días de duración. En las páginas aparecerán varias imágenes «atractivas» diferentes cada día. Para evitar tener que actualizar las imágenes manualmente todos los días, se pueden insertar varios componentes Imagen programada, para hacer que esas imágenes aparezcan automáticamente cuando se desee.

Consejo Para asegurarse de que el componente Imagen programada funciona el día que está programado que aparezca o desaparezca la imagen, puede hacer un cambio en el sitio web o utilizar la orden Actualizar hipervínculo ese mismo día, para actualizar los vínculos y el resto de la información contenida en las páginas. Estas acciones sirven de recordatorio a FrontPage de que debe actualizar la información referente a los componentes.

Adición de un componente Imagen programada

Para hacer que una imagen aparezca durante un periodo de tiempo específico, siga estos pasos:

1. Estando en la vista Página, coloque el puntero en el lugar de la página en el que quiera que aparezca la imagen.
2. Seleccione la orden Componente en el menú Insertar y luego Imagen programada en el menú emergente. Verá el cuadro de diálogo Propiedades de imagen programada, que se muestra en la Figura 9.7.
3. En el área del cuadro de texto Durante el tiempo programado, indique el nombre de la imagen que quiera que aparezca durante un periodo de tiempo determinado. Si quiere que aparezca otra imagen en ese lugar antes y después de la imagen programada, indique el nombre de esa otra imagen en el área del cuadro de texto Antes y después del tiempo programado. Si quiere, puede pulsar el botón Examinar para ver una lista de las imágenes que están disponibles en el sitio web actual; si hace esto, seleccione la imagen y luego pulse Aceptar.

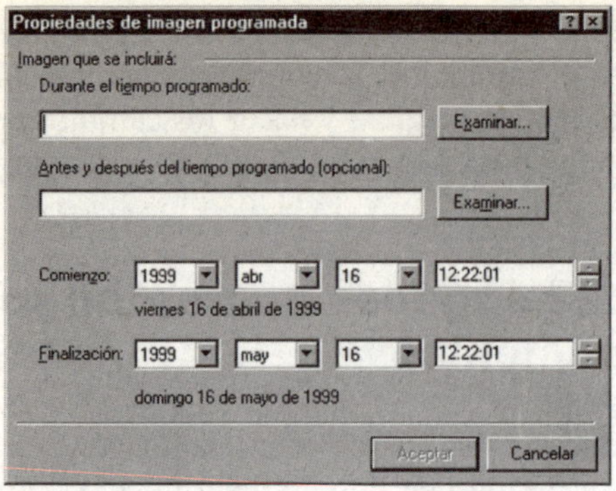

Figura 9.7.
Cuadro de diálogo Propiedades de imagen programada.

4. Introduzca la fecha de Comienzo y la fecha de Finalización del periodo durante el que quiera que aparezca la imagen. Estas fechas solamente afectarán a la imagen programada y no a aquella que se haya especificado en el cuadro de texto Antes y después del tiempo programado.
5. Cuando haya terminado de introducir la información en el cuadro de diálogo Propiedades de imagen programada, pulse Aceptar.

Si se encuentra en ese periodo de tiempo en el que especificó que apareciera la imagen, ésta aparecerá en la página. Si ha especificado que aparezca en el futuro (que es lo más probable) y no ha indicado que aparezca otra imagen antes en ese mismo lugar, el mensaje *Imagen programada caducada* aparecerá en el componente, en la pantalla de la vista Página (pero no en el explorador). Si ve este mensaje, no se preocupe: la imagen aparecerá en su fecha programada. Si se ha especificado que aparezca otra imagen cuando no tenga que aparecer la imagen programada, ésta aparecerá tanto en la vista Página como en el explorador, mientras la otra no lo haga.

Cómo hacer que el contenido aparezca en ciertos momentos

El componente Inclusión programada de página sirve para poner a disposición de los usuarios un contenido específico, de la misma forma que funciona el componente Imagen programada con las imágenes. De hecho, si utilizamos el ejemplo de la sección anterior, el plan de pensiones, se puede hacer que toda la página de la información sobre el plan de pensiones aparezca durante un periodo determinado. Este componente inserta una página entera durante un periodo de tiempo específico.

Al igual que el Componente de imagen programada, el Componente Inclusión programada de página solamente funciona si se ha realizado un cambio en el sitio web o se ejecuta la orden Actualizar hipervínculos el mismo día que tiene que aparecer el contenido.

Adición de un Componente inclusión programada de página

Para hacer que el contenido de una página aparezca durante un periodo de tiempo determinado, ejecute los siguientes pasos:

1. Estando en la vista Página, coloque el puntero en el lugar de la página en el que quiera que aparezca el contenido.
2. Seleccione la orden Componente en el menú Insertar y luego Inclusión programada de página en el menú emergente. Se abrirá el cuadro de diálogo Propiedades de inclusión programada de página, que se muestra en la Figura 9.8.
3. Utilice el cuadro de texto Durante el tiempo programado para introducir la dirección URL de la página que quiera que aparezca durante un periodo de tiempo determinado. Si quiere que aparezca otra página en ese lugar antes y después de la página programada, indique el nombre de esa página en el área del cuadro de texto Antes y después del tiempo programado. Si quiere, puede pulsar el botón Examinar para ver una lista de las páginas que están disponibles en el sitio web actual; si hace esto, seleccione la página y luego pulse Aceptar.
4. Introduzca la fecha de Comienzo y la fecha de Finalización del periodo durante el que quiera que aparezca la página. Estas fechas solamente afectan a la página programada y no a aquella que se haya especificado en el cuadro de texto Antes y después del tiempo programado.
5. Cuando haya terminado de introducir la información en el cuadro de diálogo Propiedades de inclusión programada de página, pulse Aceptar.

Confirmación de la información introducida por el usuario

Si utiliza el sitio web para recopilar información sobre los usuarios, probablemente quiera hacer todo lo posible para asegurarse de que la información que introducen es la correcta. Concretamente, debería darles la oportunidad de revisar el texto

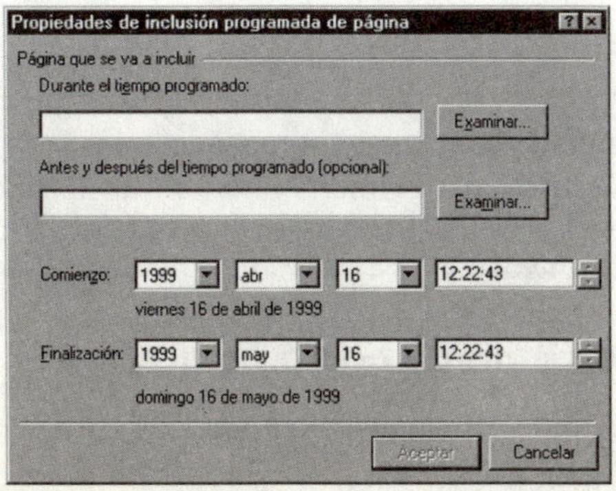

Figura 9.8.
Cuadro de diálogo Propiedades de inclusión programada de página.

que han enviado. Con esto, no solamente tendrían la oportunidad de descubrir cualquier error tipográfico, sino que, además, se haría hincapié en el hecho de que la información que están introduciendo es importante. Puede que, gracias a esto, la lean por segunda vez para asegurarse de que han escrito lo que realmente querían decir.

Consejo En FrontPage, es posible especificar reglas de validación para los campos de un formulario. Se puede determinar, por ejemplo, que los números que se escriban pertenezcan a una determinada serie o que el campo de texto solamente contenga ciertos caracteres. FrontPage genera de forma automática código JavaScript o VBScript directamente en la página, para que el explorador aplique esas reglas de validación. Para obtener más información sobre las reglas de validación, véase «Validación de campos de formulario», en este mismo capítulo.

Seguramente, ya habrá visto páginas web u otros foros de discusión en los que la información que introduce se le vuelve a presentar posteriormente para que sea confirmada; pues ése es un ejemplo de este proceso. Si se da cuenta de que ha introducido información incorrecta, normalmente podrá volver a la página original, cambiarla y volverla a enviar, mientras que si todo está correcto, se puede pulsar un botón para indicar que es así. El componente Campo de confirmación es el que se encarga de gestionar este proceso. Para obtener más información sobre la confirmación de páginas, véase la sección «Creación de una página de confirmación», en este mismo capítulo.

El componente Campo de confirmación presenta el contenido de un campo de formulario; es decir, un único elemento, como el nombre, la edad o la ocupación, en una página de confirmación. Más adelante hablaremos de los formularios y los campos de formulario. Cada campo de formulario requiere un componente Campo de confirmación diferente, pero se pueden combinar en una sola página varios de estos componentes. Así que, si un usuario ha introducido una gran cantidad de información en campos de formulario diferentes, se puede utilizar una página de componentes Campo de confirmación, para duplicar esa información en un único lugar con el fin de que el usuario la confirme.

Consejo Los componentes Campo de confirmación reconocen los caracteres en mayúsculas y minúsculas, lo que significa que PrimerNombre no es lo mismo que primernombre.

Adición de un componente Campo de confirmación

Para presentar el contenido de un campo de formulario en una página de confirmación, hay que seguir estos pasos:

1. En la vista Página, sitúe el puntero en el lugar de la página de confirmación en el que quiera que aparezca el componente Campo de confirmación.

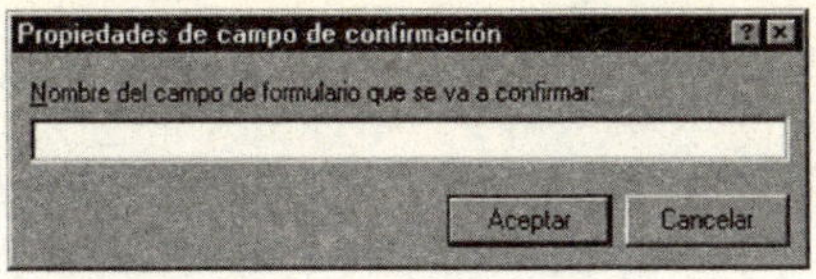

Figura 9.9.
Cuadro de diálogo Propiedades de campo de confirmación.

2. Seleccione la orden Componente en el menú Insertar y luego Campo de confirmación en el menú emergente. Se abrirá el cuadro de diálogo Propiedades de campo de confirmación, que se muestra en la Figura 9.9.
3. Escriba el nombre del campo de confirmación, cuyo contenido desea confirmar, en el cuadro de texto Nombre del campo de formulario que se va a confirmar, y luego pulse Aceptar.

Al pulsar Aceptar, el componente Campo de confirmación aparecerá en la página, representado por un conjunto de corchetes alrededor del nombre del campo que se haya indicado. No obstante, en el explorador el usuario verá el contenido del campo y no el componente. Sería una idea excelente insertar en la página un texto que indicara a los usuarios qué información es la que se les está volviendo a mostrar.

Inserción de una variable de configuración

El componente Sustitución sirve para insertar en la página el contenido de una variable de configuración (llamada también *parámetro*). Esta característica resulta muy útil para multitud de fines como, por ejemplo, para saber el nombre de la persona que ha creado o modificado una página o para conocer el URL de una página. Este componente también se utiliza para presentar una cadena de texto que se quiera modificar posteriormente como, por ejemplo, el número de fax de la empresa.

Adición de un componente Sustitución

Éste es el proceso que hay que seguir para insertar en la página el valor de una variable de configuración:

1. Con la vista Página activa, coloque el puntero en la página en la que quiera insertar el componente Sustitución.
2. Seleccione la orden Componente en el menú Insertar y luego Sustitución en el menú emergente. Al hacerlo, se abrirá el cuadro de diálogo Propiedades de sustitución, que se muestra en la Figura 9.10.
3. Seleccione una variable de configuración en la lista desplegable Sustituir con y, a continuación, pulse Aceptar. Si se han añadido parámetros al sitio web, éstos aparecerán en dicha lista.

Cuando pulse Aceptar, el componente Sustitución aparecerá en la vista Página, mostrando el valor actual de la variable de configuración.

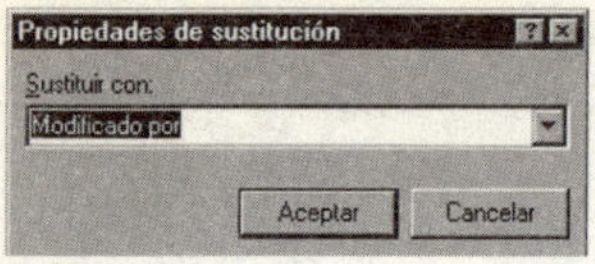

Figura 9.10.
Cuadro de diálogo Propiedades de sustitución.

Para obtener más información sobre la adición de variables de configuración y la especificación de sus valores, consulte el Capítulo 3.

Modificación de las propiedades de un componente

Para modificar las propiedades de un componente, no es preciso reemplazar todo el componente, sino sólo cambiar sus propiedades. Para hacerlo, solamente tiene que pulsar con el botón derecho del ratón en el componente y seleccionar la opción de propiedades del componente en el menú emergente. Por ejemplo, si quiere cambiar las propiedades de un componente Sustitución, pulse con el botón derecho del ratón en este componente en la vista Página y seleccione Propiedades de sustitución en el menú emergente. Al hacerlo, se abrirá el cuadro de diálogo de las propiedades de ese componente, en donde se pueden realizar todos los cambios que sean precisos. Para terminar, pulse Aceptar para salir del cuadro de diálogo y volver a la vista Página.

Otros elementos que se pueden insertar en la página

Además de todo lo anterior, hay unos cuantos elementos interesantes más en el menú Insertar. Por ejemplo, si quisiera que en cada página apareciera la hora y la fecha en la que fue modificada por última vez, es posible hacerlo. Además también puede si lo desea insertar un componente en el código HTML de una página. En las siguientes secciones le enseñaremos cómo hacerlo.

Creación de marcas de hora

Para insertar marcas de hora, que indiquen la fecha y la hora en la que la página fue modificada o actualizada automáticamente por última vez, hay que utilizar el componente Fecha y hora.

Adición de una marca de hora con el componente Fecha y hora

El proceso que hay que seguir para insertar una marca de hora en la página es el siguiente:

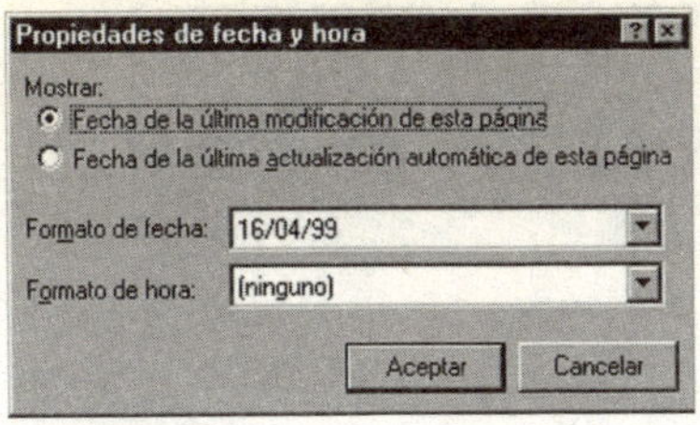

Figura 9.11.
Cuadro de diálogo Propiedades de fecha y hora.

1. Estando en la vista Página, sitúe el puntero en el lugar de la página en el que quiera que aparezca la marca de hora. Normalmente, este componente se suele colocar a continuación de una frase del tipo *Esta página se modificó por última vez.*
2. Seleccione la orden Fecha y hora en el menú Insertar. En la Figura 9.11 se muestra el cuadro de diálogo Propiedades de fecha y hora resultante.
3. Seleccione, en la sección Mostrar, la opción de fecha que desee ver: Fecha de la última modificación de esta página o Fecha de la última actualización automática de esta página. Existe una ligera diferencia de significado entre «modificar» y «actualizar». Se considera que una página ha sido *modificada* cuando se cambia y, posteriormente, se guarda en el servidor web. En cambio, se considera que una página ha sido *actualizada*, cuando se cambia y se guarda en el servidor web o cuando se modifica una página incluida en ella. Para incluir unas páginas en otras hay que utilizar el componente Incluir, del que ya hemos hablado en este mismo capítulo.
4. Seleccione en las listas desplegables Formato de fecha y Formato de hora el formato de la fecha y hora que desee. Las siglas *ZH* que aparecen en las opciones de Formato de hora son las siglas de Zona horaria. Si prefiere no incluir la fecha o la hora, seleccione Ninguno en la lista desplegable correspondiente.
5. Cuando termine de introducir esta información en el cuadro de diálogo Propiedades de fecha y hora, pulse Aceptar. Al hacerlo, la marca de hora aparecerá en la página. A partir de ese momento, ya puede dar un formato al texto utilizado para la marca de hora, empleando las herramientas estándar en la vista Página.

En la Figura 9.12 se muestra un ejemplo del componente Fecha y hora en la vista Página.

Inserción de un comentario

Habrá ocasiones en las que será el responsable de agregar todas las páginas del sitio web y de construir la estructura, pero probablemente habrá otras personas que se encarguen de añadir el contenido de las páginas. Si éste es el caso y les quiere informar de algo importante insertando un comentario en la página, este comentario se verá únicamente en las vistas Página y HTML, pero no en los exploradores. Los

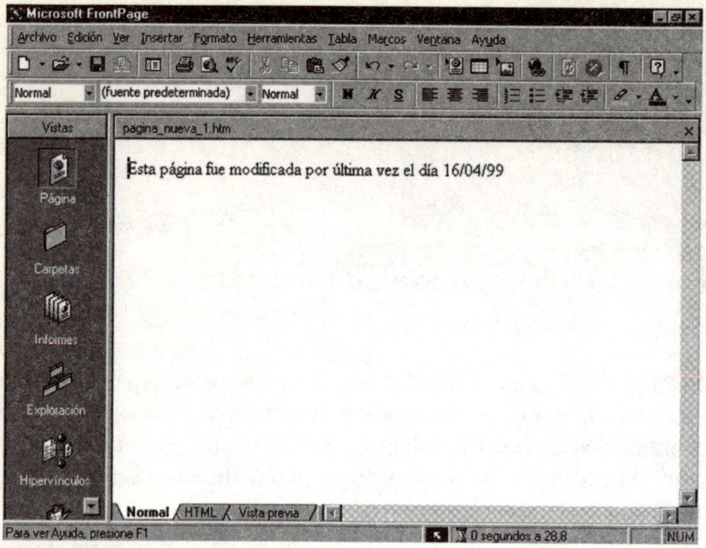

Figura 9.12.
Componente Fecha y hora en la vista Página.

comentarios también sirven para dejar un mensaje de recordatorio para uno mismo sobre algún tema importante con relación a la página. En resumidas cuentas, los comentarios son como notas adhesivas que se dejan pegadas en el código HTML.

Inserción de un comentario

Éste es el proceso que hay que seguir para insertar un comentario en la página:

1. Estando en la vista Página, sitúe el punto de inserción en el lugar de la página actual en el que quiera que aparezca el comentario.
2. Seleccione la orden Comentario en el menú Insertar. Se abrirá el cuadro de diálogo Comentario, que se muestra en la Figura 9.13.

Figura 9.13.
Cuadro de diálogo Comentario.

En el cuadro de diálogo Comentario podrá escribir el mensaje que desee dejar en la página. Cuando termine de escribirlo, pulse Aceptar.

En la vista Página, observará que el texto que ha insertado tiene diferente color y va precedido por la palabra «Comentario:». Este texto solamente será visible en las vistas Página y HTML y no en el explorador.

Creación y utilización de formularios

Los formularios nos ayudan a conseguir que los sitios web que construyamos sean más interactivos. Los *formularios* son conjuntos de textos o *campos* que permiten al usuario introducir información. Los campos de formulario que incluye FrontPage son: cuadros de texto de una línea, cuadros de texto con desplazamiento, casillas de verificación, botones de opción y menús desplegables. Además también se pueden agregar botones de orden (conocidos como *botones de comando* en FrontPage) al formulario para realizar acciones. Para incluir campos de este tipo, hay que seleccionar la orden Formulario en el menú Insertar y elegir posteriormente un campo de formulario en el menú emergente. En la Figura 9.14 se muestra un ejemplo de campos de formulario que se han insertado en una página.

Generalmente, para recopilar la información que se necesita sobre el usuario, se suelen combinar todos estos campos. Por ejemplo, en una intranet se podrían utilizar formularios para reunir y guardar la información referente a la identidad de los empleados, o bien para estar informado de lo que piensan los usuarios acerca del

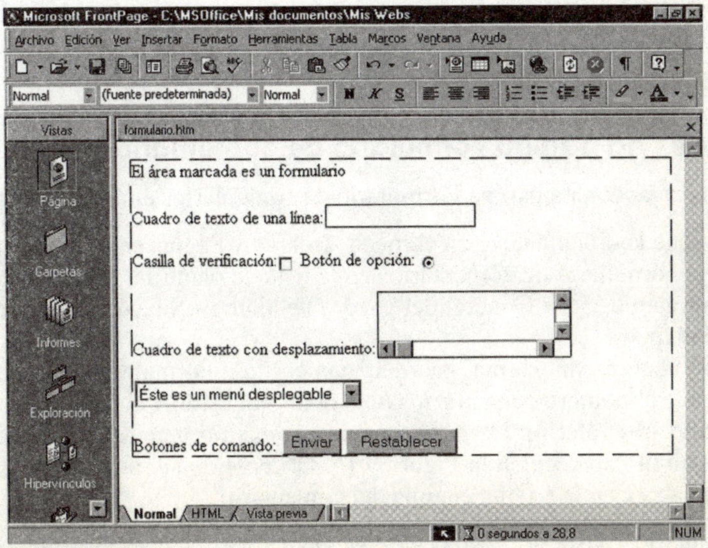

Figura 9.14.
Campos de formulario en la vista Página.

sitio web o de los productos que allí se exponen. Los usuarios pueden contestar estas preguntas en los campos del formulario.

Siempre que se agregue un campo de formulario a una página, se está creando un formulario. Algunas plantillas (como las de Registro de usuarios, Formulario de comentarios y Formulario de confirmación) y algunos asistentes (como el Asistente para páginas de formulario y el Asistente para Web de discusión) crean páginas que ya incluyen formularios.

Los formularios utilizan unas aplicaciones en el servidor web denominadas *controladores,* que recopilan los datos de los campos del formulario y los procesan. Los controladores también pueden responder a los usuarios al recibir los datos, presentándoles una página de confirmación para que ratifiquen lo que han enviado. Por consiguiente, de algún modo, el controlador es una especie de intermediario entre el formulario y el servidor web. Por ejemplo, un controlador puede ser un componente Discusión, un componente Registro, una DLL ISAPI personalizada, un módulo NSAPI o un script CGI. Todos estos controladores se analizarán en la sección «Asignación de un controlador de formulario», en este mismo capítulo.

Creación de un formulario de recopilación de datos

Cuando aprenda a crear un formulario, el proceso le parecerá bastante simple, pero el aprendizaje puede ser un poco complicado. Iremos paso a paso por todo el proceso, utilizando para ello dos páginas que vamos a crear con las plantillas de Formulario de comentarios y Formulario de confirmación de FrontPage. Estas plantillas ya contienen ejemplos de trabajo con páginas de formularios y confirmación, pero vamos a crear más ejemplos en estas páginas, para que aprenda a hacerlo por sí solo.

Comencemos antes con algunas cuestiones previas.

Creación de una página Formulario de comentarios

Empezaremos creando una página Formulario de comentarios en la vista Página.

1. Seleccione la orden Nuevo en el menú Archivo y Página en el menú emergente. Elija Formulario de comentarios en la lista de plantillas y asistentes que se encuentra en la ficha General del cuadro de diálogo Nuevo y, a continuación, pulse Aceptar.
2. Cuando aparezca la página, guárdela con el título Formulario de comentarios y asígnele el nombre *comentarios.htm*, dentro del sitio web actual. Desde este momento nos referiremos a esta página como Formulario de comentarios, cuyo ejemplo aparece en la Figura 9.15. Observe que el nombre de la página aparece ahora en la página encima del comentario.

Este formulario consta de varios campos. De hecho, incluye al menos un ejemplo de cada uno de los cinco tipos de campos que existen, más dos botones de comando:

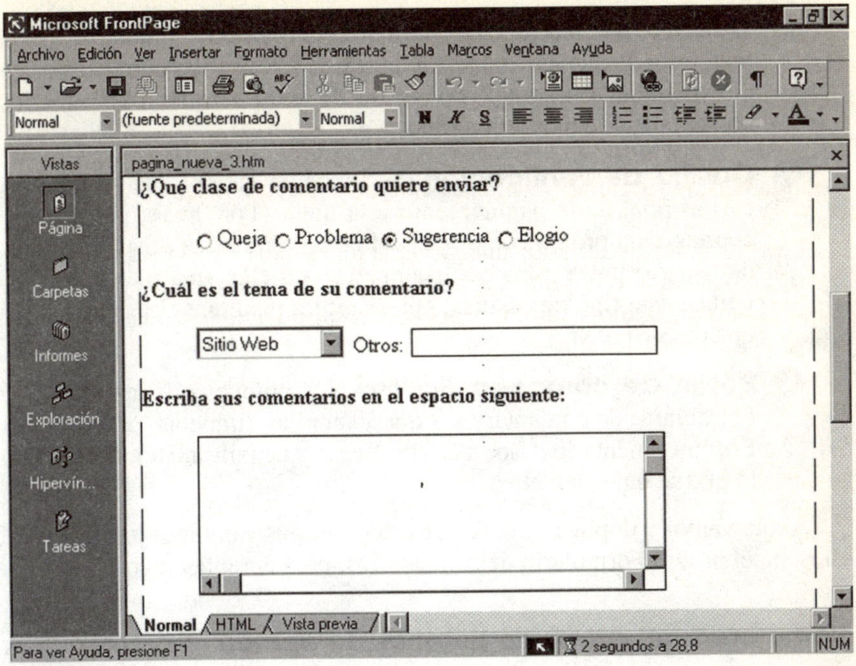

Figura 9.15.
Formulario de comentarios en la vista Página.

- **Botón de opción.** Son los botones situados debajo de la frase «¿Qué clase de comentario quiere enviar?». Este tipo de botones actúan en grupos; más adelante aprenderá algo más sobre sus funciones de grupo. Cada uno de los botones ha sido agregado por separado y se ha escrito un texto junto a él. Estos botones suelen utilizarse para que los usuarios seleccionen una única opción entre un grupo de ellas. Puede que, por ejemplo, quiera preguntar a la gente en su formulario el color de sus ojos. Lo que habría que hacer en este caso es enumerar todos los colores posibles y colocar un botón de opción al lado de cada uno, para que el usuario seleccionase el apropiado. Solamente se puede seleccionar un botón de opción en cada grupo. También se pueden utilizar las listas desplegables para realizar esta misma función.
- **Lista desplegable.** Es el campo situado bajo la línea «¿Cuál es el tema de su comentario?». Estas listas se pueden personalizar al modificar las propiedades del campo. Las listas desplegables permiten a los usuarios seleccionar uno o más elementos, por ese motivo también se denominan con frecuencia *menús desplegables*.
- **Cuadro de texto de una línea.** Es ese cuadro de texto que se encuentra al lado de la lista desplegable. Los usuarios pueden escribir aquí cualquier cosa. Se puede especificar el ancho de este cuadro como parte de sus propiedades.

- **Cuadro de texto con desplazamiento.** Se trata de ese cuadro de texto grande que hay debajo de la frase «Escriba sus comentarios en el espacio siguiente:». Este tipo de cuadro de texto permite a los usuarios escribir comentarios de mayor longitud.
- **Casilla de verificación.** Tenemos un ejemplo de este tipo de campo casi al final de la página, junto a la línea «Por favor, póngase en contacto conmigo tan pronto como sea posible en referencia a esta materia». Cuando un usuario pulsa estas casillas aparece en ellas una marca de verificación. Utilice este tipo de casillas, por ejemplo, para que el usuario elija entre las opciones Sí o No.
- **Botón de comando.** Son esos dos botones que aparecen al final del Formulario de comentarios y que tienen las etiquetas Enviar comentarios y Borrar comentarios. Los usuarios tienen que pulsar estos botones para hacer lo que se indica en ellos.

Ahora vamos a duplicar algunos de estos campos y botones justamente debajo de ellos, en el propio Formulario de comentarios, para aprender a crearlos.

Cómo crear un grupo de botones de opción

A continuación, vamos a crear un grupo de dos botones de opción, parecidos al grupo de cuatro que hay en el Formulario de comentarios.

1. Sitúe el punto de inserción a la derecha del botón de opción que tiene la etiqueta Elogio, que se encuentra debajo de la línea «¿Qué clase de comentario quiere enviar?» El puntero permanecerá parpadeando junto a la letra *o* final de Elogio. Pulse la tecla MAYÚS y, sin soltarla, pulse INTRO.
2. Cuando el puntero esté en la línea en blanco que acaba de crear, justamente debajo del botón de opción Queja, seleccione la orden Formulario en el menú Insertar y luego elija Botón de opción en el menú emergente.
3. Pulse con el botón derecho del ratón en el botón que acaba de insertar y seleccione la orden Propiedades de campo de formulario en el menú emergente. La Figura 9.16 muestra el cuadro de diálogo Propiedades de botón de opción que aparecerá.

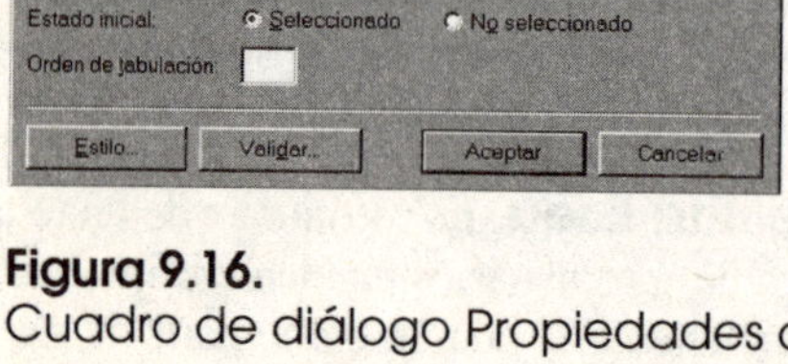

Figura 9.16.
Cuadro de diálogo Propiedades de botón de opción.

4. Escriba la siguiente información:

   - **Nombre de grupo.** Escriba la palabra *TipoComentario*. Éste será el nombre del grupo de botones de opción que estamos creando. Posteriormente tendremos que volver a utilizar este nombre en la página de confirmación. Si se asigna el mismo nombre de grupo a una serie de botones, el usuario solamente podrá seleccionar uno de ellos. Al asignar el mismo nombre de grupo es cuando realmente se crea un grupo de botones de opción mutuamente excluyentes.

   - **Valor.** Escriba la palabra *Aprobación*. Esta palabra aparecerá en la página de confirmación si el usuario la selecciona en el Formulario de comentarios. Más adelante verá cómo funciona.

   - **Estado inicial.** Marque la opción Seleccionado. Cuando el usuario vea el Formulario de comentarios, esta opción aparecerá marcada de manera predeterminada. Solamente se puede establecer el estado inicial de un botón de opción de cada grupo a la vez, ya que solamente se puede seleccionar un único botón de opción. No es obligatorio establecer el estado inicial de los botones de opción; la decisión es suya.

   - **Orden de tabulación.** En este campo se especifica el orden de tabulación, introduciendo un valor en el cuadro de texto. La opción Orden de tabulación controla el orden en el que un usuario se mueve por los campos del formulario con la tecla de tabulación. Solamente la versión 4.0, o posterior, de Internet Explorer admite la opción Orden de tabulación; el resto de los exploradores no tendrán en cuenta esta configuración. Si deja la casilla de Orden de tabulación en blanco, la versión 4.0 o superior de Internet Explorer utilizará el orden predeterminado, que coincide con el orden en el que se han colocado los campos en la página dentro de su grupo.

5. Pulse Aceptar para salir del cuadro de diálogo Propiedades de botón de opción y coloque el puntero junto al botón de opción que acaba de insertar. Escriba allí la palabra *Aprobación*. Acaba de crear un botón de opción que, al ser seleccionado, indica que el usuario va a enviar un mensaje de aprobación.
6. Cree, utilizando el mismo procedimiento, otro botón de opción inmediatamente a la derecha del botón Aprobación. Quizás sea necesario pulsar la barra espaciadora para dejar un poco de espacio entre los botones. Ya en el cuadro de diálogo Propiedades de botón de opción, asigne el mismo nombre de grupo a este botón, es decir, *TipoComentario*, pero en el cuadro de texto Valor escriba la palabra *Crítica*. Marque la opción No seleccionado como estado inicial. Cuando haya terminado, pulse Aceptar para salir de este cuadro de diálogo.
7. Escriba la palabra *Crítica* tras el botón de opción que acaba de insertar. Y ya está; ya hemos acabado de construir este botón de opción. En la Figura 9.17 se muestra cómo debería haber quedado la sección de botones de opción de la página.

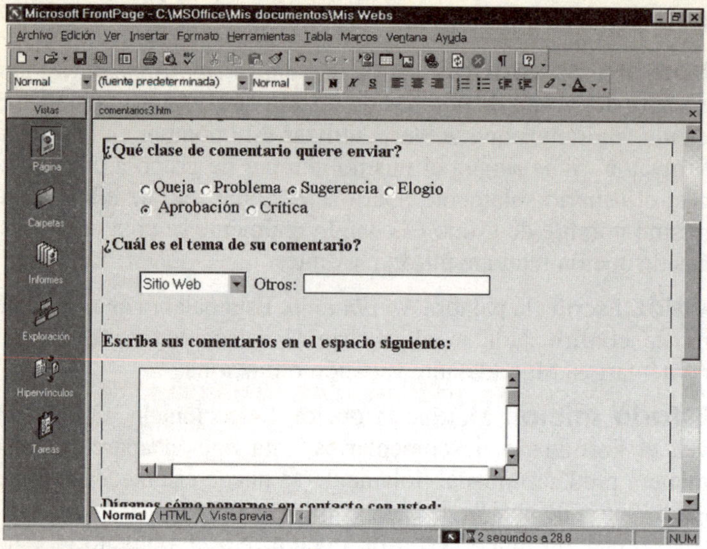

Figura 9.17.
Formulario en el que se acaban de crear nuevos botones de opción.

No olvide guardar los cambios antes de continuar.

Acaba de crear un grupo de dos botones denominado *TipoComentario*. Si se fija en las propiedades de los botones que están en la parte superior (Queja, Problema, Sugerencia y Elogio), observará que su nombre de grupo es *TipoMensaje*. Lo que acabamos de hacer es crear un grupo similar. Si utiliza el mismo procedimiento, podrá crear todos los grupos de botones de opción que desee.

Cómo crear una lista desplegable

A continuación, vamos a crear una lista desplegable con cuatro elementos (lo que en FrontPage se llama menú desplegable), justo debajo de la existente.

1. Coloque el punto de inserción a la derecha del cuadro de texto de una línea que se encuentra bajo la frase «¿Cuál es el tema de su comentario?». Pulse la tecla MAYÚS y, sin soltarla, pulse INTRO.
2. Cuando tenga el puntero justamente debajo de la lista desplegable ya existente, seleccione la orden Formulario en el menú Insertar y elija, a continuación, la opción Menú desplegable en el menú emergente. Verá aparecer entonces una lista desplegable en la página.
3. Pulse en la nueva lista con el botón derecho del ratón y seleccione la orden Propiedades de campo de formulario en el menú emergente. Se abrirá el cuadro de diálogo Propiedades de menú desplegable, que se muestra en la Figura 9.18.
4. Escriba la palabra *Asunto* en el cuadro de texto Nombre. Este nombre se volverá a utilizar más adelante, al configurar la página de confirmación.

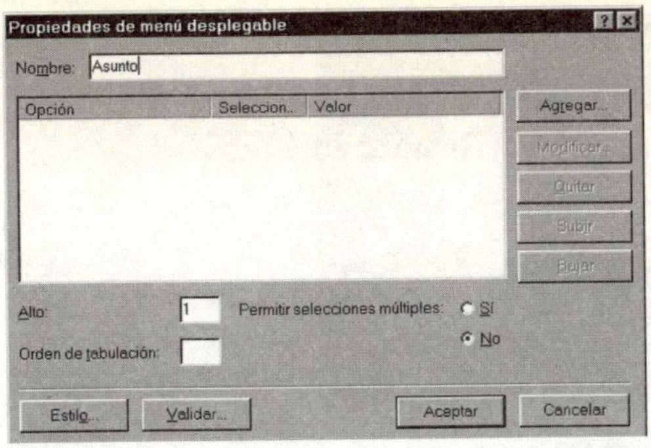

Figura 9.18.
Cuadro de diálogo Propiedades de menú desplegable.

5. Pulse el botón Agregar para añadir un elemento al cuadro de texto. Se abrirá el cuadro de diálogo Agregar opción de la Figura 9.19.
6. Escriba la palabra *Sitio* en el cuadro de texto Opción. El nombre de esta opción de menú es el valor predeterminado que se envía al controlador del formulario. Si quiere especificar un valor diferente asociado a esta opción, marque la casilla Especificar valor e introduzca el valor nuevo. Marque la opción Seleccionada en la sección Estado inicial y los usuarios verán el elemento Sitio seleccionado en la lista desplegable de manera predeterminada.

   Pulse Aceptar cuando haya terminado de introducir la información en el cuadro de diálogo Agregar opción.
7. Agregue tres elementos más, Soporte técnico, Precios y Otros, utilizando el mismo procedimiento. Marque en todos ellos la casilla No seleccionada de la sección Estado inicial, en el cuadro de diálogo Agregar opciones. El ancho de la lista desplegable se expandirá automáticamente para ajustarse al tamaño del elemento de mayor tamaño que haya añadido. En la Figura 9.20 se muestra el cuadro de diálogo Propiedades de menú desplegable, después de haber añadido todos los elementos.

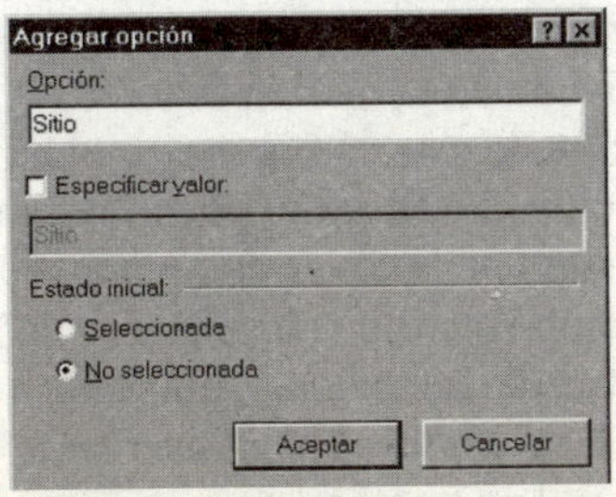

Figura 9.19.
Cuadro de diálogo Agregar opción.

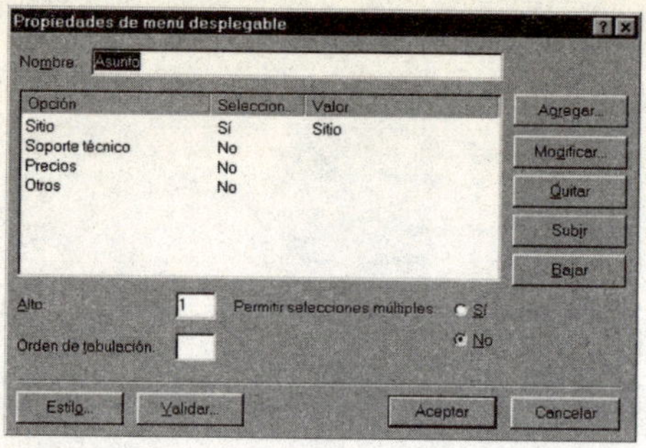

Figura 9.20.
Cuadro diálogo Propiedades de menú desplegable, en el que se muestran las opciones nuevas.

8. En el cuadro de diálogo Propiedades de menú desplegable, se nos presentan una serie de botones con los que podemos realizar algunas funciones adicionales.

   - **Modificar.** Para modificar cualquier elemento de la lista, seleccione dicho elemento y pulse el botón Modificar. Al hacerlo, se abrirá el cuadro de diálogo Modificar opción para ese elemento, que tiene las mismas secciones que el cuadro de diálogo Agregar opción que hemos explicado anteriormente.
   - **Quitar.** Para quitar un elemento de la lista, selecciónelo y luego pulse Quitar.
   - **Subir.** Para desplazar hacia arriba un elemento de la lista, seleccione dicho elemento y pulse a continuación el botón Subir. Los elementos de la lista aparecerán en el orden que se muestra aquí.
   - **Bajar.** Para desplazar hacia abajo un elemento en la lista, selecciónelo y luego pulse el botón Bajar.

Además, también es posible indicar la altura de la lista utilizando el cuadro de texto Alto. Mantenga, por ahora, una altura de 1. La altura de la lista determinará cómo se va a ver. En la mayoría de los exploradores, si la altura tiene un valor 1, en la lista desplegable solamente se verá un elemento y, para ver el resto, hay que pulsar la flecha descendente. Si el valor de la altura es mayor de 1, la lista se comportará como un cuadro de texto con desplazamiento, en el que el número de elementos que se ven a la vez es igual al valor especificado en la opción Alto.

Para especificar el orden de tabulación de este campo hay que introducir un valor en el cuadro de texto Orden de tabulación. Ya se ha explicado cómo funciona esta opción en la sección «Cómo crear un grupo de botones de opción».

Para terminar, en los botones de opción Permitir selecciones múltiples, marque la opción No para desactivar la posibilidad de seleccionar múltiples opciones. Por el contrario, si marca la opción Sí, el usuario podrá seleccionar en la lista más de un elemento a la vez. Esta función es muy útil en numerosas ocasiones como, por ejemplo, cuando se ofrece a los usuarios la posibilidad de recibir información sobre varios productos, los cuales se pueden presentar en una lista desplegable.

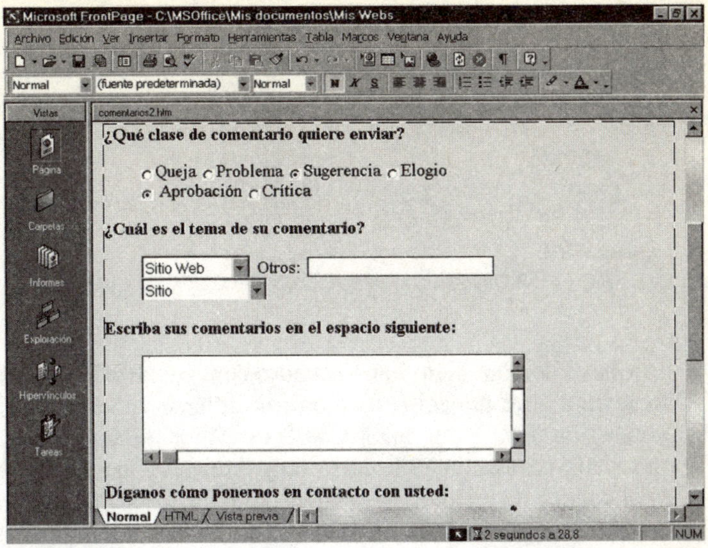

Figura 9.21.
Formulario en la vista Página que contiene el menú desplegable recién creado.

- Cuando termine de introducir la información, pulse Aceptar. La Figura 9.21 muestra cómo debería haber quedado la sección de listas desplegables de la página.

Acaba de crear una lista desplegable con cuatro elementos, pero puede crear listas que contengan tantos elementos como desee utilizando el mismo procedimiento.

Cómo crear un cuadro de texto de una línea

A continuación, vamos a crear un cuadro de texto de una línea junto a la nueva lista desplegable, de tal modo que los usuarios puedan escribir el nombre de un elemento si han seleccionado la opción «Otros» en la lista desplegable.

1. Coloque el punto de inserción a la derecha de la lista desplegable que acabamos de crear. Pulse la barra espaciadora para dejar un pequeño espacio entre la lista desplegable y el cuadro de texto. Escriba la palabra «Otros» y luego pulse la barra espaciadora una vez más.
2. Seleccione la orden Formulario en el menú Insertar y luego Cuadro de texto de una línea en el submenú. En ese momento aparecerá un cuadro de texto de una línea.
3. Pulse en el nuevo cuadro de texto de una línea con el botón derecho del ratón y luego elija Propiedades de campo de formulario en el menú emergente. Se abrirá el cuadro de diálogo Propiedades de cuadro de texto que se muestra en la Figura 9.22.

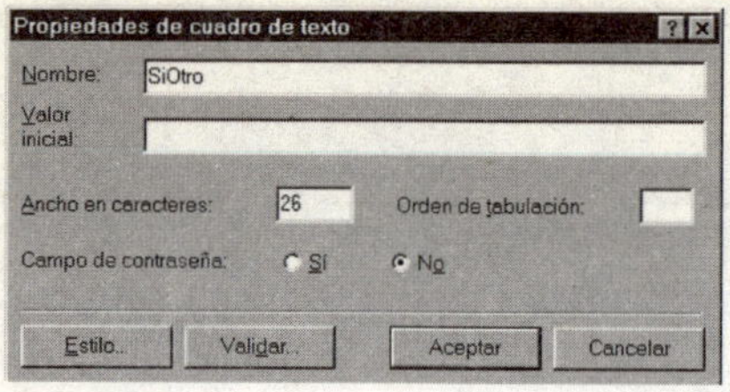

Figura 9.22.
Cuadro de diálogo Propiedades de cuadro de texto.

4. Escriba el nombre *SiOtro* en el cuadro de texto Nombre. Posteriormente, cuando se configure la página de confirmación, se volverá a utilizar este nombre.
5. No escriba nada en el cuadro de texto Valor inicial porque, en este ejemplo que estamos creando, el usuario será el que escriba los elementos adicionales en el cuadro de texto. Pero, si se escribe un valor inicial, éste aparecerá en el cuadro de texto que vea el usuario en el explorador. No obstante, el usuario podrá cambiar el texto que hay en él.
6. Escriba el número *20* en el cuadro de texto Ancho en caracteres, si no está escrito ya. Al hacer esto, se configurará el ancho inicial del cuadro de texto de tal modo que se pueden escribir hasta 20 caracteres, dando una sensación de mayor comodidad al usuario. Si posteriormente quiere cambiar su tamaño, puede pulsar y arrastrar los bordes del cuadro de texto en la vista Página.
7. Marque No en la sección Campo de contraseña para especificar que, en este ejemplo, no se va a utilizar el cuadro de texto como campo de contraseña.
8. Si le gustaría establecer ciertas restricciones en la información que pueden introducir los usuarios en los cuadros de texto de una línea, pulse el botón Validar. Se podría, por ejemplo, determinar un número máximo de caracteres que se puedan escribir en este cuadro de texto o restringir la información de tal manera que solamente se pueda introducir aquí texto o números.
9. Pulse Aceptar cuando haya terminado de introducir la información en el cuadro de diálogo Propiedades de cuadro de texto. La Figura 9.23 muestra cómo deberían haber quedado en la página las listas desplegables y los cuadros de texto de una línea.

Acaba de crear un cuadro de texto de una línea en donde los usuarios pueden introducir comentarios adicionales.

Cómo crear un cuadro de texto con desplazamiento

Ahora vamos a crear un cuadro de texto con desplazamiento, debajo del ya existente en el Formulario de comentarios.

1. Coloque el punto de inserción a la derecha del cuadro de texto con desplazamiento ya existente, situado bajo la línea «Escriba sus comentarios en el espacio siguiente:» y luego pulse MAYÚS; después, sin soltar esta tecla, pulse INTRO dos veces.

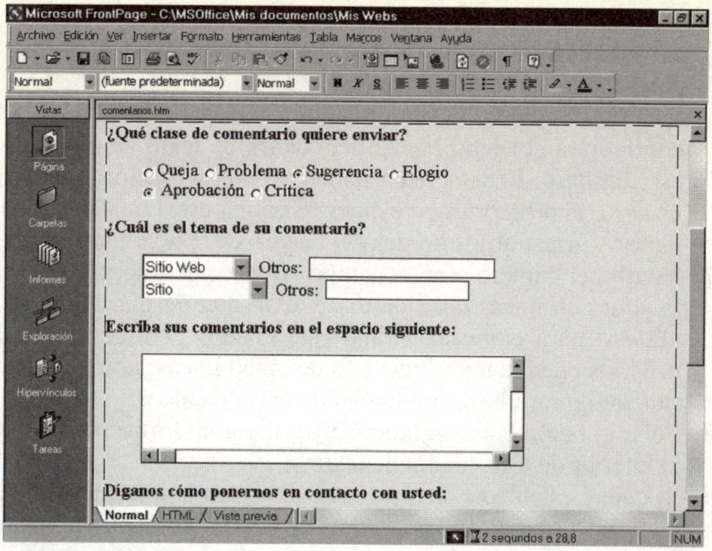

Figura 9.23.
Formulario en el que se acaba de crear un nuevo cuadro de texto de una línea.

2. Seleccione la orden Formulario en el menú Insertar y luego Cuadro de texto con desplazamiento en el menú emergente. Aparecerá en la página un cuadro de texto de este tipo.
3. Pulse con el botón derecho del ratón en el nuevo cuadro de texto con desplazamiento y seleccione la orden Propiedades de campo de formulario en el menú emergente. Al hacerlo, se abrirá el cuadro de diálogo Propiedades de cuadro de texto con desplazamiento, que se muestra en la Figura 9.24.
4. Escriba la palabra *ComentariosUsuario* en el cuadro de texto Nombre. Más adelante, cuando configuremos la página de confirmación, volveremos a utilizar este nombre.

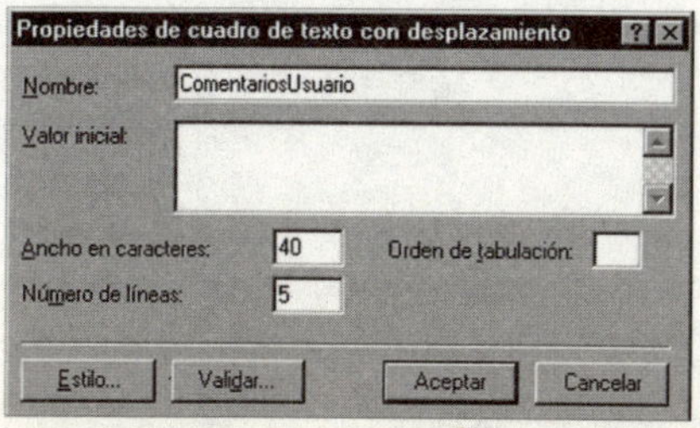

Figura 9.24.
Cuadro de diálogo Propiedades de cuadro de texto con desplazamiento.

5. No escriba nada en el campo Valor inicial, ya que, en este ejemplo, el usuario será el que escriba los elementos adicionales en el cuadro de texto con desplazamiento que estamos creando.
6. Escriba el número *40* en el campo Ancho en caracteres. Al hacer esto, se configurará el ancho inicial del cuadro de texto de tal modo que se puedan escribir hasta 40 caracteres, dando así una sensación de mayor comodidad al usuario. Si posteriormente quiere cambiar este tamaño, solamente tendrá que pulsar y arrastrar los bordes del cuadro de texto en la vista Página
7. Escriba el número *5* en el campo Número de líneas. Este valor determinará la altura en líneas del cuadro de texto con desplazamiento, y 5 es un buen número para empezar. Como este cuadro permite el desplazamiento, los usuarios pueden introducir más de cinco líneas; normalmente, no es necesario configurar una altura inicial de más de cinco.
8. Pulse el botón Estilo si quiere especificar un formato para el texto situado en el interior de este cuadro de texto.
9. Si quiere establecer ciertas restricciones en la información que pueden introducir los usuarios en los cuadros de texto con desplazamiento, pulse el botón Validar. Se podría, por ejemplo, determinar un número máximo de caracteres que se puedan escribir en este cuadro de texto, o bien restringir la información de tal manera que solamente se pueda introducir aquí texto o números.
10. Para especificar el orden de tabulación de este campo, introduzca un valor en el cuadro de texto Orden de tabulación. El funcionamiento de esta orden ya ha sido explicado en la sección «Cómo crear un grupo de botones de opción».
11. Pulse Aceptar cuando haya terminado de introducir la información en el cuadro de diálogo Propiedades de cuadro de texto con desplazamiento. La Figura 9.25 muestra cómo debería haber quedado este cuadro de texto con desplazamiento en la página.

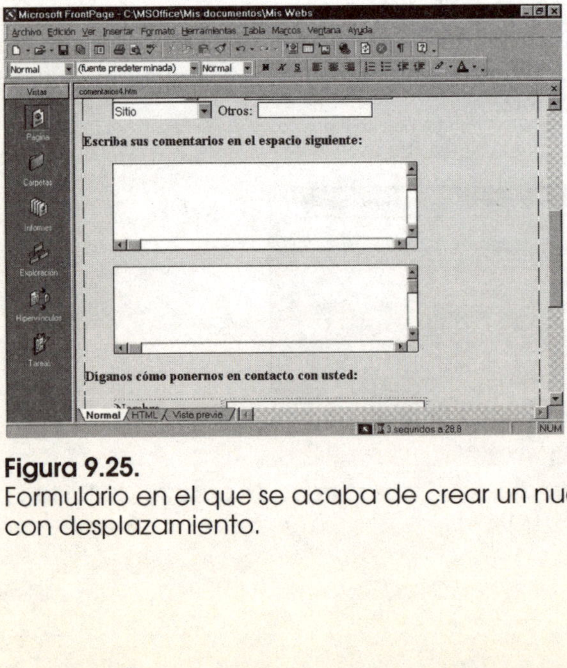

Figura 9.25.
Formulario en el que se acaba de crear un nuevo cuadro de texto con desplazamiento.

Cómo crear una casilla de verificación

A continuación, vamos a crear una nueva casilla de verificación, debajo de la que hay al final del Formulario de comentarios. Esta nueva casilla permitirá a los usuarios indicar si quieren recibir más información a través del correo electrónico.

1. Coloque el puntero al final de la línea que dice «Por favor, pónganse en contacto conmigo tan pronto como sea posible en referencia a esta materia». Pulse después la tecla MAYÚS y, sin soltarla, pulse INTRO.
2. Cuando el puntero se encuentre debajo de la casilla de verificación, seleccione la orden Formulario en el menú Insertar y Casilla de verificación en el menú emergente. Una vez hecho esto, tendrá que aparecer en la página una casilla de verificación nueva.
3. Pulse con el botón derecho del ratón en la nueva casilla de verificación y elija Propiedades de campo de formulario en el menú emergente. Se abrirá entonces el cuadro de diálogo Propiedades de casilla de verificación de la Figura 9.26.
4. Escriba la palabra *InformaciónSolicitada* en el cuadro de texto Nombre. Más adelante tendrá que utilizar este nombre para configurar la página de confirmación.
5. Escriba este mismo nombre, *InformaciónSolicitada*, en el cuadro de texto Valor. Más adelante volverá a ver este valor al revisar la información que le ha enviado el usuario con el Formulario de comentarios. Si lo ve, sabrá que el usuario quiere que le mande más información.
6. En la sección Estado inicial, marque la opción Desactivada, si no está marcada ya. De esta forma, la casilla de verificación que estamos creando no aparecerá marcada de manera predeterminada cuando los usuarios la vean en el explorador. En ejemplos como éste, es aconsejable que las casillas de verificación no aparezcan marcadas, para saber si verdaderamente el usuario quiere que se le envíe más información.
7. También se puede especificar el orden de tabulación de este campo, introduciendo un valor en el cuadro de texto Orden de tabulación. El funcionamiento de esta opción ya se ha explicado en la sección «Cómo crear un grupo de botones de opción».
8. Pulse Aceptar cuando haya terminado de introducir la información en el cuadro de diálogo Propiedades de casilla de verificación.

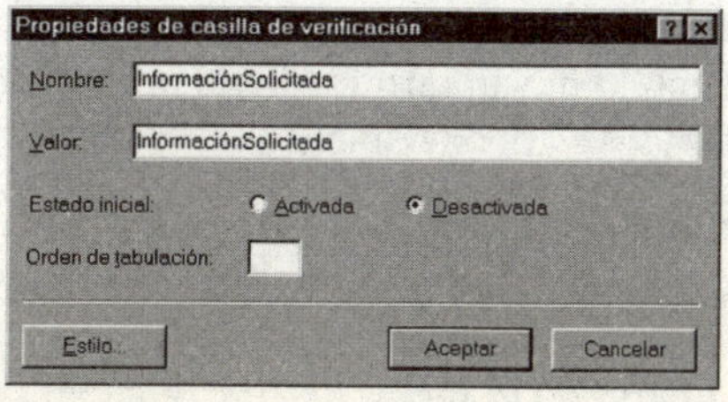

Figura 9.26.
Cuadro de texto Propiedades de casilla de verificación.

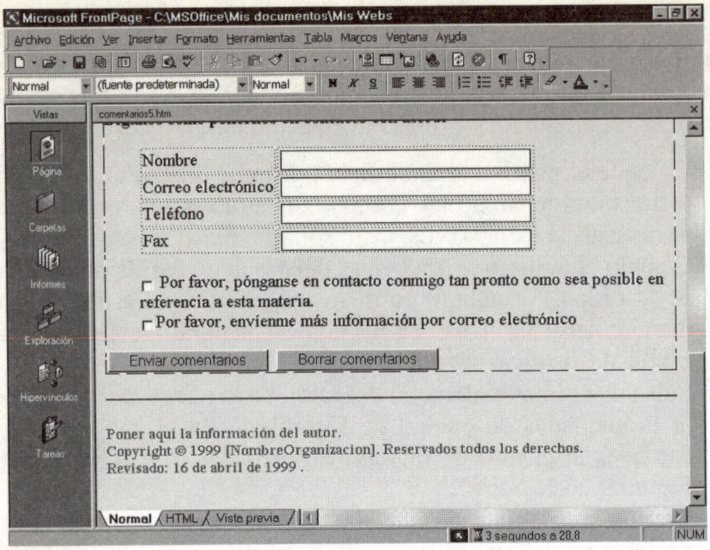

Figura 9.27.
Formulario en el que se acaba de crear una nueva casilla de verificación.

9. Coloque el puntero a la derecha de la casilla de verificación que acaba de insertar y pulse la barra espaciadora para dejar un pequeño espacio entre la casilla de verificación y la etiqueta de texto que vamos a añadir. Escriba la siguiente frase: *Por favor, envíenme más información por correo electrónico.* En la Figura 9.27 vemos cómo tendría que quedar esta casilla de verificación.

Acaba de crear una casilla de verificación simple y le ha añadido una etiqueta, para que los usuarios sepan que con ella pueden indicar que quieren recibir más información. Utilice el mismo procedimiento para crear todas las casillas de verificación que quiera en FrontPage.

Cómo crear un botón de orden

Lo siguiente que vamos a hacer es crear un botón de orden (o botón de comando) para que los usuarios lo pulsen cuando hayan terminado de introducir la información en el formulario y ya estén preparados para enviárselo.

1. Coloque el puntero a continuación del botón de orden Borrar comentarios, que se encuentra concretamente en la parte inferior de la pantalla. Cuando lo haya hecho, pulse INTRO.
2. Seleccione la orden Formulario en el menú Insertar y luego Botón de comando en el menú emergente. Cuando lo haga, aparecerá un botón de orden nuevo en la página.

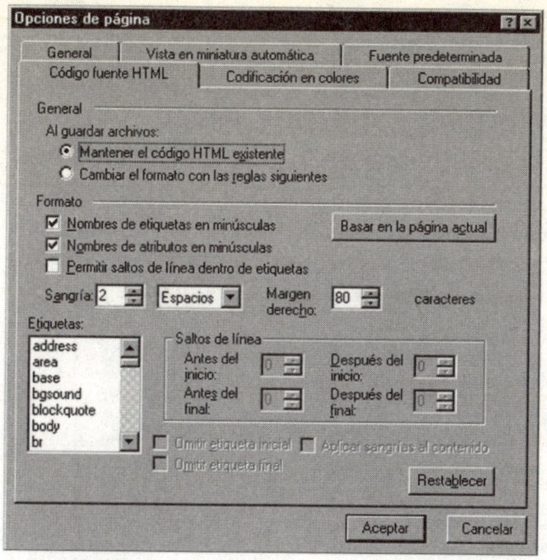

Figura 9.28.
Cuadro de diálogo Propiedades de botón de comando.

3. Pulse con el botón derecho del ratón en el nuevo botón y elija la orden Propiedades de campo de formulario en el menú emergente. Se abrirá entonces el cuadro de diálogo Propiedades de botón de comando, que se muestra en la Figura 9.28.
4. En el cuadro de texto Nombre, deje el nombre que ya está escrito: B1. Si está utilizando un script CGI o de otro tipo como controlador de formulario, escriba aquí un nombre para procesar el formulario basándose en él. Pero, para nuestro ejercicio, no introduzca ahora ninguno.

   Escriba en el cuadro de texto Valor/Etiqueta el texto que debe aparecer sobre el botón de orden: *Enviar ya*.
5. En la sección Tipo de botón, marque la opción Enviar. Al hacerlo, el botón permite enviar toda la información introducida por los usuarios al controlador que se encuentra en el servidor web. Si marca la opción Restablecer, el botón tendrá la función de restablecer el formulario a su estado inicial, al ser pulsado en el explorador. Finalmente, la opción Normal se utiliza para asignar un script al botón.
6. Cuando haya terminado de introducir la información en el cuadro de diálogo Propiedades de botón de comando, pulse Aceptar. La Figura 9.29 muestra cómo debería haber quedado este botón en la página.

Utilización de botones de orden alternativos

FrontPage también dispone de muchos otros estilos de botones de orden que puede utilizar en sus páginas, por lo que no tiene por qué limitarse al estilo estándar. Estos botones no disponen de las mismas opciones que los botones estándar; por ejemplo,

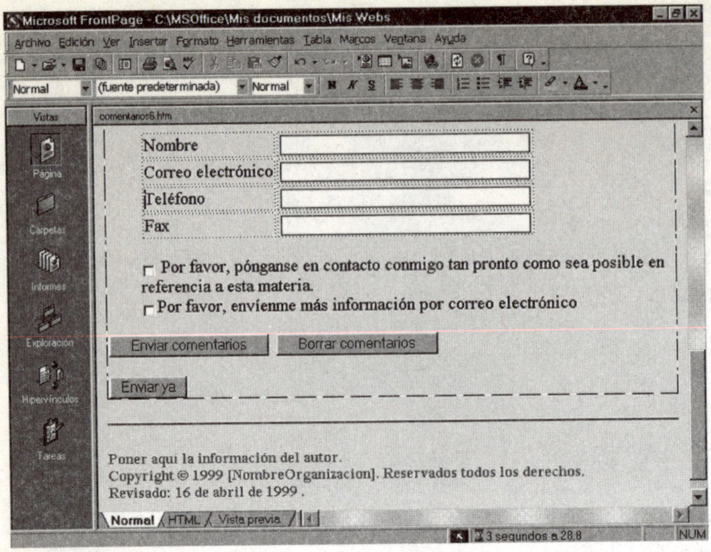

Figura 9.29.
Formulario en el que se acaba de crear un nuevo botón de comando.

no se pueden configurar para que envíen o restablezcan información. No obstante, les puede asignar sus propios scripts. Éste es el proceso que hay que seguir para agregar uno de estos botones a la página:

1. Coloque el puntero en el lugar en el que quiera que aparezca el botón.
2. Seleccione la orden Formulario en el menú Insertar e Imagen en el submenú. Al hacerlo, se abrirá el cuadro de diálogo Imagen.
3. Elija una imagen en el sitio web que esté abierto actualmente en FrontPage, en un archivo ubicado en su máquina local o en un archivo que se encuentre en la World Wide Web. Para obtener más información sobre el cuadro de diálogo Imagen, véase el Capítulo 8.
4. Una vez seleccionada la imagen, pulse Aceptar. La imagen aparecerá automáticamente en la página.

Si pulsa en la imagen con el botón derecho del ratón y selecciona la orden Propiedades de campo de formulario en el menú emergente, aparecerá la ficha Campo de formulario del cuadro de diálogo Propiedades de imagen, tal y como se muestra en la Figura 9.30.

Con las otras tres fichas de este cuadro de diálogo se pueden especificar las propiedades de la imagen. Para obtener más información sobre el cuadro de diálogo Propiedades de imagen, véase el Capítulo 8.

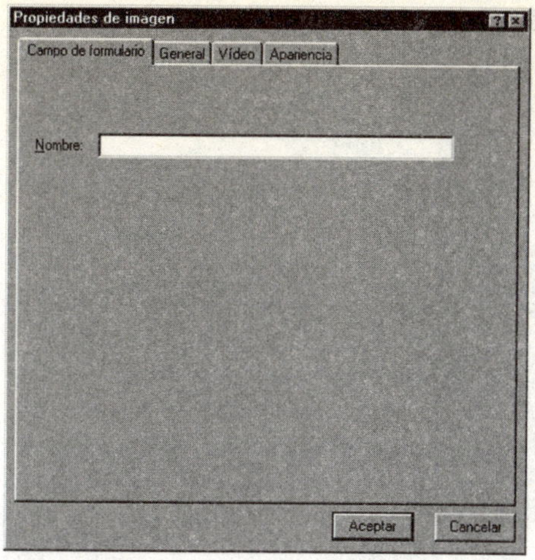

Figura 9.30.
Ficha Campo de formulario del cuadro de diálogo Propiedades de imagen.

Validación de campos de formulario

FrontPage permite confirmar que la información que reciba de los usuarios en los campos de formulario es el tipo de información que quería o que está en el formato correcto. Puede que, por ejemplo, necesite que un cuadro de texto contenga un número máximo o mínimo de caracteres, o que haya que elegir obligatoriamente una opción de una lista desplegable o de un grupo de botones de opción. A este proceso se le denomina *validación de campos de formulario*.

Para especificar reglas de validación en un campo de formulario, hay que pulsar con el botón derecho del ratón en el campo y seleccionar la orden Validación de campo de formulario en el menú emergente. Se abrirá el cuadro de diálogo correspondiente al tipo de campo que se vaya a validar, como el cuadro de diálogo Validar cuadro de texto de la Figura 9.31.

Éste es uno de los cuadros de diálogo de validación más complejos. En él se permiten establecer reglas de validación para el tipo de datos que introduzcan los usuarios en el cuadro de texto, así como el formato del texto o de los caracteres numéricos, la longitud máxima o mínima de los datos y sus valores. Una vez que haya terminado de especificar las reglas que quiera utilizar en el campo de validación, pulse Aceptar para salir de este cuadro de diálogo.

También se puede acceder a los diferentes cuadros de diálogo de validación utilizando el botón Validar del cuadro de diálogo Propiedades de campo de formulario, en los siguientes campos: cuadro de texto, cuadro de texto con desplazamiento, botón de opción y lista desplegable.

Si se especifican reglas de validación en un campo, lo mejor sería informar a los usuarios explícitamente en la propia página (cerca del campo de formulario

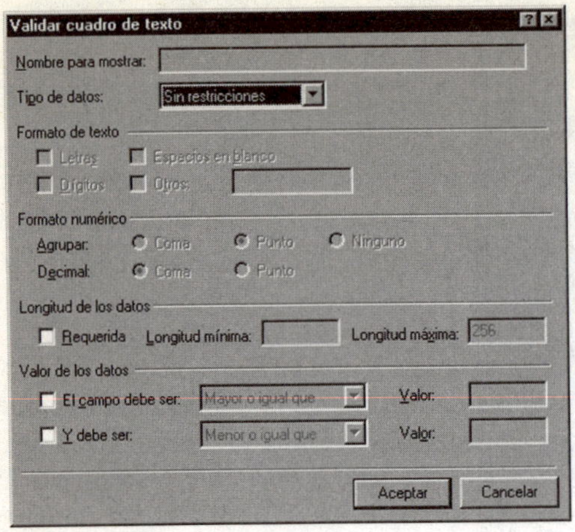

Figura 9.31.
Cuadro de diálogo Validar cuadro de texto.

en cuestión, si es posible) sobre qué es exactamente lo que espera que hagan en ese campo; por ejemplo, que determinado campo de texto hay que rellenarlo con un valor. Si los usuarios envían información que no se atiene a las reglas especificadas en un campo de formulario en particular, recibirán un mensaje de error en el explorador que les notificará que han de introducir la información correctamente.

Nota En el momento en el que un usuario recibe un mensaje de error, la información del formulario todavía no ha sido enviada a la World Wide Web; y esto no ocurrirá hasta que el usuario envíe la información de acuerdo con las reglas de validación especificadas.

Una buena técnica para validar listas desplegables consiste en especificar que el primer elemento sea algo parecido a «Elija una opción», para recordarles así a los usuarios que es obligatorio que seleccionen un elemento. La validación del formulario requerirá entonces que el usuario elija obligatoriamente una opción. Para especificar esto, hay que entrar en el cuadro de diálogo Propiedades de menú desplegable y determinar que el elemento «Elija una opción» sea el primero de la lista y esté seleccionado de manera predeterminada. A continuación, hay que abrir el cuadro de diálogo Validación de menú desplegable y marcar allí la casilla de verificación No permitir el primer elemento. De esta forma, el usuario verá un mensaje de error si intenta enviar la información cuando el primer elemento de la lista desplegable esté todavía seleccionado.

Otra alternativa sería hacer que el sitio web emitiera un mensaje de error si el usuario no selecciona una opción válida en la lista desplegable.

Creación de una página de confirmación

Las páginas de confirmación se encargan de presentar a los usuarios cierta información, en la que se confirma una acción determinada. Por ejemplo, los usuarios podrían recibir un mensaje que les confirmara que la información que han enviado en el formulario ha sido recibida por el servidor. Los usuarios suelen cometer errores; por eso las páginas de confirmación resultan muy útiles: gracias a ellas, se pueden encontrar todos los errores posibles, corregirlos y volver a enviar el formulario. Además, este tipo de páginas sirven para dar un toque profesional al sitio web.

No olvide que, cuando los usuarios envían formularios a un sitio web, la información enviada se guarda en el sitio (o en donde haya especificado su diseñador) y ya no se puede cambiar. Las páginas de confirmación permiten a los usuarios verificar que la información enviada es la que realmente querían enviar. Por otra parte, es conveniente advertir a los usuarios que revisen toda la información antes de enviarla. Hay ciertos pasos que se pueden seguir para garantizar el envío de información correcta. Para saber más detalles, véase la sección «Validación de campos de formulario».

Las páginas de confirmación son, simplemente, páginas estándar que se configuran en el cuadro de diálogo Propiedades de formulario. Más adelante veremos otros detalles sobre este tema, en la sección «Configuración de formularios». Normalmente, las páginas de confirmación utilizan componentes Campo de confirmación para devolver la información al usuario, para que la revise.

Vayamos paso por paso por todo el proceso de creación de una página de confirmación. En este ejemplo, vamos a utilizar los campos de formulario que creamos anteriormente, en este mismo capítulo. En primer lugar, empezaremos con el método más sencillo de crear un campo de confirmación: una plantilla.

1. Active la vista Página, seleccione la orden Nuevo en el menú Archivo y luego la opción Página en el menú emergente. Elija la plantilla Formulario de confirmación en la lista de la ficha General del cuadro de diálogo Nuevo y, a continuación, pulse Aceptar.
2. Cuando aparezca la página, guárdela con el título *Formulario de confirmación* y póngale el nombre *confirmación.htm* dentro del sitio web actual. Desde ahora nos referiremos a esta página como Formulario de confirmación, tal y como se muestra en la Figura 9.32.

Como verá, el Formulario de confirmación es una plantilla que hay que personalizar. Se ha diseñado para ser utilizada en combinación con la plantilla Formulario de comentarios y, por eso, incluye muchos de los nombres de campos de formulario contenidos en esa plantilla. Estos nombres aparecen entre corchetes y realmente son componentes Campo de confirmación individuales.

Si se mueve el puntero del ratón por encima de uno de estos componentes como, por ejemplo, por encima del denominado [NombreUsuario], observará que el puntero se convierte en una mano que sujeta una hoja de papel. El valor del campo NombreUsuario sustituirá a la cadena [NombreUsuario] cuando el Formulario de confirmación aparezca en el explorador; es decir, el nombre que escriba el usuario aparecerá aquí. Todos los componentes Campo de confirmación de este formulario funcionan del mismo modo.

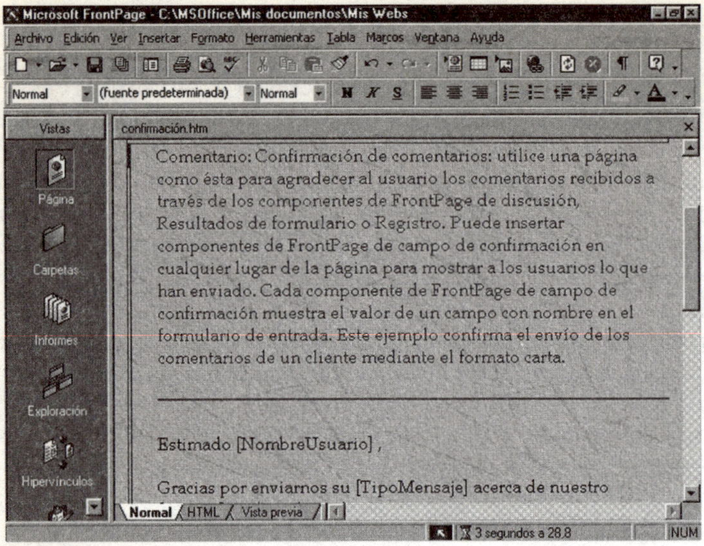

Figura 9.32.
Página en la que se muestra la plantilla Formulario de confirmación.

Al comienzo del Formulario de confirmación hay un comentario en el que se le ofrecen algunas ideas para utilizar este formulario. Este comentario únicamente se verá allí durante el proceso de construcción y no va a aparecer en los exploradores. En este formulario también se incluyen algunas frases de introducción y conclusión que puede utilizar si lo desea; pero, si no es así, puede cambiarlas como más le guste.

Cómo insertar un componente Campo de confirmación

Cuando sepa cuál es exactamente la información que quiere devolver a los usuarios para que la confirmen, ya puede insertar los componentes Campo de confirmación en la página. Esto es lo que hay que hacer utilizando los campos que ya hemos creado anteriormente:

1. En primer lugar, hay que borrar el componente que tiene la etiqueta *[TipoMensaje]*. Para ello, coloque el cursor inmediatamente a la derecha del componente Campo de confirmación *[TipoMensaje]* y pulse la tecla de retroceso. Éste es el método más sencillo para borrar un componente de la página.
2. En segundo lugar, inserte un componente Campo de confirmación en el campo del formulario llamado *[TipoComentario]*. Seleccione la orden Componente en el menú Insertar y luego Campo de confirmación en el menú desplegable. Se abrirá el cuadro de diálogo Propiedades de campo de confirmación de la Figura 9.33.
3. Escriba el nombre del campo de formulario que quiera que presente la información; en este caso, *TipoComentario*. A continuación pulse Aceptar.

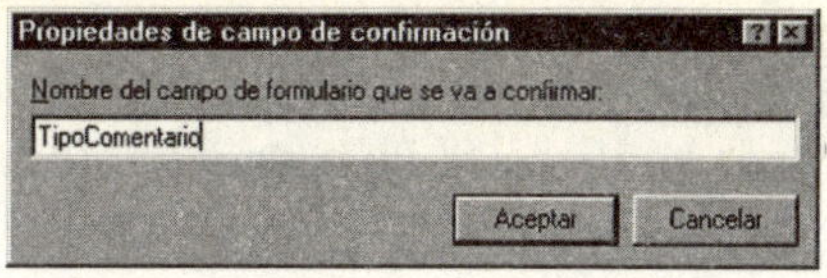

Figura 9.33.
Cuadro de diálogo Propiedades de campo de confirmación.

Consejo En el caso de los botones de opción, el nombre que hay que escribir aquí es el del grupo.

Observará que el componente Campo de confirmación que tiene la etiqueta *[TipoComentario]* ha quedado insertado en medio de la frase. En este ejemplo solamente hemos visto la forma de sustituir un componente, pero evidentemente también se pueden crear frases originales e insertar componentes, para presentar cualquier información de un campo de formulario en un Formulario de confirmación. En la Figura 9.34 se muestra cómo debería haber quedado el Formulario de confirmación después de haber añadido el componente.

4. Con este mismo procedimiento, se pueden crear frases originales o sustituir los componentes existentes por los campos de formulario que ya hemos crea-

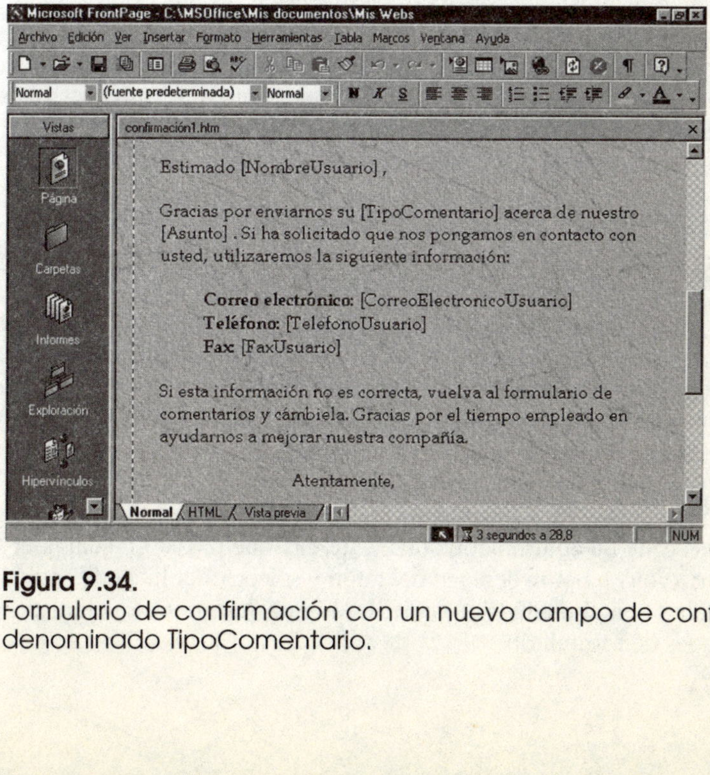

Figura 9.34.
Formulario de confirmación con un nuevo campo de confirmación, denominado TipoComentario.

do antes. Entre estos campos, tenemos la lista desplegable *Tema*, el cuadro de texto de una línea *SiOtro*, un cuadro de texto con desplazamiento denominado *ComentariosUsuario* y una casilla de verificación llamada *InformaciónSolicitada*.

Sería una excelente idea incluir un vínculo al final del Formulario de confirmación que el usuario pudiera utilizar para regresar al Formulario de comentarios, si necesita volver a enviar la información.

Con esto, ya hemos acabado de explicar los ejemplos de campo de formulario y campo de confirmación. Siga leyendo si quiere aprender a procesar la información de un formulario.

Configuración de formularios

Aquí es donde hay que juntarlo todo. Se acaban de crear formularios combinando en una página una serie de campos y es posible devolver la información al usuario en otra página para que la confirme, utilizando un Formulario de confirmación. Pero, para que las dos páginas puedan trabajar juntas, es preciso especificar su relación en el cuadro de diálogo Propiedades de formulario. Aquí también se especifica el tipo de controlador de formulario que se quiere utilizar en el servidor web, para procesar la información que los usuarios introduzcan en el formulario.

FrontPage incluye dos formularios más, aparte de los tradicionales: el formulario de discusión y el formulario de registro. Los controladores de estos formularios se especifican en el cuadro de diálogo Propiedades de formulario. Si crea un sitio web utilizando el Asistente para Web de discusión, lo que está creando realmente es un formulario que han de rellenar los usuarios cuando utilicen el sitio web. Cuando un usuario envía un mensaje al grupo de discusión, el controlador del componente Discusión guarda la información en el servidor, para que otras personas del grupo puedan acceder a ella. Más adelante aprenderá detalles adicionales sobre los controladores de formulario de discusión y registro.

Asignación de un controlador de formulario

Los controladores son aplicaciones de los servidores web que ponen en contacto al servidor con el usuario en relación con un formulario. Los controladores pueden enviar mensajes a los usuarios (por ejemplo, a través de Formularios de confirmación o por correo electrónico) y pueden procesar la información de los formularios enviada por los usuarios al servidor web. Los controladores de formularios se asignan y configuran en el cuadro de diálogo Propiedades de formulario.

Para acceder rápidamente al cuadro de dialogo de propiedades para el formulario que necesite un controlador, solamente hay que pulsar en cualquier zona de ese formulario con el botón derecho del ratón y seleccionar luego la opción Propiedades de formulario en el menú emergente. La Figura 9.35 muestra el cuadro de diálogo Propiedades de formulario.

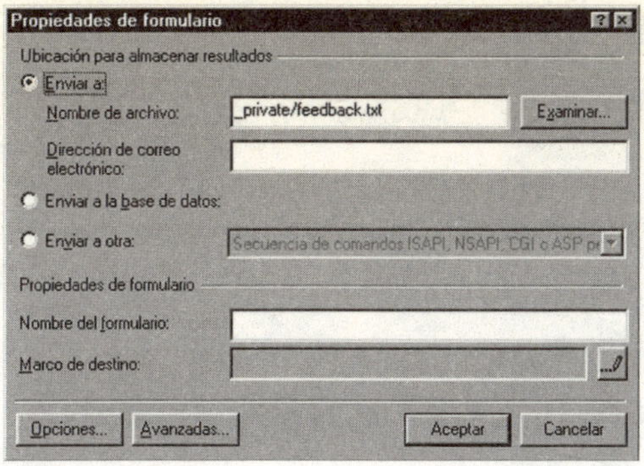

Figura 9.35.
Cuadro de diálogo Propiedades de formulario.

¿Qué se puede hacer con los resultados del formulario?

En la sección Ubicación para almacenar resultados, del cuadro de diálogo Propiedades de formulario, se presentan tres opciones:

- **Enviar a.** Aquí es donde se especifica el controlador predeterminado del formulario.
  - *Nombre de archivo.* Los resultados del formulario se pueden guardar en un archivo de texto en el servidor. Su ubicación y nombre predeterminados son *_private/feedback.txt*. No olvide que la carpeta *_private* está oculta a cualquier búsqueda que se realice en el sitio web. Puede utilizar el botón Examinar para elegir cualquier otra página del sitio actual, o bien puede escribir una dirección URL relativa.
  - *Dirección de correo electrónico.* Si utiliza esta opción, podrá enviar un archivo de resultados adicional a una dirección de correo electrónico. Hay varias opciones de correo electrónico entre las que elegir, contenidas en el cuadro de diálogo Opciones para guardar resultados en la base de datos, que se describirá más adelante.
- **Enviar a la base de datos.** Si selecciona esta opción, podrá configurar el formulario de tal forma que envíe su información a una base de datos. Para especificar las opciones para guardar los resultados en la base de datos, hay que pulsar primero el botón Opciones. En el cuadro de diálogo Opciones para guardar resultados en la base de datos, que se muestra en la Figura 9.36, puede configurar la base de datos que se vaya a utilizar para el formulario.

  Para obtener más información sobre la creación y configuración de bases de datos en FrontPage, consulte el Capítulo 10.
- **Enviar a otra.** Hay tres opciones más que se pueden utilizar como controlador de formulario: uno personalizado o uno de los dos controladores de

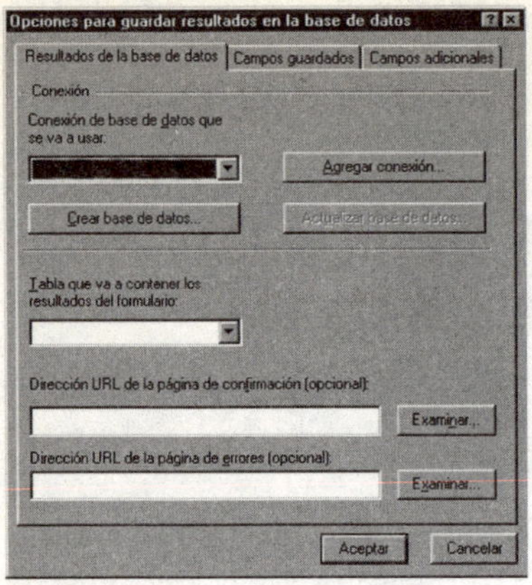

Figura 9.36.
Cuadro de diálogo Opciones para guardar resultados en la base de datos.

FrontPage. Marque el botón Enviar a otra y seleccione una opción en la lista desplegable.

- *Secuencia de comandos ISAPI, NSAPI o CGI personalizada.* En cuestión de formularios, estas secuencias de comandos (o script) son componentes de software del servidor web que procesan la información enviada por los usuarios. Estos componentes de software se pueden programar para agregar funciones complementarias al sitio web, aparte de las que ofrecen los componentes de FrontPage. Puede que, por ejemplo, una empresa quiera un controlador que permita que el usuario disponga de un acceso especial a ciertas áreas del sitio web.

- *Controlador de formulario de discusión.* Este componente permite a los usuarios participar en discusiones en línea. FrontPage admite ciertos recursos básicos para administrar grupos de discusión. El componente Discusión extrae la información de un formulario, le da formato en una página HTML, guarda esta página en el servidor web y la agrega a la Tabla de contenido y al índice de texto. También puede extraer otro tipo de información del formulario y guardarla en el servidor web. Observe que resulta mucho más sencillo utilizar el Asistente para Web de discusión que configurar aquí estas características, ya que este Asistente lo hace todo automáticamente.

- *Controlador de formulario de registro.* Este componente sirve para que los usuarios se registren en uno de los servicios que se ofrezcan en el sitio web. Agrega el usuario a la base de datos de verificación de ese servicio y, a continuación, extrae otra información del formulario y la guarda en el servidor web, en el archivo y con el formato que haya especificado.

- **Nombre de formulario.** Si está utilizando un controlador de formulario personalizado, quizás le gustaría escribir aquí un nombre de formulario al que asociar este controlador.

- **Marco de destino.** Aquí se puede seleccionar un marco en el que se vean los resultados del formulario. Puede escribir el nombre del marco o bien utilizar el botón Marco de destino para localizarlo.

- **Opciones.** Si selecciona la primera opción, Enviar a, y elige tanto Nombre de archivo como Dirección de correo electrónico, al pulsar este botón se abrirá el cuadro de diálogo Opciones del formulario de guardar resultados (véase la Figura 9.37), en el que hay cuatro fichas: Resultados, Resultados por correo electrónico, Página de confirmación y Campos guardados.

- **Ficha Resultados.** Si ha especificado que los resultados se envíen a un archivo, aquí podrá realizar algunas optimizaciones.

- **Nombre de archivo.** Este campo es el mismo que el del cuadro de diálogo Propiedades de formulario. Escriba el nombre y la ubicación del archivo en el que quiera guardar los resultados. Su ubicación puede encontrarse tanto en el interior del sitio web actual como en el exterior. Si está en el sitio web actual, puede escribir *_private/feedback.txt*. Los resultados quedarán guardados entonces en el archivo FEEDBACK.TXT, en la carpeta *_private* del sitio web. Si no existe un archivo de resultados cuando se guarden los primeros resultados, FrontPage creará el archivo automáticamente. Por otra parte, si ya existe un archivo de resultados, la información se añadirá a este archivo.

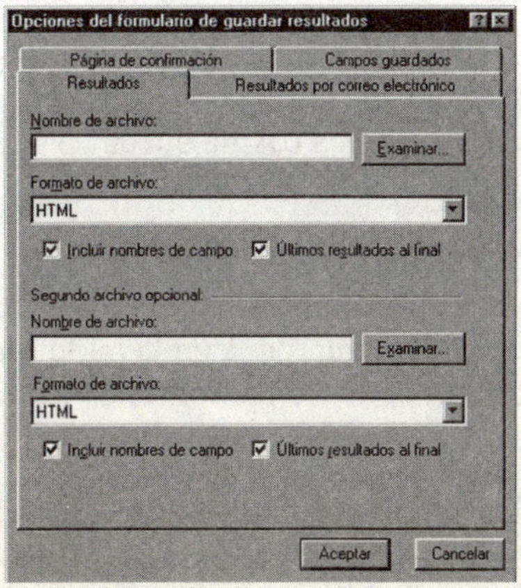

Figura 9.37.
Cuadro de diálogo Opciones del formulario de guardar resultados.

- **Formato de archivo.** Seleccione el formato del archivo de resultados en la lista desplegable contenida en esta sección. Se encontrará con numerosas opciones:
  - **HTML.** Da al archivo un formato HTML, utilizando texto normal con caracteres de terminación de línea.
  - **Lista de definiciones HTML.** Da formato al archivo utilizando una lista de definiciones para formatear parejas nombre-valor.
  - **Lista con viñetas HTML.** Da formato al archivo utilizando una lista de viñetas para las parejas nombre-valor.
  - **Texto con formato en HTML.** Da al archivo un formato HTML, utilizando un texto con formato con caracteres de terminación de línea.
  - **Texto con formato.** Da al archivo un formato de texto de fácil lectura.
  - **Base de datos de texto con coma como separador.** Da al archivo un formato de texto y utiliza comas para separar los elementos. Si la casilla Incluir nombres de campo está activada, los nombres aparecerán enumerados en la primera línea, entre comillas y separados por comas. Los valores estarán enumerados en la segunda línea, también entre comillas y separados por comas. Utilice este formato para manipular la información con una base de datos o una aplicación similar.
  - **Base de datos de texto con tabulador como separador.** Da al archivo un formato similar al anterior, pero utilizando tabuladores en lugar de comas para separar los elementos.
  - **Base de datos de texto con espacio en blanco como separador.** Da al archivo un formato igual a los dos anteriores, pero utilizando espacios en blanco para separar los elementos.
- **Incluir nombres de campo.** Marque la casilla de verificación Incluir nombres de campo para guardar los nombres de campo, junto con sus valores, en el archivo de resultados. Si esta casilla queda en blanco, solamente se guardarán los valores de campo.
- **Últimos resultados al final.** Solamente se puede deshabilitar esta opción si se ha seleccionado el formato de archivo HTML, en cuyo caso la información más reciente quedará guardada en la parte inferior del archivo. Ésta es la única opción para el resto de los formatos de archivo, por lo que no estará disponible si ha seleccionado uno de ellos.
- **Segundo archivo opcional.** Si le gustaría utilizar los resultados del formulario de diversas formas, como en hojas de cálculo o bases de datos, se puede seleccionar un segundo archivo para guardarlos y configurar un formato diferente. En resumidas cuentas, se obtienen los mismos resultados, pero guardados en dos formatos diferentes. Genial, ¿verdad?

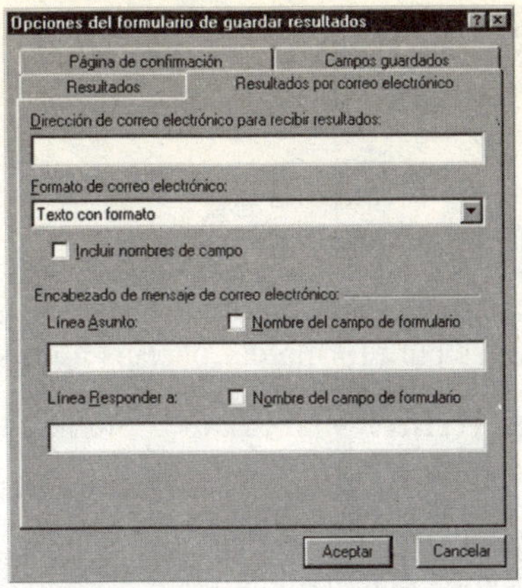

Figura 9.38.
Ficha Resultados por correo electrónico, del cuadro de diálogo Opciones del formulario de guardar resultados.

- **Ficha Resultados por correo electrónico.** Si quiere que los resultados de un formulario fueran enviados a alguien por correo electrónico, lo que, por cierto, está muy bien, aquí podrá configurar los detalles. Véase la Figura 9.38.
- **Dirección de correo electrónico para recibir resultados.** Escriba en este cuadro de texto la dirección de correo electrónico completa a la que se deban enviar los resultados del formulario: por ejemplo, jodi@mycoolweb.com.
- **Formato de correo electrónico.** Si quiere que la mayoría de los programas de correo electrónico, como Microsoft Outlook, interpreten correctamente los resultados del formulario, utilice el formato predeterminado, Texto con formato. Las otras opciones disponibles ya se han descrito en la sección «Formato de archivo».
- **Incluir nombres de campo.** Marque esta casilla si quiere que se incluyan los nombres de los campos del formulario junto con la información del formulario.
- **Encabezado de mensaje de correo electrónico.** Aquí se puede especificar la información necesaria para personalizar la Línea Asunto y la Línea Responder a, del correo electrónico. La Línea Asunto predeterminada es «Resultados del Formulario». Si quiere que el resultado de un campo del formulario en concreto aparezca en la Línea Asunto del correo electrónico, marque la casilla de verificación Nombre del campo del formulario. Escriba a continuación el nombre del campo del formulario en el cuadro de texto de la Línea Asunto. La Línea Responder a, es ideal para escribir el nombre del

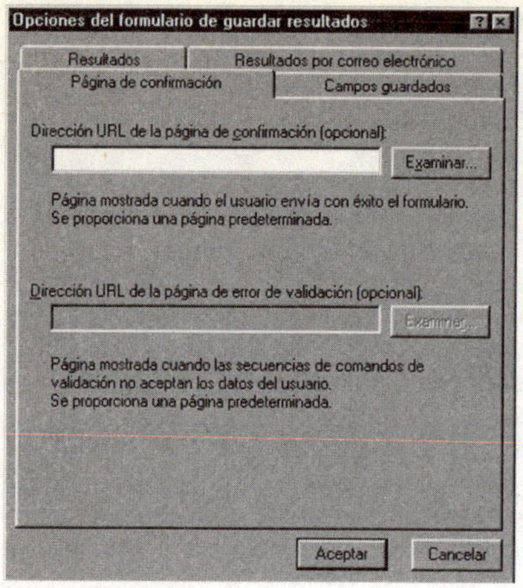

Figura 9.39.
Ficha Página de confirmación del cuadro de diálogo Opciones del formulario de guardar resultados.

campo de formulario que indica la dirección de correo electrónico de los usuarios; de esta forma, se puede ver rápidamente quién ha rellenado el formulario.

Página de confirmación. Si quiere que los resultados de un formulario sean enviados a una página de confirmación, configure las opciones de esta ficha, que se muestra en la Figura 9.39.

- **Dirección URL de la página de confirmación.** Si tiene una página de confirmación en la que los usuarios pueden confirmar la información que han introducido, escriba su dirección URL en este cuadro de texto. Esta página aparecerá en el explorador siempre que el servidor reciba correctamente el formulario.

  Si no se especifica ninguna página de confirmación, el componente Guardar resultados creará y mantendrá una automáticamente.

Consejo Si el cuadro de texto Dirección URL de la página de error de validación está deshabilitado, es que no ha especificado ninguna regla de validación para los campos del formulario.

- **Dirección URL de la página de error de validación.** En este cuadro de texto se puede especificar una página de error de validación. Cuando un formulario enviado contenga datos que violen cualquier regla de validación de campo del formulario, aparecerá una página de error de validación. Si hay un error de validación, se generará y mostrará en la pantalla un mensaje de error, en un cuadro de mensaje VBScript o JavaScript. Si no se especifica aquí ninguna página de error de validación, FrontPage creará y mantendrá una automáticamente.

Ficha Campos guardados. Aquí, en la ficha que se muestra en la Figura 9.40, se pueden especificar los campos del formulario que se van a guardar y en qué orden, además de otra información interesante disponible en el servidor, como el nombre de usuario o el tipo de explorador.

- **Campos de formulario que se guardarán.** En este cuadro de texto se pueden escribir los nombres de los campos de formulario que quiera que se guarden junto con los resultados, un campo por línea. Los campos se guardarán en el orden en que aparecen en la lista. Si deja la lista en blanco, el formulario guardará todos los campos en el orden en que aparecen en el formulario y los enumerará en el archivo de resultados.
- **Fecha y hora.** Para definir el formato de la fecha y hora que se va a guardar junto a los resultados del formulario, hay que elegir uno en la lista desplegable correspondiente.
- **Información adicional para guardar.** Hay tres tipos de información adicional para elegir. Cada elemento que se marque aparecerá después de los campos de formulario en el archivo de resultados. La opción Nombre del equipo remoto especifica que se incluya el nombre de la computadora que accedió al formulario. Con la opción Nombre de usuario se determinará

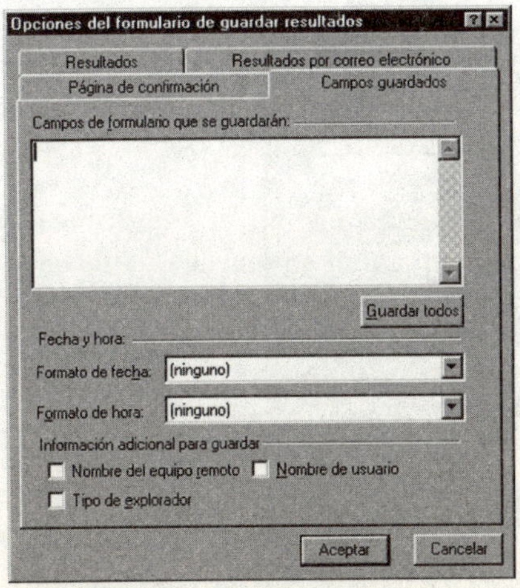

Figura 9.40.
Ficha Campos guardados del cuadro de diálogo Opciones del formulario de guardar resultados.

que se incluya el nombre del usuario que visitó la página (estas dos opciones solamente funcionan en una intranet). Finalmente, la opción Tipo de explorador permite especificar que se incluya el nombre del explorador que se utilizó para acceder a la página.

Cuando haya terminado de configurar las opciones para guardar los resultados del formulario, pulse Aceptar para volver al cuadro de diálogo Propiedades de formulario. Fíjese en que algunos de los campos pueden haber cambiado, dependiendo de la información suministrada en el cuadro de diálogo Opciones del formulario de guardar resultados.

Configuración de un componente Discusión

Para crear sitios web de discusión hay que utilizar el Asistente para Webs de discusión, descrito en el Capítulo 4. La configuración de un componente Discusión se realiza en el cuadro de diálogo Opciones del controlador del formulario de discusión, al que se accede del siguiente modo:

1. Abra el cuadro de diálogo de Propiedades del formulario de discusión.
2. Pulse el botón Opciones para abrir el cuadro de diálogo Opciones del controlador de formulario de discusión, que se muestra en la Figura 9.41, en el que hay tres fichas.

En la ficha Discusión se puede introducir la siguiente información:

- **Título.** Introduzca un nombre para el grupo de discusión en el cuadro de texto Título. Este nombre aparecerá en las páginas que contengan artículos.

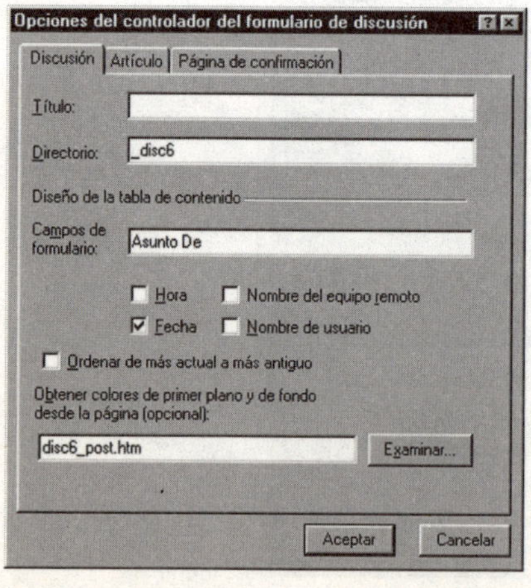

Figura 9.41.
Ficha Discusión del cuadro de diálogo Opciones del controlador de formulario de discusión.

- **Directorio.** Escriba el nombre de la carpeta de discusión en el cuadro de texto Directorio. Si ha utilizado el Asistente para Web de discusión, la carpeta especificada en este asistente aparecerá como predeterminada. El nombre de la carpeta deberá tener un máximo de ocho caracteres, uno de los cuales será la marca de subrayado inicial (_).

- **Diseño de la tabla de contenido.** Utilice el cuadro de texto Campos de formulario de la sección Diseño de la tabla de contenido, para escribir el nombre o los nombres de los campos de formulario que quiera que aparezcan en la Tabla de contenido del grupo de discusión. Si escribe varios nombres, deberá separarlos con espacios en blanco.

  Marque las casillas de verificación apropiadas, si quiere que aparezcan la hora o la fecha en que fue enviado el artículo, el nombre de la computadora remota de donde proviene el artículo o el nombre de usuario del autor del artículo.

- **Ordenar de más actual a más antiguo.** Active esta casilla si quiere situar los artículos más recientes al principio de la tabla de contenido.

- **Obtener colores de primer plano y de fondo desde la página.** Si quiere utilizar los colores de primer plano y de fondo de otra página del sitio web, especifique la página en este cuadro de texto.

En la ficha Artículo, que se muestra en la Figura 9.42, se puede especificar el diseño de cada artículo del grupo de discusión

- **Dirección URL del encabezado que se va a incluir.** Si desea utilizar una página como encabezado de cada artículo, especifique la direc-

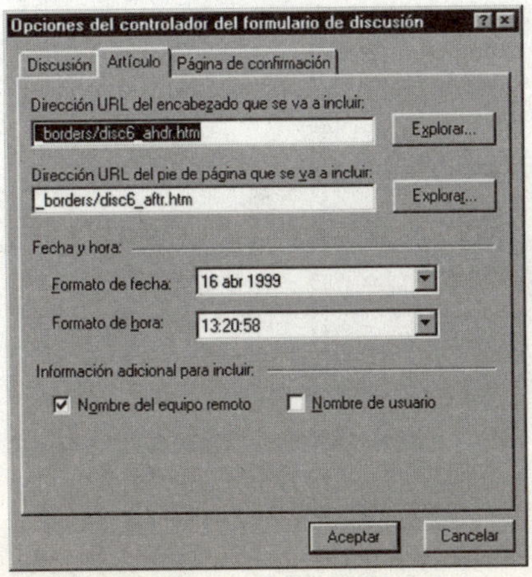

Figura 9.42.
Ficha Artículo del cuadro de diálogo Opciones del controlador del formulario de discusión.

ción URL de esa página en el cuadro de texto Dirección URL del encabezado que se va a incluir.

- **Dirección URL del pie de página que se va a incluir.** Si desea utilizar una página como pie de página de cada artículo, indique la dirección URL de esa página en este cuadro de texto.
- **Fecha y hora.** Puede definir los formatos de fecha y hora seleccionando las opciones apropiadas en las listas desplegables de la sección Fecha y hora.
- **Información adicional para incluir.** Marque las casillas de verificación apropiadas en esta sección, si quiere incluir el nombre de la computadora remota de la que procede el artículo o el nombre de usuario del autor del artículo. Estas opciones solamente funcionan en las intranets.

Finalmente, en la ficha Página de confirmación, que se muestra en la Figura 9.43, se puede especificar una página de configuración y una página de error de validación opcionales.

- **Dirección URL de la página de confirmación.** Si ya ha creado una página de confirmación para que los usuarios verifiquen la información que han introducido, escriba su dirección URL en este cuadro de texto. Esta página aparecerá en el explorador siempre que se envíe un formulario al servidor web. Por otra parte, si no especificase aquí ninguna página de confirmación, el componente Discusión crearía y mantendría una automáticamente.
- **Dirección URL de página de error de validación.** También se puede especificar una página de error de validación en este cuadro de texto.

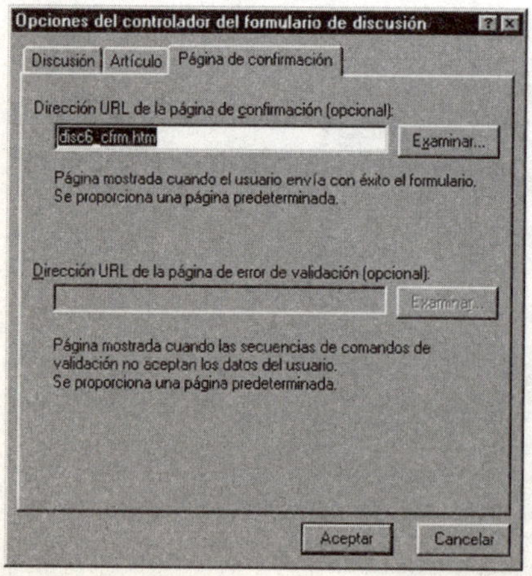

Figura 9.43.
Ficha Página de confirmación del cuadro de diálogo Opciones del controlador del formulario de discusión.

Las páginas de error de validación de campo presentan la información referente a los campos del formulario que contengan datos no válidos. Si no especifica aquí ninguna página de confirmación, FrontPage creará y mantendrá una automáticamente.

Cuando haya terminado de introducir la información necesaria para configurar el controlador del Formulario de discusión, pulse Aceptar para cerrar el cuadro de diálogo Opciones del controlador del formulario de discusión.

Configuración de un controlador ISAPI, NSAPI o CGI personalizado

También se pueden configurar los controladores ISAPI, NSAPI o CGI personalizados, si ha decidido utilizar uno en su sitio web.

Para configurar estos controladores, es preciso abrir el cuadro de diálogo Opciones del controlador de formulario personalizado. Para hacerlo, siga estas instrucciones:

1. Abra el cuadro de diálogo Propiedades de formulario del formulario actual.
2. Seleccione la opción Secuencia de comandos ISAPI, NSAPI o CGI personalizada, en la lista desplegable de la sección Enviar a otra, y luego pulse el botón Opciones.

Se abrirá el cuadro de diálogo Opciones del controlador de formulario personalizado, que se muestra en la Figura 9.44.

Para configurar el controlador de formulario personalizado, siga estos pasos:

- **Acción.** Escriba en el campo Acción la dirección URL *absoluta* del controlador de formulario.
- **Método.** Utilice esta lista desplegable para seleccionar un método de envío de información al controlador: Post o Get. El método Post pasa la pareja nombre-valor del campo de formulario directamente al controlador de formulario como entrada, mientras que el método Get codifica la pareja nombre-valor del formulario y asigna la información a una variable del servidor llamada QUERY_STRING.

Figura 9.44.
Cuadro de diálogo Opciones del controlador de formulario personalizado.

- **Tipo de codificación.** Escriba en este cuadro de texto el estándar utilizado para codificar los datos del formulario que se pasan al controlador. El método de codificación predeterminado es *application/x-www-form-urlencoded*. Deje este cuadro de texto en blanco para utilizar este método predeterminado.

A continuación

Ahora que ya ha terminado de explorar el extraordinario mundo de los componentes y formularios de FrontPage, en el próximo capítulo podrá conocer algunas de las características más avanzadas de esta aplicación.

PARTE IV

LOS TOQUES FINALES

Capítulo 10
Características avanzadas

Capítulo 11
Servidores web

10

Características avanzadas

Elementos interactivos

A estas alturas, ya tiene bastante experiencia con FrontPage. Sabe construir un sitio web, administrarlo y trabajar con él página por página. Puede que esté pensando que seguramente debe haber más cosas y quizás se pregunte dónde están todas esas características tan fantásticas de las que tanto ha oído hablar como, por ejemplo, el HTML dinámico. FrontPage soporta muchas características avanzadas como controles ActiveX, applets de Java, JavaScript, Visual Basic, VBScript, plug-ins de Netscape y, sí, también HTML dinámico. Incluso aprenderá a utilizar las hojas de estilo en cascada (CSS) y las plantillas de hojas de estilo incluidas en FrontPage.

Consejo Cuando se agrega un control, un script (o secuencia de comandos) o un applet a las páginas en la vista Página, FrontPage suele insertar un icono que representa esa característica. Para acceder al cuadro de diálogo de propiedades de uno de estos elementos, hay que pulsar en ese icono con el botón derecho del ratón o efectuar una doble pulsación sobre él y elegir la orden Propiedades en el menú emergente. Si selecciona el icono, podrá acceder directamente a este cuadro de diálogo pulsando las teclas ALT + INTRO.

Hay multitud de libros dedicados específicamente a muchas de estas nuevas características. De hecho, es imposible entrar en la sección de informática de su librería favorita sin tropezarse con docenas de libros dedicados exclusivamente a Java. En este capítulo explicaremos solamente cómo utiliza FrontPage estas características y cómo incluirlas en las páginas de su sitio web.

La mayoría de las características avanzadas que se incluyen en FrontPage se encuentran en el menú Insertar. Para seleccionar cualquiera de ellas, elija la orden Avanzadas de este menú y seleccione después la característica que más le guste. En las siguientes secciones se irá describiendo cada una de ellas, comenzando por HTML.

Inserción de HTML

Como HTML es un lenguaje que evoluciona a pasos agigantados, puede que aparezcan nuevos marcadores que FrontPage no admita de forma directa. Por este motivo, FrontPage permite insertar directamente cualquier fragmento de código HTML, incluyendo nuevos tipos de marcadores. Tenga cuidado, no obstante, porque FrontPage no verifica el código HTML para comprobar si el texto que se ha insertado es válido. Para insertar código HTML, seleccione la orden Avanzadas en el menú Insertar y luego HTML, en el submenú. Al hacerlo, se abrirá el cuadro de diálogo Formato HTML que se muestra en la Figura 10.1.

Escriba el código HTML y luego pulse Aceptar para volver a la vista Página. También es posible modificar el código HTML que crea FrontPage utilizando la ficha de vista HTML; si quiere aprender a hacerlo, consulte el Capítulo 7.

Controles de tiempo de diseño

Los Controles de tiempo de diseño o DTC son elementos que se crean independientemente de FrontPage. Por ejemplo, se puede especificar que un DTC escriba los resultados de un formulario en una tabla de contenido de su página. Los controles en tiempo de diseño se parecen a los componentes de FrontPage en que añaden funciones personalizadas al sitio web en tiempo de diseño, sin necesidad de tener que escribir más código HTML.

Normalmente, los controles de tiempo de diseño crean su propio código HTML o utilizan una página Active Server (ASP), todo lo cual viene incluido en los propios Controles de tiempo de diseño y es transparente para el diseñador.

Si quiere que cualquier Control de tiempo de diseño de su página sea visible en la vista Página, seleccione la orden Avanzadas en el menú Insertar y luego Mostrar controles de tiempo de diseño en el menú emergente.

Cada Control de tiempo de diseño posee su propio conjunto de propiedades específicas. Para ver estas propiedades, pulse con el botón derecho del ratón sobre el control y seleccione la orden Propiedades del control de tiempo de diseño en el menú emergente.

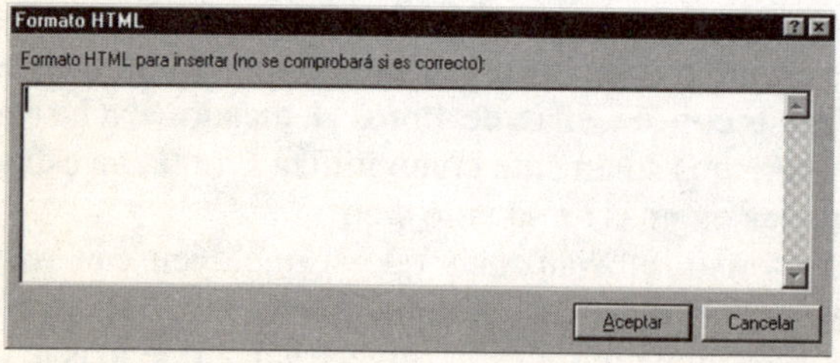

Figura 10.1.
Cuadro de diálogo Formato HTML.

Inserción de un applet de Java

Los applets de *Java* (llamados también subprogramas Java) han sido creados en un lenguaje de programación denominado Java y se parecen a los controles ActiveX en que añaden funciones dinámicas a las páginas web. Para acceder al cuadro de diálogo de las propiedades de los applets (o subprogramas) de Java, hay que seleccionar primero la orden Avanzadas en el menú Insertar y luego Propiedades de subprograma Java en el submenú. Aparecerá el cuadro de diálogo que se muestra en la Figura 10.2.

- **Origen del subprograma.** Generalmente, los archivos fuente de los applets de Java tienen la extensión de archivo CLASS. Escriba el nombre del archivo fuente del applet de Java en este cuadro de texto. Tenga siempre presente que Java diferencia entre mayúsculas y minúsculas, por lo que es importante utilizar los caracteres exactos.
- **Dirección URL base del subprograma.** Escriba en este cuadro de texto la dirección URL de la carpeta que contenga el archivo fuente del applet de Java.
- **Mensaje para exploradores no compatibles con Java.** Utilice este cuadro de diálogo para escribir textos o código HTML que sustituyan al applet de Java en aquellos exploradores que no admitan este tipo de características. Si, por ejemplo, escribe *BamBam*, esa palabra aparecerá en el explorador en lugar del applet. Es posible utilizar HTML para determinar la fuente, el tamaño y otros atributos del texto. También se puede utilizar HTML en este cuadro de texto para mostrar una imagen que sustituya al applet, por ejemplo *<img src=«images/BamBam.gif»>*. En este caso, *BamBam.gif* se encuentra en la carpeta Images del sitio web al que pertenece la página.

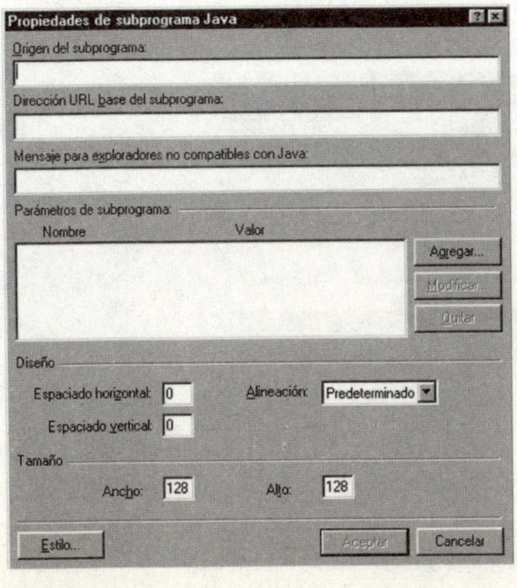

Figura 10.2.
Cuadro de diálogo Propiedades de subprograma Java.

- **Parámetros de subprograma.** Especifique en esta sección los nombres y valores de los parámetros del applet. Es preciso consultar la documentación del applet de Java para determinar cuáles son estos nombres y valores.

  En este cuadro de texto se enumeran los nombres y valores de todos los parámetros que se han agregado. Para configurar esta lista se pueden utilizar los botones Agregar, Modificar y Quitar.
- **Diseño.** Especifique en esta sección el espaciado y la alineación del applet en la página.
  - **Espaciado horizontal.** Establece una distancia horizontal específica (en píxeles) entre el applet de Java y el texto u objeto más cercano en la línea actual, a ambos lados del applet.
  - **Espaciado vertical.** Establece una distancia vertical específica (en píxeles) entre el applet de Java y el texto u objeto más cercano de la línea superior o inferior a la actual.
  - **Alineación.** Establece el tipo de alineación entre el applet de Java y el texto.
- **Tamaño.** Utilice esta sección para ajustar el ancho y alto (en píxeles) del applet de Java.

Consejo Para ajustar en la página el tamaño de un applet de Java, puede seleccionarlo primero y luego arrastrar con el ratón los controles de los bordes

---

En la Figura 10.3 se muestra el aspecto de un applet de Java en la vista Página.

Figura 10.3.
Applet de Java insertado en una página.

Inserción de un plug-in

Los *plug-ins* (también llamados *complementos*) son componentes de hardware o software que permiten agregar una aplicación específica a la página. Se podría utilizar uno de estos plug-ins, por ejemplo, para agregar un vídeo o secuencias sonoras al sitio web. Los plug-ins se crearon originalmente para los usuarios de Netscape, aunque ahora también los admite Microsoft Internet Explorer. Para acceder al cuadro de diálogo Propiedades de complemento, seleccione la orden Avanzadas en el menú Insertar y Complemento en el submenú. Aparecerá el cuadro de diálogo que se muestra en la Figura 10.4.

- **Origen de datos.** Especifique en este cuadro de texto la ubicación del archivo o la dirección URL del plug-in, o bien pulse el botón Examinar para seleccionar uno.
- **Mensaje para exploradores que no admiten complementos.** Utilice este cuadro de texto para escribir el código HTML que vaya a determinar lo que tiene que aparecer en lugar de los plug-ins en aquellos exploradores que no los admitan. Si, por ejemplo, escribimos *Dinosaurio*, esta palabra aparecerá en el explorador en lugar del plug-in. Se puede utilizar el código HTML para determinar la fuente, el tamaño y otros atributos del texto. También se puede utilizar HTML en este cuadro de texto para especificar que aparezca una imagen en lugar del plug-in, por ejemplo, *<img src=«images/Dino.gif»>*. En este caso, el archivo *Dino.gif* se encuentra en la carpeta Images del sitio web al que pertenece la página.
- **Tamaño.** En esta sección se puede ajustar el tamaño del plug-in, indicando el alto y ancho en píxeles.

Consejo Para ajustar el tamaño de un plug-in en la página, selecciónelo y luego arrastre con el ratón los controles de sus bordes.

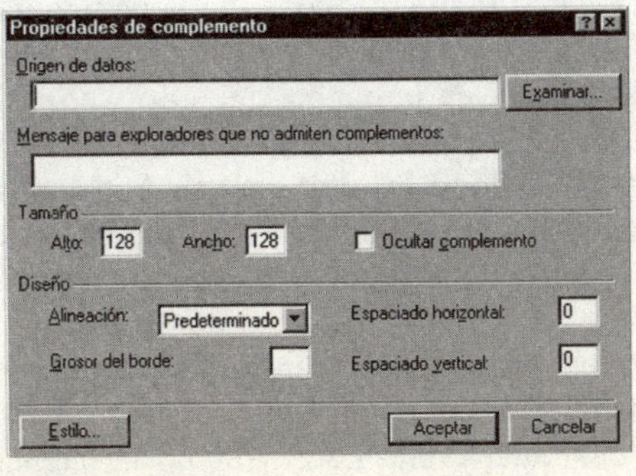

Figura 10.4.
Cuadro de diálogo Propiedades de complemento.

- **Ocultar complemento.** Active esta casilla de verificación si no quiere que el plug-in aparezca en la página.
- **Diseño.** Especifique en esta sección la posición del plug-in en la página.
  - **Alineación.** Especifica un tipo de alineación entre el plug-in y el texto que hay a su alrededor.
  - **Grosor del borde.** Establece un borde negro alrededor del plug-in, con el grosor especificado en píxeles.
  - **Espaciado horizontal.** Establece una distancia horizontal específica (en píxeles) entre el plug-in y el texto u objeto más cercano en la línea actual, a ambos lados del plug-in.
  - **Espaciado vertical.** Establece una distancia vertical específica (en píxeles) entre el plug-in y el texto u objeto más cercano en la línea situada por encima o por debajo de aquella en la que se encuentra el plug-in.

Inserción de un control ActiveX

Los *controles ActiveX* son componentes de software que se utilizan para agregar funciones a la página que no se pueden crear con el lenguaje HTML estándar. Entre los ejemplos de controles ActiveX que existen, podemos encontrar un control de etiquetas, que permite visualizar un texto en diferentes tamaños y desde ángulos diferentes; un control temporal, que es capaz de generar acontecimientos programados; un control de valores bursátiles, que presenta la información relacionada con las cotizaciones; y, finalmente, un control de animación, que permite presentar animaciones en la pantalla. Los controles ActiveX se pueden crear utilizando una gran variedad de lenguajes de programación, incluyendo Visual C++ y Visual Basic. Tenga cuidado, porque hay algunos exploradores que no reconocen los controles ActiveX en las páginas web. Para obtener más información sobre ActiveX y los controles ActiveX, así como sobre la forma de descargarlos gratuitamente, consulte la página web sobre ActiveX del sitio web de Microsoft, en la dirección web www.microsoft.com/activex/.

Para insertar un control ActiveX en la página del sitio web, seleccione la orden Avanzadas en el menú Insertar y la opción Control ActiveX en el menú emergente. Se abrirá entonces el cuadro de diálogo Insertar control ActiveX de la Figura 10.5, en el que se enumerarán todos los controles ActiveX que haya actualmente en su computadora. Seleccione el control que desee y pulse Aceptar; el control quedará insertado en la página.

Cada uno de estos controles ActiveX posee un cuadro de diálogo de propiedades asociado a él, que varía dependiendo del control que se utilice. Para ver el cuadro de diálogo de propiedades de cualquier control ActiveX de la página, pulse en dicho control con el botón derecho del ratón y elija la orden Propiedades de control ActiveX que se muestra en la Figura 10.6.

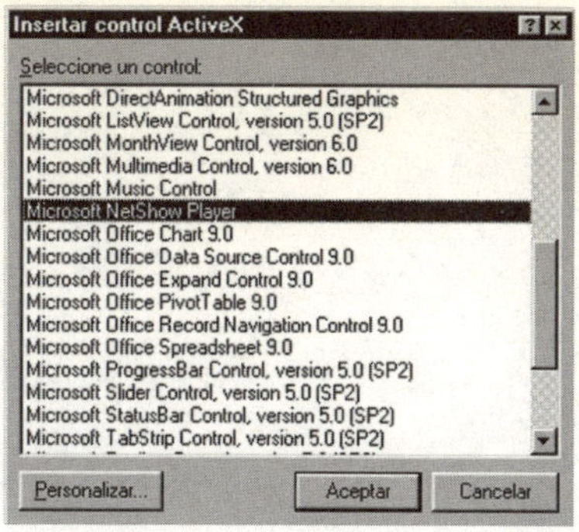

Figura 10.5.
Cuadro de diálogo Insertar control ActiveX.

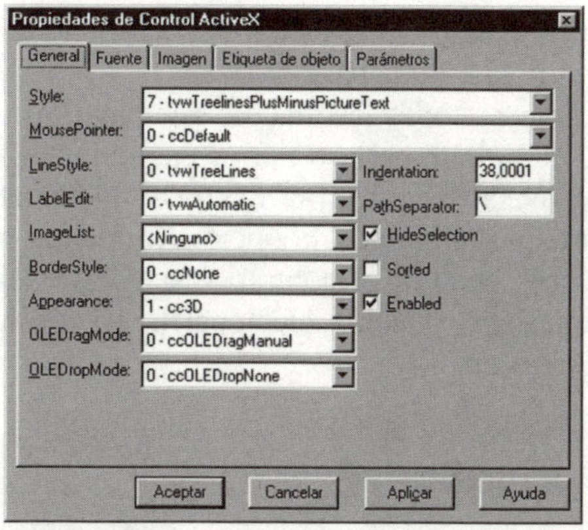

Figura 10.6.
Cuadro de diálogo Propiedades de control ActiveX, en el que se enumeran las propiedades actuales de un control. Estas opciones se pueden cambiar siempre que sea preciso.

Macros

En FrontPage hay unas cuantas formas más de agregar a las páginas elementos avanzados: las *macros*. Las macros contienen código que, al ser ejecutado, realiza automáticamente una secuencia de tareas o acciones.

Inserción de una macro

Si acaba de crear una macro, o si ya tiene alguna en su computadora, puede utilizar la orden Macro para agregarla a la página. Para insertar una macro, seleccione la

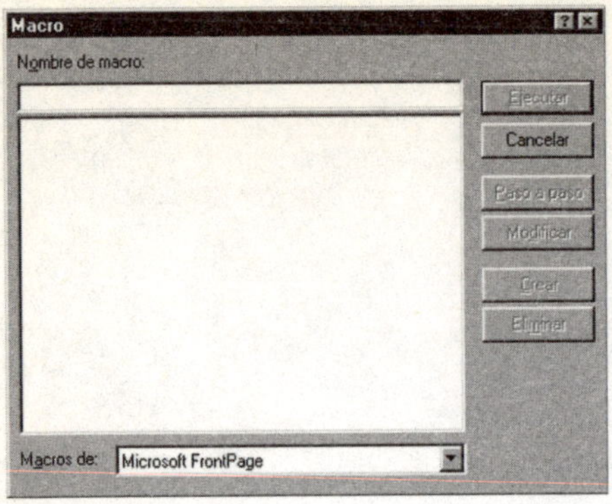

Figura 10.7.
Cuadro de diálogo Macro.

orden Macro en el menú Herramientas y luego elija Macros en el menú emergente. Se abrirá el cuadro de diálogo Macro de la Figura 10.7.

En este cuadro de diálogo se enumeran todas las macros que haya instaladas en su computadora. Se puede ejecutar, modificar, crear o borrar cualquier macro de la lista. Si tiene macros en cualquier proyecto abierto (por ejemplo, en Visual Basic), también podrá seleccionarlas aquí mismo, eligiendo la opción Todos los proyectos abiertos en la lista desplegable Macros en. Por el contrario, si quiere seleccionar macros que ya se encuentren en FrontPage, puede seleccionar la opción Microsoft FrontPage en la lista desplegable Macros en.

Inserción de VBScript o JavaScript

Si decide utilizar un lenguaje de script como VBScript o JavaScript en la página web, verá ampliadas sus posibilidades. En aquellos exploradores que admitan lenguajes de script, se puede utilizar VBScript o JavaScript para leer y modificar elementos de formularios, realizar el tratamiento de sucesos, interactuar con el explorador y manipular objetos. La programación con VBScript o JavaScript se aleja del tema fundamental de este libro, no obstante lo cual, en esta sección vamos a proporcionarle una introducción.

VBScript es un lenguaje de script desarrollado por Microsoft, que está basado en Visual Basic. Por su parte, JavaScript es también un lenguaje de script, pero desarrollado por Netscape, basado en el lenguaje de programación C. Los script se incluyen dentro del código HTML y pueden interpretarlos todos los exploradores que admitan cada lenguaje de script en particular.

Editor de Visual Basic

Con el Editor de Visual Basic, se pueden crear y modificar script de Visual Basic. Para acceder al cuadro de diálogo Microsoft Visual Basic de la Figura 10.8, hay que seleccionar la orden Macro en el menú Herramientas y luego Editor de Visual Basic en el menú emergente.

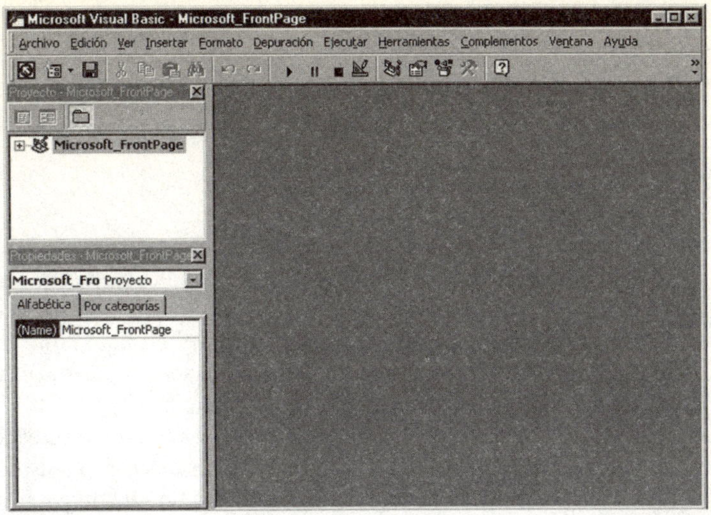

Figura 10.8.
Editor Microsoft Visual Basic.

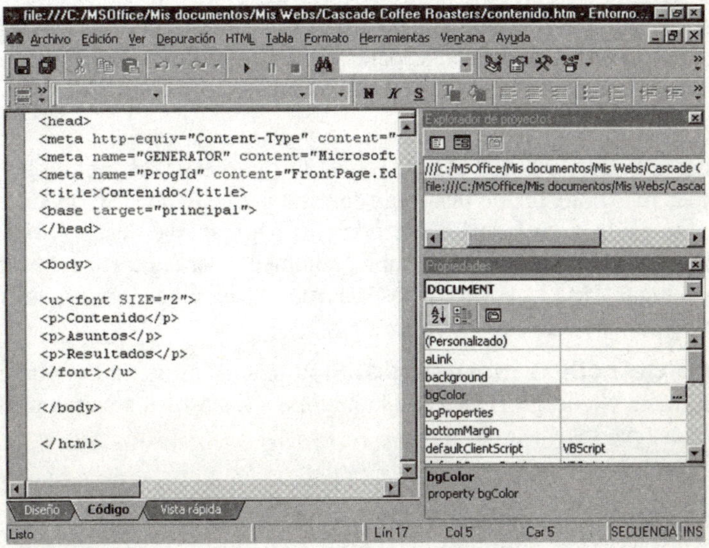

Figura 10.9.
Entorno de programación de Microsoft.

Editor de script

Si está interesado en crear y modificar script personalizados, puede utilizar el Entorno de programación de Microsoft sin necesidad de salir de FrontPage.

Seleccione la orden Macro en el menú Herramientas y luego la opción Editor de secuencias de comandos de Microsoft en el menú emergente, con lo que se abrirá la aplicación Entorno de programación de Microsoft de la Figura 10.9.

Hoja de estilos en cascada (CSS)

Uno de los principales problemas de trabajar con HTML siempre ha sido la incapacidad de este lenguaje para personalizar los textos. Antiguamente, si quería que un texto tuviese determinado *tamaño de punto* (que es el término utilizado para definir el tamaño de los caracteres) o quería ajustar el *interlineado* (el espacio entre líneas) de un párrafo, lo tenía bastante difícil. Pero, ahora, con la aparición de *las hojas de estilos en cascada* (CSS) ya dispone de la herramienta para hacerlo.

Cuando se crea una hoja de estilos en FrontPage, lo que realmente se está haciendo es crear un fragmento de código HTML oculto. Este código se puede incluir en una página del sitio web, o bien crear una hoja de estilos en una página aparte y establecer un vínculo con ella desde cualquiera de las páginas del sitio web, o desde todas ellas. Es posible definir los atributos de un *estilo,* es decir, la fuente, el color, el tamaño, el interlineado y las sangrías, entre otras muchas cosas; pero también existe la posibilidad de combinar muchos *estilos* diferentes en una hoja, creando una *hoja de estilos*. El término *en cascada* significa que se pueden utilizar múltiples estilos para controlar los diferentes elementos de una página; el explorador aplica luego los estilos siguiendo un orden en cascada, para resolver conflictos y definir qué estilos tienen preferencia. Las hojas de estilos en cascada pueden funcionar de estas diferentes formas:

- **Hoja de estilos externa.** Probablemente ésta sea una de las características más potentes de las hojas de estilos en cascada. Se puede crear una hoja de estilo y vincularla con todas las páginas que desee y, si posteriormente tiene que realizar un cambio, solamente será necesario hacerlo en un único lugar. Una hoja de estilos externa, o vinculada, es un archivo independiente, con una extensión .css.
- **Hoja de estilos incrustada.** Si utiliza este tipo, la hoja de estilos se incluirá en el código HTML de la página, y los estilos solamente se aplicarán a esa página.

Si una página de su sitio web está vinculada con una hoja de estilos externa y posteriormente crea una hoja de estilos incrustada, los estilos incrustados se añadirán o sustituirán a los atributos definidos en la hoja de estilos externa.

Examinemos, uno a uno, todos estos tipos de hojas de estilos.

Hojas de estilos externas

Las hojas de estilos vinculadas que se creen en FrontPage, pueden ser utilizadas en cualquier página del sitio web actual. Tal y como ya hemos mencionado, ésta es una de las características más potentes de las hojas de estilos en cascada. Puede crear la hoja de estilos personalmente, o bien utilizar una de las plantillas de hojas de estilos que se incluyen en FrontPage, de las que hablaremos más adelante, en esta misma sección. Si opta por la primera alternativa, crear la hoja de estilos personalmente, podrá encontrar fácilmente información relativa a la sintaxis correcta para una hoja de estilos utilizando su buscador web favorito. Realice esta búsqueda utilizando las palabras «sintaxis de hoja de estilos en cascada», o su equivalente inglés «cascading style sheets syntax», y lo más probable es que encuentre información más que suficiente.

Nota Este libro no trata sobre la programación de hojas de estilos, pero la metodología básica es la que a continuación se indica. Las definiciones de los estilos pueden ser cualquier marcador HTML («H2», por ejemplo). Estos marcadores van seguidos de una lista de propiedades entre corchetes, estando cada propiedad separada de las otras por un punto y coma. Éste es un ejemplo de la apariencia que tendría una de estas definiciones: H2 {font-size: 14 pt; line-height:16 pt; font-style: italic; font-family: Arial; color: blue; text-align: center}. Según este ejemplo, cada vez que se utilice el estilo Encabezado 2 de FrontPage en una página que utilice esta hoja de estilos, el texto del encabezado utilizará la fuente Arial de 14 puntos, será azul, estará en cursiva y centrado, y el interlineado, o espacio entre las líneas del texto, será de 16 puntos.

Vinculación a una hoja de estilo

Si le gustaría que una o todas las páginas del sitio web utilizaran una hoja de estilos que ya forme parte del sitio, tendrá que vincular la página a dicha hoja de estilos. Éste es el método que hay que seguir:

1. Abra la página con la que quiere vincular la hoja de estilos.
2. Seleccione la orden Vínculos de hojas de estilos, en el menú Formato. Se abrirá entonces el cuadro de diálogo Vincular hoja de estilos, que se muestra en la Figura 10.10.

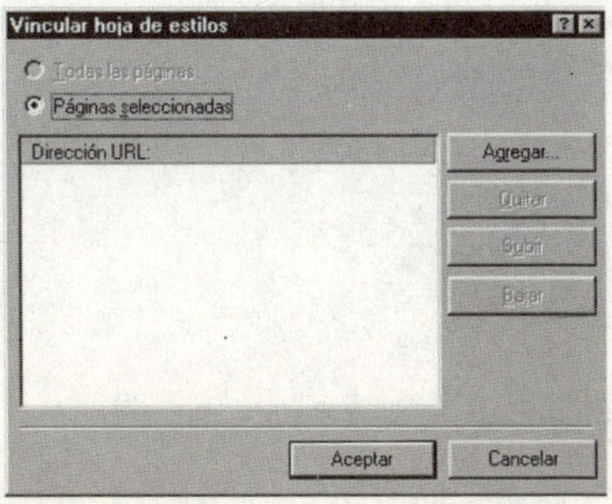

Figura 10.10.
Cuadro de diálogo Vincular hoja de estilos.

3. Marque la opción Todas las páginas, con el fin de vincular la hoja de estilos con todas las páginas del sitio web, o bien Páginas seleccionadas, para elegir qué hoja de estilos va a vincular con la página actual. Utilice el botón Agregar para añadir páginas de hojas de estilos a la lista.
4. Cuando ya haya seleccionado las páginas, pulse Aceptar. FrontPage creará el código HTML adecuado para vincular la hoja de estilos con la página o páginas que haya seleccionado.

Hojas de estilos incrustadas

A continuación se explica el procedimiento que hay que seguir para crear una hoja de estilos incrustada en una página:

1. Estando en la vista Página, abra la página en la que quiera incrustar la hoja de estilos.
2. Seleccione la orden Estilo en el menú Formato para acceder al cuadro de diálogo Estilo, que se muestra en la Figura 10.11.
3. En la sección Estilos de este cuadro de diálogo, elija el estilo que quiera manipular. Seleccione una opción en el menú desplegable Lista: Todas las etiquetas HTML o Estilos definidos por el usuario. En el ejemplo de la Figura 10.11 se ha seleccionado el marcador H1, o Encabezado 1, para ser modificado.

Nota Cuando se pulsa el botón Estilo en cualquier cuadro de diálogo de propiedades que lo contenga, se aplicará una hoja de estilos incrustada a ese elemento en la página.

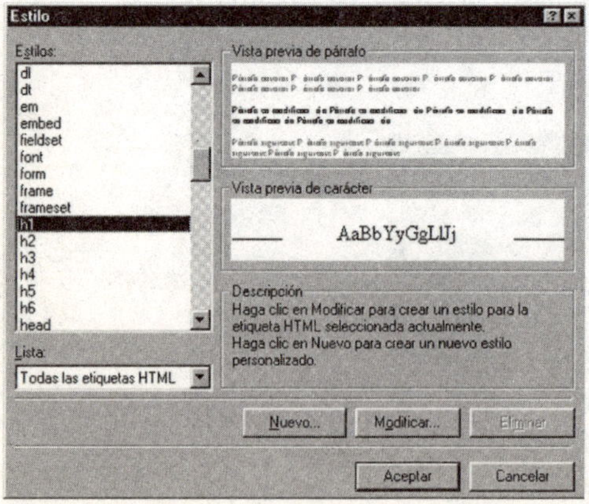

Figura 10.11.
Cuadro de diálogo Estilo.

4. Si quiere crear un estilo nuevo, pulse el botón Nuevo para abrir el cuadro de diálogo Nuevo estilo. Si, por el contrario, prefiere modificar un estilo ya existente, pulse el botón Modificar para acceder al cuadro de diálogo Modificar estilo. Estos dos cuadros de diálogo funcionan de la misma manera. En este ejemplo utilizaremos el cuadro de diálogo Modificar estilo, que se muestra en la Figura 10.12, para modificar el marcador H1.
5. Utilice el nombre *H1*, que ya está escrito, o bien escriba uno nuevo.
6. Si pulsa el botón Formato, se encontrará con cinco opciones: Fuente, Párrafo, Borde, Numeración y Ubicación. Cada una de estas opciones tiene su propio cuadro de diálogo.
7. Haga las modificaciones necesarias utilizando las opciones del botón Formato. Al pulsar Aceptar en cada uno de los cuadros de diálogo de estas opciones, se actualizará la descripción en el cuadro de diálogo Modificar estilo, para reflejar los cambios. También se actualizará la ventana Vista previa, de tal modo que pueda ver lo que está haciendo antes de terminar.
8. Cuando haya terminado de hacer las modificaciones en el estilo, pulse Aceptar.

Para utilizar este nuevo estilo propio, seleccione un texto de la página y elija el estilo H1 en el menú desplegable Estilo.

La Figura 10.13 muestra el estilo Encabezado 1 nuevo que hemos creado, aplicado a un texto de la página. Como observará, con este método las posibilidades para crear hojas de estilo son innumerables. Fíjese en que, en el menú desplegable Estilo, ha quedado seleccionado el estilo Encabezado 1.

Si le ha entrado curiosidad por saber cómo afectan todas estas hojas de estilo al código HTML de la página, la Figura 10.14 le desvelará el secreto.

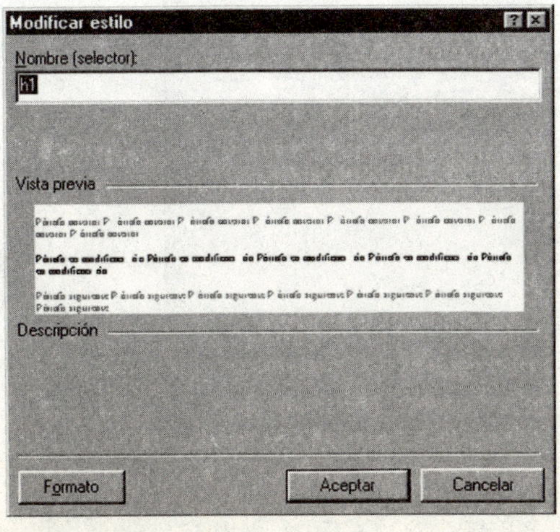

Figura 10.12.
Cuadro de diálogo Modificar estilo.

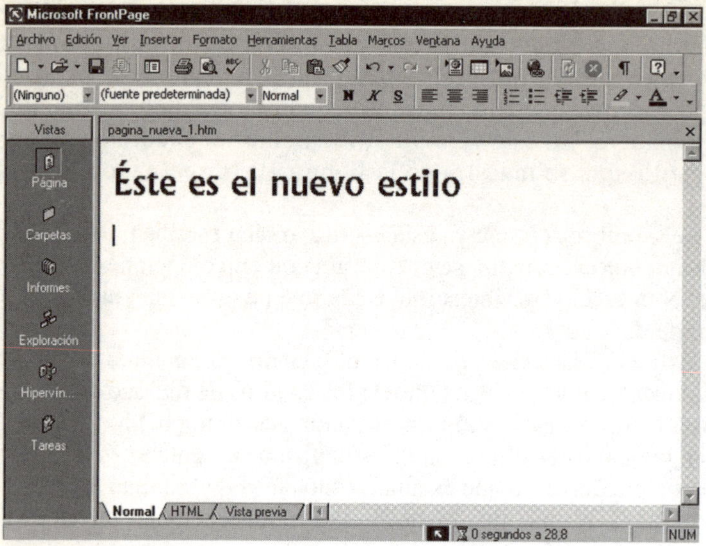

Figura 10.13.
El nuevo estilo Encabezado 1 aplicado a un texto.

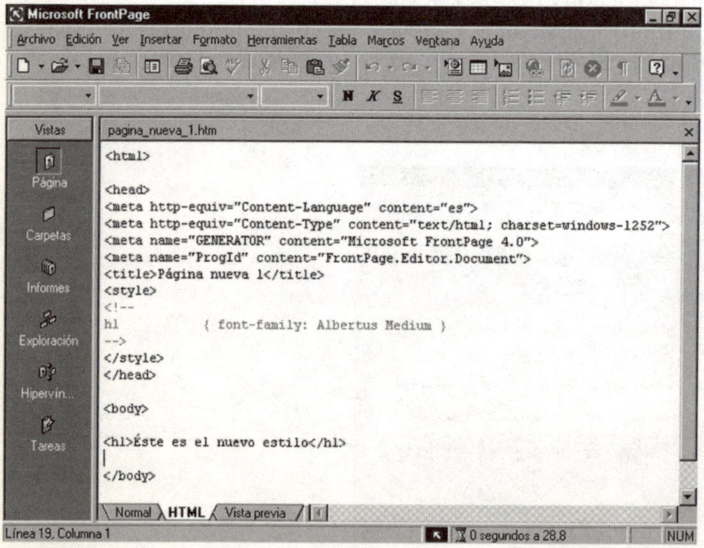

Figura 10.14.
El nuevo estilo Encabezado 1, tal y como aparece en la vista HTML. La información referente a la hoja de estilos está situada entre los marcadores <style> de HTML.

Plantillas de hojas de estilos

Muy bien, acaba de aprender unas cuantas formas de añadir hojas de estilos a los sitios web de FrontPage. Pero imaginemos que no le interesa hacer todo ese trabajo solo, sino que más bien preferiría que lo hiciese otro. Pues bien, FrontPage se ha adelantado a sus deseos, ya que las plantillas de hojas de estilos se encargan de hacer todo este trabajo.

Seleccione la orden Nuevo en el menú Archivo y luego la orden Página en el submenú. Se abrirá el cuadro de diálogo Nuevo, en donde hay que abrir la ficha Hojas de estilos para ver el cuadro de diálogo de la Figura 10.15.

Las plantillas de hojas de estilos están basadas en los temas de FrontPage. Al seleccionar una plantilla de hojas de estilos, se abrirá el archivo correspondiente en la vista Página. La Figura 10.16 muestra la hoja de estilos Expedición en la vista Página.

Como podrá observar, las hojas de estilos son bastante complejas y quizás no resulte muy fácil crearlas uno mismo. ¿No se alegra de que FrontPage lo haga todo? Me lo imaginaba. Pero en caso de que no le alegre en absoluto, porque le parezca demasiado fácil, no se preocupe: FrontPage trata estos archivos de un modo muy parecido a los de HTML, por lo que esta página se puede modificar como cualquier otra. No obstante, sería aconsejable poseer antes ciertos conocimientos sobre HTML y la sintaxis de las hojas de estilos.

Las hojas de estilos utilizan la extensión .css, mientras que las páginas HTML utilizan la extensión .htm. Así que, cuando vaya a guardar la página, asegúrese de darle la extensión correcta. También es una buena costumbre asignar a la página de la hoja de estilos un nombre que se pueda reconocer fácilmente, de tal manera que lo pueda encontrar rápidamente cuando vaya a crear un vínculo con ella.

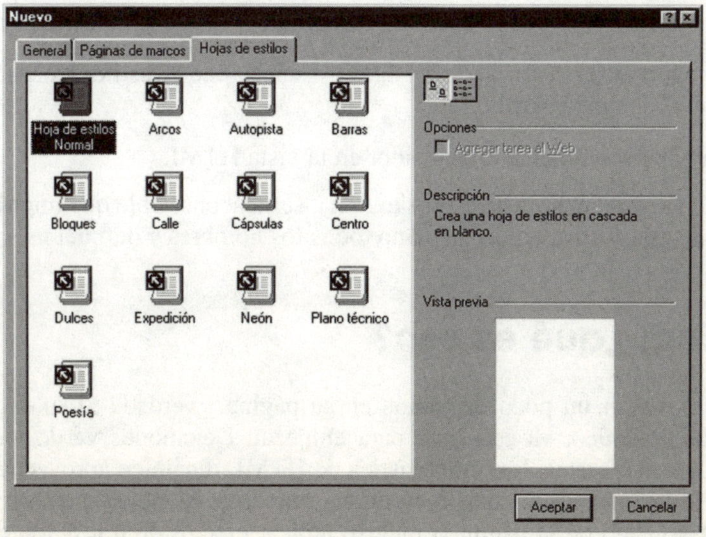

Figura 10.15.
Ficha Hojas de estilos del cuadro de diálogo Nuevo.

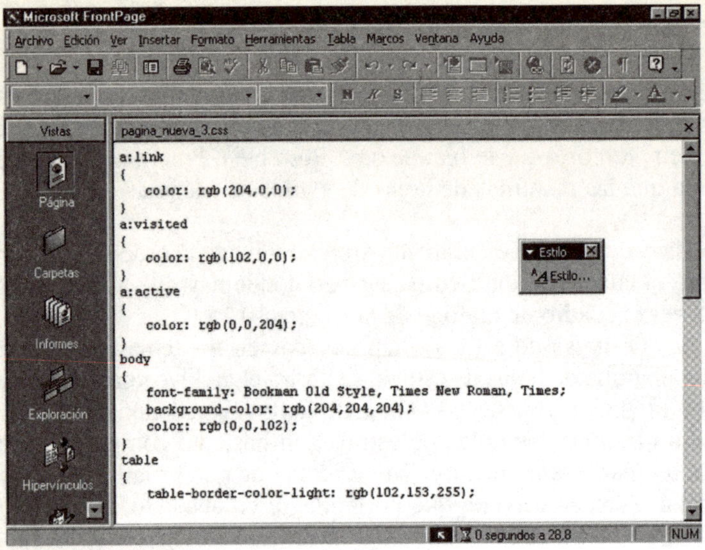

Figura 10.16.
Hoja de estilos en la vista Página.

Aplicación de un estilo a un texto

Ahora que ya sabe crear diferentes tipos de hojas de estilos y vincularlas o incrustarlas en las páginas, tendrá que aplicar los estilos de esta hoja de estilos a algún texto de la página. Pues bien, lo puede hacer de cualquiera de las dos maneras siguientes:

- Destaque el texto en la vista Página y seleccione el estilo adecuado en el menú desplegable Estilo.
- Añada personalmente el marcador en la vista HTML.

Si está utilizando una hoja de estilos externa, sería aconsejable que imprimiera el archivo .css; de esta forma, tendría a mano todos los nombres y definiciones.

HTML dinámico; ¿qué es eso?

Así que quiere incluir un poco de acción en su página, ¿verdad? Si su explorador admite HTML dinámico, ya esta listo para empezar. Dejémonos ya de niñerías y pasemos a cosas más serias. La característica de HTML dinámico aprovecha todo el potencial de los exploradores más recientes y potentes. Es posible conseguir que el texto salga volando de la página o incluso aplicar efectos de transición entre las páginas. El poder está en sus manos, así que aprovéchese y entre en el mundo del HTML dinámico.

Nota Tenga cuidado, porque estas características solamente funcionan en los exploradores que admitan HTML dinámico, como Internet Explorer versión 4 o superior.

Animaciones

Si le gustaría que las palabras y las letras de su página «bailasen», aplique una de las muchas opciones de animación que se incluyen en FrontPage.

Marque el texto que quiera animar y seleccione la orden Efectos de HTML dinámico en el menú Formato, para ver la barra de herramientas Efectos DHTML. Otra forma de activar esta barra de herramientas es seleccionando la orden Barra de herramientas en el menú Ver y eligiendo luego la opción Efectos DHTML en el menú emergente.

Cuando los usuarios visiten una página que contenga un efecto de animación, la animación comenzará a funcionar y el texto terminará colocándose en el lugar de la página que haya especificado. FrontPage incluye 14 efectos de animación predefinidos diferentes:

Volar desde abajo	Volar desde la derecha y arriba
Volar desde la izquierda	Volar hacia la derecha y arriba, palabra por palabra
Volar desde la derecha	Volar hacia la derecha y abajo, palabra por palabra
Volar desde arriba	Colocar, palabra a palabra
Volar desde la izquierda y abajo	Espiral
Volar desde la derecha y abajo	Acercar
Volar desde la izquierda y arriba	Alejar

Para aplicar al texto un efecto de animación, primero es necesario seleccionar un suceso (Evento) en la barra de herramientas Efectos DHTML, como por ejemplo Pasar el ratón; en segundo lugar hay que elegir un efecto y, por último, una configuración. La animación se ejecutará en el momento en el que se acceda a la página con un explorador que admita DHTML. Para eliminar un efecto de animación, hay que marcar el texto y pulsar luego el botón Quitar efecto, de la barra de herramientas Efectos DHTML.

Transiciones de página

Si lo desea, puede añadir algunos toques mágicos a la página sin necesidad de tener un sombrero de copa ni un conejo peludo. Si le gustaría que la página tuviera ese algo especial que la hiciera destacar sobre el resto, pruebe uno de los efectos de transición que se incluyen en FrontPage. Podría hacer, por ejemplo, que la página apareciera o desapareciera gradualmente en el momento en que el usuario entrara o saliera de la página, o bien que se disolviera. Los efectos de transición pueden verse cuando los usuarios entran o salen de una página y pueden aplicarse a una sola página, o a todo el sitio.

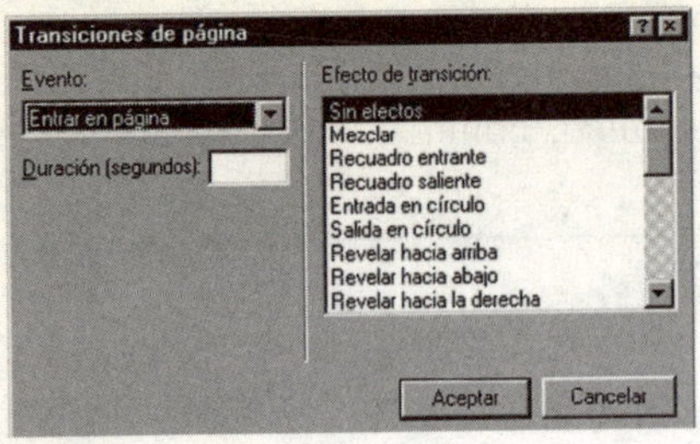

Figura 10.17.
Cuadro de diálogo Transiciones de página.

Para aplicar un efecto de transición, hay que abrir el cuadro de diálogo Transiciones de páginas, que se muestra en la Figura 10.17. Para acceder a este cuadro de diálogo, seleccione la orden Transición de página en el menú Formato.

Para establecer una transición de página, seleccione primero un suceso, luego un efecto y por último la duración, en segundos, que tendrá dicho efecto. No es conveniente que dure demasiado tiempo, porque no querrá que la transición entorpezca la inolvidable experiencia de los visitantes de su sitio web.

Esquemas contraíbles

Si tiene alguna información en formato de lista, se le puede añadir un poco de acción haciendo que el contenido de la lista aparezca y desaparezca. Cuando los usuarios entren en la página, verán el primer elemento de la lista y, cuando muevan el ratón sobre este elemento, aparecerá el siguiente elemento, y así sucesivamente por toda la lista.

Marque la casilla de verificación Esquemas contraíbles, del cuadro de diálogo Propiedades de lista, para añadir esta característica a la lista seleccionada en la página actual. Si quiere que la lista esté contraída cuando aparezca por primera vez, marque la casilla Inicialmente contraídos, en este mismo cuadro de diálogo.

Funciones adicionales para campos de formulario

Al crear un formulario, FrontPage establece automáticamente un orden de tabulación para cada campo del formulario, basándose en cuándo se insertó ese campo en la página. Si quiere definir su propio orden de tabulación, escriba un número del 1 al 999 en el campo Orden de tabulación del cuadro de diálogo Propiedades de campo de formulario.

Cuando los usuarios vean su formulario, podrán moverse con los tabuladores a través de todos los campos, siguiendo el orden que defina; el número 1 vendrá primero, el número 2 será el segundo, y así sucesivamente. Esta característica supone una ayuda incalculable para aquellas personas que tienen alguna discapacidad física o para aquellos que tienen problemas con el ratón. Si se utiliza un explorador que no admita el orden de tabulación para ver su sitio web, se activará el orden predeterminado.

Integración con bases de datos

Si le gustaría poder acceder a una base de datos y ver los resultados en una página web, en esta sección se le enseñará a hacerlo. Con el Asistente para resultados de bases de datos, puede crear un área en su página en la que aparezca la información obtenida gracias a una conexión con una base de datos. Los resultados se utilizan con un controlador de formularios personalizado, en este caso una página Active Server (ASP), para generar la información que se va a presentar en el explorador.

Páginas Active Server

Una página Active Server es, básicamente, igual que una página HTML. En lo único que se diferencian es en que las páginas Active Server contienen script del servidor incrustados en el código HTML y tienen la extensión .asp. Todos los servidores web que sean compatibles con ASP pueden interpretar y, por lo tanto, ejecutar, los script del servidor en HTML.

Asistente para resultados de bases de datos

Para abrir este asistente, seleccione la orden Base de datos en el menú Insertar y luego Resultados en el menú emergente. La Figura 10.18 muestra la primera pantalla del asistente.

En esta primera pantalla, se le ofrecerán tres opciones para determinar el tipo de conexión que quiere crear. Son las siguientes:

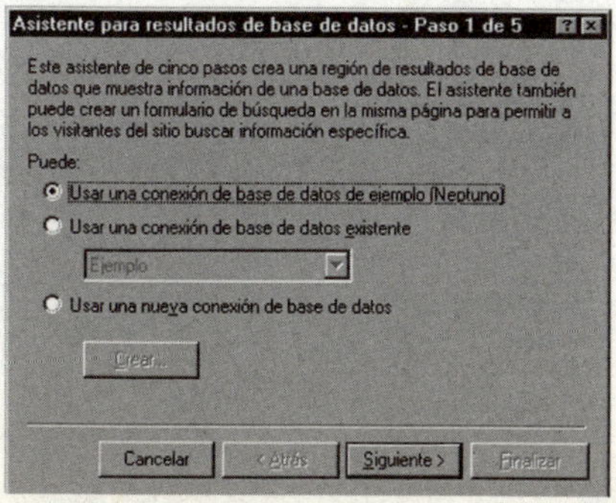

Figura 10.18.
Primera pantalla del Asistente para resultados de bases de datos.

- **Usar una conexión de base de datos de ejemplo (Neptuno).** Si es la primera vez que maneja bases de datos o si es muy curioso y le gusta experimentar, puede utilizar la base de datos de ejemplo que se incluye en FrontPage.
- **Usar una conexión de base de datos existente.** Utilice el menú desplegable para elegir una de las bases de datos disponibles en el sitio web actual.
- **Usar una nueva conexión de base de datos.** Si quiere crear una nueva conexión de base de datos, marque esta casilla de verificación y pulse el botón Crear. Se encontrará con la ficha Base de datos del cuadro de diálogo Configuración del Web. Para obtener más información, véase la sección «Cómo crear una nueva conexión de base de datos», en este mismo capítulo.

Por ahora, vamos a utilizar la base de datos de ejemplo incluida en FrontPage. Seleccione la primera opción, Usar una conexión de base de datos de ejemplo (Neptuno), y pulse el botón Siguiente para pasar a la segunda pantalla del asistente, que se muestra en la Figura 10.19. Recuerde que, siempre que quiera, puede utilizar el botón Atrás para regresar a las pantallas anteriores del asistente.

En esta pantalla, podrá elegir un Origen de registros o bien crear una Consulta personalizada. Todos los tipos de origen de registros disponibles aparecen enumerados en este menú desplegable. Si lo que quiere es crear una consulta personalizada en un programa como Microsoft Access, active la casilla Consulta personalizada y luego pulse el botón Modificar. Al pulsarlo, se abrirá el cuadro de diálogo Consulta personalizada, que se muestra en la Figura 10.20, en donde se le ofrecerán una serie de opciones para insertar personalmente un parámetro o pegar uno desde el Portapapeles. Además, también es posible comprobar si cualquiera de las consultas enumeradas está conectada correctamente a la base de datos.

Cuando haya terminado de seleccionar todas las opciones necesarias en el cuadro de diálogo Consulta personalizada, pulse Aceptar para regresar al Asistente para

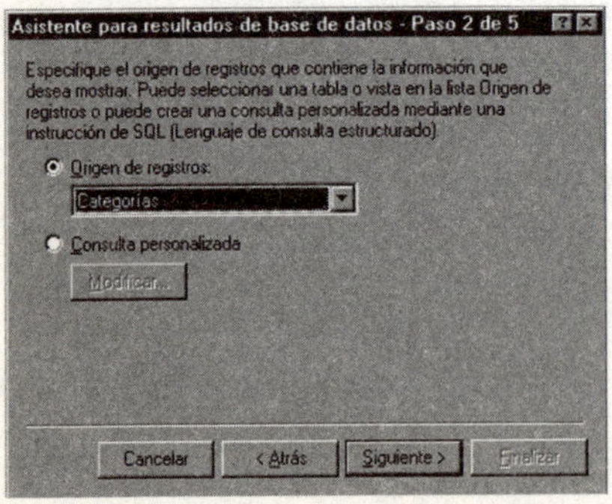

Figura 10.19.
Segunda pantalla del Asistente para resultados de bases de datos.

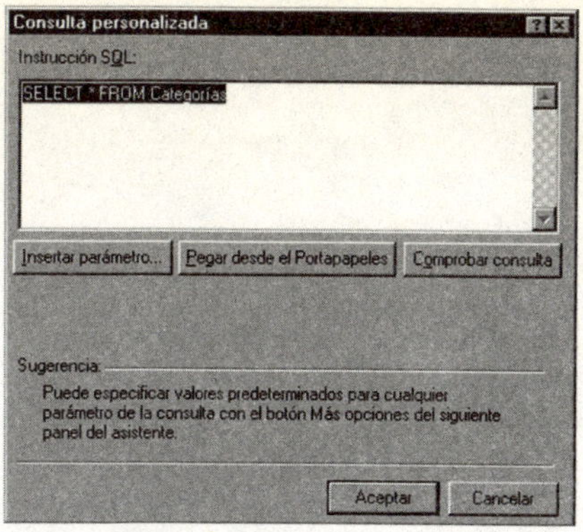

Figura 10.20.
Cuadro de diálogo Consulta personalizada.

resultados de bases de datos. Pulse Siguiente en el cuadro de diálogo del asistente, para pasar a la siguiente pantalla, mostrada en la Figura 10.21.

En esta pantalla aparecerá una lista de los campos que se verán en el explorador. Si quiere realizar algún cambio en la lista, pulse el botón Modificar. A partir de ese momento, podrá hacer todos los cambios que desee, basándose en los campos disponibles en la base de datos actual.

Si quiere cambiar el modo en que se devuelve la información, modificar el orden de los registros o añadir parámetros de entrada, pulse el botón Más opciones.

Una vez haya terminado de seleccionar opciones, pulse Siguiente para pasar a la cuarta pantalla del Asistente para resultados de bases de datos, que se muestra en la Figura 10.22. En esta pantalla se le ofrecerá la oportunidad de realizar cambios en el formato de los resultados de la base de datos, es decir, en el modo en el que se van a visualizar en el explorador.

Seleccione las opciones que desee y pulse el botón Siguiente para pasar a la última pantalla del asistente, que se muestra en la Figura 10.23.

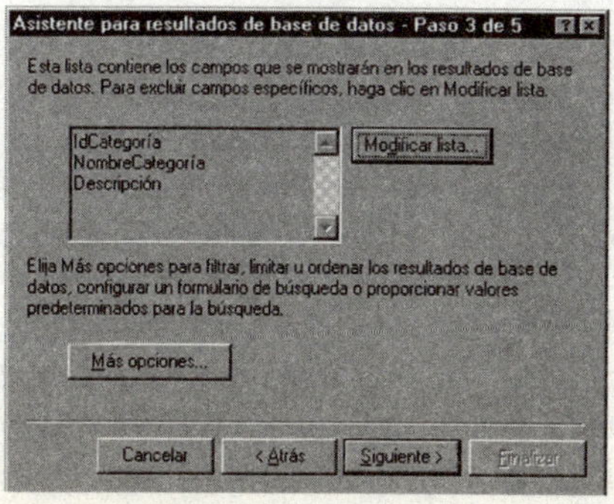

Figura 10.21.
Tercera pantalla del Asistente para resultados de bases de datos.

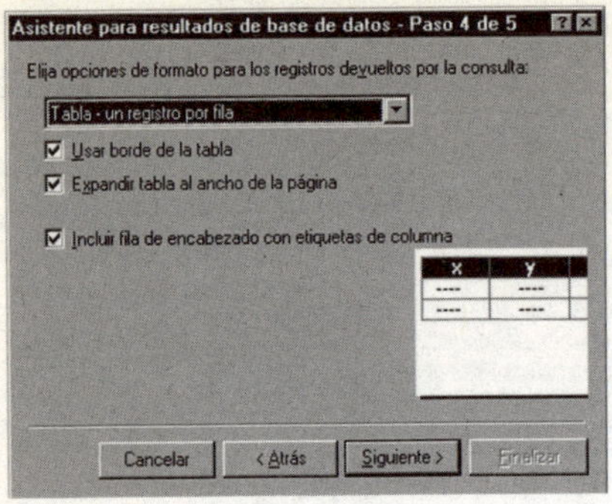

Figura 10.22.
Cuarta pantalla del Asistente para resultados de bases de datos.

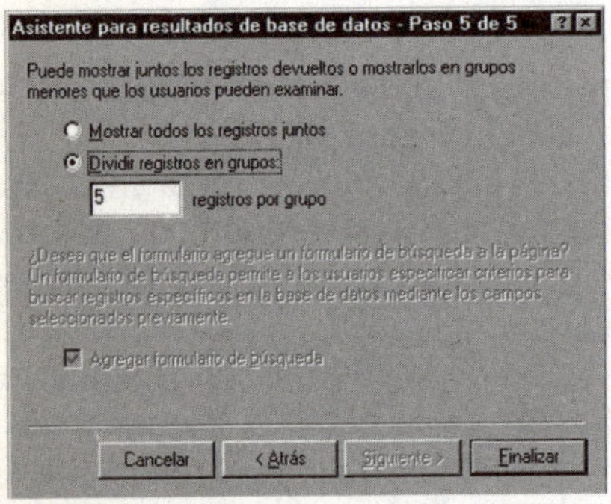

Figura 10.23.
Pantalla final del Asistente para resultados de bases de datos.

En esta última pantalla del asistente es donde se puede modificar el modo de visualización de los registros devueltos. Podrá elegir entre mostrar todos los registros juntos o dividirlos en grupos.

Seleccione las opciones que sean precisas y, cuando haya terminado de realizar todos los cambios, pulse el botón Finalizar. FrontPage creará los resultados de la base de datos utilizando el formato que haya seleccionado en la tercera pantalla del asistente y presentará la base de datos en la página actual, en la vista Página. La Figura 10.24 muestra cómo debería quedar la base de datos en la página.

Nota La página en la que inserte la base de datos debe tener una extensión de archivo .asp. Si no la tiene, cuando pulse el botón Finalizar de la última pantalla del Asistente para resultados de bases de datos, FrontPage le pedirá que cambie la extensión.

Cuando la base de datos se encuentre ya en la página, puede modificarla si lo desea.

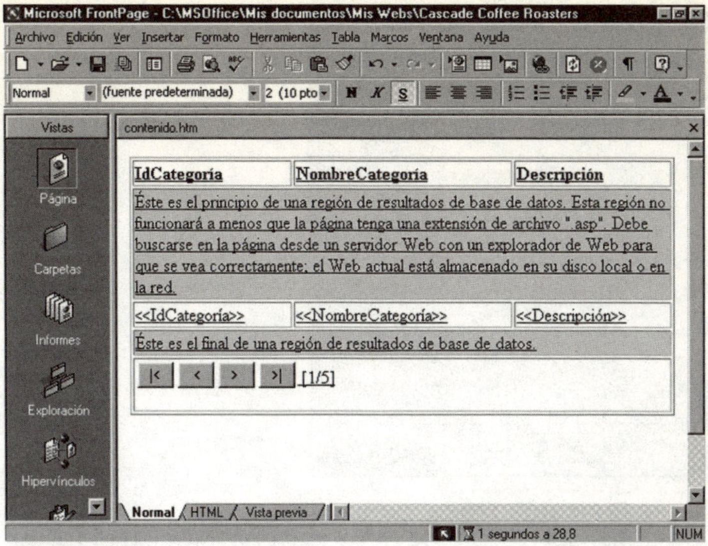

Figura 10.24.
Aspecto de la base de datos creada con el Asistente para resultados de bases de datos, en la vista Página.

Cómo modificar la base de datos

Para abrir de nuevo el Asistente para resultados de bases de datos, con el fin de modificar la configuración que haya especificado, pulse en este componente con el botón derecho del ratón y seleccione la orden Propiedades de resultados de base de datos en el menú emergente. Si quiere introducir rápidamente un nuevo nombre de valor de columna o seleccionar uno ya existente, pulse en ese elemento de la base de datos con el botón derecho del ratón y seleccione la orden Propiedades de columna de base de datos en el menú emergente.

La capacidad para acceder a la información de una base de datos desde una página web es una gran ventaja. En esta sección se le ha ofrecido una breve introducción sobre esta característica, pero, si lo desea, puede aprender más cosas sobre ella por sí mismo.

Cómo crear una nueva conexión de base de datos

Si quiere crear una nueva conexión de base de datos o modificar una ya existente, es preciso que abra el cuadro de diálogo Configuración del Web.

Para hacerlo, seleccione la orden Configuración del Web en el menú Herramientas y, cuando aparezca este cuadro de diálogo, abra la ficha Base de datos que se muestra en la Figura 10.25. Otro método para acceder a este cuadro de diálogo consiste en seleccionar la opción Usar una nueva conexión de base de datos, en la primera pantalla del Asistente para resultados de bases de datos.

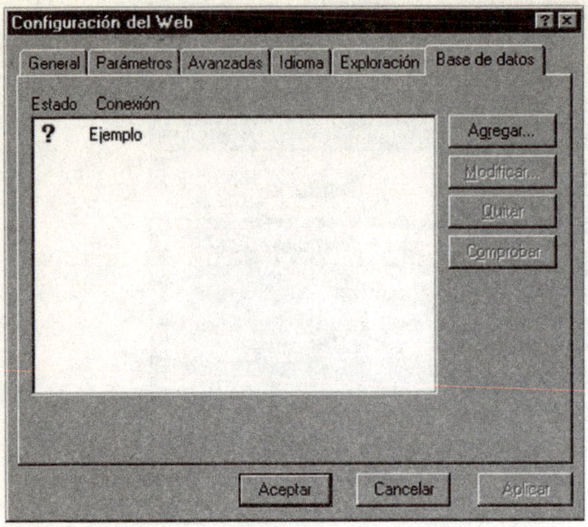

Figura 10.25.
Ficha Base de datos del cuadro de diálogo Configuración del Web.

Todas las bases de datos que haya actualmente en el sitio web aparecerán enumeradas en esta pantalla, junto con su estado. Las bases de datos se modifican seleccionando primero una en la lista y pulsando luego el botón Modificar. Existen también aquí otros botones, que sirven para comprobar o quitar una base de datos de la lista.

Pulse el botón Agregar para abrir el cuadro de diálogo Nueva conexión de base de datos mostrada en la Figura 10.26.

En este cuadro de diálogo, podrá asignar un nombre a la nueva base de datos utilizando el cuadro de texto Nombre. Seleccione en la sección Tipo de conexión el método que vaya a utilizar para crear la conexión nueva.

Si quisiera crear nombres de usuario y contraseñas o determinar tiempos de espera, pulse el botón Avanzadas.

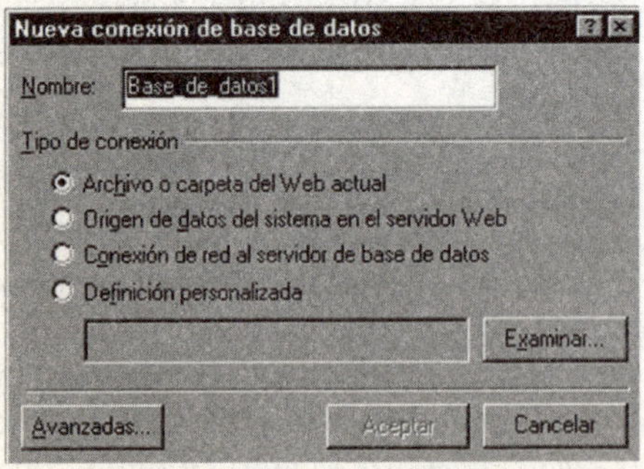

Figura 10.26.
Cuadro de diálogo Nueva conexión de base de datos.

Características de accesibilidad

Seguramente quiera que su sitio web sea accesible a la mayor cantidad de gente posible, independientemente de la forma en que usen la Web. A veces, cuando estamos entretenidos pulsando todo tipo de botones, disfrutando de todos esos colores y gráficos tan maravillosos, de esos diseños tan originales y de esos elementos interactivos que se han hecho tan populares, solemos olvidarnos de las personas que no pueden ver ni oír, o que tienen problemas para utilizar el teclado o el ratón, sin mencionar a aquellos que disponen de conexiones muy lentas.

Sin embargo, hay unas cuantas cosas que se pueden hacer para mejorar la accesibilidad al sitio web, sin que haya que dejar a un lado todos esos efectos impactantes. Los consejos que le vamos a ofrecer a continuación, más que características avanzadas de FrontPage, son modos avanzados de *pensar* en el diseño del sitio web.

- Utilice siempre la opción Texto alternativo del cuadro de diálogo Propiedades de imagen y procure que este texto sea breve y funcional. Utilice esta opción en todos los gráficos del sitio, ya sirvan de medio de exploración o ya sean meramente decorativos.
- Si está utilizando imágenes en miniatura y las vincula con una versión de mayor tamaño, escriba una descripción junto a la imagen mayor. De esa forma, aquellas personas que utilicen algún tipo de mecanismo de lectura podrán obtener una descripción completa de la imagen cuando sigan el vínculo de la miniatura.
- Si los mapas de imagen son el único modo de explorar sus páginas, las personas invidentes, o que tengan desconectados los gráficos, no podrán explorar su sitio aunque usted utilice un texto alternativo. La solución a estos casos es colocar una versión de texto de la estructura de exploración al final de cada página, con el objetivo de que todo el mundo pueda explorar el sitio web, lo que, además, resulta muy sencillo.
- Si es posible, cree aparte una versión de texto del sitio y ofrezca a los usuarios la posibilidad de elegirla. Si no es posible, piense en la opción de crear versiones de texto de algunas páginas determinadas del sitio y colocar un vínculo de texto desde la página gráfica hasta la página que contenga esa versión de texto. Si, por ejemplo, tiene un catálogo en línea, podrá generar fácilmente una página sólo de texto en la que se proporcione una descripción de los productos.

Hay muchas otras formas de hacer que el sitio web sea accesible a todo el mundo. Busque en la World Wide Web las palabras «características de accesibilidad en el desarrollo de sitios web», y encontrará mucha más información al respecto. Consulte la página de la dirección URL http://www.ability.org/design.html, en donde puede encontrar muchos vínculos que le podrán servir de ayuda en este tema.

Otras características avanzadas

En FrontPage se incluyen otras características avanzadas que debería conocer, pero son demasiado técnicas para poderlas discutir con amplitud en este libro. Para obtener más información sobre estas características, consulte el sitio web de FrontPage, en www.microsoft.com/frontpage/.

A continuación vamos a poner dos ejemplos, elegidos entre los numerosos temas relacionados con FrontPage que hay en este sitio web:

- El kit de desarrollo de FrontPage (SDK), que se puede descargar desde el sitio web de Microsoft, permite crear asistentes y componentes de FrontPage personalizados, agregar órdenes de menú personalizadas y crear fragmentos de HTML también personalizados, que se pueden agregar a las páginas utilizando la técnica de arrastrar y colocar.
- FrontPage puede integrarse con Microsoft Visual SourceSafe (VSS), con el fin de proporcionar una herramienta de control de revisión multiusuario de los cambios realizados en el web.

A continuación

Finalizaremos nuestro viaje por FrontPage examinando la oferta de servidores de FrontPage, sin olvidar las extensiones de servidor.

11
Servidores web

FrontPage y los servidores

Todos esos sitios web tan fantásticos que diseñe y cree con FrontPage van a ser guardados, con toda probabilidad, en un servidor web. Los servidores web son programas o computadoras en los que se guardan sitios web, scripts, bases de datos y otros archivos de este tipo, permitiendo que las páginas web sean accesibles desde un explorador. Este término puede referirse tanto a programas como a computadoras, por lo que habrá que fijarse en el contexto para averiguarlo. El mercado de los servidores web es cada vez mayor y más competitivo, por lo que las versiones de servidores web que van apareciendo se ajustan a todo tipo de necesidades y funcionan en muchas plataformas diferentes.

En este capítulo, vamos a estudiar cómo interacciona FrontPage con los numerosos servidores web que existen, pero no se van a mencionar las ventajas y desventajas de cada uno de estos servidores, así que, si quiere saber cuáles son, lo mejor es que consulte las publicaciones especializadas en el tema de Internet o los sitios web de los fabricantes de estos servidores.

Lo más probable es que cualquier servidor que elija (quizás ya tenga un servidor en funcionamiento) interactúe perfectamente con FrontPage. FrontPage admite todos los servidores web de libre distribución y comerciales más conocidos y que más se utilizan actualmente. Para que esto sea posible, utiliza ciertos programas y script conocidos como *extensiones de servidor de FrontPage*, de las que se hablará más adelante en este mismo capítulo, en donde también encontrará una lista de los servidores web que admite FrontPage. Las extensiones de servidor hacen la función de intermediario entre el cliente de FrontPage y el servidor web, ayudando a ambos a comunicarse.

Las extensiones de servidor de FrontPage

Imaginemos por un segundo que le han dejado abandonado en Ucrania y no sabe más que una pizca de ucraniano. ¿Podría sobrevivir? Probablemente sí. ¿Se podría comunicar? Seguramente lo básico. Pero, ¿se podría comunicar *bien*? Lo más probable es que no. Necesitaría un traductor o uno de esos diccionarios de bolsillo Español-Ucraniano, para poder estar seguro de que lo que diga es exactamente lo que quería decir.

Pues bien, las extensiones de servidor de FrontPage realizan esta función de traducción entre el sitio web de FrontPage y el servidor. Cada conjunto de extensiones de servidor es un programa que habita en el servidor web y entra en funcionamiento cuando se establece una comunicación entre el sitio web y el servidor. Estas extensiones se encuentran disponibles en una gran variedad de servidores, por lo que FrontPage se puede comunicar con muchos servidores web diferentes.

Éstas son las ventajas de utilizar las extensiones de servidor de FrontPage:

- Son gratis.
- Hacen posible que el proceso de carga de los sitios web en los servidores sea mucho más rápido y sencillo utilizando FrontPage.
- Permiten especificar permisos de autor y de usuario final en los sitios web.
- Garantizan que los componentes de FrontPage funcionen correctamente. Si, por ejemplo, está utilizando un componente de búsqueda en un sitio web creado con FrontPage, las extensiones de servidor garantizarán que ese componente actúe de la forma que se ha especificado. Si, por el contrario, no están instaladas estas extensiones, el componente no funcionará.

Servidores web y plataformas

En el momento de escribir estas líneas, las extensiones de servidor de FrontPage están disponibles para los siguientes servidores web:

Servidores web comerciales:

- Microsoft Internet Information Server 3.0 y 4.0 (para Windows NT Server).
- Microsoft Servicios Web Punto a Punto (para Windows NT Workstation).
- Netscape Enterprise Server (para Windows NT y UNIX).
- Netscape FastTrack Server (para Windows, Windows NT y UNIX).
- Netscape Commerce Server (para Windows NT y UNIX).
- Netscape Communications Server (para Windows NT y UNIX).
- O'Reilly WebSite y WebSite Professional 2.0 (para Windows 95 y Windows NT).

Servidores web no comerciales:

- NCSA (para UNIX).
- Apache (para UNIX).
- Stronghold (para UNIX).

Plataformas:

- Microsoft Windows 95 y 98.
- Microsoft Windows NT Workstation y Windows NT Server.
- UNIX (Solaris, SunOs, HP/UX, IRIX, BSDi, Linux y Digital UNIX).

Dónde conseguir las extensiones

Las extensiones de servidor de FrontPage para todos los servidores web que utilicen Windows 95 o 98 y Windows NT (incluyendo los de Microsoft, Netscape y O'Reilly) están incluidas en FrontPage. Las extensiones para los servidores web que utilicen UNIX se pueden descargar en http://officeupdate.microsoft.com/frontpage/wpp/default.htm.

Cómo extraer las extensiones de servidor

Normalmente, las extensiones de servidor se encuentran en un formato de archivo autoextraíble o exe. Para instalarlas en su servidor web, siga las instrucciones específicas que acompañan a las extensiones de servidor. Normalmente, sólo hay que pulsar dos veces sobre el archivo exe para comenzar el proceso de instalación.

El proceso normal de instalación de las extensiones de servidor de FrontPage tiene como principal característica su facilidad de uso y va destinado principalmente a un entorno de baja seguridad en una intranet. No obstante, aquellos proveedores de servicios Internet que quieran tener disponibles las extensiones de servidor de FrontPage o aquellos clientes que necesiten mayor seguridad, pueden consultar la sección de proveedores de servicios Internet en el sitio web de FrontPage, en http://officeupdate.microsoft.com/frontpage/wpp/default.htm. Aquí se puede descargar la documentación y los programas destinados a los proveedores de servicios Internet.

Proveedores de servicios Internet

Si quiere evitarse los dolores de cabeza que le va a dar el mantenimiento de su propio servidor web, puede hacer que, para variar, sea otra persona la que tenga que tomar una aspirina. Los proveedores de servicios Internet (ISP, Internet Service Provider), llamados también hosts web, son empresas que se dedican a albergar sitios web en su servidor, además de ofrecer una gran variedad de servicios adicionales. Normalmente, las tarifas que cobran son muy bajas, comparadas con los gastos de hospitalización de todos los que sufren crisis nerviosas cuando sus servidores web se han estropeado tres veces en una sola semana.

La mayoría de estas empresas cobra tarifas periódicas (con frecuencia mensuales, bianuales o anuales) por albergar su sitio web. Estas tarifas generalmente incluyen un espacio máximo en megabytes en un servidor, así como una cuenta de correo electrónico, como mínimo. La mayoría de los proveedores de servicios Internet también ofrecen asistencia técnica durante el proceso de instalación y normalmente tienen scripts CGI y otras utilidades a disposición sus clientes.

Entre las ventajas de utilizar los servicios de una de estas empresas hay que destacar que proporcionan a los usuarios un acceso de mayor velocidad a sus sitios web y que no hay que preocuparse de mantener un servidor web propio. Los proveedores de servicios Internet suelen tener las conexiones más rápidas que hay en toda Internet. Además, si se recurre a una de estas empresas se pueden evitar los gastos y los problemas que supone tener que instalar un *servidor cortafuegos* para proteger los recursos informáticos de su empresa, si su sitio está en la World Wide Web.

Las desventajas de utilizar los servicios de estas empresas son relativamente pocas; aunque entre ellas hay que destacar que no puede tener en sus propias manos el control del servidor. Casi todos los empresarios sueñan con que sus negocios vayan tan bien que no les quede más remedio que ampliar sus sitios web para poder responder a la creciente necesidad de información de los consumidores. Si, en su caso, este sueño se convierte en realidad y su sitio web crece, puede que sea mejor (y al final mucho menos caro) que gestione el sitio con un servidor propio, en lugar de utilizar uno a larga distancia.

Existen cientos de proveedores de servicios Internet que tienen instaladas las extensiones de servidor de FrontPage y que están preparados específicamente para poder albergar sitios web construidos con FrontPage. Si quiere ver una lista completa, consulte la página web de la dirección http://microsoft.saltmine.com/frontpage/wpp/list.

Si ya tiene contratados los servicios de un proveedor de servicios Internet que no admite sitios web construidos con FrontPage y, no obstante, le gustaría convertir su sitio en un web de FrontPage, pídale a su proveedor que consulte la información para proveedores de presencia en el web, en el sitio web de FrontPage. Mientras tanto, aún puede publicar su sitio, siempre y cuando su proveedor le proporcione acceso FTP para publicar el contenido del web. Tanto si su proveedor admite sitios web construidos con FrontPage, como si no, puede utilizar la orden Publicar para que el proceso le resulte más sencillo. Con esta orden, si FrontPage no detecta las extensiones de servidor de FrontPage en el servidor web de su proveedor, abrirá automáticamente el Asistente para publicar Webs, si está instalado. Este asistente le permitirá publicar el sitio en servidores web que no tengan instaladas las extensiones de servidor de FrontPage.

Para obtener más información sobre el Asistente para publicar Webs, véase la correspondiente ayuda en línea. Para obtener más información sobre la orden Publicar Web, véase el Capítulo 3. Para obtener más información sobre FrontPage y los proveedores de servicios Internet, consulte el sitio web de FrontPage, en la dirección www.microsoft.com/frontpage/.

Índice

McGRAW-HILL/INTERAMERICANA DE ESPAÑA, S. A. U.
División profesional - C/ Basauri, 17 - Edificio Valrealty, 1.ª planta
28023 Aravaca (MADRID)
Avda. Josep Tarradellas, 27-29, 6.ª planta
08029 BARCELONA

Nombre y apellidos ______________________
Empresa ______________ ***Departamento*** ______________
Dirección ______________ ***C. P.*** ______
Localidad ______________ ***País*** ______
C.I.F./D.N.I. (Indispensable) ______________ ***Teléfono/Fax*** ______
Correo electrónico ______________________

☐ *Ruego me envíen información del fondo de McGraw-Hill* ☐ Español ☐ Inglés
Materias de interés ______________________

Ruego me envíen el/los siguiente/s título/s:
ISBN ________ *Autor/Tít.* ______________
ISBN ________ *Autor/Tít.* ______________

INDIQUE LA FORMA DE ENVÍO:
☐ *Correo*
☐ *Agencia/Mensajería. (Gastos de envío no incluidos en el precio del libro. Consulte con nosotros.)*

INDIQUE LA FORMA DE PAGO:
☐ *American Express* ☐ *VISA* ☐ *4B* ☐ *MasterCard*

Autorizo a McGRAW-HILL/INTERAMERICANA DE ESPAÑA, S. A. U. a cargar en mi tarjeta el importe del presente pedido:

N.º tarjeta: ______________________

Fecha caducidad ___/___ *Nombre del titular*

Firma

4 FORMAS FÁCILES Y RÁPIDAS DE SOLICITAR SU PEDIDO

EN LIBRERÍAS ESPECIALIZADAS

FAX:
(91) 372 85 13
(93) 430 34 09

TELÉFONOS:
(91) 372 81 93
(93) 439 39 05

E-MAIL:
profesional@mcgraw-hill.es
WWW:
http://www.mcgraw-hill.es

EOFP2K

Sí, envíenme el catálogo de las novedades de McGRAW-HILL en

☐ Informática ☐ Economía/Empresa ☐ Ciencia/Tecnología
☐ Español ☐ Inglés

Nombre .... Titulación ....
Empresa .... Departamento ....
Dirección .... Código postal ....
Localidad .... País ....
C.I.F./N.I.F. (Indispensable) .... Teléfono/Fax ....
Correo electrónico ....

¿Por qué elegí este libro?

☐ Renombre del autor
☐ Renombre McGraw-Hill
☐ Reseña en prensa
☐ Catálogo McGraw-Hill
☐ Buscando en librería
☐ Requerido como texto
☐ Precio
☐ Otros

Temas que quisiera ver tratados en futuros libros de McGraw-Hill:

....
....
....
....
....
....

Este libro me ha parecido:

☐ Excelente ☐ Muy bueno ☐ Bueno ☐ Regular ☐ Malo

Comentarios ....
....

Por favor, rellene esta tarjeta y envíela por correo o fax a la dirección apropiada.

EOFP2K

Los datos que figuran en este cupón se incluirán en un archivo automatizado que se conservará de forma confidencial y al que usted, de acuerdo con la LORTAD, podrá acceder en cualquier momento para exigir su actualización, cancelación o rectificación. En un futuro es posible que transfiramos dichos datos a compañías y organizaciones cuidadosamente seleccionadas, cuyos productos y servicios puedan ser de su interés. Asimismo, a través de nuestra empresa, podrá recibir informaciones comerciales de otras empresas del sector. Si usted no está interesado en recibir estos envíos, por favor, señale con una **X** la casilla ☐.